Fritz Redl
Erziehung schwieriger Kinder

SERIE PIPER
Band 664

Zu diesem Buch

»Schwierige Kinder« – das sind Kinder, die Eltern, Kindergärtner, Lehrer, Therapeuten, Heimerzieher und Sozialarbeiter vor zahlreiche pädagogische Probleme stellen. Zur Aufhellung und Lösung solcher Probleme will dieser Band beitragen. Die emotionalen Schwierigkeiten und Verhaltensstörungen, mit denen die Kinder belastet sind, werden hier auf dem Hintergrund psychoanalytischer Erkenntnisse und klinischer Erfahrungen untersucht. An reichhaltigem Fallmaterial aus der Heimerziehung und Schulpraxis veranschaulicht Fritz Redl seine psychoanalytisch und psychotherapeutisch orientierte Pädagogik, die auch von den Konzepten der Gruppen- und Ich-Psychologie beeinflußt ist. Dabei werden die Erkenntnisse aus dem Umgang mit gestörten Kindern stets auch daraufhin befragt, was sie für die allgemeine Erziehung bedeuten.

Folgende Themen werden behandelt: Störungen von Ich-Funktionen, Möglichkeiten der Ich-Unterstützung; Milieutherapie und situationsbezogene Therapiegespräche; Emotionen, »Führerschaft« und »Ansteckung« in der Gruppe; Disziplin in der Schulpraxis; Strafen und Grenzziehung; Reaktionsweisen von Jugendlichen. Dieses Buch soll dem Praktiker helfen, sich über pädagogische Fragen und ihre Hintergrundsproblematik klarer zu werden. Es soll außerdem dazu beitragen, den Zusammenhang von Psychotherapie und Pädagogik zu beleben und zu klären.

Fritz Redl, geboren 1902, bis 1973 Professor für Verhaltenswissenschaften in Detroit; lebt heute in North Adams, Mass. (USA).

Fritz Redl

Erziehung
schwieriger Kinder

Beiträge zu einer
psychotherapeutisch orientierten Pädagogik

Bearbeitet und herausgegeben
von Reinhard Fatke

Piper
München Zürich

Aus dem Englischen von Ruth Fleischmann, Elisabeth Flitner,
Ingrid Hoch, Christine Weinmann, Reinhard Fatke

Die Originalausgabe erschien 1966 unter dem Titel
»When We Deal with Children« bei The Free Press, New York.
Der zusätzliche, letzte Beitrag der deutschen Ausgabe mit dem Titel
»Wie reagieren Jugendliche?« erschien erstmals 1969 in
Gerald Caplan und Serge Lebovici (Hrsg.) »Adolescence.
Psychosocial Perspectives« bei Basic Books, New York.
Die erste Ausgabe von »Erziehung schwieriger Kinder« erschien
1971 als Band 13 in der von Andreas Flitner im Piper Verlag
herausgegebenen Reihe »Erziehung in Wissenschaft und Praxis«.

Von Fritz Redl (zusammen mit David Wineman) liegen
in der Serie Piper außerdem vor:
Steuerung des aggressiven Verhaltens beim Kind (129)
Kinder, die hassen (333)

ISBN 3-492-10664-1
Neuausgabe 1987
4. Aufl., 15.–22. Tausend Juni 1987
(1. Auflage, 1.–8. Tausend dieser Ausgabe)
© The Free Press, New York 1966
Alle Rechte der deutschen Ausgabe:
R. Piper & Co. Verlag, München 1971
Umschlag: Federico Luci,
unter Verwendung einer Zeichnung
aus dem »Struwwelpeter« (1847) von Heinrich Hoffmann
(© Favorit Verlag, Rastatt)
Gesamtherstellung: Clausen & Bosse, Leck
Printed in Germany

Inhalt

Einleitung von Reinhard Fatke 11

Ich-Störungen und Ich-Unterstützung 24

1. Mängel im geläufigen Konzept der Ich-Störung 25

2. Ich-Störung – welcher Art? 27
   Unfähigkeit, mit frustrationsbedingter Aggression fertig zu werden – Verlust der Ich-Kontrolle durch »gruppenpsychologische Berauschung« – Wahrnehmung der inhärenten Strukturen von Situationen und Dingen – »Vernünftig« bleiben auch unter dem Eindruck unverhoffter Gelegenheit

3. Was verstehen wir unter Ich-Unterstützung? 32

4. Einige Illustrationen zu Techniken der Ich-Unterstützung 35
   Umgang mit »Überhang«-Effekten – Vorbeugendes Eingreifen durch Signalisieren – Interpretation durch Umstrukturierung der Realität – Ausnutzung gruppenpsychologischer Sicherungen

5. Besondere Bedingungen für die Unterstützung des Ichs in der therapeutischen Heimerziehung 40
   Heimerziehung heißt Gruppentherapie

6. Techniken der Ich-Unterstützung 43

Das »Life Space Interview« (Therapeutisches Gespräch im aktuellen Lebenskontext) 48

1. Kinderanalyse, Milieutherapie und das fehlende Verbindungsglied 48

2. Das Konzept des »Life Space Interview« 52

3. Ziele und Aufgaben des »Life Space Interview« 53

4. Die therapeutische Auswertung von Ereignissen aus dem täglichen Leben 55

»Einmassierung des Realitätsprinzips« – Entfremdung von Symptomen – Wiederbeleben eingeschlafener Wertgefühle – Anbieten neuer Anpassungstechniken – Die Erweiterung der Grenzen des Selbst

5. Emotionale »Erste Hilfe« 59
Ablassen von »Frustrationssäure« – Unterstützung bei der Bewältigung von panischer Angst, Wut und Schuldgefühlen – Aufrechterhaltung der Kommunikation bei drohendem Abbruch der Beziehungen – Regulierung von Verhaltensabläufen und sozialen Beziehungen – Schiedsrichterliche Hilfe – bei schwierigen Entscheidungen und risikoreichen Abmachungen

6. Gedanken über Strategie und Technik 65
Beschränkung des Gesprächs auf ein zentrales Thema – Ich-Nähe und Klarheit des Themas – Die Vereinbarkeit verschiedener Rollen – Stimmungsbewältigung beim Kind und beim Erzieher – Die Wahl des rechten Zeitpunkts – Der Einfluß des »Territoriums« und der »Dinge«

7. Zusammenfassung 71

Das therapeutische Milieu 72

1. Die Verfänglichkeit des Milieubegriffs 74

2. »Therapeutisch« – in welcher Hinsicht? 75
»Therapeutisch« im Sinne von: sie zumindest nicht vergiften – »Therapeutisch« im Sinne von: sie müssen aber auch zu essen haben! – »Therapeutisch« im Sinne von: der Entwicklungsphase und dem soziokulturellen Hintergrund angemessen – »Therapeutisch« im Sinne von: klinischer Elastizität – »Therapeutisch« im Sinne von: Einbeziehung sekundärer Behandlungsziele – »Therapeutisch« im Sinne von: das Milieu und ich – »Therapeutisch« im Sinne von: Vorbereitung auf »das Leben«

3. Was enthält der Begriff »Milieu«? 86
Die soziale Struktur – Das Wertsystem – Gewohnheiten, Rituale und Verhaltensregeln – Auswirkungen des Gruppenprozesses – Die »anderen« Mitglieder der Gruppe – Einstellungen und Gefühle des Personals – nicht immer unbedingt »Übertragung« – Das Verhalten der »anderen« – Struktur und konstituierende Elemente einer Tätigkeit – Raum, Zeit, Ausrüstung und andere »Requisiten« – Das Eindringen von einem »Stückchen Außenwelt« – Das System der »Schiedsrichterdienste und Verkehrsregelung« zwischen Kind und Umgebung – Therapeutische Elastizität

4. Wie »wirkt« das Milieu? 96

Gruppenemotionen und Führerschaft 99

1. Psychoanalytische Erkenntnisse und Soziologie 101

2. Der Begriff »Gruppenemotion« 102

3. Die zentrale Person 103

4. Zehn Typen der Führerschaft und Gruppenbildung 104
Typus 1: »Der patriarchalische Herrscher« – Typus 2: »Der Führer« – Typus 3: »Der Tyrann« – Typus 4: »Die zentrale Person als Liebesobjekt« – Typus 5: »Die zentrale Person als Objekt von Aggressionstrieben« – Typus 6: »Der Organisator« – Typus 7: »Der Verführer« – Typus 8: »Der Held« – Typus 9: »Der schlechte Einfluß« – Typus 10: »Das gute Beispiel« – Zusammenfassung

5. Diskussion der zehn Typen 119

6. Anwendung auf die Erziehung 126

Ansteckung und Schockwirkung in der Gruppe 134

1. Gruppenpsychologische Faktoren 137
Der Gruppenstatus des Auslösenden – Beziehung zwischen Verhalten und Gruppenkodex – Gemeinsamkeit grundlegender Ausdruckstendenzen – Größe, Struktur, Organisationsform und Art des Gruppenprogramms – Gruppenatmosphäre

2. Persönlichkeitsfaktoren 139

3. Indirekte Ansteckung und Schockwirkung 142

4. Praktische Folgerungen 148
Bedeutung der Gruppenzusammensetzung – Gruppenpsychologische Absonderung – Besondere Behandlung durch den Leiter – Folgerungen für Neuaufnahmen

5. Theoretische Folgerungen 150

Disziplin in der Schulpraxis 152

1. Abgrenzung des Begriffs »Disziplin« 152
Erste Bedeutung – Zweite Bedeutung – Dritte Bedeutung – Zusammenfassung

2. Die drei Hauptarten des Kopfzerbrechens 154
Individuum oder Gruppe? – Steuerung des Verhaltens oder Veränderung der Einstellung? – Woran erkennen wir, ob »es wirkt« oder nicht?

3. Vorbeugung von Disziplinschwierigkeiten 174
Drei Typen »disziplinarischer Fälle« – Typus 1: Fallgeschichtlich bedingte Disziplinfälle – Typus 2: Gruppenbedingte Disziplinfälle – Typus 3: Mischfälle mit unterschiedlichen Schwergewichten – Gruppenpsychologische Faktoren bei Disziplinschwierigkeiten – Unzufriedenheit während

des Lern- und Arbeitsprozesses – Emotionale Unruhe in zwischenmenschlichen Bezügen – Störungen im Gruppenklima – Fehler in der Organisation und Führung von Gruppen – Emotionale Beanspruchung und plötzliche Änderungen – Die Zusammenstellung von Gruppen – Lernen Sie Ihre Gruppe kennen

4. Das Verhältnis von Disziplin und Persönlichkeit des Lehrers 197

5. Zur Erinnerung, bevor Sie nächstes Mal in Ihre Klasse gehen 200

Grenzziehung und Strafen aus der Perspektive der Ich-Psychologie .. 203

1. »Ich verstehe das Kind – aber was soll ich tun?« 203

2. Zum Problem der Grenzziehung 204

3. Rezepte zur Verhaltenssteuerung 206

4. Die Bestrafung und ihr Verhältnis zur Ich-Struktur des Kindes .. 208
Welche Voraussetzungen müssen erfüllt sein, damit eine Bestrafung den richtigen Effekt haben kann?

5. Die Analyse des Straferlebnisses 210

6. Die Beurteilung der Strafwirkung 215

7. Das Setzen von Grenzen und die Aufgabe, das Ich zu unterstützen 220

Wie reagieren Jugendliche? 224

1. Definition des Gegenstands 224
Jugendliche sind Menschen, die eine bestimmte Entwicklungsphase durchlaufen – Welche Altersgruppen bezeichnen wir als »Jugendliche«? – Verhaltensweisen, die im Gefolge einer Desorganisation des Organismus auftreten – Verhaltensweisen, die eine »gruppenpsychologische Umorientierung« begleiten – Was gehört noch zum Jugendalter? – Reaktion – worauf?

2. Zentrale Schwierigkeiten für die Jugend unserer Zeit 233
»Freiraum« ohne Freiheit – Ein neues Vorurteil kommt hinzu – Rassen-, Kasten- und Klassenschranken erfahren stärkere Aufmerksamkeit – Der verstärkte »Schicksalskomplex« – Die Gruppe: Zuflucht der Auswanderer oder Ausgangsbasis der Einwanderer?

3. Syndrome der Bewältigung, die uns verblüffen 239
Allergien gegen Situationen und Erwachsene, die nicht Teil des gewohnten Lebenskontextes des Jugendlichen sind – Überbewertung des symbolischen Bedeutungsgehalts von realen Situationen und Lebensereignissen – Über den Zusammenbruch des Ichs unter der Einwirkung eines gruppen-

psychologischen Rausches und unter dem Einfluß einer »Herausforderung« – Die Bande unter der Couch – Die erstaunlich hohe Elastizität des Ichs

Anmerkungen 249

Bibliographie Fritz Redl (Auswahl) 257

Einleitung

von Reinhard Fatke

I.

»Die Rolle, die die Analyse für die Pädagogik auf alle Fälle zu spielen vermag, ist ganz offensichtlich darin zu suchen, daß aus ihren Ergebnissen eine Reihe von wertvollen Folgerungen für die pädagogischen Forschungsgebiete gezogen werden kann. Die gründliche Kenntnis des frühkindlichen Trieblebens, das Verständnis der als Verdrängung, Sublimierung usw. bezeichneten Vorgänge muß jeder Art von Pädagogik zu denken geben, sie bei der Gestaltung ihrer Methodik unbedingt beeinflussen. In diesem Sinne *gibt* es also ohne Zweifel analytische Pädagogik, sie ist die Verwertung analytischer Forschungsergebnisse für die Erfüllung pädagogischer Aufgaben und für die theoretische Bearbeitung pädagogischer Problemkreise.«[1]

Mit dieser Formulierung, die aus dem Jahre 1932 stammt, bezeichnet Fritz Redl den Standort einer »psychoanalytischen Pädagogik«, um deren Bestimmung und Abgrenzung sich zu jener Zeit Analytiker, Lehrer, Sozialpädagogen und andere bemühten.

Seit den Anfängen der Freudschen Lehre ist das Verhältnis von Psychoanalyse und Pädagogik zueinander diskutiert worden.[2]

Die erste Phase (etwa von 1898 bis 1908/10) war von der vorherrschenden Auffassung gekennzeichnet, daß die innere Befreiung des Menschen von falschen Bindungen, von Triebunterdrückungen und psychischen Zwängen das gemeinsame Ziel sowohl der Psychoanalyse als auch der Pädagogik sei. Erziehung wurde als eine immanente Funktion der Psychoanalyse angesehen.[3]

Erst von 1910 an begann sich eine positiv bestimmte Erziehungslehre aus der Diskussion herauszuschälen, die die Hauptbetonung nicht mehr auf die Verhinderung und Vorbeugung von psychischen – insbesondere sexuellen – Fehlentwicklungen legte, sondern auf die Interessen, Absichten und spontanen Aktivitäten des Kindes.[4] Auch bemühte man sich um eine erste kritische Abgrenzung zwischen der Psychoanalyse und der Erziehung. Aber immer noch erschien die Erziehungsaufgabe aus der Perspektive der Psychoanalyse formuliert: Man fragte, inwiefern die Psychoanalyse noch der *Ergänzung* durch andere pädagogische Tätigkeit bedürfe[5]; man interessierte sich dafür, welche Rolle die Psychoanalyse als therapeutische Methode in der Erziehung spielen könnte[6].

Von diesen Vorstellungen her bestimmte sich auch das Verhältnis der Analytiker zu den Pädagogen, insbesondere den Lehrern. Glaubte man zunächst, daß eine »aufgeklärte«, d. h. psychoanalytisch orientierte Erziehung bereits gewährleistet sei, wenn man den Lehrern die psychoanalytischen Erkenntnisse über das kindliche Triebleben und das Unbewußte vermittle, so wurde bald die Forderung erhoben, jeder Lehrer solle sich einer Analyse unterziehen. Neben manchen anderen Mißverständnissen offenbarten diese Vorstellungen, daß die spezifisch pädagogische Aufgabe des Lehrers verkannt wurde.[7]

Erst von etwa 1920 an, als sich Angehörige der verschiedensten Berufe versammelten und auch Lehrer die Gelegenheit hatten, sich mit ihren pädagogischen Interessen zu Wort zu melden, konnte das Verhältnis von Psychoanalyse und Pädagogik genauer bestimmt werden. Die Erziehungsversuche Siegfried Bernfelds, Wera Schmidts und August Aichhorns, die Beiträge Hans Zulligers zum Verfahren der »pädagogischen Analyse« und vor allem die Entwicklung neuer Techniken der Kinderanalyse (insbesondere durch Anna Freud) lieferten die Voraussetzungen für eine Abgrenzung psychotherapeutischer und pädagogischer Aufgaben und Ziele und für eine fruchtbringende Zusammenarbeit zwischen Analytikern und Pädagogen. Die 1926 gegründete »Zeitschrift für Psychoanalytische Pädagogik« war jetzt »Sammelstelle und Zentrum der Bewegung für psychoanalytisch orientierte Pädagogik«.[8] Es war nun klar geworden, daß Erziehung nicht in Therapie aufgeht, sondern eigene Ziele, Methoden und Probleme hat, zu denen jedoch die Psychoanalyse Orientierungshilfen, Korrekturen und Anregungen geben kann.

In diesem Sinne erklärt Sigmund Freud 1925, »daß die Erziehungsarbeit etwas sui generis ist, das nicht mit psychoanalytischer Beeinflussung verwechselt und nicht durch sie ersetzt werden kann. Die Psychoanalyse kann von der Erziehung als Hilfsmittel herangezogen werden. Aber sie ist nicht dazu geeignet, an ihre Stelle zu treten.«[9]

Vom pädagogischen Standpunkt aus wird die Psychoanalyse als »Mittel« also der Erziehungsarbeit als »Zweck« untergeordnet, »so wie das *Adjektivum* dem *Substantivum* ›analytische Erziehung‹«.[10]

Einleitung

Diese Formulierung Redls faßt nicht nur seine Reflexion über das Verhältnis von Psychoanalyse und Pädagogik zusammen, sondern macht zugleich deutlich, daß sein Hauptinteresse in der Erziehungsarbeit liegt und er von dorther die Psychoanalyse auf pädagogisch relevante Erkenntnisse und Ergebnisse abtastet. Es ist die Besonderheit der erzieherischen Aufgabe, die ihn berechtigt, nun auch gezielte Fragen an die Psychoanalyse zu stellen, statt – wie er formuliert – sich nur von den »abfallenden Krümeln vom Tisch der Psychoanalytiker zu nähren«[11]. In solchen Fragen artikuliert sich auch nicht selten eine Kritik daran, daß die Analytiker die spezifischen Probleme, die in der Erziehungssituation gegeben sind, verkennen: »So interessant und fesselnd alles ist, was uns die Psychologen zu sagen haben – irgendwie können wir uns des Eindrucks nicht erwehren, daß einiges in ihren Fragestellungen gar nicht enthalten ist, was für uns doch das tägliche Brot bedeutet.«[12]

Anhand der zu jener Zeit vorliegenden psychologischen Literatur über das Thema »Strafen« erläutert Redl: »Dem Erziehungspraktiker, besonders dem Lehrer etwa, ist es nicht zu verdenken, wenn er die Strafliteratur ein wenig enttäuscht und verbittert aus der Hand legt. Denn die bestfundierten theoretischen Untersuchungen, die vollständigsten Beispielsammlungen von bösem Strafmißbrauch bieten ihm nicht das, was er so notwendig braucht, nämlich Kriterien, deren Anwendung auf seine eigene Erfahrung ihm neue Gesichtspunkte zur besseren Bewältigung seiner schwierigen Aufgabe liefern könnte.«[13]

Diese und die eingangs zitierte Formulierung geben die Richtung an, in der Redls wissenschaftliche Hauptinteressen wie auch seine praktischen pädagogisch-therapeutischen Bemühungen liegen. Die Entwicklung konkreter Hilfen für die »Erfüllung der pädagogischen Aufgaben« ist der eine Gesichtspunkt, unter dem er die theoretischen Einsichten und das klinische Fallmaterial der Psychoanalyse befragt. Der andere Aspekt ist das Einbringen von Anregungen der Psychoanalyse für die »theoretische Bearbeitung pädagogischer Problemkreise«.

II.

Der wechselseitigen Durchdringung von theoretischer Reflexion und praktischem Handeln und der Integration verschiedener wissenschaftlicher Disziplinen hat Fritz Redls ganzes berufliches Bemühen gegolten.

Dabei hatte er an einen pädagogischen Beruf zunächst nicht gedacht. 1902 als Sohn eines Stationsvorstehers in der Steiermark geboren, verbrachte er den größten Teil seiner Kindheit und Jugend in Wien, unterbrochen von einem etwa einjährigen Aufenthalt im Sudetenland, wo er, bei Kriegsausbruch, bei einem Lehrer in Pension war. Hier schloß er sich der Wandervogelbewegung an, die einen nachhaltigen Einfluß auf ihn hatte.

Nach Abschluß der Schulzeit begann er an der Wiener Universität das Fach zu studieren, dem sein frühes Interesse galt: Philosophie. Gleich im ersten Semester geriet er in den engeren Kreis des Neukantianers Robert Reininger. Kant, Nietzsche und Schopenhauer beeinflußten ihn vor allem. Sein schon damals bestehendes Interesse für die Psychologie führte ihn in die Vorlesungen von Karl Bühler und Charlotte Bühler. Außerdem studierte er Germanistik und Anglistik, um als Gymnasiallehrer ein Auskommen zu haben und dabei seinen philosophischen Interessen weiterhin nachgehen zu können. Mit 23 Jahren promovierte er zum Doktor der Philosophie mit einer Arbeit über »Die erkenntnistheoretischen Grundlagen in der Ethik Kants«. An Kant schulte er seine Fähigkeit, zu kategorisieren und zu systematisieren, die alle seine späteren Veröffentlichungen zur Pädagogik und Psychologie durchzieht.

Auf einen Verdienst angewiesen, trat Redl gleich nach der Promotion in den Schuldienst ein und legte 1926 das Referendarexamen für das höhere Lehramt ab, das ihn zum Unterrichten in den Fächern Philosophie, Psychologie, Deutsch und Englisch berechtigte.

Die Erfahrungen, die er im Umgang mit seinen Schülern sammelte, ließen ihn seine beruflichen Zukunftsvorstellungen neu überdenken, und er beschloß, Lehrer zu bleiben, statt sein Leben der Philosophie zu widmen. Dabei versuchte er immer wieder, Erfahrungen aus seiner Wandervogelzeit in die Situation des Klassenzimmers zu übertragen. So bemühte er sich beispielsweise, seine Schüler nicht als eine Klasse im herkömmlichen Sinn zu führen, sondern eher als eine Jugendgruppe. Dazu erhielt er Gelegenheit, als ihm in einer Art Experiment die Führung einer Klasse vom ersten Gymnasialjahr zur Reifeprüfung übertragen wurde.

Immer wieder aber wurde ihm deutlich, daß er eigentlich nicht genug über seine Schüler und das, was in ihnen vorging, wußte. Auch die herkömmliche Psychologie vermochte ihm nicht das zu vermitteln, was für seine erzieherischen Aufgaben und Probleme unmittelbar relevant und praktikabel gewesen wäre. Er begann, sich stärker mit der Psychoanalyse

Einleitung

zu beschäftigen, von der er sich mehr Aufschluß erhoffte, und geriet zunächst an Alfred Adler, dann in den Kreis der jüngeren Psychoanalytiker um Anna Freud. Von 1928 an gehörte er dem Wiener Psychoanalytischen Institut an, in dem er seine Ausbildung als Analytiker erhielt und später zu einem aktiven Mitarbeiter wurde. Daneben war er von 1930 an als Schulpsychologe in einem Landerziehungsheim tätig und leitete außerdem die Erziehungsberatungsstellen des Wiener Volksbildungsreferats (von 1934 bis 1936), wobei er u. a. eng mit August Aichhorn zusammenarbeitete. In diesen Jahren wurde sein Denken beeinflußt vor allem von Anna Freud, August Aichhorn, Jeanne Lampl-de-Groot, Heinz Hartmann, Marianne Kris, Editha und Richard Sterba und Wilhelm Hoffer.

Die psychoanalytischen Einsichten, die Redl gewann, vertieften sein Verständnis nicht nur für die persönlichen Probleme seiner Schüler und für seine Rolle als Lehrer, sondern auch für die gruppenpsychologischen Vorgänge in der Klasse und die psychodynamische Wechselbeziehung zwischen Lehrer und Schülern. Die Ergebnisse seiner Reflexionen über diese Themen veröffentlichte er in einer Reihe von Beiträgen in der Zeitschrift für Psychoanalytische Pädagogik [14]. In diesen Aufsätzen – wie auch in seinen für den Schulgebrauch verfaßten Lehrbüchern für Psychologie und Philosophie – ging es ihm darum, theoretische Modelle auf ihre praktischen Implikationen zu untersuchen sowie aus den praktischen Erfahrungen heraus den theoretischen Rahmen zu modifizieren.

Hauptgegenstand seines Interesses waren stets weniger die Störungen, Fehlentwicklungen und Krankheiten des Seelenlebens, als vielmehr die Probleme, die selbst bei normaler seelischer Entwicklung jeweils im pädagogischen Zusammenhang auftreten. Eine ständig wiederkehrende Frage, die er seit jener Zeit auch in seinen Publikationen erörtert, ist die nach der Unterscheidung zwischen eindeutiger Pathologie und normalen Entwicklungsproblemen im Verhalten von Kindern und Jugendlichen.

Die psychischen und sozialen Probleme des *normalen Jugendlichen* standen auch im Mittelpunkt einer Konferenz der *New Education Fellowship*, zu der Redl 1935 nach Cheltenham in England fuhr. Hier knüpfte er Kontakte mit David Havighurst von der Rockefeller Foundation, die ein großangelegtes Forschungsprojekt über *Normal Adolescence* plante und Redl zur Mitarbeit gewinnen wollte [15]. Er nahm dies Angebot auch wegen der politischen Krisensituation in Österreich dankbar an, gab seine vielfältigen Tätigkeiten in Wien auf und ging 1936 in die USA.

In New York vermißte er bei seiner Forschungstätigkeit bald den unmittelbaren pädagogischen Kontakt mit Kindern und entschloß sich deshalb nach einiger Zeit, an die *Cranbrook School* zu gehen, ein renommiertes Internat in Michigan, wo er einen schulpsychologischen Beratungsdienst aufbauen sollte. Zugleich nahm er einen Lehrauftrag an der *University of Michigan* an.

Als Österreich 1938 unter nationalsozialistische Herrschaft geriet, entschloß sich Redl, in den USA zu bleiben und fortan, wie viele Wiener Psychoanalytiker, als Emigrant dort zu leben.

An dem vornehmen Internat hielt es ihn jedoch nicht lange; er wollte lieber – wie in den Wiener Erziehungsberatungsstellen – mit emotional gestörten und sozial auffälligen Kindern aus der Unterschicht zu tun haben. Diese fand er in einer Erziehungsanstalt für straffällig gewordene Jugendliche, in der er zu arbeiten begann, und in dem *Fresh Air Camp*, einem Sommerlager für erholungsbedürftige Kinder aus großstädtischen Elendsquartieren, das der *University of Michigan* angeschlossen war. Er übernahm dieses Lager mit dem Ziel, daraus einen therapeutisch orientierten Erziehungsversuch für gestörte Kinder zu machen.

Als er 1941 als Professor für Sozialarbeit an die *Wayne State University* in Detroit berufen wurde, baute er auch hier eine Einrichtung auf, deren Zweck darin bestand, im Rahmen einer sozialpädagogischen Clubarbeit gestörten Kindern durch gruppentherapeutische Verfahren, die in das Clubprogramm integriert waren, zu helfen. Dies war das *Detroit Group Project*, das zugleich den sozialfürsorgerischen Hilfseinrichtungen der Stadt Unterstützung und Beratungshilfe leistete. Im Zusammenhang damit organisierte Redl ebenfalls ein Sommerlager, weil es ihm unsinnig erschien, die schwierigen Kinder über die dreimonatige Sommerpause hinweg sich selbst zu überlassen.

Zugleich beschäftigte ihn der Wunsch, für schwer gestörte Kinder noch mehr zu tun, ihnen wirksamer zu helfen und zudem mehr über ihre Störungen, Verhaltensmechanismen, Einstellungen usw. zu erfahren, indem man sie in einer therapeutisch strukturierten Einrichtung den ganzen Tag lang intensiv betreut und beobachtet.

Das pädagogisch-therapeutische Konzept, das Redl im Laufe der Jahre entwickelt hatte, konnte er dann 1946 verwirklichen, als das *Pioneer House*, ein kleines Erziehungsheim mitten in einem Elendsviertel von Detroit, gegründet wurde. Finanzielle Unterstützung erhielt es von einer Wohlfahrtsorganisation, der *Junior League of Detroit*. Als diese aber bald darauf kein Geld mehr zur Verfügung stellen konnte und auch keine andere Stelle und keine Behörde einspringen mochte, mußte dieses so bedeutende Experiment knapp zwei Jahre später wieder eingestellt werden.

Während dieser kurzen Zeit wurden fünf schwer gestörte hyperaggressive Jungen aus der Unterschicht mit prädelinquenten Verhaltensmustern von insgesamt zehn Erwachsenen betreut, behandelt und erzogen. Die Erfahrungen aus dem erzieherischen und therapeutischen Umgang mit diesen »Kindern, die hassen«, schlugen sich in zahlreichen Aufsätzen und in zwei Büchern nieder, die auf dem Gebiet der Heimerziehung und darüber hinaus auch in allen anderen Bereichen der pädagogischen Arbeit mit emotional gestörten und sozial vernachlässigten Kindern neue Maßstäbe gesetzt haben.[16]

Nach diesem Versuch widmete Redl sich, neben seiner Lehrtätigkeit an der Universität und seinen Konsultationsaufgaben in verschiedenen Kliniken, Heimen und psychologischen Beratungsstellen, zunächst einigen Forschungsprojekten, z. B. über die Verwendung der Gruppe als therapeutischen Mediums in der klinischen Arbeit mit gestörten Kindern.

1953 erhielt er dann vom *National Institute for Mental Health* der Vereinigten Staaten das Angebot, in Bethesda bei Washington in einem großen psychiatrischen Krankenhaus, das vor allem auch Forschungszwecken diente, eine Kinderstation aufzubauen und zu leiten. Hier bot sich ihm die Möglichkeit, bei großzügiger finanzieller Ausstattung ein Modell aufzubauen, das sowohl Therapie (Gruppen- und Milieutherapie, ergänzt durch Einzeltherapie) als auch Erziehung und Unterricht (in einer eigenen Schule) zu einer Einheit integrierte. Dieses Konzept machte es außerdem möglich, psychiatrisch schwerer gestörte, präpsychotische Kinder aufzunehmen. Sie waren zwischen acht und zehn Jahren alt, normal intelligent, ohne nachweisbare physische Schäden. Ihr Verhalten zeichnete sich durch einen extrem hohen Grad von Aggressivität und Zerstörungslust aus; darüber hinaus waren sie mit erheblichen Lernstörungen und charakterlichen Fehlhaltungen belastet.[17]

Hier in Bethesda arbeitete Redl die Konzepte des »therapeutischen Milieus«, des »Life Space Interview« (eines situationsbezogenen therapeutischen Gesprächs, das im aktuellen Lebenskontext des Kindes stattfindet) und der »gruppenpsychologischen Ansteckung« weiter aus.[18]

Da die Leitung einer staatlichen Krankenhausabteilung eine große Last an Verwaltungsaufgaben, an bürokratischer Kleinarbeit und an Anstrengungen im Verhandeln mit Behörden mit sich brachte, fand Redl bald nicht mehr genügend Zeit für seine eigentlichen therapeutischen und pädagogischen Interessen. Nach mancherlei Schwierigkeiten mit den vorgesetzten Stellen verließ er Bethesda im Jahre 1959 und kehrte an die *Wayne State University* zurück, wo er seither als *Distinguished Professor of the Behavioral Sciences* lehrt.

Aus seiner langjährigen Unterrichtserfahrung ist sein Buch *Mental Hygiene in Teaching* hervorgegangen, das als Lehrbuch zu einem Standardwerk in der amerikanischen Erziehungswissenschaft und der Pädagogischen Psychologie geworden ist.[19] Es versucht vor allem, den Lehrer über die psychohygienischen Probleme aufzuklären, die im Kontext der Schule auftreten können. Neben seinen Veröffentlichungen in Fachzeitschriften hat er wiederholt Beiträge für populärwissenschaftliche Zeitschriften, Magazine und Journale geschrieben, die ihn – zusammen mit seiner Vortragstätigkeit – auch über die Grenzen der USA hinaus bekannt gemacht haben. Unter dem Titel *When We Deal with Children* erschien 1966 eine Sammlung seiner wichtigsten Aufsätze.[20]

Immer wieder setzt er sich für die Verbesserung von Erziehungsbedingungen, für die Verfeinerung von pädagogischen und therapeutischen Verfahren in der Behandlung gestörter Kinder und für die Entwicklung neuer Wege in der Jugendhilfe und Kindertherapie ein.

In Anerkennung dieser Verdienste erhielt er zahlreiche akademische Auszeichnungen und öffentliche Ehrungen, unter anderem ein Stipendium für das kalifornische *Center for Advanced Study in the Behavioral Sciences* der Ford Foundation, den Ehrendoktor des Wheelock College in Boston, Massachussetts, den *Martin Luther King Jr. Memorial Award* und die *White House Citation* für »Verdienste um die psychosoziale Gesundheit der Kinder der Vereinigten Staaten«. Neuerdings hat ihm auch die Universität Tübingen, an der er im Sommer 1971 als Gastprofessor lehrte, die Würde eines Ehrendoktors verliehen.

III.

Der wohl bedeutendste Beitrag Redls zur wissenschaftlichen Diskussion wie für die pädagogisch-therapeutische Praxis liegt in der geglückten Verbindung von psychoanalytischen und pädagogischen Einsichten zu einem überzeugenden Versuch therapeutischer Erziehung.

Ausgehend von den bahnbrechenden Anstößen seines Lehrers und Freundes August Aichhorn, der in Oberhollabrunn und St. Andrä in

Österreich zum erstenmal auf psychoanalytischer Grundlage neue Wege im Umgang mit verwahrlosten Jugendlichen entwickelte[21], realisierte Redl im *Pioneer House* ein über Aichhorn hinausgehendes Konzept, das für das Heimerziehungswesen richtungweisend wurde. (Er gründete auch, u. a. mit Bruno Bettelheim, die *American Association for Children Residential Centers*.)

Aichhorn ging es hauptsächlich darum, dissozialen Kindern durch eine verständnisvolle und weitgehend permissive Haltung sowie durch die Bereitstellung eines institutionellen Rahmens für das Ausagieren ihrer Aggressivität eine Möglichkeit zu geben, sich von dem auf ihnen lastenden Druck zu befreien. Redl dagegen hatte es mit einer Klientel zu tun, gegen die sich die Verwahrlosten in Wien um 1920 geradezu harmlos ausnahmen und die für keine der üblichen sozialpädagogischen Einrichtungen mehr tragbar waren. Es waren Kinder aus den kriminellen Slums einer Großstadt, die den Erwachsenen in Haß und Feindseligkeit gegenüberstanden und eine fast undurchdringliche Abwehrstellung gegen die Realität aufgebaut hatten. Zur Behandlung solcher »Kinder, die hassen«, genügte es aber nicht, ihnen nur die Möglichkeit zum ungehemmten Ausagieren von inneren Spannungen und Konflikten zu geben, sondern es war nötig, ihnen zu helfen, »Kontrollen von innen« aufzubauen. Das Entfernen von Hemmnissen allein hätte nur die Reaktion zur Folge gehabt, die Rudolf Ekstein so anschaulich an einem schwer gestörten achtjährigen Mädchen beschreibt, das von einer sehr strikten und autoritären Schule in eine nach psychoanalytischen Prinzipien arbeitende Schule kam, in der die Kinder alle Freiheiten hatten und den Lehrstoff und die Unterrichtsaktivitäten selbst bestimmen konnten. Als das Mädchen nach einiger Zeit gefragt wurde, wie es ihm in der neuen Umgebung gefalle, gab es zur Antwort: »Schlecht! Mir gefiel die alte Schule viel besser. Hier bin ich richtig unglücklich.« Und auf die Frage, warum, brach es aus ihm hervor: »Weil der Lehrer in der alten Schule mir immer dabei geholfen hat, artig zu sein!«[22]

Das Setzen von klar definierten Grenzen ist angemessener als uneingeschränktes Gewährenlassen. Redls bedeutsame Erkenntnis war, daß die eigentlichen Störungen seiner Kinder Störungen ihrer Ich-Funktionen waren und daß diese einer therapeutisch durchdachten Unterstützung bedurften.[23] Redl verband also die Anstöße, die von der traditionellen Psychoanalyse ausgingen, mit den Anregungen der Ich-Psychologie – insbesondere der Arbeiten von Heinz Hartmann und Anna Freud[24] – und übersetzte sie in die pädagogisch-therapeutische Praxis.

»Kontrollen von innen«, die den Kindern helfen sollen, sich aus eigener Anstrengung realitätsgerecht zu verhalten, werden aufgebaut durch Maßnahmen verschiedenster Art, die allesamt der Unterstützung bzw. Wiederherstellung gestörter Ich-Funktionen dienen. Die Maßnahmen müssen auf die spezielle Eigenart der Kinder, insbesondere auf die tiefsitzenden, nicht-neurotischen, in Haß und Aggressivität verfestigten Abwehrmechanismen ihres »delinquenten Ichs« zugeschnitten sein. Herkömmlichen Formen der Einzeltherapie sind diese Kinder nicht zugänglich, denn zum einen sind sie in der Regel unfähig, ihre Probleme, Gefühle und Konflikte zu verbalisieren; zum anderen sind sie gegenüber der Gruppe ihrer Spielkameraden und deren Wertkodex so loyal und gegenüber den Erwachsenen so feindselig, daß der Therapeut mit unüberwindbaren Widerständen zu kämpfen hätte.

Die Antwort, die Redl auf diese Probleme fand, war das Konzept des »therapeutischen Milieus«. Die Bestandteile des therapeutischen Milieus reichen von der sozialen Struktur und dem Normensystem über die dynamischen Kräfte in den Kindergruppen und die Einwirkungen des Personals bis zum Tagesprogramm, der Zeiteinteilung und den Spielmaterialien. Dieses Konzept sucht sicherzustellen, daß alle Faktoren in der Lebensumwelt eines gestörten Kindes einen therapeutischen Einfluß ausüben. Damit wird zugleich eine Therapiewirkung erzielt, die während des ganzen Tages andauert und nicht auf die 50 Minuten beschränkt bleibt, die das Kind bei seinem Therapeuten verbringt. Das eigentliche therapeutische Geschehen wird auf diese Weise in den natürlichen interpersonalen und situationalen Lebenskontext des Kindes zurückverlegt [25].

Eine spezielle Technik, die mit dem Konzept des therapeutischen Milieus in engem Zusammenhang steht, nimmt sich der Probleme des Kindes an, die sich in einer gegebenen Situation aktualisieren. Eine erwachsene Bezugsperson aus dem aktuellen Lebenskontext des Kindes greift einen Vorfall oder einen Konflikt, in den das Kind verwickelt ist, sofort auf und spricht es mit ihm durch. Bei diesem Gespräch liegt die Betonung weniger auf der Bewußtmachung vergangener psychischer Ereignisse (wie etwa im traditionellen therapeutischen Gespräch), sondern vielmehr auf der Erhellung gegenwärtiger Verhaltensabläufe und psychodynamischer Mechanismen, die zu dem Konflikt geführt haben. Dadurch wird dem Kind eine emotionale »Soforthilfe« gegeben und sogleich versucht, auf dem Hintergrund des langfristigen Behandlungsziels dem Kind realitätsgerechtere Verhaltensweisen aufzuzeigen, nur spärlich vorhandene Wertvorstellungen zu aktivieren und aufzubauen usw. Für dieses Verfahren, das Redl in lang-

Einleitung

jähriger Erfahrung ständig vervollkommnet hat, prägte er den Begriff »Life Space Interview«[26].

Die pädagogische und therapeutische Arbeit im Gruppenkontext richtete Redls Interesse zunehmend auf die Erforschung gruppenpsychologischer Vorgänge. Als er in Wien als Lehrer tätig war, systematisierte er bereits die verschiedenen Typen von Gruppenführern in ihrer Abhängigkeit von und zugleich ihrer Wirkung auf die Emotionen der Gruppe[27]. In den therapeutischen Kindergruppen, die er später in Sommerlagern und Erziehungsheimen leitete, studierte er dann vor allem das Phänomen der psychologischen Ansteckung in der Gruppe[28]. Von hier ergaben sich zahlreiche Anregungen für das Zusammenstellen von Gruppen[29], für die Behandlung von Disziplinfällen in der Gruppensituation[30] und für die Handhabung des Widerstandes, den Gruppen der Therapie entgegensetzen[31].

Bei der Untersuchung von Gruppenphänomenen wie auch von individuellen psychosozialen Störungen betont Redl die Wichtigkeit von Informationen und Daten, die über die üblichen psychoanalytischen Angaben hinausgehen und direkte Relevanz für Maßnahmen der Verhaltenssteuerung und der erzieherischen Beeinflussung haben. Viele Erzieher wissen mit den Informationen aus der traditionellen Fallgeschichte eines Kindes nichts Rechtes anzufangen, da sie die Bedeutung dieser Daten für die konkreten Probleme der alltäglichen Erziehungssituationen nicht erkennen können. Was sie benötigen, sind Angaben darüber, wie das Kind auf welche Einflüsse reagiert. Wenn es z. B. einen Wutausbruch hat, interessiert den Erzieher nicht, wie das Kind seinen Ödipuskonflikt gelöst hat und welche Stellung es in der Geschwisterreihe einnimmt, sondern im Augenblick ist es für ihn allein wichtig zu wissen, was geschieht, wenn er sich dem Kind nähert und ihm die Hand auf die Schulter legt: beruhigt diese Geste das Kind, oder macht sie es nur noch wütender?

Aus dieser Einsicht heraus äußert Redl häufig den Verdacht, daß wir »den falschen Datenbaum anbellen«[32] und statt dessen nach Daten forschen sollten, die uns bei der Erfüllung der Aufgabe des *Behavioral Management* als Orientierung dienen können. Die verhaltensrelevanten Fakten über ein Kind könnten in einer Art Gebrauchsanleitung (*User's Guide*) zusammengestellt und dem Erzieher statt der üblichen Fallgeschichte an die Hand gegeben werden[33].

Seine bereits erwähnten Vorschläge zur Programmgestaltung im Heim und im Sommerlager stellen einen weiteren Beitrag zum Fragenkomplex des *Behavioral Management* dar.

Die große Bedeutung, die Redl dem tatsächlichen Verhalten beimißt, unterscheidet ihn von den meisten Psychoanalytikern. In den Anregungen, die er für die Steuerung des Verhaltens gibt, verbindet er Einsichten der klassischen Psychoanalyse mit Prinzipien, die auch die Verhaltenstherapie vertritt.

IV.

»Schwierige Kinder«, das sind Kinder, die nicht nur Therapeuten und Heilpädagogen vor Probleme stellen, sondern auch Eltern, Kindergärtnerinnen, Lehrer, Jugendleiter, Sozialarbeiter, Heimerzieher usw. Zu den schwierigen Kindern gehören zwar die emotional schwer gestörten und die sozial geschädigten, die dissozialen, die »Kinder, die hassen«. Zu ihnen gehören aber auch diejenigen, die ganz normale entwicklungspsychologische Probleme haben, sowie – und diese Kategorie kommt nur selten in den Blick – solche Kinder, die sich gerade durch die Schwierigkeiten, die sie anderen bereiten, seelisch gesund erhalten. Ihre Verhaltensweisen, die sie auf den ersten Blick als erziehungsschwierig erscheinen lassen, stellen in Wahrheit einen gesunden Schutz gegen eine drohende Gefahr von außen dar. Solche Gefahr kann in einem irrationalen oder psychisch grausamen Verhalten von Erwachsenen liegen; oder in einer falsch strukturierten Umwelt (z. B. wenn ein lernwilliges Kind einem langweiligen Unterricht ausgesetzt ist oder sich in einer uninteressierten und lernunwilligen Klasse befindet); oder aber – was oft nicht ernst genug genommen wird – in Lebensereignissen oder sog. »Schicksalsschlägen« (wie Geburt eines Geschwisters, Tod eines Elternteils, Umzug aus einer ländlichen Kleinstadt ins hektische Großstadttreiben oder umgekehrt), die durch niemandes Schuld das Kind Belastungen und Konflikten aussetzen, die weit über das übliche Maß, mit dem es fertig zu werden gewohnt ist, hinausgehen [34].

Dieses »normale« Kind, das seinen Erziehern ebenfalls Probleme bereitet, hat Redl ständig im Auge, wenn er die Erkenntnisse, die er bei der Behandlung des gestörten Kindes gewonnen hat, in die Erziehungspraxis umzusetzen versucht. So bleibt er in seinen Schriften nicht im Beschreiben und Erklären von psychischen Krankheitsbildern stecken, sondern er verweist den Leser ständig auf Ähnlichkeiten und Unterschiede zu Verhaltensproblemen des nicht-gestörten Kindes. Er begnügt sich nicht mit der Darstellung therapeutischer Techniken, die nur für klinische Fälle relevant

Einleitung

wären, sondern er liefert darüber hinaus Hinweise für den Umgang mit dem normalen Kind.

Die meisten der in diesem Band zusammengestellten Aufsätze stammen aus dem bereits erwähnten Buch »When We Deal with Children«. Außerdem enthält die vorliegende Sammlung einen bisher unveröffentlichten Aufsatz, in dem das alte pädagogische Problem der Strafe aus psychoanalytischer Perspektive betrachtet und im Zusammenhang mit der Notwendigkeit der Grenzziehung diskutiert wird. Schließlich ist noch ein Beitrag aufgenommen worden, der sich mit den Reaktionen von Jugendlichen auf die in der Pubertät auftretenden physischen, psychosozialen und soziokulturellen Veränderungen sowie auf die Einstellungen und das Verhalten von Erwachsenen befaßt.

Bei der Zusammenstellung dieser »Beiträge zu einer psychotherapeutisch orientierten Pädagogik« war vor allem der Gesichtspunkt leitend, daß die Auswahl sowohl die wichtigsten theoretischen Grundlagen und Konzepte wie auch die Breite der praktischen Erfahrungen des Autors widerspiegeln sollte. Auf die Aufnahme spezieller klinischer Beiträge wurde verzichtet und statt dessen das Hauptgewicht auf solche gelegt, die sich thematisch wie stilistisch an ein größeres Leserpublikum wenden.

Viele der hier vorgestellten Aufsätze basieren auf Vorträgen des Autors und zeichnen sich im amerikanischen Original deshalb besonders durch die Lebendigkeit des gesprochenen Wortes aus. Das wirft bei der Übertragung ins Deutsche manche Probleme auf, da an vielen Stellen die sprachliche Originalität, die Leichtigkeit und drastische Anschaulichkeit des Ausdrucks nicht wiederzugeben waren. Wo die amerikanische Wendung das Gemeinte besser zu veranschaulichen schien, wurde sie hinter dem Übersetzungsversuch stehengelassen. An vereinzelten Stellen wurde der Text um eines klareren Verständnisses willen vom Herausgeber, in Absprache mit dem Autor, bearbeitet. Außerdem hat der Herausgeber Anmerkungen ergänzt, die u. a. auf weiterführende Literatur verweisen und die wenigen und unwesentlichen Kürzungen kenntlich machen. Der Autor hat den deutschen Text durchgesehen.

Dieses Buch möchte dazu beitragen, einen originellen Erziehungsdenker und -praktiker in seinem ursprünglichen Sprachbereich bekanntzumachen, dabei die Diskussion um den Zusammenhang von Psychotherapie und Pädagogik zu beleben und zu klären und zugleich dem Praktiker, der schwierige Kinder zu erziehen hat, zu helfen, sich über pädagogische Fragen und ihre psychologische Hintergrundsproblematik klarer zu werden.

Ich-Störungen und Ich-Unterstützung

Es wäre ein hoffnungsloses Unterfangen, den Begriff »Ich« bündig definieren zu wollen, so daß eine Gruppe von Fachleuten widerspruchslos damit übereinstimmen und zugleich die für eine Theoriebildung notwendige Schärfe nicht fehlen würde.

Auch wäre es unmöglich, die Entwicklung zu verfolgen, die dieser Begriff seit seiner frühesten Formulierung durch Sigmund Freud durchlaufen hat. Um aber eine gewisse Ausgangsbasis für eine Diskussion zu schaffen, will ich wenigstens anzudeuten versuchen, was ich unter »Ich« verstehe. »Ich« benenne ich den Teil unserer Persönlichkeit, der hauptsächlich zwei Aufgaben erfüllt, nämlich erstens ein Verhältnis zur Welt, in der wir leben, herzustellen und zweitens dafür zu sorgen, daß wir uns ohne allzu ernsthafte innere Konflikte mit ihr einigermaßen in Einklang befinden.

Diese ziemlich grobe Bestimmung der Aufgaben des Ichs legt die Vermutung nahe, daß dem Ich verschiedene Funktionen zur Verfügung stehen, mittels derer es diesen Aufgaben gerecht wird. Die erste und grundlegende Funktion scheint kognitiver Natur zu sein: Gewissermaßen als »Forschungs-Abteilung« der Persönlichkeit hat das Ich die Aufgabe, wahrzunehmen, einzuschätzen, vorauszusagen usw., was die soziale und physische Realität uns »antut, wenn dies oder jenes geschieht«. Es ist jedoch nicht nur die »äußere Welt«, die in den Wahrnehmungsbereich des Ichs gebracht werden muß. Wenn es die zweite der beiden erwähnten Aufgaben erfüllen will, muß die »Forschungs-Abteilung« das Ich auch mit ausreichenden Daten über die Gebote des Gewissens und über die Beschaffenheit und Intensität von Antrieben, kurz, über die »innere Realität« versorgen. Zumindest scheint immer stillschweigend angenommen zu werden, daß Triebregungen oder Bestandteile des Über-Ichs, die der »Selbstwahrnehmungs-Abteilung« des Ichs unter gewöhnlichen Umständen unzugänglich sind, auch außerhalb des Machtbereichs des Ichs liegen.

Diese »Forschungs-Abteilung« des Ichs scheint mit einer Art »Ausführungsorgan« koordiniert zu sein, dem es obliegt, Macht auszuüben, um Triebregungen und Verhalten aufeinander abzustimmen. Nur überfordert uns die Frage, wo die Energien für diese Leistung herkommen.

Die dem Ich zugeschriebene Bedeutung und damit die zentrale Rolle, die die Ich-Psychologie spielt, haben ihr Gewicht seit den Tagen der »Teilzeitbeschäftigung« (*part-time employment*) des Ichs als eines Wächters auf der Grenze zwischen innerer und äußerer Realität ungeheuer verstärkt; die Einzelheiten dieser Entwicklung sowie die jüngsten Theorien dazu wären in der Tat ein ungemein fesselndes Thema.

Dieser Artikel hat jedoch ein beschränktes Ziel: Er soll den Erzieher von der Notwendigkeit überzeugen, den Begriff der Ich-Unterstützung sehr präzis zu gebrauchen, und er soll den Therapeuten anregen, sich eines sehr viel größeren Repertoires therapeutischer Techniken zu bedienen, wenn er vor die Aufgabe gestellt ist, »das Ich zu unterstützen«.

1. Mängel im geläufigen Konzept der Ich-Störung

Wie ausgeklügelt die Spekulationen des Theoretikers über Ich-Funktionen auch sein mögen, so scheint mir doch, daß der Begriff Ich-Störung im Zusammenhang mit tatsächlichem klinischen Fallmaterial meist zu einem allzu vereinfachten Konzept zusammenschrumpft, das der Aufgabe, die wir ihm stellen, kaum gerecht werden kann. Meine Hauptkritik am üblichen Gebrauch des Begriffs im Zusammenhang mit Fallmaterial umfaßt drei Punkte.

Erstens werden im Begriff der Ich-Störung oftmals qualitative und quantitative Aspekte durcheinandergeworfen und vermischt, als seien sie das gleiche. Dies führt häufig bis zum synonymen Gebrauch der Begriffe Ich-Schwäche und Ich-Störung. Es ist klar, daß diese Vermengung zu beträchtlicher diagnostischer und prognostischer Verwirrung führen muß. Wenn mich z. B. Johnny in einem präpsychotischen Wutanfall angreift, dann kann man die Attacke zwar allgemein auf eine Störung seiner Ich-Funktion schieben. Für den Therapeuten wäre es jedoch von größter Wichtigkeit, genauer zu wissen, wo die Störung liegt. Johnny könnte mich z. B. ganz richtig als die Person erkannt haben, die ich bin und die in seinem Leben eine Rolle spielt; dennoch wäre sein Ich nicht »stark« genug, um den stürmischen Aufruhr seiner Triebregungen oder seinen

Frustrations-Anfall in Schach zu halten. Das gleiche Verhalten könnte bei einem Kind ausgelöst werden, dessen Ich zwar ohne weiteres fähig ist, mit einem Impuls-Schub fertig zu werden, das aber Vergangenheit und Gegenwart so sehr vermengt, daß eine bloße Rollenähnlichkeit zwischen mir als Johnnys Sommerlager-Leiter und seinem Pflegevater aus frühen Kindheitsjahren alte Bilder heraufbeschwört, die sich an die Stelle korrekter Realitätsprüfung setzen. In beiden Fällen wird das daraus resultierende Verhalten sehr ähnlich sein. Klinisch jedoch unterscheiden sie sich erheblich.

Zweitens entspricht die häufigste Untergliederung des Begriffs der Ich-Störung der unseres Konzepts von den Ich-Funktionen. Allerdings sind die meisten dieser Ich-Funktionen aus der Psychoanalyse neurotischer Kinder mittlerer oder oberer Sozialschichten abgeleitet worden. Um jedoch den grundlegenden Voraussetzungen analytischer Therapie zu genügen, muß das Ich intakt, müssen seine Funktionen im Sinne des gebräuchlichen Katalogs der »Abwehrmechanismen des Ichs« beschreibbar sein; letztere werden erst zu Störungen, wenn sie außer Kontrolle geraten. Diejenigen Kinder, auf die ich mich beziehe, weisen anscheinend eine Anzahl ernstlich gestörter Funktionen auf, die unbestreitbar in den Bereich des Ichs fallen. Doch können wir sie nie vom Studium des neurotischen, d. h. des immer noch mehr oder weniger intakten Ichs her in den Griff bekommen. Ich vermute, daß es eine viel größere Anzahl von Ich-Funktionen gibt, als wir in der Vergangenheit angenommen haben; Ich-Funktionen, die wir einfach als selbstverständlich hinnehmen und von denen jede einzelne für sich gestört sein kann. Ich werde versuchen, ein paar von ihnen kurz zu beschreiben.

Drittens: Wenn wir in der Symptomatologie alles auf Ich-Störungen schieben, nehmen wir gewöhnlich automatisch an, daß Dinge nur dann schiefgehen, wenn das Ich oder eines seiner Teile nicht funktioniert oder zu schwach ist, seine Rolle geltend zu machen. Wir vergessen offenbar ein weites Feld von Verhaltensstörungen, die aus der *Überfunktion* von Ich-Leistungen, zumindest in bestimmten Bereichen, herzukommen scheinen. So würde ich es als eine Aufgabe des normalen Ichs bezeichnen, sich weiter Bereiche des Es bewußt zu sein. Die ungewöhnlich gut ausgebildete Selbstwahrnehmung, die wir bei bestimmten Typen schizophrener Entwicklungszustände vorfinden, hat uns lange Zeit verwirrt. Obwohl sie offensichtlich Teil eines pathologischen Zustands sind, scheinen sie doch viel eher hypertrophe Entwicklungen als Störungen zu sein. Ebenso finden wir, daß bestimmte Ich-Formen, die ganz im Dienste eines delinquenten Über-Ichs stehen, über enorm entwickelte Kapazitäten der Realitätseinschätzung im Hinblick auf kriminelle Unternehmungen verfügen. Einige der »härtesten Burschen« haben die Gabe, eine Situation äußerst rasch zu überblicken, und verfügen über eine solche Schärfe der Beobachtung von »metier«-relevanten Fakten, daß es sich eher um eine Überentwicklung als um eine Störung oder Unterentwicklung von Ich-Funktionen handelt. Der Umstand, daß das daraus entstehende Verhalten »gestört« genannt werden kann, hat uns zur falschen Annahme geführt, daß diese Kinder an Ich-Störungen leiden, während »partielle Ich-Hypertrophie« der korrektere Ausdruck wäre. Nicht alle Störungen, die mehr oder weniger zufällig mit »geringer Angepaßtheit an die Realität« verbunden sind, sind aufgrund allein dieses Umstands auch echte Ich-Störungen. Bevor der Begriff Ich-Störung irgendeinen praktischen Sinn bekommen kann, bedarf es noch genauerer Symptom- und Ursachenbeschreibung.

2. Ich-Störung – welcher Art?

Es genügt nicht, offenkundige und verständliche Schwächen unserer gegenwärtigen Begriffsbildung einfach zu erwähnen. Die eigentliche Aufgabe besteht darin, an einer genaueren Psychologie der Ich-Störung, als wir sie bisher besitzen, zu arbeiten. Um dahin zu gelangen, müssen wir in unseren Untersuchungen weit über das konventionelle, klassisch-psychoanalytische Interview oder die spieltherapeutische Situation hinausgehen und Umgebungen und Verhaltenskontexte schaffen, in denen wir Ich-Funktionen und deren Störungen in Aktion sehen können, selbst wenn wir die – bewußte oder unbewußte – Manifestation dieser Störungen innerhalb regulärer Behandlungsabläufe nicht aufzufinden vermögen.

Genau dies haben wir in verschiedenen Projekten zu tun versucht. Alle für diesen Aufsatz herangezogenen Beobachtungen wurden im Rahmen der folgenden drei Projekte gewonnen: des »Detroit Group Project«, einer gruppentherapeutischen Einrichtung für Kinder auf der Basis kleiner Clubs; des hierzu gehörigen Sommerlagers, des »Detroit Group Project Summer Camp«; und des »Pioneer House«, eines therapeutischen Erziehungsheims für Ich-gestörte Kinder[1]. Einzelheiten dieser Projekte zu erörtern, müssen wir uns leider versagen. Nur die Summe unserer Erfahrungen soll hier gezogen werden.

Insgesamt lassen sich etwa dreißig sehr unterschiedliche Formen von Störungen der Ich-Funktionen beschreiben, die alle unabhängig voneinander und in unterschiedlich starken Ausprägungen beobachtet werden können. Zur Illustration seien einige wenige ausgewählt.

2.1 Unfähigkeit, mit frustrationsbedingter Aggression fertig zu werden (*Inability to cope with frustration aggression*)

Oft und mit Recht betrachten wir die Unfähigkeit eines Kindes, sich unter der Wucht anstürmender Triebregungen »zusammenzunehmen«, als eine Ich-Störung. Vom gesunden Ich wird erwartet, daß es eine beträchtliche Energie besitzt und fähig ist, sie in Notfällen einzusetzen.

Was ich hier meine, ist, daß einige unserer Kinder fähig sind, selbst unter der Einwirkung gewisser, ziemlich heftiger Triebschübe ihr Ich funktionsfähig zu halten, daß sie aber dessen ungeachtet angesichts typischer, durch Frustration ausgelöster Aggression jede Kontrolle verlieren. Johnny z. B. kann ohne weiteres der Versuchung – selbst, wenn sie sehr groß wird – widerstehen, einem anderen Kind das Spielzeug wegzunehmen. Wenn er jedoch mit der geringfügigsten Frustration konfrontiert wird, wie es die einfache Unterbrechung eines Spiels zur Essenszeit darstellt, reagiert sein Ich mit totalem Verlust der Selbstkontrolle. Dies scheint darauf hinzudeuten, daß die Fähigkeit, mit frustrationsbedingter Aggression fertig zu werden, eine separate Ich-Funktion ist, die ganz für sich allein gestört sein kann, während in anderen Bereichen weitaus komplexere Ich-Funktionen völlig intakt bleiben.

2.2 Verlust der Ich-Kontrolle durch »gruppenpsychologische Berauschung« (*Loss of ego control through group-psychological intoxication*) [2]

Wir nehmen gewöhnlich an, daß das Ausmaß der Ich-Kontrolle, das ein Kind in einem bestimmten Bereich erlangt hat, in einer gegebenen Situation einigermaßen konstant bleibt. Das ist in Wirklichkeit eine Illusion. Wir haben Beweise, die eine gerade entgegengesetzte Theorie untermauern. Es läßt sich klar beobachten, daß unter gewissen gruppenatmosphärischen Bedingungen einige unserer Kinder einen totalen Verlust der Ich-Kontrolle erleiden, selbst in Bereichen, in denen ihr Ich sonst intakt zu sein schien.

Ein Junge z. B. mit beträchtlichem guten Willen, »nicht gegen die Tischsitten zu verstoßen«, vor allem im Beisein bestimmter erwachsener Mitarbeiter, kann plötzlich ganz und gar die Kontrolle über sich verlieren, wenn die Gruppenstimmung einen gewissen Grad der Ausgelassenheit erreicht hat, insbesondere dann, wenn aus einer Reihe von anderen Gründen der »Ansteckungs-Index« der ganzen Gruppe zeitweise angestiegen ist.

Johnny, der gewöhnlich nicht daran dächte, die Gelegenheit zu ergreifen, um die Tischsitten, an die kurz zuvor noch einmal erinnert worden ist, wieder zu verletzen, dieser Johnny gerät außer Rand und Band, wenn er der Wirkung jenes Elements »gruppenpsychologischer Berauschung« ausgesetzt ist, das dem Praktiker so vertraut und das dennoch so schwer zu beschreiben ist.

Die Bedeutung dieses Sachverhalts reicht weit über die situationsbedingten Implikationen des Einzelfalles hinaus. Wir sind in der Tat dahin gelangt, wo es die »Schwelle der Gruppen-Ansteckung« in bezug auf die Ich-Kontrolle jedes Kindes zu definieren gilt. Wir stehen jetzt vor der folgenden, ziemlich verwirrenden Tatsache: Ein Kind mit relativ schwach ausgeprägter Fähigkeit zur Ich-Kontrolle hat, unabhängig von der Ausprägung dieser Fähigkeit, manchmal einen ziemlich hohen »Schmelzpunkt«; d. h. obwohl das Kind, gemessen an einem anderen, eine geringere Ich-Kontrolle besitzt, ist es weniger leicht anfällig für die gruppenpsychologische Situation als das andere Kind. Ein drittes Kind, das eine stark ausgeprägte Fähigkeit zur Ich-Kontrolle, aber einen unter gruppenatmosphärischen Bedingungen sehr niedrigen »Schmelzpunkt« hat, stellt für den Erzieher ein größeres Risiko dar als das zuerst genannte Kind. Anstatt von Ich-Stärke und Ich-Schwäche, selbst eingegrenzt auf ganz bestimmte Bereiche, zu sprechen, sollten wir dafür als zusätzliche Variable den Begriff des »gruppenpsychologischen Schmelzpunktes« einführen, unabhängig von der Beschaffenheit sonstiger Ich-Funktionen. Kurz, die Höhe des gruppenpsychologischen »Schmelzpunktes« vorhandener Ich-Funktionen ist für sich genommen ein ebenso wichtiger klinischer Sachverhalt wie das Gestörtsein selbst.

2.3 Wahrnehmung der inhärenten Strukturen von Situationen und Dingen
(*Apperception of the inherent structure of situations and things*)

Fast jedermann kann, von einem plötzlichen Ansturm aggressiver Impulse überwältigt, zeitweiligem Verlust der Triebkontrolle erliegen. In einer solchen psychischen Verfassung wird man sehr wahrscheinlich alles, was sich einem gerade anbietet, als Waffe gegen den Feind verwenden. Solche Situationen scheinen so einfach, weil das Ich, was auch immer es dem unverstellten Impuls-Schwall, dem es ausgesetzt ist, entgegenzusetzen versucht, einfach von ihm überflutet wird, so daß das ganze Geschehen wie eine Überwältigung des Ichs durch die anstürmenden Triebregungen aussieht. Es ist jedoch leichter, die in Wahrheit wesentlich höhere Komplexität der Situation zu durchschauen, wenn wir, auf der Seite der Triebregungen, die Intensität variieren, so daß die kognitiven Signalfunktionen des Ichs klarer hervortreten können.

Das folgende Beispiel soll erklären, was gemeint ist: Während der ersten Monate reagierten die Kinder im »Pioneer House«, wenn sie leicht unruhig oder ein wenig ausgelassen (keineswegs in einer mit den sonst recht gefährlichen aggressiven Anwandlungen vergleichbaren Stimmung) ihr Spielzimmer betraten, auf jedes Spielzeug stets in gleicher Weise. Ob es ein Holzstück oder aber eine Schreibmaschine war, die Kinder behandelten beides gleich, und zwar so, wie sie mit Lehm umgingen: Sie warfen es voll Freude umher, schmetterten es gegen die Wand und trampelten schließlich darauf herum. Später, als sich die Ich-Funktionen spezifiziert hatten, führte der gleiche mittlere Grad von Unruhe und Ausgelassenheit in der Regel nicht mehr zur gleichen Szene. Da erfaßte einer von ihnen sofort die Möglichkeiten, die in der Schreibmaschine steckten: Man konnte mit ihr nämlich »schmutzige« Schimpfreden gegen einen Gegner oder einen Erwachsenen tippen. Ein anderer gewann dem Holzstück sofort viel Spaß ab; er schnitzte sich zuerst ein Gewehr daraus und warf dann mit den Spänen nach den Leuten. Im zweiten Fall waren die Jungen also fähig, auf die eigentümlichen Strukturen des Spielzeugs, das sich ihnen anbot, »zivilisierter« zu reagieren und es zweckgerecht zu benutzen, nicht weil ihre Impulsivität herabgemindert war, sondern weil die Funktion des Ichs, die den Situationen und Dingen eigentümlichen Strukturen wahrzunehmen, sich gebessert hatte.

Es läßt sich leicht erkennen, einmal welch ungeheure Wichtigkeit für den ganzen Problemkreis der Sublimation und Sozialisation diese sehr spezielle Fähigkeit des Ichs erlangen kann, und zum andern, daß ein Anpacken dieses Typus der Ich-Störung wieder ganz besondere Strategien und Techniken verlangt.

2.4 »Vernünftig« bleiben auch unter dem Eindruck unverhoffter Gelegenheit (Remaining ›reasonable‹ under the impact of unexpected chance)

Sehr oft wird der Begriff Ich-Kontrolle mit der Aufgabe des Ichs identifiziert, die Grenzen, die das Realitätsprinzip aufrichtet, zu erkennen und die Realitätsanforderungen gegen ein sich sträubendes Es durchzusetzen. Diese Definition scheint jedoch viel zu eng. Was geschieht, wenn das Ich plötzlich in die Verlegenheit gerät, da Grenzen setzen zu müssen, wo die Realität keine setzt? Es gibt so manches Ich, das zwar bei der Durchsetzung der Realitätsanforderungen gute Arbeit leistet, aber vor der anderen Aufgabe kläglich versagen würde. Bei den Kindern, die ich im Sinn habe, wurde diese andere Störung gewöhnlich erst sichtbar, wenn sie der therapeutischen Behandlung ausgesetzt wurden. Dann konnten wir folgendes beobachten: Einige unserer Kinder waren wohl in der Lage, in bestimmten Lebensbereichen eine gewisse Realitätsbeschränkung zu ertragen. Die Mängel ihres Ichs traten plötzlich zutage, als die Beschränkungen wegfielen. Dann geschah es, daß das Angebot an Freiheit, Geschenken oder Liebe bei vielen von ihnen ein Übermaß von Angst erzeugte. Es trat jetzt die altbekannte Furcht vor der eigenen Triebregung auf, und es kam zu rücksichtslosen, aggressiven Forderungen.

Beispiel 1: Ein Kind, das seine feindseligen Regungen gegenüber anderen Kindern angesichts eines scharfen disziplinierenden Reglements gut zu zügeln weiß, kann völlig rücksichtslos werden, sobald der organisatorische Druck wegfällt. Es würde nicht genügen, dieses Kind einfach »Ich-gestört« zu nennen. Sein Ich ist intakt genug, um Signale aus der Wirklichkeit zu vermitteln und strikte Unterordnung angesichts unmittelbarer Realitätsgrenzen zu verlangen. Es fehlt ihm aber an Ressourcen, um beim plötzlichen Wegfall äußerer Realitätsgrenzen ersatzweise ein eigenes Beschränkungssystem aufzubauen.

Beispiel 2: Einige Kinder werden schwer benachteiligt bezüglich affektiver Zuneigung von Erwachsenen und Besitz von Spielzeug. Gibt man ihnen, was sie lange entbehrten, so kann es geschehen, daß sie eine Periode partieller Regression und übertriebener Abhängigkeit durchmachen, aber im großen und ganzen bleibt es hierbei. Unter der Wirkung der Kost, die sie benötigen, kräftigt sich ihr Ich bald und wird fähig, sich in mannigfacher Weise zu entfalten.

Anders ist es bei den »harten Burschen«. Sie haben zwar gleichermaßen Zuneigung von Erwachsenen, Eigentum und Spielzeug entbehrt. Natürlich haben sie auch, gerade aufgrund ihrer Störungen, eine starke Abwehr gegen das offene Akzeptieren des ursprünglich Entbehrten entwickelt. Wir wissen also, daß es eine Weile braucht, bis wir sie dahin bringen, anzunehmen, was wir ihnen anbieten. Aber das ist hier nicht der entscheidende Punkt. Die eigentliche Schwierigkeit, von der die Rede ist, setzt ein, wenn es uns gelungen ist, ihre Abwehr zu überwinden. Gerade dann, wenn sie sichtbar und begierig die Tatsache akzeptieren, daß die Realität sie nicht länger frustriert, und wenn sie anfangen, auf unsere Zuneigung und Großzügigkeit einzugehen, sehen wir ihr Ich plötzlich in neue Verzweiflungsanfälle gestürzt. Sie haben gelernt – wenn auch nicht sehr gut –, mit gewissen Realitätsbeschränkungen fertig zu werden. Sie scheinen jedoch ganz und gar hilflos zu sein, wenn die Schranken plötzlich verschwinden. Das Verlangen dieser Kinder nach Liebe und totaler Besitzergreifung von Erwachsenen, nach Geschenken und Nachgiebigkeit erreicht ungeheure und erschreckende Ausmaße, die niemand erfüllen kann und auch niemand zu erfüllen versuchen sollte. Wenn diese Kinder bekommen, was sie eindeutig entbehren, kann sich plötzlich herausstellen, daß sie nicht über die Ich-Funktionen verfügen, die für die neue, im Rahmen der Behandlung geschaffene Situation notwendig sind. Vorher jedenfalls konnten wir nicht sehen, daß diese Ich-Funktionen gestört waren. Die Fähigkeit des Ichs, selbsttätig Schranken gegen die eigenen Bedürfnisse aufzurichten, wenn die Realität unverhofft Befriedigungsmöglichkeiten gewährt, scheint eine ebenso wesentliche Ich-Funktion zu sein wie die vorher genannte, die äußere Schranken signalisiert.

Die Bedeutung, die das Funktionieren bzw. das Gestörtsein dieser Ich-Fähigkeit für die therapeutische Strategie hat, kann kaum überschätzt werden, und zwar weder für die Antwort auf die Frage: nachgeben oder einschreiten?, noch für den Plan der Behandlung im ganzen. Wird dieser Punkt nicht richtig eingeschätzt, dann kann das beste Behandlungskonzept das Ich des Kindes in eine Panik stürzen, mit der es dann nicht mehr fertig wird.

3. Was verstehen wir unter Ich-Unterstützung?

Wir sind dringend sowohl auf eine mannigfaltigere und spezifischere Symptomatologie und Ätiologie der Ich-Störungen angewiesen als auch auf genauere Kenntnisse über mögliche Techniken der Ich-Unterstützung.

Ich-Störungen und Ich-Unterstützung

Ein Versuch, den Gebrauch des Begriffs zu präzisieren, liefert uns vielleicht einen Ausgangspunkt.

Die Forderung nach einer zumindest partiellen Ich-Unterstützung ist heute, selbst in der orthodoxen Behandlung klassischer kindlicher Angstneurosen, zu einer Selbstverständlichkeit geworden. Aber popularisierende Verzerrungen der Psychoanalyse und unglücklicherweise auch einige frühe gruppentherapeutische Theorien greifen immer noch auf das alte Modell der Vorbewußtseins-Therapie zurück. Wir wissen heute, daß wir nicht heilen, indem wir Gelegenheiten zur Katharsis herbeilocken, in interpretationssüchtiger Es-Analyse schwelgen oder in der Leitung von Gruppen den Stil des »Nichtstuns, Nichtssehens, Nichtssagens« praktizieren. Bei jeder ernsthaften Behandlung einer kindlichen Not, welcher Art sie auch sei, müssen wir den Stand der Ich-Entwicklung zur Zeit der Behandlung berücksichtigen; ferner müssen wir in Rechnung stellen, daß das Ich während der Behandlung und trotz unseres speziellen therapeutischen Ziels stärker belastet wird und daß es mit besonderen Problemen als einer unmittelbaren Wirkung unserer Behandlung konfrontiert wird.

Seit Anna Freud als erste diesen Problemkreis klar umrissen hat, hat man gleichwohl für allerlei »Launen« des Ichs Rücksicht gefordert, sogar in Fällen, wo das Ich nicht das primäre Objekt der Behandlung war. Allerdings frage ich mich, ob wir heute viel weiter gekommen sind. Die gegenwärtigen Grenzen unseres geläufigen Begriffs der Ich-Unterstützung scheinen mir in folgendem zu liegen:

Erstens, wenn wir von Ich-Unterstützung sprechen, denken wir gemeinhin an etwas, was der Therapeut einem Kind in der Interview- oder Spielsituation interpretierend mitteilt, oder was er – zugunsten von Realitätsanforderungen, die das Kind leicht vergißt oder nicht sehen will – argumentierend vertritt. Ich-unterstützende Hilfe wird oft als die Domäne des verbalen Mediums angesehen.

Zweitens, wenn wir von Ich-Unterstützung sprechen, implizieren wir gemeinhin, daß die Person, die sie gewährt, fähig war, ein »positives Verhältnis« – was immer wir uns darunter auch vorstellen mögen – mit dem Kinde herzustellen. Ich-Unterstützung verlangt also ein hohes Niveau der Kind-Erwachsenen-Beziehung, um überhaupt möglich zu sein.

Drittens, wenn wir von Ich-Unterstützung sprechen, meinen wir manchmal indirekte Maßnahmen wie z. B. Beeinflussung des Eltern-Verhaltens, Eingriffe in die Schulsituation, das Bereitstellen von stärkenden Freizeit- und anderen Erlebnissen für das Kind. Es läßt sich leicht ausmachen, daß eine solche Beeinflussung auf dem Umweg über die Lebensumwelt des Kindes sehr viel komplexer ist und daß hier Ich-Unterstützung vor allem darin liegt, von der Beziehung der Kinder zu dritten Personen nur partiellen und zufälligen Gebrauch zu machen, und nicht so sehr in dem, was der Begriff Ich-Unterstützung in den beiden vorhergehenden Fällen meint.

Die Unzulänglichkeit dieses Begriffs der Ich-Unterstützung – will man ihn auf alle Typen von Kindern anwenden – ist offenkundig. Es seien nur einige wenige Fragen hierzu aufgeworfen: Was soll mit Kindern geschehen, die nicht reden, die keine Beziehungen zu anderen Menschen herstellen können, die zu unruhig sind und nicht lange genug an einem Ort ausharren können, als daß man ihnen Ich-Unterstützung auf der Basis eines unmittelbaren persönlichen Verhältnisses und einer verbalen Deutung geben könnte? Was soll mit Kindern geschehen, die nicht nur Ich-Unterstützung brauchen, während wir einen anderen Persönlichkeitsdefekt behandeln, sondern vielmehr zuallererst einer »Instandsetzung« des Ichs bedürfen, damit sie mit den üblichen Methoden behandelt werden können? Genügt es, solche Kinder als »ungeeignet für Psychotherapie« einzustufen und darüber zu klagen, daß wir ihnen anders nicht helfen können und daß sie Haftanstalten, Erziehungsheime und Pflegefamilien überschwemmen?

Von den Kindern im »Pioneer House« war, als wir mit ihnen zu arbeiten begannen, keines für die üblichen Formen der Ich-Unterstützung zugänglich, weil zunächst etwas anderes mit ihrem Ich getan werden mußte, damit es sich für die üblichen Behandlungsmethoden zu eignen begann. Es ließen sich Hunderte solcher Fälle nennen. Was soll mit ihnen geschehen? Gibt es Formen zwischenmenschlicher Beziehungen und Handlungsweisen, die für diese Fälle in Frage kommen?

An diesem Punkt können wir einem schweren Irrtum verfallen, der uns aus einem ehrlichen und realistischen Eingeständnis unserer Unwissenheit in eine unvermutete und kaum verzeihliche Naivität hineingeraten ließe. Weil es uns als Therapeuten an nicht-verbalen, handlungsnahen, auch für »schwere« Fälle geeigneten und vom Übertragungsgeschehen unabhängigen Techniken der Ich-Unterstützung fehlt, glauben wir leichtfertig, daß andere vielleicht mehr wüßten und das zustandebrächten, wonach wir so dringend suchen. Es ist nichts mehr als eine naive Illusion, wenn sich mancher von uns von unbewiesenen, nebelhaften und unfundierten Behauptungen beeindrucken läßt. Wenn schon die Psychotherapie bisher wenig an Techniken der Ich-Behandlung hervorgebracht hat, wie sieht es dann in der

Erziehung, der Fürsorgearbeit, der Freizeit- und Gruppenarbeit aus? Hier sind wir in einer hoffnungslosen Verwirrung befangen; wir wissen nicht, was wirklich »Charaktertraining«, »Realitätsunterstützung«, »Ich-Unterstützung durch Autorität« usw. ist. Außerdem laufen wir Gefahr, in zwei Extreme zu fallen: Entweder verfallen wir dem alten Fehler, zwischen Erzwingung realitätsgerechten Verhaltens und echter therapeutischer Behandlung nicht zu unterscheiden; oder wir machen uns die eine oder andere vollkommen unbegründete Ansicht von Leuten zu eigen, die sie als Maßnahmen der Ich-Unterstützung empfehlen.

Der Ausweg führt natürlich nur über das offene Eingeständnis unserer Unwissenheit, über eine klare Erkenntnis der Komplexität der in Frage stehenden Probleme und über geduldige Versuche, in einem besonderen pädagogisch-therapeutischen Rahmen im Laufe der Zeit zu aussagekräftigen Forschungsergebnissen über Methoden der Ich-Therapie zu gelangen.

4. Einige Illustrationen zu Techniken der Ich-Unterstützung

Stellen wir das Material zusammen, das wir in den oben erwähnten Projekten, vor allem im »Pioneer House«-Experiment, gewonnen haben, so lassen sich etwa vierzig Techniken unterscheiden, von denen jede auf Ich-Unterstützung oder direkter auf eine Rekonstitution des Ichs hinausläuft. Es erübrigt sich zu betonen, daß die Zahl einigermaßen willkürlich ist und sich verändern kann, wenn sich nachträglich noch angemessenere Möglichkeiten der Unterteilung ergeben. Diese verschiedenen Techniken haben zweifellos sehr unterschiedliche Stellenwerte und sind für sich genommen, d. h. unabhängig vom Ganzen des Behandlungsrahmens bedeutungslos. Als Beispiel seien nur einige erwähnt.

4.1 Umgang mit »Überhang«-Effekten (*Manipulation of »hang-over« effects*)

Wenn Kinder in intensiver Tätigkeit versunken sind, dann bedeutet das nicht einfach, daß viel von ihrer Lebhaftigkeit gebunden ist, so daß sie anderswo nichts mehr anstellen können. Unweigerlich stellt solche Tätigkeit sehr spezifische Anforderungen an ihr Kontrollsystem und eröffnet ihnen gleicherweise ganz spezifische Möglichkeiten der Triebbefriedigung. Sie schafft ein ganz einzigartiges Muster der inneren Verteilung von Trieb-

Kontroll-Konstellationen, und diese besondere Verteilung existiert in der Regel fort, selbst wenn die spezifische Tätigkeit unterbrochen wird. Das Verteilungsmuster scheint in die folgende Phase »hinüberzuschwingen« und kann, je nach ihrer Beschaffenheit, dort Probleme wecken und Verwirrung stiften.

Ein Beispiel mag helfen, diesen Sachverhalt zu verdeutlichen: Hütte 7 im Sommerlager hat gerade lebhaft »Flaggenraub« gespielt; das Spiel hat jedoch eine Anzahl emotional besetzter Streitfragen im Raume stehen lassen, so z. B. ob der Schiedsrichter Johnny zu recht oder zu unrecht für »gefangen« erklärt hat. Wenn wir annehmen, daß das Spiel vorzeitig abgebrochen werden mußte und daß ihm, im Rahmen einer größeren Gruppe, das Vorlesen einer Geschichte folgen soll, das passives Zuhören erfordert, so können wir manche Schwierigkeiten voraussehen. Einige der Kinder scheinen besondere Mühe zu haben, mit der Nachwirkung vorausgehender Verhaltensweisen fertig zu werden, wenn die neue Situation eine ganz andere Bewußtseinseinstellung erfordert. Einige Kinder besitzen ganz gute Kontrollen über geringe Triebmengen, aber ihr Ich wird überwältigt, wenn immer sie das Problem des Übergangs zu lösen haben. Die Folge ist: wenn das tagtägliche Programm zu viele spezielle und schwierige Übergangssituationen enthält, lassen sich Zusammenbrüche der Ich-Funktionen beobachten. Wenn der Stundenplan und die tägliche »Programm-Diät« klug eingerichtet sind, wenn Übergänge »psycho-hygienisch« gut geplant werden, wird sich die Gesamtzahl unerträglicher Ich-Probleme verringern, was in der Praxis indirekt zu einem Anwachsen der Widerstandsfähigkeit des Ichs zu führen scheint. So war es z. B. für die Behandlung der »Pioneer House«-Kinder sehr wichtig, eine sorgfältige »Programm-Diät« für jede Stunde des Tages einzurichten, mit besonderer Rücksicht auf die Abfolge der Ereignisse. Hätte man die Kinder am frühen Nachmittag nach anstrengenden Schulstunden mit einer Wettbewerbssituation konfrontiert, wäre es zu Ich-Zusammenbrüchen gekommen, während eine abgewogenere Programmgestaltung die Gesamtheit der verfügbaren Spannungsreserven ihres Ichs nicht erschöpfte.

4.2 Vorbeugendes Eingreifen durch Signalisieren
(Preventive signal interference)

Bei manchen Kindern liegt das Problem ihres Ichs nicht so sehr in der Unfähigkeit, mit alltäglichen Situationen fertig zu werden, sondern darin, daß sie sich unter der Wirkung von momentaner Erregung oder von Gruppenansteckung in ein Verhalten hineinsteigern, das weit die Grenzen dessen überschreitet, was ihr eigenes Über-Ich noch angst- und schuldfrei passieren läßt. Folglich werden sie plötzlich von aufsteigenden Schuldgefühlen überschwemmt. Gerade hier wirkt sich die Gestörtheit ihres Ichs besonders aus. Während die Kinder mit vielen der üblichen Ich-Aufgaben zurechtkommen, ist ihre Fähigkeit, mit Schuldgefühlen fertig zu werden, stark gestört. Beladen mit Schuldgefühlen entwickeln sie Aggression, Feindseligkeit, Angst usw., und das wiederum bringt sie noch mehr durcheinander. In diesen Fällen empfiehlt es sich, für eine Zeitlang allzu viele Situationen, die leicht ernsthafte Schuldgefühle induzieren könnten, zu vermeiden. Kurz: wenn Johnny drauf und dran ist, sich in einen Zustand hineinzumanövrieren, den er später nicht kontrollieren kann, verhindert ein vorbeugendes Eingreifen das Entstehen von übergroßer Schuld, die sich nur in neuen Haß gegen den Erwachsenen verwandelt, der ihn durch seine allzu nachgiebige Haltung ohne Hilfe ließ. Darum halten wir die Kinder von Situationen, in denen sie schwerwiegende Schuldgefühle entwickeln würden, absichtlich fern, so daß ihr Ich solange nicht dem Zwang zur Verarbeitung dieser Schuld ausgesetzt ist, bis es sich allseitig gestärkt hat und wir uns auf die besonderen Instandsetzungsaufgaben konzentrieren können.

4.3 Interpretation durch Umstrukturierung der Realität
(Interpretation through reshuffled reality)

Einige Dinge lassen sich durch Zureden bewältigen. Andere lassen sich durch Zuhören bewältigen. Wieder andere müssen durch Interaktion zwischen Kindern und Erwachsenen im täglichen Leben bewältigt werden, sonst ändert sich nichts. Wir haben den Eindruck, daß das letztere für ernste Formen pathologischer Reaktionen gilt, zu einem Zeitpunkt, wo ein unmittelbares persönliches Verhältnis oder verbale Interpretation noch nicht in Frage kommen.

Johnny z. B. zwingt uns dazu, ihn von der Gruppe abzusondern, denn er benimmt sich so, daß wir ihn um der Moral der übrigen Gruppenmitglieder willen vorläufig vom Eßtisch entfernen müssen. Seine wirkliche Absicht ist es natürlich, eine Situation zu schaffen, in der der Erwachsene als böswilliger »Rausschmeißer«, als Essen-Wegnehmer, als liebloser Mensch erscheint, der kleine Kinder frustriert. Natürlich können wir es leicht vermeiden, in die gut ausgedachte Falle zu laufen, in die Johnny uns zu lokken hoffte; grundsätzlich läßt es sich aber nicht vermeiden, daß wir mit ihm für eine Weile in einen anderen Raum gehen und uns auf diese Weise den anderen Kindern und der ansteckungsträchtigen Situation entziehen. Da sitzt Johnny nun und versucht, aus den Resten seiner Phantasiegebilde noch etwas herauszuholen: Er bildet sich ein, daß wir ihn hassen, ihn verhungern lassen wollen, ihn sowieso am liebsten vergiften würden usw. Zu diesem Zeitpunkt ist es für eine unmittelbare persönliche Beziehung, die die Voraussetzung für ein psychiatrisches Interview ist, und für eine durchdachte verbale Interpretation noch um Monate zu früh. Andererseits würde eine Behandlung ganz unmöglich, gingen wir Johnnys verschiedenen Täuschungsmanövern auf den Leim. Die Lösung liegt in dem, was wir umschreibend »Interpretation durch Umstrukturierung der Realität« nennen könnten. Sie setzt voraus:

(a) daß wir durch sorgfältige Abstimmung des Programms, Triebbindung usw. so viele Zusammenstöße oder potentielle Frustrationsquellen auf anderen Gebieten wie nur möglich vermeiden;

(b) daß wir die kritische Situation, in die Johnny uns verstrickt hat, von jeder Gegenaggression, allen nebensächlichen Problemen usw. freihalten;

(c) daß wir ihm, sichtbar und unauffällig beruhigend, eben das Essen, von dem er behauptet, daß wir es ihm vorenthalten wollen, anbieten und es vermeiden, uns durch seine eingebildeten, fast paranoiden Beschuldigungen in einen Streit verwickeln zu lassen;

(d) daß wir genug Gelegenheiten schaffen, in denen derselbe Erzieher noch am selben Tag im Zusammenhang mit anderen Vorkommnissen seine aufrichtige Zuneigung unter Beweis stellen kann.

Wenn diese Art des Vorgehens planvoll durchdacht ist, hat sie einen erstaunlich kumulativen Effekt. Selbst wenn Johnnys irreale Phantasiegebilde seine Einsicht in die Realität weit überwiegen, schafft das konkrete Anbieten eines dick belegten Butterbrots die Chance, eine Wirkung auf ihn auszuüben, wo verbale Akrobatik keinen Eindruck hinterlassen würde. Durch seine Versuche, wahnhafte Einbildungen unter eine gewisse Kontrolle zu bringen, wird Johnnys Ich gestärkt; dazu müssen ihm zur rechten Zeit und im rechten Maß greifbare Gegenbeweise angeboten werden. Das Ich ist stark genug, diese Gegenbeweise zu verwenden, wenn sie ihm geliefert werden, aber noch nicht genügend entwickelt, um sie aus dem, was es über menschliches Verhalten weiß, selbst hervorzubringen. Es versteht sich von selbst, daß diese Technik nur eine von vielen anderen ist und daß sie an

4.4 Ausnutzung gruppenpsychologischer Sicherungen
(*Exploitation of group-psychological securities*)

fest umrissene Bedingungen gebunden ist, ohne die sie ein leerer und unangemessener »Trick« bliebe.

Einer der größten strategischen Vorteile der Gruppensituation, insbesondere in einem Erziehungsheim, besteht in der Möglichkeit, mannigfaltige direkte Ich-Stützen im Leben eines Kindes aufzurichten, die von einer individuellen, persönlichen Beziehung und von verbaler Kommunikation einigermaßen unabhängig sind. Wir hatten z. B. ausgiebig Gelegenheit, die große Ich-unterstützende Kraft eingeübter Routine zu beobachten, jedenfalls da, wo wir es zu solcher Routine gebracht hatten. Anfänglich schien jeder Abend neue Konfrontationen und eine neue Krisenhäufung für das Ich der Kinder bereitzuhalten und zu einer endlosen Serie von Rückschlägen für ihre Versuche zu werden, Frustration, Aggression, Zeitverwirrung, Ängste beim Wechsel von Situationen und Feindschaft gegen die Erwachsenenrolle gleichzeitig zu kontrollieren. Als einigermaßen feste Regeln für die Zeit des Schlafengehens aufgestellt worden waren – sie mußten auf alle Details der Situation zugeschnitten werden –, wurde es klar, daß das Vorhandensein dieses gruppenspezifischen Verhaltensmusters ihrem Ich schwere Belastungen abnahm. Unter diesen Umständen schien das Ich nur die Funktion eines Signalgebers für die angemessene Zeit und den angemessenen Rahmen des Verhaltens zu haben, anstatt versuchen zu müssen, die ganze Kette von Gedanken über richtiges Verhalten angesichts von frustrationsbedingter Aggression selbst aufzubauen. Genauso einsichtig war es, daß geschicktes Ausnutzen eines einmal gewachsenen Gruppen-Kodex wenigstens zeitweilig die Aufgaben des Ichs erleichtern kann. Zu einem Zeitpunkt, wo Einsicht in die Realität keine Chance gehabt hätte, z. B. mit der Erregung eines während einer Bootsfahrt ausbrechenden Streites fertigzuwerden, konnte der Hinweis auf den Gruppen-Kodex (etwa: »Wir aus dem Heim machen so etwas in einem Boot doch nicht«) die Last der Impulsbewältigung vorerst einmal tragen. Die Bindung an Werte des Gruppen-Kodex machte es möglich, Probleme, für die noch keine wirkliche Einsicht des Ichs erwartet werden konnte, unter die Kontrolle einer anderen »Abteilung« zu stellen. Auch diese Technik ist nur sinnvoll als Teil und in enger Verbindung mit einer Gesamtstrategie des Vorgehens.

Zusammenfassend sei gesagt, daß der Begriff der Ich-Störung noch eingehender Forschung bedarf, daß einige seiner Verästelungen besonders gut unter den Bedingungen der Gruppensituation beobachtet werden können und daß eine detaillierte Erforschung aller Formen der Ich-Funktionen – weit über die Grenzen jener hinaus, die man gewöhnlich unter »Abwehrmechanismen« zusammenfaßt – dringend benötigt wird.

Ich bin ferner überzeugt, daß das ganze Problem der Unterstützung und der Wiederherstellung des Ichs weit über den uns durch psychiatrische Interviews und durch spieltherapeutische Situationen zugänglichen Bereich hinaus erforscht werden muß; daß neue Techniken, die besonders für verbalisierungsunfähige, schwer Ich-gestörte und hyperaggressive Kinder benötigt werden, durch die systematische Anwendung der Gruppentherapie entwickelt werden können – dies besonders auch durch die systematische Planung von Erziehungsheimen, die das Ausnutzen der strategisch wichtigen Vorteile der gruppenpsychologischen Sicherungen, der Handlungsnähe und der Milieutherapie möglich machen.

5. Besondere Bedingungen für die Unterstützung des Ichs in der therapeutischen Heimerziehung

Wenn man sich außerordentlich aggressive, straffällig gewordene Kinder aus Slumgegenden aussucht, um an ihnen die eigenen therapeutischen Ambitionen zu erproben, dann wird man sich sehr bald in der Lage befinden, in der man um Behandlungstechniken ganz und gar verlegen ist. Denn es ist offenkundig und wird schon seit langem eingeräumt, daß solche Kinder für Techniken, die bei Neurotikern aus der Mittelschicht funktionieren, unzugänglich sind. Es scheint, daß diese Kinder eine Stärkung ihrer Kontrollfunktionen benötigen, bevor man überhaupt mit ihnen auskommen kann. Obwohl man, wenn man zum erstenmal mit ihnen in Berührung kommt, selber leicht »durchdreht«, kann man sich immerhin überzeugen, daß ihre Probleme recht verschieden sind von denen, für die unsere klassischen Techniken entwickelt wurden. Man unternimmt ungern den Versuch, mehr von ihren Verdrängungen ins Bewußtsein zu holen (es scheint gar, daß sie in dieser Richtung nicht sonderlich ermutigt zu werden brauchten); und bevor man weitere Schritte zur Es-Analyse wagt (selbst wenn man weiß, wie), möchte man doch wenigstens eine Gewähr haben für das, was sie mit den neu entschlüsselten Es-Inhalten anfangen werden. Die Ansichten früherer Forscher scheinen sich zu bestätigen: Diese Kinder brauchen bis zu einem gewissen Grad »psycho-synthetische« Hilfe, bevor man die traditionellen psycho-analytischen Geschütze auf sie richten kann.

Diese Feststellung läßt uns jedoch eine peinliche Entdeckung machen. Wir wissen offenbar noch zu wenig über die spezifischen Ich-Funktionen. Techniken der Ich-Unterstützung, die wir in unserer traditionellen analytischen Arbeit mit Neurotikern aus der Mittelschicht anwenden, kommen hier nicht in Frage.

Welch milde Formen der Ich-Unterstützung wir auch immer in der klassischen Analyse verwenden, alle diese Techniken setzen genau die Funktionen voraus, die bei den Kindern, von denen ich spreche, gestört sind. Wir können diesen Kindern keine »Realitäts-Grenzen« aufzeigen. Sie sprechen nicht gern, und sie können nicht zuhören – wenigstens nicht uns, denn sie haben gelernt, die Symbole einer feindseligen Erwachsenenwelt mit den Kniffen und mit der ausdauernden Hingabe einer politischen Untergrundbewegung zu bekämpfen. Überdies setzt der Gebrauch traditioneller Techniken der Ich-Unterstützung die Existenz von Prozessen der Übertragung, Identifikation usw. voraus. Bis diese zustandekommen, haben wir einen langen Weg vor uns. Die Folge dieser technischen Schwierigkeiten liegt auf der Hand: Man wird wenig Patienten der beschriebenen Art in der Kinder-Analyse finden. Selbst die psychiatrischen Kinderkrankenhäuser schließen sie von ihrem Patientenkreis aus und halten sich lieber an die leichter zugänglichen »delinquenten Neurotiker«. Wie realistisch und verständlich das Meiden solcher Fälle auch sein mag, Forschungsprobleme sind auf diese Weise noch nie gelöst worden. Gerade der tiefe Wunsch, die unangenehmen Nebenwirkungen des Scheiterns an dieser Art von Kindern zu vermeiden, wurde für uns zum Hauptmotiv dafür, ein besonderes Experiment auf diesen Aspekt des Problems zu konzentrieren.[3]

5.1 Heimerziehung heißt Gruppentherapie[4]

Lange Zeit begriff man Heim- und Fürsorgeerziehung wenig durchdacht und leichtfertig als das Ausnutzen von »Milieu« und »Freizeitleben in der Gruppe«, als etwas, das »gut für die Kinder« sei. Gewöhnlich steht dahinter die Annahme, daß dafür schlecht ausgebildete und schlecht bezahlte Handlanger geeignet seien, solange sie sich wenigstens der gemeinsten Grausamkeiten gegen die Kinder enthielten. Man hält es jedoch für ausgemacht, daß die »wirkliche« Erziehung während der wenigen Stunden stattfindet, die das Kind beim Psychiater verbringt, der mit ihm redet und es spielen läßt und auf diese Weise die »therapeutische Arbeit« leistet. Ansonsten hindert er lediglich das Aufsichtspersonal, das den Kindern die Hälse wäscht und für ähnliche Aufgaben zuständig ist, wohlwollend daran, zu viele Fehler zu machen und seinen Erfolg zu gefährden. Wir zweifeln nicht daran, daß auch diese Arten von Institutionen ihren Sinn haben. Kinder, die zu ihrer Genesung hauptsächlich individuelle Therapie benötigen, können in ihnen gut aufgehoben sein. Unter therapeutischer Erziehung und Behandlung im Heim verstehen wir allerdings etwas gänzlich anderes. Wir glauben Material zu besitzen, das beweist, daß die Perspektiven der therapeutischen Heimerziehung für Ich-gestörte Kinder viel weiter reichen. Mit unseren Versuchen, dem »Detroit Group Project« und dem angeschlossenen Sommerlager, entwickelten wir das Konzept einer »Therapie durch die Gruppe«. Dieses Konzept implizierte, daß die Gruppensituation selbst, zusammen mit der in ihr enthaltenen Dynamik, als direktes therapeutisches Agens eingesetzt werden kann und somit über die Individualtherapie hinaus wirkt, wiewohl auch diese in einem solchen Rahmen Platz finden mag. Das »Pioneer House« war ein Versuch, diese Erkenntnisse auf der Grundlage eines ganzjährigen Heimaufenthalts anzuwenden. Obwohl wir die Bedeutung einer wie immer beiläufigen Anwendung der Individualtherapie und des Gruppengesprächs nicht unterschätzten, wollte unser Versuch doch grundsätzlich zeigen, daß

die Betätigung in der Gruppe selbst eine hervorragende Möglichkeit für Therapie bietet;

die Dynamik der Gruppe emotionale »Ströme« produziert, die sich, unabhängig von der individuellen Beziehung zwischen Kindern und Therapeuten, für therapeutische Zwecke »ein- und ausschalten« lassen;

die wichtigsten Personen in diesem Prozeß diejenigen sind, die in täglichem Kontakt mit den Kindern leben;

die Therapie hauptsächlich in Situationen des wirklichen Lebens stattfindet (beim Essen, Aufstehen, Schlafengehen, Spielen, Arbeiten und in allen andern Sektoren des Alltagslebens) und nicht vorwiegend in besonderen Situationen des Gesprächs zu zweit oder in der Gruppe;

die Wirkung der gesamten Atmosphäre im Heim und der gesamten organisatorischen Struktur ebenso Teil des stattfindenden therapeutischen Prozesses ist wie das, was sich zwischen Kind und Erwachsenem in der eher klassischen Form des spieltherapeutischen Interviews abspielt.

Ich meine, daß wir in den ausführlichen, sich über zwei Jahre erstreckenden Aufzeichnungen genug Material besitzen, um die Durchführbarkeit und den klinischen Wert einer solchen Einrichtung demonstrieren zu können; desgleichen den Unterschied zwischen einem »Kinderheim, in dem Therapie durchgeführt wird«, und einer »Heimerziehung und -behandlung auf gruppentherapeutischer Basis«. Ich meine auch, daß wir eine große Zahl der technischen Probleme lösen können, die eine solche Umkehrung des konventionellen therapeutischen Konzepts offen zutage treten läßt. Für die vorliegende Darstellung jedoch müssen wir uns auf einen einzigen Aspekt der Gesamtaufgabe beschränken: unsere Versuche mit neuen Techniken der Ich-Unterstützung, die uns dieses Konzept der Gruppentherapie im Erziehungsheim zu ermöglichen schien.

Da all unser Material vom traditionellen Konzept psychiatrischer Behandlung abweicht und die Einführung neuer und differenzierterer Begriffsbildungen zum Problem der Ich-Unterstützung verlangt, läßt sich zu diesem Zeitpunkt keine bündige Zusammenfassung geben. Statt dessen sollen die wichtigsten Punkte kurz skizziert werden.

6. Techniken der Ich-Unterstützung

Ein »schwaches Ich« bedeutet oft das Vorhandensein einer stärkeren Triebspannung, als das Ich sie verarbeiten kann. Die Folgerung daraus lautet: Das gesamte Lebensprogramm der Kinder muß so strukturiert werden, daß durch angemessenes Ableiten der Triebkräfte übermäßige Stimulierungen, pathologische Triebstauungen usw. vermieden werden.

Ein gestörtes Ich ist in der Regel unfähig, mit Frustrationen fertigzuwerden. Um die Ich-Funktionen zu stärken, haben wir eine Anzahl von Techniken anzuwenden versucht, die wir unter Überschriften wie »psychohygienische Programmplanung«, »Konflikt-Hilfe«, »unauffällige affektive Zuwendung« usw. zusammenfassen. Ich-Schwäche und Ich-Störung bedeutet in der Regel auch Unfähigkeit, die »Realitätsstruktur«, in der die Kinder leben, in den Griff zu bekommen oder zu akzeptieren, besonders in bezug auf Regeln, Routineverrichtungen und Raum- und Zeitanordnungen. Die Erforschung der verschiedenen auf dieser Linie liegenden Störungen unserer Kinder hat uns eine Anzahl von Verfahrensweisen erschlossen, für die sich unseres Erachtens jeder Heimerzieher interessieren dürfte. Wir sprechen in diesem Zusammenhang von Konzepten wie »Vermeiden von Regeln, die nur der Bequemlichkeit der Erwachsenen dienen«, »Einsetzen beschützender Regelungen« und »organisatorischen Krücken«; wir fanden, daß die Handhabung von Regeln, Routine und Zeiteinteilung einer der entscheidendsten Faktoren für unsere Erfolge wie unsere Mißerfolge war.

Das gestörte Ich scheint besondere Schwierigkeiten zu haben, wenn es dem Ansturm der eigenen Impulsivität begegnet: Angst-Blockierung im Augenblick der Triebgefahr wie absoluter Mangel an Kontrolle im Moment verführerischer Stimulierung scheinen die hauptsächlichen Risiken zu sein. Unter der Bezeichnung »beschützendes Eingreifen« pflegen wir Techniken zu subsumieren, die dazu bestimmt sind, dem schwachen Ich gegen den Ansturm schwer zu bewältigender Konflikte zwischen den Trieben und dem Ich zu helfen. Wir haben eine große Anzahl von Kriterien für beschützendes Eingreifen entwickelt und sind von den Möglichkeiten fasziniert, die z. B. eine »antiseptische Gruppierung« und eine »Untergruppen-Isolierung« bieten, um die Gefahr »gruppenpsychologischer Ansteckung« abzuwehren.

Ein weiteres Handicap des gestörten Ichs scheint seine Unfähigkeit zu sein, Bilder vergangener strukturierter Befriedigungserlebnisse gleichsam zur antizipatorischen Verfügbarkeit im Gedächtnis zu behalten, Bilder, die ihm in Augenblicken der Langeweile oder in kritischen Situationen hilfreichen Rückhalt bieten können. Wir haben mit Methoden zur Schaffung wohlstrukturierter Spielsituationen und mit besonderen Einprägungstechniken, die die Bilder andauern lassen sollen, experimentiert, um Kinder, die plötzlich von einem Triebüberschuß, einer Ich-Schwäche oder von beidem zugleich überrascht werden, dazu zu befähigen, sich genügend Einfallsreichtum zu bewahren, um solche Bilder als Orientierung benutzen zu können.

Das größte Problem unserer Kinder scheint ihr zäher Widerstand gegen jegliches Eingreifen seitens Erwachsener zu sein; es dauert mehrere Monate, bis dieser überwunden ist. Während dieser Zeit scheint der einzige Ausweg im massiven Einsatz entpersonalisierter Kontrollen zu liegen. Wir fanden, daß viele der in der sozialen Umwelt der Kinder stattfindenden Spiele so sehr auf einem von allen Beteiligten akzeptierten Gruppenkodex basieren, daß die Strukturen und Regeln der Spiele Muster der Ich-Kontrolle zur Verfügung stellen, die – wenigstens vorübergehend – ohne Gesichtsverlust oder Unterwerfung unter die Führerschaft von Erwachsenen akzeptiert werden können.

Unter »Entgiftung von Erlebnissen durch Erklären« (*interpretive decontamination of experience*) verstehen wir das im Zusammenleben mit den Kindern so ungeheuer wichtige Nutzbarmachen von Konfliktsituationen,

»solange sie warm sind«, für die Verstärkung des Realitätsprinzips; jedoch verwenden wir diesen Begriff auch für die große Anzahl technischer Vorkehrungen, die unser Konzept notwendig macht. Wir sind tief beeindruckt von den großartigen Gelegenheiten, die die Nähe zum täglichen Leben, zu täglichen Konflikten und Fehlern – im Gegensatz zur traditionellen Isolierung in der handlungsfernen Interview-Methode – dem Erzieher und Therapeuten eröffnet.⁵

Durch den Aufbau realistischer Rollen-Erwartungen hoffen wir den eigentümlichen Schwierigkeiten entgegenzuwirken, die für das schwache und gestörte Ich der Kinder darin bestehen, zwischen dem realen Verhalten von Personen, mit denen sie jetzt zusammenleben, und den Nachwirkungen aller Personen aus ihrem früheren Leben genau zu unterscheiden. Dieses Bestreben erfordert große Sorgfalt bezüglich der Rollen-Stetigkeit aller Mitglieder des Personals, die mit den Kindern zusammenkommen, ebenso der Methoden permanenter Rollen-Interpretation, wenn immer Rollen-Verwirrung eintritt.

Unter »Interpretation durch Handlung« (*action interpretation*) verstehen wir ein Verfahren, das verbale Interview-Arbeit, wo sie undurchführbar ist, ersetzt, besonders in der Anfangsphase der Behandlung. Aus unserem Material geht hervor, daß manchmal die bloße Stetigkeit in der therapeutischen Handhabung von fallgeschichtlich bedingten Wutanfällen nach einigen Monaten der Vermittlung von Einsicht in die Realität durch »Interpretation durch Handlung« die gleiche Wirkung hat, wie eine verbale Interpretation in der klassischen Interview-Technik sie hätte, wenn sie angewendet werden könnte. Die Bedeutung dieses Sachverhalts für die Arbeit mit hyperaggressiven und verbalisierungsunfähigen Fällen scheint uns ziemlich schwerwiegend.

»Das erwachsene Heimpersonal muß gruppenpsychologisch ›imprägniert‹ werden« (*group-psychological impregnation of adult personnel*). Darunter verstehen wir einen – und wie es scheint, den einzigen – Weg, den wir für Kinder gefunden haben, deren Abwehr gegen jegliches Eingreifen Erwachsener durch die Identifikation mit schwer delinquenten, in verwahrlostem Milieu verbreiteten Gruppen-Kodizes unterstützt wird. Solche Kinder können zwar vereinzelt »freundliche« Beziehungen zu isolierten Therapeuten anknüpfen, aber sie lassen diese Beziehungen nie die Stufe wirklicher Identifikation erreichen. Wir beobachteten jedoch, daß die Einbeziehung des therapeutischen Personals in das Gruppenklima ihres täglichen Lebens ungeahnte Möglichkeiten für den Aufbau eines pädagogischen und therapeutischen Bezugs aufschließt. Möglichkeiten und Grenzen dieser Behandlungsart gehören zu den faszinierendsten Erfahrungen unserer Arbeit in Gruppen-Projekten, sowohl im »Pioneer House« als auch im Sommerlager.[6]

Unter »Einschieben von unerklärbaren Realitätsfaktoren in den Gruppen-Kodex« (*group-code insertion of un-explainable reality factors*) verstehen wir etwas, das so komplex ist, daß es hier nicht ausführlich beschrieben werden kann. Vielleicht kann ein Beispiel auf die richtige Fährte führen:

Auf einem bestimmten Entwicklungsstand waren unsere »Pioniere« reif für mehr »außer-Haus-Programme« und brauchten mehr direkte Kontakte mit der Außenwelt. Doch waren sie noch nicht so weit, genug Vorstellungsvermögen für reale Gefahren zu besitzen – z. B. für die Folgen leichtsinnigen Verhaltens in einem Kleinbus mitten im Verkehr (Herausspringen mitten im Verkehr, vom Fenster aufs Dach klettern, wildes Raufen usw.). Eine »Erklärung der Realität« in bezug auf solches Verhalten war zu dieser Zeit unmöglich; ein repressives Verhalten der Erwachsenen hätte aber die Chancen des Programms, das Zweck unserer Ausfahrt war, zerstört. Es gelang uns, das Problem durch eine bedachte »Propaganda« zu umgehen, die schlechtes Betragen im Auto als ebenso »unmöglich«, nämlich dem Gruppenkodex unangemessen, hinstellte, wie »einen Kameraden verpetzen« oder »sich wie ein kleines Kind aufführen«. Mit dieser provisorischen Unterstützung konnten wir das realitätsblinde Ich in eine Lage bringen, von der aus es sich eben jenen Erfahrungen aussetzen konnte, von denen wir seine Kräftigung erhofften, ohne auf eine volle Genesung warten zu müssen, um die Aufgabe im ganzen anpacken zu können.

»Bereitstellung von Garantien der Befriedigung und Symbolen der Sicherheit durch Erfahrungen im Heimleben« (*provision of satisfaction guarantees and security symbols through total residential life exposure*): Mit diesem Ausdruck spielen wir auf die vielen »Kleinigkeiten« an, mit denen einem verwirrten Ich bei der Entspannung und Auflösung seiner Trieb-Angst geholfen werden kann. Hierher gehören Konzepte wie gruppenatmosphärische Unterstützung, Bereitstellung ausgesuchter Symbole der Zugehörigkeit (»unser Club«, systematische Propaganda für das Konzept »wir, die Pioniere«) und eine Menge indirekter Unterstützungsstrategien, z. B. die Erlaubnis, im Kunst- und Werkunterricht großzügig Material zu verschwenden, um den Kindern unser echtes Verständnis für phantasievolle Experimente zu dokumentieren, ebenso wie unseren aufrichtigen Wunsch,

Ich-Störungen und Ich-Unterstützung

daß sie ihren Spaß haben sollten. Das ließ sich diesen Kindern nicht in Worten mitteilen, sondern allein durch unser tatsächliches Reagieren auf ihre provozierend und anhaltend betriebene Materialverschwendung.

Die folgenden abschließenden Bemerkungen sollen diesen komprimierten Bericht vor Mißverständnissen schützen. Gruppentherapie im Erziehungsheim ist *nicht* als Ersatz für individuelle Therapie gemeint. Sie läßt sich nur für bestimmte Fälle von Ich- und Charakterstörungen anwenden, die sich den klassischen Methoden der Kinder-Therapie entziehen. Für viele andere Typen von Störungen reichen die bereits entwickelten Techniken ganz gut aus. In Fällen, in denen sich neurotische Störungen mit ernsteren Ich-Störungen überlagern, muß die hier umrissene Gruppentherapie in der Heimsituation als Vorbereitung, nicht als Ersatz für Einzeltherapie verstanden werden.

Wenn wir das Ich einiger unserer Kinder bis zu dem Punkt gebracht haben, wo sie mit dem Ich anderer Kinder und mit dem Therapeuten leben können, müssen Reste eindeutig neurotischer Phasen ihrer problematischen Entwicklung mit traditionellen Techniken der Kinder-Therapie aufgegriffen werden.

Gruppentherapie ist weder kürzer noch billiger als Einzeltherapie. Im Gegenteil: ich bin überzeugt davon, daß sie im Laufe der nächsten Jahrzehnte für die Kinder, von denen die Rede ist, zeitraubender und teurer sein wird. Ich erhebe ernstlichen Einspruch gegen die Quacksalberei, mit der sonst seriöse und zuverlässige Therapeuten der Öffentlichkeit ihre Form von Gruppentherapie verkaufen. Was uns betrifft, so halten wir nicht nach Wegen Ausschau, um die Behandlung dessen, was wir schon kennen, kürzer und billiger zu machen. Wir versuchen Behandlungsmethoden zu entwickeln für das, was wir noch nicht zu behandeln verstehen. Und wir brechen lieber das ab, was wir mit Erfolg tun und warten auf zukünftige Gelegenheiten, als daß wir mit der Kurzsichtigkeit der über die finanziellen Mittel verfügenden Öffentlichkeit oder der Stiftungs-Funktionäre unvertretbare Kompromisse schließen.

Das »Life Space Interview«

(Therapeutisches Gespräch im aktuellen Lebenskontext)

1. Kinderanalyse, Milieutherapie und das fehlende Verbindungsglied

Vergegenwärtigen wir uns für einen Augenblick das Modell der klassischen psychoanalytischen Therapie bei einem Patienten, der an einer Neurose leidet, wie sie im Lehrbuch steht, dann läßt sich Folgendes feststellen:

Das eigentümliche Ritual und die Verhaltensmuster, an die der Patient gebunden ist, ebenso wie die verschiedenen Techniken, über die der Therapeut verfügt, dies alles hat nur im Hinblick auf folgende Ziele einen Sinn:

(1) Der Patient soll weit genug vom täglichen Zwang zur Anpassung isoliert werden, so daß dadurch absichtlich eine Atmosphäre geschaffen wird, die eher den Bedingungen entspricht, unter denen sich die Ursprünge seiner Neurose entwickelten.

(2) Der Patient soll dazu gebracht werden, auf den Therapeuten die emotionalen Beziehungen zu übertragen, die er damals zu den wichtigen Personen in seinem Leben entwickelt hatte.

(3) Durch geschickte Handhabung dieser emotionalen Beziehungen – besonders der »Übertragung« – und durch geschickte Reaktion auf die Phantasieprodukte und das Verhalten des Patienten soll ungefähr folgendes zustandegebracht werden:

(a) Der Patient soll in der Lage sein, Unbewußtes offenzulegen – und dies bezieht sich nicht nur auf das Es, sondern auch auf unbewußte Ich- und Über-Ich-Elemente.

(b) Dem Ich soll dabei geholfen werden, sowohl vergangene Erfahrungen zu erkennen und zu bewältigen, als auch seine eigenen Techniken zu ändern, so daß die Ausbildung pathologischer Symptome oder eine Charakterstörung nicht mehr notwendig ist.

(c) Dem Ich soll dabei geholfen werden, die so entstandene gesündere Persönlichkeit an den tatsächlichen gegenwärtigen Aufgaben der Lebensbewältigung neu zu orientieren, so daß die Abhängigkeit von der Therapie gefahrlos aufhören kann.

Um dies alles vollbringen zu können, benötigt der Therapeut – bildlich gesprochen – etwas wie eine »Druckausgleichskammer«, einen nach außen »abgedichteten und isolierten Raum«[1]. Ich will diese Analogie nicht zu weit treiben, aber bei dem hochkomplizierten Modell der psychoanalytischen Therapie mag als kurze Zusammenfassung auch eine nur unzureichende Analogie erlaubt sein.

Ich würde von der klassischen, langfristig angelegten, psychoanalytisch orientierten Therapie als einer *Therapie im abgedichteten Raum* sprechen, wobei ich das Herstellen einer solchen Veränderung der Drucksituation als einen wesentlichen Teil des analytischen Behandlungsmodells betrachte. Würden wir eine Reihe von wirklichen psychoanalytischen Sitzungen mit einem Patienten im »abgedichteten Raum« in einem Tonfilm aufzeichnen, würden wir eine überraschende Feststellung machen, die, wenn sie nicht richtig interpretiert würde, unseren Spekulationen den Boden unter den Füßen wegziehen könnte: Lange Zeit würden wir wenig von dem finden, was wir in unserem Modell gerade postuliert haben; statt dessen würden wir Patient und Therapeut mit erstaunlich vielen Aktivitäten und Erlebnissen beschäftigt sehen, so daß sich schwerlich erklären ließe, wodurch sich diese von dem unterscheiden, was eine Mutter, ein Lehrer oder eine Kindergärtnerin mit einem Kind zu einer beliebigen Zeit an einem beliebigen Ort tut. Hier möchte ich allerdings sofort hinzufügen, daß dies völlig richtig ist, da theoretische Modelle aus der Realität ja nur die dynamische Grundstruktur herausarbeiten und nicht wie die Realität selbst aussehen sollen. Wichtiger jedoch ist, daß das tatsächliche Ereignismuster in einer psychoanalytischen Sitzung nicht nur kaum Ähnlichkeit hat mit dem theoretischen Modell, sondern in der Tat viele Vorgänge enthält, die *nicht* zu diesem theoretischen Modell gehören. Und trotzdem könnte ohne sie die analytische Therapie in ihrer eigentlichen Form niemals zustandekommen. Um mich genauer auszudrücken, möchte ich daran erinnern, daß uns Anna Freud immer wieder auf die Dinge hingewiesen hat, die notwendig sind, um Augenblicke »wirklicher psychoanalytischer Arbeit« mit einem Kind herzustellen, und darauf, daß oft viele Monate und sogar »sechs Stunden pro Woche« mit Aktivitäten ausgefüllt werden können, die sie unter dem Begriff »vorbereitend« für das Hauptereignis faßt.[2]

Unter diesen »vorbereitenden« Aktivitäten gibt es vieles, was sich mit den Implikationen des *Übergangs* des Kindes vom Klassenzimmer oder vom Frühstückstisch zu Hause zum »abgedichteten Raum« der analytischen Sitzung und umgekehrt beschäftigt; andere Dinge wiederum sollen den

Eltern und Lehrern helfen, diesen Prozeß zu verstehen und dementsprechend zu reagieren. Weitere »vorbereitende« Handlungen des Therapeuten, die über die von ihm während der Sitzungen im »abgedichteten Raum« angewandten Techniken hinausreichen, beschäftigen sich mit »Milieuveränderungen« im weiteren Sinn des Wortes und enthalten alle möglichen Vorsichtsmaßnahmen gegen traumatische Einflüsse bis hin zur Bereitstellung von »vitaminreichen« erfrischenden Erlebnissen im natürlichen Zuhause des Kindes. Außerdem betont Anna Freud nachdrücklich die Forderung, daß die Phasen der kindlichen Entwicklung und ihre speziellen Bedürfnisse gut eingeplant werden sollten und daß die für die Erziehung im Leben des Kindes notwendigen Dinge dieselbe Aufmerksamkeit erfordern wie die in der analytischen Sitzung selbst verwandte Methode.

Wir dürfen uns trotz aller dieser »Vorkehrungsmaßnahmen« im Hinblick auf die große Zahl von Aufgaben, die ein Analytiker nicht vergessen darf, nicht über das Wesen des »klassischsten« Ereignisses in der Analyse selbst täuschen, das in der Atmosphäre des »abgedichteten Raums« stattfinden muß und für das Modell einer vollständigen Kinderanalyse durchaus charakteristisch bleibt. Das beste Gegenstück zum klassischen Konzept einer Analyse im »abgedichteten Raum« ist das Konzept einer *umfassenden Milieutherapie* (*total milieu therapy*). Weniger streng gefaßt, zwingt uns dieses Konzept, allem, was Anna Freud als »vorbereitende« Aufgaben des Analytikers bezeichnet hat, mehr Bedeutung zuzumessen und es zu einem eigenständigen Repertoire von therapeutischen und vorbeugenden Eingriffen zu erheben. Differenziert und ausgearbeitet beinhaltet das Konzept der »umfassenden Milieutherapie« alles, vom unterstützenden Gebrauch der speziellen Einflüsse und Erlebnisse im Leben des Kindes bis zu der Ansicht, daß manchmal der Einfluß der »Milieu-Bestandteile« an sich schon einen »therapeutischen Schritt« ermöglichen kann. Wir müssen darauf verzichten, hier ein – wenn auch nur stark vereinfachtes – Bild von Milieutherapie zu skizzieren,[3] und fügen auch sofort hinzu, daß wir persönlich keinen Konflikt erkennen können zwischen der klassischen analytischen Arbeit im »abgedichteten Raum« und der Forderung nach einer »umfassenden Milieutherapie« als einer weiteren Behandlungsmöglichkeit. Vielmehr haben wir in unserer Arbeit mit gestörten Kindern stets eine Kombination beider Möglichkeiten angestrebt.

Um einen Nutzen aus dem Exkurs über das Modell der Kinderanalyse und der Milieutherapie zu ziehen, könnten wir folgende Feststellung machen: So sehr beide Techniken sich auch unterscheiden mögen, haben sie doch eines gemeinsam, die Notwendigkeit, sich um das »fehlende Verbindungsglied« zu kümmern. Um mit der Kinderanalyse zu beginnen: Es ist offensichtlich, daß selbst ein Kind, das sechs Tage wöchentlich in klassischer analytischer Behandlung ist, viele »Erlebnisse« und »Probleme« hat, die nicht von seinem Analytiker, sondern von anderen Personen aufgegriffen, behandelt und »mit dem Kind durchgesprochen« werden müssen. Um von da zur Situation der *umfassenden Milieutherapie* überzugehen: So stark wir auch den Einfluß der »Umgebung« einschätzen mögen, so können wir uns doch nicht darauf verlassen, daß diese »Umgebung« ihre Aufgabe immer von selbst erfüllt. Denn das Erlebnis, das das Ausgesetztsein gegenüber einem bestimmten Milieufaktor in einem Kind hervorruft, ist nicht nur eine Funktion der Umgebung, sondern auch der Bereitschaft dieses Kindes, das Erlebnis richtig aufzufassen und mit ihm zu gegebener Zeit angemessen umzugehen. Während einige Einflüsse durch das Milieu ihre Aufgabe von allein und ohne die Vermittlung anderer erfüllen, muß in den meisten Fällen der erziehende oder behandelnde Erwachsene zum Vermittler zwischen Umgebung und Kind werden. Ich verwende hier nur deshalb eine absichtlich grob gewählte Erläuterung, um die Voraussetzung für eine Differenzierung zu schaffen:

Beispiel: Die Tatsache, daß die Kinder in vielen Krankenhäusern, Erziehungsheimen und anderen Institutionen bei der Aufnahme duschen müssen, mag zwar von der Institution als eine Aufmunterung und Entspannung *gedacht* sein, als eine wohlwollende »Waschung«, um den Beginn eines angenehmen Tages in »keimfreier« Umgebung zu erleichtern. Oder es kann sein, daß dies den Kindern helfen soll, ihr Gesicht zu wahren, denn wenn sowieso jeder unter die Dusche muß, kann es nicht geschehen, daß ein Neuankömmling aus weniger gepflegter Umgebung in den Verdacht gerät, diese besonders nötig zu haben; oder es kann geplant sein, das Kind mit dieser Maßnahme vor einer möglichen Verletzung seiner Gefühle – durch den Hinweis weniger taktvoller Kameraden, es stinke – zu bewahren. Die Art jedoch, wie dieses Erlebnis der Dusche vom Kind selbst *aufgenommen* wird, mag in keiner Weise ihren ursprünglichen Absichten entsprechen. Es kann möglicherweise als feindselige Anklage verstanden werden, als ob der bescheidene soziale Hintergrund, aus dem das Kind stammt, »schmutzig« sei; oder es könnte verstanden werden als der Vorbote einer ganzen Anzahl von nachdrücklich geforderten Routinegewohnheiten, die die Spontaneität des eigenen Zeitplans für die Bedürfniserfüllung verletzen; oder auch als ein scharfer Eingriff in sein Privatleben.

Es wird klar, daß selbst normale Umwelteinflüsse irgendwie gedeutet werden müssen. Dies ist ein notwendiges Glied in einer ganzen Kette von Vorgängen, das nicht ausgelassen werden kann, wenn die beabsichtigte Wirkung erzielt werden soll. Wie wir alle wissen, kann die richtige Wahrnehmung der Bedeutung eines bestimmten Erlebnisses auf vielerlei Arten erreicht werden. In den meisten Fällen ist die *Art*, in der sich Erwachsene in einer bestimmten Situation verhalten, klärend genug. Ein andermal erwartet man eine Reihe von anfänglichen Fehlinterpretationen durch das Kind; man nimmt aber auch an, daß das Kind sich im Laufe der Zeit automatisch selbst korrigiert, ohne daß viele Worte darüber verloren werden müssen. In anderen Fällen wiederum ist es offensichtlich nötig, daß der Erwachsene mit dem Kind darüber spricht.

In all den Fällen, in denen ein Erwachsener es für notwendig hält, das Erlebnis eines Kindes sofort aufzunehmen und mit ihm darüber zu sprechen, in der Absicht, den Einfluß des Erlebnisses auf das Kind zu regulieren, haben wir das vor uns, was wir als »*situationsbezogenes therapeutisches Gespräch im aktuellen Lebenskontext*«, als Life Space Interview bezeichnen.

2. Das Konzept des »Life Space Interview«

Erstens: Das »Life Space Interview« ist ein wichtiger Teil im Leben aller Kinder. Die Erwachsenen, die im Leben eines Kindes die Rolle eines Erziehers spielen, befinden sich oftmals in Situationen, die korrekterweise als »Life-Space Interview« bezeichnet werden können.

Zweitens: Dem »Life Space Interview« kommt eine vermittelnde Rolle zwischen dem Kind und dem zu, was das Leben für es bereithält. Somit gebührt ihm die gleiche Beachtung wie dem tiefenpsychologischen Interview, das im »abgedichteten Raum« durchgeführt wird.

Drittens: Bei der Arbeit mit ernstlich gestörten Kindern – selbst wenn sie zusätzlich zur Milieutherapie nicht auch noch der Therapie im »abgedichteten isolierten Raum« ausgesetzt werden – sind der methodisch kluge Gebrauch und die technisch korrekte Handhabung des »Interviews« mit den Kindern von vorrangiger klinischer Bedeutung.

Viertens: Selbst dann, wenn Kinder zur speziellen Behandlung eines ihrer Probleme einer klar umrissenen Therapie im »abgedichteten Raum« ausgesetzt sind, bleibt es strategisch immer noch höchst wichtig, daß die

Kinder von den Menschen, von denen sie zu Hause und in der Schule umgeben sind, methodisch geschickt behandelt werden.

Fünftens und vor allem: Das, was sich bei einem »Life Space Interview« abspielt, selbst wenn es von jemand anderem als dem Therapeuten des Kindes durchgeführt wird, enthält bei einer genaueren Interpretation des Begriffes ebenso differenzierte und wichtige Fragen der Methode und Strategie wie die Entscheidungen, die der Psychoanalytiker im Verlauf einer therapeutischen Sitzung zu treffen hat.

Sechstens: Jede Anwendung einer umfassenden Milieutherapie, als Unterstützung der Individualtherapie oder für sich allein durchgeführt, wird mit den Kenntnissen und dem Geschick stehen oder fallen, mit dem die Erzieher, Lehrer oder Therapeuten im Leben der Kinder die Aufgaben des »Life Space Interview« erfüllen.

Aus diesem Grund werden wir versuchen, einige der Dinge, die sich während eines »Life Space Interview« ereignen, derselben eingehenden Untersuchung zu unterziehen, der die psychotherapeutischen Techniken seit langer Zeit in unseren Seminaren ausgesetzt sind.[4]

3. Ziele und Aufgaben des »Life Space Interview«

Zuerst möchte ich zwei Hauptkategorien für die Ziele und Aufgaben des »Life Space Interview« zur Diskussion stellen:

(1) die therapeutische Auswertung von Ereignissen aus dem alltäglichen Leben.

(2) sofortige emotionale »*Erste Hilfe*«.

Der Unterschied zwischen diesen beiden Kategorien liegt nicht in der Natur des Ereignisses, aus dem sich die Notwendigkeit zum »Life Space Interview« ergibt – wir werden uns in Zukunft auf dieses Ereignis als das »Problem« beziehen –, sondern in unserer Entscheidung darüber, was wir mit dem Interview hauptsächlich bezwecken. Außerdem wird der Unterschied natürlich von der jeweiligen Situation selbst bestimmt.

Beispiel: Nehmen wir an, daß eine Gruppe von Kindern gerade auf einen Ausflug gehen will, auf den sie sich schon seit einiger Zeit gefreut hat. Nehmen wir weiter an, daß sie durch unsere Schuld an der Tür noch ein wenig aufgehalten wird, da man in letzter Minute nach verlorenen Schuhen, Fußbällen usw. suchen muß. Dadurch steigt die Reizbarkeit in der Gruppe, die bereits versammelt ist und ungeduldig auf den Aufbruch wartet. Im folgenden aufgeregten Gezänk geraten zwei unserer Kinder in Streit, wobei Johnny heftiger verprügelt wird, als er es ertragen kann. Er rennt aufgebracht in sein Zimmer zurück, verflucht seinen Peiniger, die ganze Welt und besonders alle Erzieher, und er schwört, daß er niemals mehr in seinem ganzen Leben auf einen Ausflug gehen werde. Er ist also gerade dabei, sich in einer angenehmen Flut von Selbstmitleid zu baden, seinen Groll gegen die Menschen im allgemeinen zu nähren und neue Beweise für seine Theorie zu sammeln, daß das Leben schlecht und die Leute sowieso gemeine »Schufte« seien und daß autistische Tagträume den einzig sicheren Ausweg böten.

Wir sind wohl alle der Ansicht, daß sich jemand dieser Situation annehmen sollte. Ein Erzieher, der versucht, das schmollende Kind in ein »Life Space Interview« zu verwickeln, hat hier die Möglichkeit, zwischen zwei Arten zu wählen:

Er kann entweder Johnny in seinem Elend beistehen und ihm helfen, das verwickelte Netz von Emotionen, in das er sich so hoffnungslos verstrickt hat, zu entwirren, mit dem einfachen Ziel, ihn hier und jetzt »darüber hinwegzubringen« und ihn wieder in seine ursprüngliche erwartungsvolle Stimmung zu versetzen. Dies läßt sich wohl recht gut mit einer Art »*Erster Hilfe*« vergleichen; der Organismus kann sich zwar bei einer kleineren Wunde selbst helfen, es ist aber klüger, ihn dabei zu unterstützen.

Der Erwachsene könnte aber auch – und dies hängt von der zur Verfügung stehenden Zeit ab und davon, wie Johnny auf die Bemühungen des Erwachsenen bei diesem Gespräch reagiert – plötzlich erkennen, daß dieser Vorfall ihm die seit langem erhoffte Gelegenheit gibt, Johnny dabei zu helfen, sich mit einem Problem in seinem Leben auseinanderzusetzen, das ihm bewußt zu machen wir bisher kaum eine Möglichkeit hatten. In diesem Fall wird er sein Vorhaben, Johnny wieder in die ursprüngliche fröhliche Ausflugsstimmung zu versetzen, eventuell aufgeben; vielleicht wird er sogar Johnnys schmollendem Beharren, »auf keinen Fall mitzugehen«, nachgeben, sich jedoch dafür entscheiden, diese besondere Gelegenheit als Ausgangspunkt eines Erklärungs- und Deutungsversuchs zu benutzen. Er mag etwa damit beginnen, Johnny zu zeigen, wie dieser Vorfall mit vielen ähnlichen vorhergegangenen Vorfällen verknüpft ist, um ihm so zu der Einsicht zu verhelfen, daß er selbst diese Vorfälle oft geradezu »herausfordert«, obwohl er sich selbst dessen nicht bewußt ist; und ferner, wie seine aufreizend unverschämten Provokationen oder Schlägereien mit anderen Kindern manche Leute oft in Wut versetzen. Unser Erzieher wird also vielleicht eine halbe Stunde später hinter der Gruppe herkommen mit einem etwas traurigeren, aber um einiges klügeren Johnny an seiner Seite; oder er wird wenigstens die Voraussetzungen dafür geschaffen haben, daß etwas von dieser Einsicht bei einer späteren Gelegenheit durchdringen wird oder vom Therapeuten aufgenommen werden kann, falls sich Johnny auch in individualtherapeutischer Behandlung im eher klassischen Stil befindet.

Übrigens kann man vor einem »Interview« oft nicht sicher sagen, unter welche der zwei Zielkategorien es möglicherweise fallen wird, da sich mitten im Interview ein überzeugender Grund für eine Änderung der ursprünglichen Absicht ergeben kann.[5]

Diese Unterscheidung zwischen »emotionaler Soforthilfe« auf der einen und »therapeutischer Auswertung von Ereignissen aus dem täglichen Leben« auf der anderen Seite ergibt jedoch noch immer zwei ziemlich weit gefaßte Kategorien. Im folgenden sollen für praktische Zwecke diese weiten Begriffe noch in kleinere Einheiten aufgegliedert werden, um sie deutlicher hervortreten zu lassen.

4. Die therapeutische Auswertung von Ereignissen aus dem täglichen Leben (The clinical exploitation of life events)

Unsere Versuche, aus den Alltagserlebnissen eines Kindes einen therapeutischen Gewinn für das Behandlungsziel auf lange Sicht zu ziehen, können folgende besondere Formen annehmen:

4.1 »Einmassierung des Realitätsprinzips« (Reality rub-in)

Die Schwierigkeit bei einigen unserer Kinder besteht unter anderem darin, daß sie im sozialen Bereich kurzsichtig sind. Sie können die Bedeutung eines Vorfalls, in den sie verwickelt sind, nicht erkennen, ohne daß wir sozusagen »große Buchstaben« verwenden und darüber hinaus alles in leuchtenden Farben unterstreichen. Andere sind in einem so perfekten System von beinahe wahnhafter Fehleinschätzung des Lebens befangen, daß sie selbst auffallende Widersprüche im tatsächlichen Geschehen übersehen, wenn nicht ihr Blick gefesselt und von Zeit zu Zeit darauf gelenkt wird. Noch faszinierender sind jene Kinder, die zwar vorbewußt alles richtig aufnehmen, deren Ich jedoch im Erfinden von Ausreden für das eigene Gewissen so gut funktioniert und die gegenüber allen außenstehenden Aufsichts-

personen so vernünftig zu argumentieren verstehen, daß die Situation, die
wir mit ihnen durchsprechen wollen, längst hoffnungslos retuschiert ist,
wenn wir dahin gelangen. Es erübrigt sich vielleicht, hinzuzufügen, von
welcher Bedeutung es, strategisch gesehen, ist, daß diesen Kindern *auf der
Stelle* in einem Gespräch die »Realität einmassiert« wird, und zwar am
besten von Personen, die zur Zeit des Vorfalls entweder selbst anwesend
oder wenigstens gründlich mit solchen Vorkommnissen vertraut sind.

4.2 Entfremdung von Symptomen (*Symptom estrangement*)

Anders als bei ihren eindeutig neurotischen Altersgenossen gehorcht das
Ich unserer Kinder zum Teil wenigstens den von ihnen entwickelten pathologischen Mechanismen. Sie haben es schnell verstanden, aus ihren Symptomen einen sekundären Gewinn zu ziehen, und sie sind deshalb keineswegs geneigt, die Vorstellung zu akzeptieren, bei ihnen könnte etwas nicht
in Ordnung sein, oder sie könnten Hilfe brauchen. Ein großer Teil zumindest in der »Vorbereitungs«-Arbeit – ohne deren erfolgreichen Abschluß die Wunder der mehr klassischen Formen der Individualtherapie
bei diesen Kindern recht wirkungslos sind – besteht in einer Entfremdung
des Ichs von seinen Symptomen. In der Hoffnung, daß es irgendwo einen
nicht pathologisch belasteten Teil ihrer Ich-Funktionen gibt, der auf eine
Gelegenheit wartet, sich zu melden, verwenden wir viele der Lebenssituationen der Kinder zu dem Versuch, ihnen Beweise dafür zu liefern,
daß sich pathologisches Verhalten wirklich nicht bezahlt macht; bzw. daß
sie viel zu schwer bezahlen müssen für den armseligen sekundären Gewinn,
den sie daraus ziehen; oder daß die Freude, die sie suchen, viel regelmäßiger und zuverlässiger aus anderen Formen der Problemlösung oder des
Glücksstrebens gewonnen werden kann. Damit ist übrigens nicht gemeint,
daß man diese Kinder durch methodisch gut angelegte »Life Space Interviews« allein zur Aufgabe ihrer Symptome bewegen könnte; ein Teil dieser
Aufgabe muß zusätzlich noch mit anderen Mitteln angepackt werden. Wir
können jedoch einen Teil ihrer Einsicht dafür gewinnen, dem Ich bei seinen
Bestrebungen zu helfen, sich von der Last des Pathologischen zu befreien.
Selbst wenn die Kinder zur Mitarbeit bereit sind, ist es schwierig und ein
Problem für sich, ihnen zu ermöglichen, die unbewußten Fesseln ihrer
Neurosen abzustreifen. Hierbei darf nicht vergessen werden, wie wichtig
es ist, daß die Entfremdung von den Symptomen konsequent vom gesamten Personal verfolgt wird. Es würde wenig nützen, mit den Kindern in

den »Interviews« über die Unangemessenheit ihrer symptomatischen Verhaltensweisen zu *sprechen*, wenn ihre unmittelbare soziale Umgebung es ihnen allzu schwer macht, diese Symptome loszuwerden. Mehr als bei jeder anderen Aufgabe müssen hier unsere *Handlungen* auf unsere Worte abgestimmt sein.

4.3 Wiederbeleben eingeschlafener Wertgefühle
(Massaging numb value-areas)

Obwohl unsere Kinder manchmal recht psychopathisch erscheinen, haben wir bis jetzt unter ihnen noch keines gefunden, das nicht auf viele, noch unentwickelte Gebiete hätte positiv angesprochen werden können. Bildlich gesprochen: Obwohl der Arm noch da ist, hat der Kreislauf darin bereits aufgehört. Die Empfänglichkeit für Werte, für die das innere Selbst eines Kindes freigemacht worden ist, muß trotzdem noch entsprechend genutzt werden, und man muß etwas unternehmen, um den Kreislauf wieder in Gang zu bringen.

Die Empfänglichkeit für Werte zuzugeben, würde, genauso wie Hunger nach Liebe zu gestehen, für unsere Kinder bedeuten, daß sie ihr Gesicht vor den anderen verlören. Bei den meisten Kindern gibt es jedoch einige Wertbereiche, die von einem Schamgefühl den Spielgefährten gegenüber weniger belastet sind. Zum Beispiel erscheint ihnen, selbst zu Zeiten, wo sie lieber tot wären als allzu folgsam und freundlich, die Befolgung bestimmter Regeln der »Fairneß« innerhalb ihres Rituals der Herausforderung zum Kampf als durchaus akzeptabel. Um die Voraussetzungen für »Argumente im Bereich der Werte« zu schaffen, mag es sich am Ende recht gut bezahlt machen, wenn man aus den Wirren der Ereignisse ihres täglichen Lebens das Problem der Fairneß oder ähnlicher Werte herausgreift.

4.4 Anbieten neuer Anpassungstechniken
(New-tool salesmanship)

Selbst überzeugte Vertreter der klassischen therapeutischen Richtung räumen von Zeit zu Zeit ein, daß sie einige Mühe darauf verwenden, einem Kind zu der Einsicht zu verhelfen, daß es andere als die von ihm verwendeten Abwehrmechanismen gibt und daß dadurch – zumindest teilweise – die Anpassungsfähigkeit des Kindes verbessert werden kann. Der Therapeut jedoch, der im »abgedichteten Raum« eine langfristige klassische

Individualtherapie durchführt, kann es sich nicht leisten, zuviel Anstrengung darauf zu verwenden, da er sonst die »Isolierwände«, deren Errichtung ihn anfänglich so viel Zeit gekostet hat, durchlässig machen würde. Sobald also in der Individualtherapie die Möglichkeit zum Gebrauch solcher Mechanismen geschaffen ist, können die Erwachsenen, die mit solchen Kindern »leben«, anfangen, viele der Alltagserlebnisse der Kinder dazu zu benutzen, um ihnen zu der Erkenntnis zu verhelfen, daß es noch viel mehr Möglichkeiten gibt, mit demselben Problem fertigzuwerden. Selbst die scheinbar einfache Erkenntnis, es sei viel vernünftiger, sich mit einem Erwachsenen auszusprechen als sich in wilder Wut sinnlos herumzuprügeln, muß mit einigen der Kinder, an die ich hier denke, über einen langen Zeitraum hinweg hart erarbeitet werden.

Das »Life Space Interview« bietet Gelegenheit, statt ganz allgemein bessere Anpassungstechniken anzupreisen, ganz klar die allzu offensichtliche Unangemessenheit der speziellen, vom Kind zuvor gewählten Techniken deutlich zu zeigen. In dieser Hinsicht sind wir in derselben vorteilhaften Lage wie der Handelsvertreter, der nicht nur Reklamezettel zum Verteilen hat, sondern daneben auch die Möglichkeit, seine Ware vorzuführen.

4.5 Die Erweiterung der Grenzen des Selbst
(Manipulation of boundaries of the self)

Immer wieder trifft man auf ein Kind, das einerseits von Zeit zu Zeit pathologisch-aggressive Wutausbrüche hat, das aber auf der anderen Seite einem Vorgang gegenüber auffallend hilflos ist, den wir gerne als »gruppenpsychologische Saugwirkung« bezeichnen. Da es sogar leichter Beeinflussung fast hilflos ausgeliefert ist, wird es meist von einem anderen Kind entdeckt, das die gruppenpsychologischen Vorgänge besonders brilliant manipuliert, und gerät dann leicht in die pathetische Rolle des »ewigen Opfers« einer kleineren Clique, die andere ständig ausnutzt.

Das »Life Space Interview« bietet strategisch natürlich eine günstige Gelegenheit, hier einzugreifen. Zur Erläuterung dessen, was wir mit »Erweiterung der Grenzen des Selbst« bezeichnen, mag das folgende Beispiel dienen; allerdings lassen wir dabei alle, die Methode des »Life Space Interview« betreffenden Einzelheiten außer acht.

Beispiel: Eines Tages waren wir der Ansicht, daß nun die Zeit gekommen sei, uns eingehend mit dem Problem eines unserer Kinder zu befassen, das stets das Opfer einer »gruppenpsychologischen Saugwirkung« war; und so entschlossen wir uns, jedesmal, wenn sich solche Vorfälle ereigneten, diese durch den verstärkten Gebrauch des »Life Space Interview« therapeutisch zu verwerten. Der folgende Vorfall, der sich eines Tages in der Schule ereignete, kam uns dabei zustatten: Zwei Jungen aus einer kleineren Clique, die Freude daran hatten, das genannte Kind auszunutzen, waren eifrig dabei, es zu ärgern. Diesmal schienen ihre Tücken erfolglos zu bleiben; tatsächlich gerieten sie selbst beim Anstacheln so sehr außer sich, daß sie aus dem Zimmer geschickt wurden. Sie hatten kaum den Raum verlassen, als sich das andere Kind mit erleichtertem Gesichtsausdruck an den Lehrer wandte und sagte: »Bin ich froh, daß ich diesmal nicht ihr Opfer geworden bin!«

Eher, als sich auf den ersten Blick vermuten ließe, sind viele unserer Kinder dazu bereit, ihr Selbst zu erweitern, um darin andere Leute, gütige Erwachsene, ihre Gruppe oder die ganze Institution, zu der sie eine Art Zugehörigkeitsgefühl entwickelt haben, darin aufzunehmen. In einer völlig anderen Richtung wiederum könnten wir uns die Vorfälle des täglichen Lebens zunutze machen, wenn wir beabsichtigen, Kindern bei der Annahme ihres Selbst oder bisher abgesprengter Teile davon zu helfen. Alles, was Erzieher unter Begriffen wie »Ermutigung«, »das Einprägen eines Gefühls von Würde und Stolz« subsumieren, und alles, was eine gestörte Einstellung der Kinder gegenüber ihrem Selbst – in der Form von Mutlosigkeit und größenwahnsinnigen Vorstellungen usw. – verrät, könnte unter diese Überschrift gefaßt werden.

Zusammenfassend möchten wir betonen, daß diese fünf Ziele, die mit Hilfe des »Life Space Interview« erreicht werden sollen, eher erläuternd als verbindlich im Sinne eines Systems gedacht sind. In allen hier erwähnten Fällen war das wirkliche *Ziel* des »Life Space Interview« die therapeutische Auswertung bestimmter Erlebnisse aus dem täglichen Leben. Das heißt, es wurden momentane Alltagserlebnisse benutzt, um aus ihnen etwas herauszuarbeiten, das sich im Hinblick auf unsere langfristig angelegten therapeutischen Ziele als hilfreich erweisen könnte.

5. Emotionale »Erste Hilfe« *(Emotional first aid on the spot)*

Bei Kindern, die eine langfristige therapeutische Behandlung erfahren, darf nicht vergessen werden, daß sie so lange mit ihren Symptomen leben müssen, bis sie diese endgültig überwunden haben, und daß ihre eigene Entwicklung ebenfalls noch nicht abgeschlossen ist. Auch wenn es stimmt, daß unsere Kinder so krank sind, daß man sie als »Patienten« bezeichnen kann, so bleibt doch immer zu beachten, daß sie sich noch in der Entwicklung befinden. Dies bedeutet, daß die Erwachsenen, die sie während der verschiedenen Phasen dieser Entwicklung begleiten, auch als »Soforthelfer« bei den täglichen Fragen der Anpassung, mit denen die Kinder nicht allein fertig werden, gebraucht werden. Dies ist an sich schon eine sehr wichtige Aufgabe und verdient deshalb besondere Aufmerksamkeit im Hinblick auf das methodische Vorgehen; die Gelegenheit zu einer solchen »Hilfe im Konflikt« schließt jene Situationen ein, die wir unter dem Begriff des »Life Space Interview« fassen. Die Betonung liegt hierbei auf der Tatsache, daß die emotionale Erste Hilfe an sich ein ausreichender Grund für ein sorgfältig geplantes »Life Space Interview« ist, selbst dann, wenn das spezielle Problem, um das sich das Gespräch zentriert, langfristig gesehen keinen Gewinn in dem Sinn verspricht, wie wir es im vorhergehenden Abschnitt beschrieben haben. Zur Erläuterung der Ziele, die man mit der Ersten Hilfe ansteuern kann, lassen sich wieder fünf Unterkategorien aufzählen:

5.1 Ablassen von »Frustrationssäure« (*Drain-off of frustration acidity*)

Selbst normale Kinder geraten bei der Unterbrechung einer angenehmen Beschäftigung, in die sie gerade vertieft sind, in Wut. Dies wirkt sich bei unseren Kindern, die ja eine besonders niedrige Frustrationstoleranz haben, sehr ungünstig aus, denn sie sind ohnehin überaggressiv und wittern ständig gegen sie gerichtete Feindseligkeiten. Gerade hier hat das »Life Space Interview« die Möglichkeit, als eine umfassende psychohygienische Hilfe zu dienen. Durch mitfühlende Verständigung mit dem Kind über seine Wut und berechtigte Empörung wegen der unliebsamen Unterbrechung können wir die zusätzliche, durch das Eingreifen hervorgerufene Feindseligkeit, ablassen und auf diese Weise verhindern, daß sich das bereits vorhandene Ausmaß an Haß noch vergrößert. Solche Situationen bieten sich besonders dann an, wenn ein geplantes Vorhaben fehlgeschlagen ist, oder wenn die bloße Notwendigkeit, einen Zeitplan einzuhalten, eine Unterbrechung unvermeidlich macht.

5.2 Unterstützung bei der Bewältigung von panischer Angst, Wut und Schuldgefühlen (*Support for the management of panic, fury, and guilt*)

Die Schwierigkeit bei vielen Kindern ist nicht nur, daß sie mehr Gefühle der Angst, Panik, mehr Scham- oder Schuldgefühle *haben* als sie sollten oder als normale Kinder erleben würden, sondern auch, daß sie nicht wissen, wie sie mit diesen Gefühlen *fertig werden* sollen. Wir haben bereits in «*Children Who Hate*«[6] beklagt, wie schwer es ist, solchen Kindern dabei zu helfen, richtig zu reagieren, auch dann, wenn sie sich schuldig fühlen *sollen*. Deshalb ist es wichtig, daß der Erwachsene bei seinem Eingreifen sowohl »Erste Hilfe« als auch therapeutischen Beistand leistet, wenn immer das Kind (oder die Gruppe) von heftigen Emotionen dieser Art getroffen wird. Bei unserem umfassenden methodischen Ansatz halten wir es z. B. für wichtig, daß ein Erwachsener immer beim Kind bleibt, gleichgültig, wie schwer dessen Wutanfall auch sein mag. Sein Wissen darum, daß wir genauso daran interessiert sind, es vor seinen eigenen übertriebenen Wünschen zu schützen wie vor den bösen Absichten anderer Leute, hat sich als gute Unterstützung des Ichs auf lange Sicht erwiesen. Ein Erwachsener, der gerade dann bei einem Kind ist, wenn dessen Erregung langsam abklingt, kann dem Kind oft helfen, die »Dinge wieder ins rechte Licht zu rücken«. Er kann ihm auch dabei helfen, wieder in den normalen Tagesablauf und das Leben in der Gemeinschaft zurückzufinden, ohne daß ihm ein bitterer Nachgeschmack vom nichtbewältigten Schmerz bleibt.

5.3 Aufrechterhaltung der Kommunikation bei drohendem Abbruch der Beziehungen (*Communication maintainance in moments of relationship decay*)

Es gibt eine Reaktion unserer Kinder, die wir am allermeisten fürchten: den völligen Abbruch jeglicher Verständigung mit uns und den vollständigen Rückzug in eine autistische Welt der Phantasie, zu der sie uns den Zutritt verwehren. Davor haben wir deswegen so viel Angst, weil – wenn es sich um Kinder handelt, die sich an der Grenze zum psychotischen Sich-Zurückziehen von jeglicher Realität befinden – auf diese Weise unsere Hilfe am wirksamsten abgewehrt wird.

Diese Waffe wird dann besonders häufig gegen uns eingesetzt, wenn gewisse Umstände, die auf den ersten Blick den Eindruck machen, als böten sie eine besonders deutlich ins Auge springende Möglichkeit der Argumentation oder Interpretation für das Kind, uns zu einer eindeutigen Form des

Eingreifens in das Verhalten des Kindes zwingen. Gerade in diesem Augenblick neigt es besonders dazu, alle Beziehungen zu uns abzubrechen, und macht uns so recht hilflos bei unserem Versuch, ihm Mitleid, Erklärung oder Unterstützung anzubieten. Oft wird ein Kind zum Beispiel nach einem besonders wilden Kampf mit einem anderen Kind die Motive für das Eingreifen eines beschützenden und den Kampf unterbrechenden Erwachsenen in solchem Maß mißverstehen, daß es selbst die geschickteste Unterbrechung der Schlägerei als groben und feindseligen »Verrat« interpretiert. Hierauf reagiert es so abweisend, daß der Zusammenbruch aller bisherigen Beziehungen zu diesem Erwachsenen unmittelbar droht. Es ist wichtig, diesen Vorgang sofort aufzuhalten und den nächsten Schritt im Abwehrmanöver des Kindes, nämlich den Rückzug aus jeglicher Kommunikation und die völlige Flucht in autistische Tagträume, zu verhindern. Oft ist in solchen Augenblicken klar, daß wir nichts unternehmen können, was irgendeinen Einfluß auf das hoffnungslos verzerrte Bild im Kopf des Kindes haben könnte. Jedoch kann unser Versuch, das Kind in irgendeine Form von Kommunikation zu verwickeln, verhindern, daß es sich weiter zurückzieht. Darum verzichten wir darauf, über den Vorfall selbst zu sprechen zu versuchen, sondern bemühen uns lediglich, eine Verständigung zwischen dem Kind und dem Erwachsenen aufrechtzuerhalten, gleichgültig, wie nebensächlich und wie weit hergeholt das Gesprächsthema auch sein mag.

5.4 Regulierung von Verhaltensabläufen und sozialen Beziehungen
(Regulation of behavioral and social traffic)

Diese spezielle Aufgabe des »Life Space Interview« scheint nichts Besonderes zu sein, und wir haben die schmerzliche Erfahrung gemacht, daß manche Leute dazu neigen, sie für zu banal und für zu unwürdig zu halten, als daß sie in einer Diskussion über »Interview-Techniken« überhaupt berücksichtigt werden sollte. Unsere Achtung jedoch vor der klinischen Bedeutung unserer Aufgabe als »den Gemeinschafts- und Verhaltensverkehr regelnde Polizisten« ist im Laufe der vergangenen Jahre auf jeden Fall gestiegen. Die Sache selbst ist einfach und bedarf nicht vieler Erklärungen. Die Ausführung der Aufgabe jedoch kann sich derart schwierig gestalten, daß sie leicht den heikelsten Problemen vergleichbar ist, die bei der Individualtherapie mit Kindern oder Erwachsenen auftreten.

Bei der betreffenden Situation geht es um folgendes: Die Kinder *kennen* natürlich die allgemeinen Grundsätze, Gewohnheiten und Regeln im Spiel der sozialen Interaktion, die an einem bestimmten Ort gerade gelten. Aber es ist etwas anderes, diese Kenntnis im richtigen Augenblick *zur Verfügung zu haben*; und es ist noch etwas anderes, in einem solchen Moment wiederum genügend Ich-Energie aufzubringen, um die eigene Impulsivität einer sozialen Verhaltensnorm unterzuordnen. So ähnelt die Hilfe, die die Kinder benötigen, in etwa der Wirkung, die ein guter Verkehrspolizist auf Erwachsene hat; denn selbst, wenn wir alle Verkehrsregeln befolgen, könnten wir eine solche Hilfe von Zeit zu Zeit brauchen. Er erinnert uns an bestimmte Grundregeln und warnt uns vor unvorhergesehenen Ereignissen auf dem weiteren Weg. Er zeigt uns, wo wir etwas falsch machen und uns in Gefahr begeben, selbst wenn es diesmal zufällig noch gut geht. Da Menschen keineswegs unbedingt aus dramatischen Erlebnissen lernen, wenn ihnen nicht ein gütiger und von ihnen anerkannter Helfer Beistand leistet, kann es von Bedeutung sein, wenn man in einem darauffolgenden Gespräch auf einen bestimmten Vorfall verwirrten Verhaltens näher eingeht, um ihn zur Vertiefung einer allgemeinen Lebenseinsicht zu verwenden. Da unsere Kinder besonders empfindlich sind gegen jegliche Art von Moralisieren, Predigen oder Vortraghalten, wäre es sinnlos, ihnen ein Handbuch mit Verhaltensanleitungen zu geben. Es ist wichtig, diese Aufgabe ihres sozialen Lernens in eine Reihe von Hilfeleistungen zu zerlegen, die dann in dem Augenblick gegeben werden, wenn sie am meisten benötigt werden.

Beispiel: Auf unserer Station gibt es eine klare Regelung sowohl für die Schulbesuche des Kindes und die Gründe dafür, als auch für das, was geschehen soll, wenn ein Kind sich so verhält, daß es vorübergehend vor die Tür gesetzt wird. Wir haben große Mühe darauf verwendet, zu erreichen, daß jedermann konsequent nach diesen Grundsätzen handelt, so daß die übereinstimmende Haltung aller beteiligten Erwachsenen als zusätzliche nicht-verbale Verstärkung des zugrundeliegenden Plans dienen könnte. Doch damit dies alles für unsere Kinder sinnvoll und schließlich internalisiert und darüber hinaus von ihnen als ein Teil der allgemeinen Struktur des »Lebens an diesem Ort« wahrgenommen werden konnte, waren Hunderte von »Life Space Interviews« über Schulereignisse nötig.

5.5 Schiedsrichterliche Hilfe – bei schwierigen Entscheidungen und risikoreichen Abmachungen (*Umpire services – in decision crises as well as in cases of loaded transactions*)

Die Kinder benötigen uns oft für eine weitere Funktion, die einfach erscheinen mag, obwohl die Notwendigkeit für sie nachdrücklich und verzweifelt sein kann: Schiedsrichter zu spielen. Die Rolle des Schiedsrichters, in die wir uns versetzt sehen, kann sich auf rein innerliche Vorgänge beziehen. Es ist, als ob wir ihnen dabei helfen sollen, zu entscheiden, ob sie »ihrem besseren oder schlechteren Ich« zu folgen haben. In diesen Fällen gleicht unsere Rolle der eines guten Freundes, den wir mit zum Einkaufen nehmen, in der Hoffnung, daß er uns dabei helfe, beim Abwägen drängender Wünsche gegenüber wirtschaftlicher Vernunft mehr Übersicht und Maß zu bewahren, als wir selbst im Moment der Entscheidung aufbringen können. Wir sind jedoch der Ansicht, daß dieser Begriff nicht ausschließlich auf diesen subtilen inneren Bereich beschränkt bleiben soll. Wir fassen ihn in der ganzen Breite, von der tatsächlichen Schlichtung eines Kampfes oder einer Auseinandersetzung, eines Streits über die Spielregeln im Falle eines Konflikts oder einer Ratlosigkeit bis zur Handhabung »problemgeladener Angelegenheiten« im sozialen Leben der Kinder. Unter die letzte Kategorie fallen viele verwickelte Abmachungen über Tausch-, Leih-, Handelsgeschäfte usw., deren sekundäre Ausstrahlungen klinisch gesehen zu ernst sein können, als daß sie in einer bestimmten Phase dem Zufall überlassen werden dürften. Diese Situationen bieten übrigens wunderbare Gelegenheiten, ein wenig an der »therapeutischen Auswertung von Ereignissen aus dem täglichen Leben« zu arbeiten. Aber selbst wenn in einem bestimmten Vorfall dieser Art weiter nichts enthalten ist, so sind doch eine psychohygienische Regelung und ein emotional sauberer Schiedsspruch bei inneren oder äußeren Konflikten schon völlig legitime und therapeutisch äußerst heikle Aufgaben.

Zusammenfassend möchten wir noch einmal unterstreichen, was wir die ganze Zeit verständlich machen wollten: Alle diese »Ziele« – die therapeutische Auswertung ebenso wie die augenblicksbezogene emotionale »Erste Hilfe« – können manchmal in ein und demselben »Life Space Interview« angestrebt werden, und wir werden oft unversehens das Ziel mittendrin ändern. Es erübrigt sich vermutlich, hinzuzufügen, daß das spezielle Ziel, das wir uns zu einer bestimmten Zeit in unserem Vorhaben setzen, von der Phase der Individualtherapie, in der sich das Kind befindet, stark beeinflußt wird und selbstverständlich auch vom Stadium seiner psychischen Gesundung abhängt. Tatsächlich ist die Frage, wie viele von den Lebensproblemen angegriffen und thematisiert und wie viele beiseite gelassen werden sollen, ein wichtiger Teil der allgemeinen Koordination zwischen der Individualtherapie und all den übrigen Aspekten der therapeutischen Behandlung eines bestimmten Kindes.

6. Gedanken über Strategie und Technik

Es scheint sehr ratsam, sich auf eines der Kernprobleme aller Diskussionen über Strategie und Technik des »Life Space Interview« zu konzentrieren, nämlich auf die Frage der *Indikation und Gegenindikation*. Darüber hinaus sollte die Aufmerksamkeit auf einige der dringlichsten Aspekte, die schnellstens weiterer Erarbeitung bedürfen, gelenkt werden. Bei der Verwendung der Begriffe »Indikation« und »Gegenindikation« beziehen wir uns auf die folgenden beiden Sachverhalte: *Indikation und Gegenindikation* bezüglich der Frage, *ob* ein »Life Space Interview« *abgehalten* werden soll, und *Indikation und Gegenindikation* für eine spezifische *Technik* oder die Anwendung bzw. Nichtanwendung eines speziellen strategischen Schritts. Die uns aus der Diskussion über Individualtherapie sehr vertraute Frage: »Soll ich schweigen oder den Traum jetzt sofort interpretieren?«, hat ihre völlig analoge Erscheinung im Bereich der »Life Space Interview«-Arbeit.

Folgende Kriterien tauchen am häufigsten in unseren eigenen Gesprächen über die anzuwendende Technik auf:

6.1 Beschränkung des Gesprächs auf ein zentrales Thema
(Central theme relevance)

Damit meinen wir die Bedeutung, die eine umfassende Strategie in einer bestimmten therapeutischen Phase für die Frage hat, welche Situationen und welche Probleme man für ein »Life Space Interview« aufgreifen soll. Es wäre verfehlt, wollte man die Kinder mit einem solchen Wall von Versuchen, ihre Alltagserlebnisse für therapeutische Zwecke auszuwerten, umgeben, daß die notwendige Natürlichkeit des kindlichen Lebens zerstört würde; auch ein Übermaß an »Erster Hilfe« würde die Gefahr einer zu großen Abhängigkeit oder der Unterdrückung durch die Einmischung Erwachsener implizieren, die wir sicherlich vermeiden wollen. Zum Beispiel werden wir über einen bestimmten Zeitraum hinweg absichtlich nicht zuviel über die Anfälligkeit des oben genannten Kindes sprechen, sich von einer Gruppe zum »Opfer« machen zu lassen. Erst nachdem sich bestimmte umfassende therapeutische Linien abzeichnen, beschließen wir gemeinsam, solche Vorfälle von nun an eingehender auszuwerten. Zu diesem Zeitpunkt wird auch der Therapeut des Kindes solche unterstützende »Realitäts-Einmassierung von außen« begrüßen.

6.2 Ich-Nähe und Klarheit des Themas (*Ego proximity and issue clarity*)

»Ich-Nähe« ist ein im Bereich der klassischen psychoanalytischen Arbeit wohlvertrautes Mittel. Man darf nicht ohne weiteres Dinge interpretieren, die in diesem Augenblick so stark verdrängt sind, daß es nur unnötigen Widerstand hervorrufen oder zu sekundären Problemen in anderen Bereichen führen müßte, würde man daran rühren. Andererseits sollte man Dinge von großer Ich-Nähe besser sofort aufgreifen, da das Kind sonst denken könnte, wir seien zu dumm oder zu uninteressiert, um zu bemerken, was es längst selbst herausgefunden hat. Dieses Problem bleibt demzufolge ein wichtiges Kriterium für die »Life Space Interview«-Arbeit.

Der Punkt »Klarheit des Themas« ist etwas verwickelter und gestaltet sich besonders komplex, einmal wegen der Schnelligkeit, mit der sich das Verhalten der Kinder ändert, zum anderen wegen der Vielzahl der Faktoren, die sich ins Blickfeld drängen können.

Beispiel: Johnny hat eben ein anderes Kind heftig und völlig ungerechtfertigt angegriffen. Die Überraschung des anderen Kindes und die ganze Situation: beides ist so sonnenklar, daß wir diesmal sicher sein können, daß selbst Johnny, der sonst jede Einsicht abwehrt, uns wird zugeben müssen, daß wirklich er derjenige war, der die Situation provoziert hat. Unsere klinische Neugierde ist geweckt, und wir beobachten den Kampf. Jedoch, siehe da, ein drittes Kind mischt sich ein. Es rennt zufällig vorbei und kann der Versuchung, sich ins Getümmel zu stürzen, nicht widerstehen; außerdem ist Johnny diesem Kind ohnehin recht feindlich gesinnt. Bevor irgend jemand überhaupt begreift, was geschieht, erhält Johnny von diesem Kind einen Schlag, der für die allgemeinen Kampfregeln viel zu stark und unfair ist, und er verläßt die Szene heulend vor Wut, Schmerz und Scham über sein verlorenes Ansehen. Wir sollten also Johnny in seiner mißlichen Lage beistehen, aber der Gedanke, dieses »Life Space Interview« als Vorstoß dahingehend zu benutzen, daß Johnny seine Provokation selbst einsieht, scheint in diesem Augenblick geradezu unsinnig.

6.3 Die Vereinbarkeit verschiedener Rollen (*Role compatibility*)

Kinder, die in einer Anstalt leben, betrachten einzelne Leute nicht nur als »Personen«. Auch die bestimmte »Rolle«, in der sie einen Erwachsenen wahrnehmen, übt eine direkte Wirkung auf sie aus. Dieser Sachverhalt wurde lange von der viel zu stark generalisierten Annahme verdeckt, daß das einzig Wichtige die persönliche Beziehung zwischen dem Kind und dem Erwachsenen sei.

Beispiel: Wenn eine Helferin im Sommerlager ihre gesamte Hüttenbesatzung auf dem Dach vorfindet, wo sie – wie die Kinder genau wissen – nichts verloren haben, mag sie ihre liebe Not damit haben, alle wieder herunterzuholen, gleichgültig, wie sehr die Kinder an ihr hängen. Ich, in meiner Eigenschaft als Lagerleiter, werde sie vermutlich viel leichter vom Dach herunterbekommen; wahrscheinlich klettern sie bereits herab, wenn sie mich von weitem kommen sehen. Dies bedeutet nun nicht etwa, daß sie zu ihrer Helferin ein schlechteres Verhältnis als zu mir hätten. Es zeigt lediglich die Verschiedenheit ihrer Rollenerwartungen. Die Helferin wird in der Rolle einer Gruppenleiterin gesehen und ist für die Kinder eine Person, die fröhliche Erlebnisse mit ihnen ausdenkt. Freilich wissen sie auch, daß sich die erwachsene Helferin am Rande ihrer Rolle noch mit gewissen »übergeordneten« Vorschriften zu identifizieren hat und diese durchsetzen muß. Dieser Teil ihrer Rolle – und dies wollen wir im Interesse eines gelungenen Lagerlebens auch hoffen – steht jedoch weniger scharf im Blickpunkt als jener, der mit der Programmgestaltung verbunden ist. In der Tat: würde die Helferin zuviel Aufhebens um die Unfolgsamkeit der Kinder machen oder allzu schnell die für das gesamte Lager geltenden Vorschriften zitieren, so hätte dies für eine Weile Verstimmung und Abbruch der gegenseitigen Beziehungen zur Folge. Die Rolle des Lagerleiters ist – gleichgültig, wie gern einzelne Kinder ihn haben mögen – viel klarer mit der Erwartung verbunden, daß er der Aufgabe nachzukommen hat, die Interessen vieler Leute im ganzen zu koordinieren. Die Kinder würden daher vom Lagerleiter erwarten, daß er sie auffordert, das Dach zu verlassen, und würden es ihm nicht übelnehmen, daß er ihren augenblicklichen Spaß stört und das Lager im ganzen in diesem Moment für wichtiger hält als »Hütte 7«.

Die Vereinbarkeit der vorrangigen Rolle eines bestimmten Erwachsenen mit der, die ihm durch das »Life Space Interview« aufgezwungen wird, ist von großer strategischer Bedeutung. Im Laufe des ersten Jahres unserer Arbeit in Bethesda gelangten wir zu der Erkenntnis, daß es notwendig sei, die Rolle des Erziehers scharf von der des Stationsleiters, des Lehrers oder des Therapeuten abzusetzen. Während dieser Phase schien es uns auch notwendig, den Erzieher vor allzu vielen Feindseligkeiten zu schützen, die unnötigerweise auf ihn übertragen wurden, da er genügend mit solchen zu tun hatte, die von selbst auftauchten.

Kurzum: Während dieser Periode hielten wir es für wichtig, daß alle Bitten, nach Hause gehen zu dürfen, oder um verlängerte Wochenendbesuche an den Psychiater umgeleitet wurden, den die Kinder als den Stationschef betrachteten. Der Übertragungscharakter vieler dieser Bitten und die große Ambivalenz der Kinder in bezug auf diese Bitten in Verbindung mit all der Aggression, mit der der Erzieher bei seinem täglichen Umgang mit den Kindern fertigwerden muß, hätten die entstehende Ratlosigkeit und Verwirrung nur noch vergrößert. Die von uns getroffene Regelung gestattete, daß der Psychiater etwas von der im »Life Space Interview« unvermeidlich erzeugten »Frustrationssäure« absorbierte, während der Erzieher davon sozusagen verschont blieb. Gleichzeitig waren wir jedoch der Ansicht, daß der Erzieher die Person für das Kind ist, die ihm bei diesen »Erste Hilfe«-Gesprächen am natürlichsten beistehen konnte, wenn es sich z. B. Sorgen über sein Zuhause machte oder ängstigte, weil die Mutter nicht zu Besuch kam, usw.

6.4 Stimmungsbewältigung beim Kind und beim Erzieher
(*Mood manageability – the child's and our own*)

Bei allem Respekt vor dem therapeutischen Ehrgeiz, den irgendein Angehöriger des Personals bei der Beherrschung seiner eigenen Stimmungen entwickeln mag, es gibt eine Grenze, über die hinaus niemand gezwungen werden kann. Diese Grenzen müssen klar erkannt werden.

Beispiel: Wenn ich nach einer Stunde Arbeit die Kinder schließlich so weit habe, daß sie eine Zeitlang recht vernünftig und erstaunlich gut beherrscht mit mir spielen, so kann ich unmöglich noch genügend Interesse für ein Kind aufbringen, das etwas tut, was eine ernsthaftere »Einmassierung des Realitätsprinzips« erfordern würde. Dies ist besonders dann der Fall, wenn wir einem Kind zur Belustigung der übrigen erlaubt haben,

»Possen zu reißen«, und es darin plötzlich zu weit geht. Selbst ein ernsthaftes Gespräch mit jemandem, der dieselben Faxen zwei Minuten zuvor noch recht niedlich fand, wird strategisch nicht die gleiche aussichtsreiche Chance haben wie ein Gespräch mit einer Person, die an der ursprünglichen Szene unbeteiligt war.

Die Frage der Stimmungsbewältigung ist natürlich noch schwieriger, wenn es sich um die Launen der Kinder handelt. Das Problem mag klar genug und die Situation schön geplant sein, damit man einiges daraus lernt. Wenn aber das Kind in der Zwischenzeit aufgeregt, gelangweilt, müde oder schlecht gelaunt wird, ist auch die bestgeplante »Problemsituation« umsonst, und wir tun besser daran, es bei einer günstigeren Gelegenheit noch einmal zu versuchen.

6.5 Die Wahl des rechten Zeitpunkts (*Issues around timing*)

Einer der großen methodischen Vorteile des »Life Space Interview« liegt darin, daß es uns viel Spielraum bei der Wahl des Zeitpunkts läßt. Wir sind nicht darauf angewiesen, daß sich das Kind bei der nächsten therapeutischen Sitzung am Mittwoch daran erinnert, was sich am Freitagnachmittag ereignet hat. Wir können *jetzt sofort* mit ihm sprechen. Oder wir können, da wir den Vorfall, der eine sehr unangenehme Situation zur Folge hatte, selbst beobachtet haben, sorgfältig ausrechnen, wie lange es dauern wird, bis sich das Kind so weit beruhigt hat, daß es einem vernünftigen Gespräch zugänglich wird, und uns dann zu diesem geschätzten Zeitpunkt mit ihm unterhalten. Oder wir können darüber hinaus sogar dafür sorgen, daß es ausreichende emotionale »Erste Hilfe« von uns oder unseren Kollegen erhält, so daß es wieder in eine Verfassung gerät, die ein Gespräch, das sich an seine Einsicht wendet, endlich ermöglicht. Ein häufiges Dilemma, in das uns aggressiv-explosive Kinder bringen, ist die Furcht davor, ein Gespräch zu lange hinauszuschieben, weil wir wissen, wie schnell sie alles vergessen. Dieser Furcht steht die Notwendigkeit entgegen, daß sie sich erst einmal etwas »abkühlen« müssen, damit das Gespräch nicht durch die Aggressionssplitter aus der ursprünglichen Szene torpediert wird. Manchmal ereignen sich äußere Dinge, und so kann es geschehen, daß der Zeitfaktor gegen uns arbeitet.

Niemals werde ich die schmerzliche Erfahrung vergessen, die ich vor einigen Jahren machte: Ich hatte gerade eine Gruppe recht widerspenstiger Missetäter in eine Stimmung gebracht, die für ein Gespräch über eine Angelegenheit, die ihnen nicht sehr angenehm war, günstig schien. Just in diesem Augenblick bereitete das Läuten der Glocke, die zum Schwimmen rief, meinen Bemühungen ein jähes Ende. Die Kinder eine Minute länger aufzuhalten, während alle anderen zu ihrer geliebten Schwimmstunde rannten, hätte meine sorgfältig aufgebaute Rolle als derjenige, der die Regeln des Lebens »verdolmetscht«, zerstört.

6.6 Der Einfluß des »Territoriums« und der »Dinge«
(The impact of terrain and props)

Die Vertreter des »Life Space Interview« wie auch die der Individualtherapie klassischen Stils haben die Bedeutung des jeweiligen »Territoriums« und der »Dinge« erkannt. Sobald wir in der langfristig angelegten Therapie die wichtigsten Grundlinien herausgearbeitet haben, verliert die Frage des »Territoriums« und der »Dinge« an Bedeutung, da beides leicht konstant gehalten oder zumindest gut kontrolliert werden kann. Es ist klar, daß das günstigste »Territorium« immer jenes ist, in dem sich beide Partner am wohlsten fühlen. Im »Life Space Interview« aber können die Situationen und damit die »Territorien« sehr verschieden sein; und oft liegt weder die Auswahl des »Territoriums« noch die der ringsum vorhandenen »Dinge« in unserer Hand.

Tatsächlich unterstützt beides öfter den Widerstand des Kindes, als daß es auf unserer Seite steht. Dies trifft natürlich besonders dann zu, wenn wir uns mit einem extremen Verhaltenskonflikt befassen.

Es kann sein, daß sich das Kind hinter seinen widerspenstigen Abwehrpositionen am wohlsten fühlt. Von der Badewanne zur Spielzeugkiste, vom Dach oder der Baumspitze bis unter die Couch: die Auswahl seines »Territoriums« scheint endlos. In allen Fällen bleibt die Frage, welche emotionale Ladung die ringsum vorhandenen »Dinge« plötzlich annehmen, von großer Bedeutung für das technische Vorgehen. Außer dem, was zwischen den beiden Menschen vorgeht, kann auch das, was sich zwischen ihnen, dem »Territorium« und den »Dingen« ereignet, sehr bedeutsam werden.

7. Zusammenfassung

Die Wahl einer bestimmten Technik hängt ab von (1) dem spezifischen Ziel, das wir im Auge haben, (2) dem bestimmten sozialen und situativen Kontext, (3) dem speziellen Typus von Kind, mit dem wir es zu tun haben, und (4) der spezifischen Phase der therapeutischen Entwicklung, in der sich das Kind befindet. Es gibt keine »gute« oder »schlechte« Technik an sich. Eine bestimmte Maßnahme, die sich in einer Situation »voll bewährt« hat, mag in einer anderen Verwirrung stiften oder sich in einer dritten sogar als wirkungslos erweisen. Diesen – wenn auch etwas enttäuschenden – Hinweis zu berücksichtigen fällt nicht allzu schwer, da wir diese Lektion bereits vor langer Zeit bei der Entwicklung von strategischen und technischen Konzepten für das tiefenpsychologische Interview gelernt haben. Wir brauchen diese Erfahrung nicht ein zweites Mal zu machen, sondern es ist nur notwendig, daß wir uns noch einmal den Unterschied vergegenwärtigen zwischen pseudowissenschaftlichen technischen »Tricks« und einem zwar komplexeren, jedoch wesentlich realistischeren Konzept einer durch die Vielzahl der Probleme bedingten Wahl der Kriterien in bezug sowohl auf die Strategie als auch auf die Technik.

Das therapeutische Milieu

Spekulationen über den therapeutischen Wert des Milieus, in dem unsere Patienten leben, sind keineswegs so neu und revolutionär, wie die überzeugten Anhänger und die Gegner der »Milieutherapie« dies gelegentlich behaupten. Schon in der Originalbeschreibung der Bedingungen für eine klassische analytische Sitzung wird den geringsten »Details« der Umgebung eine ungeheuer große Bedeutung zugesprochen. Das Ritual der Interaktion zwischen Patient und Therapeut ist ganz klar umrissen. Sogar solche Umstände wie die horizontale Lage des Patienten und die Plazierung des Stuhls, auf dem der Analytiker sitzt, gelten als wesentlich. Und natürlich muß die »Grundregel« ganz besonders streng beachtet werden: keine Geräusche von den Kindern des Analytikers aus dem Nebenzimmer und genaue Reflexion darüber, ob sich Patienten beim Kommen und Gehen begegnen sollten oder nicht. Die Überlegung, daß Monate konzentriertester Arbeit auch des erfahrensten Therapeuten gefährdet werden können, wenn er und sein Patient sich zufällig auf einer Cocktailparty treffen, statt in der gewohnten ärztlichen Praxis, legt sicherlich ein eindrucksvolles Zeugnis davon ab, daß die klassische Psychoanalyse solchen Faktoren wie Raum, Zeit und anderen »äußerlichen Gegebenheiten« ein enormes Gewicht beimaß.

Gewiß, im großen und ganzen gilt dies vor allem für die Dauer der Fünfzig-Minuten-Sitzung, und Faktoren im weiteren Lebenskreis des Patienten wurden nicht immer in gleichem Maße beachtet. Es sei jedoch daran erinnert, daß wir zumindest in der Kinderanalyse immer großen Respekt vor zwei wichtigen Milieufaktoren gehabt haben: Zum einen fürchten wir ständig, Eltern oder Lehrer unserer jungen Patienten könnten durch ihre Erziehungshandlungen den Fortgang der Analyse ernsthaft gefährden. Zum anderen bestehen wir vor jeder Behandlung darauf, daß das betreffende Kind ein eigenes Bett bekommt, um nicht am Sexualleben seiner Eltern teilnehmen zu müssen, oder daß die Eltern sich verpflichten, extreme Formen

Das therapeutische Milieu

der Unterdrückung und des Strafens sofort zu unterbinden. Dies nur als eine Auswahl der möglichen Illustrationen. Eine sehr viel eindrucksvollere Liste von Milieuvariablen, die der Therapeut unbedingt beeinflussen sollte, ist, natürlich unter anderer Bezeichnung, in Anna Freuds klassischer »Einführung in die Technik der Kinderanalyse« zu finden.[1]

Unsere Beurteilung von Erfolg und Versagen unterstützt ebenfalls meine Argumentation, daß selbst die klassische Analyse die Beschäftigung mit »Milieueinflüssen« nicht in dem ihr unterstellten Maße vernachlässigt hat. Zumindest in unseren informellen Stellungnahmen konnte ich immer wieder beobachten, wie leicht wir den Mißerfolg einer Kinderanalyse den ungünstigen Milieufaktoren zuschreiben, und ich selbst neige dazu, Erfolge, die ein Kollege in dieser Richtung gehabt hat, auf ähnliche Weise zu betrachten: Ich bin stark versucht, einen großen therapeutischen »Durchbruch« daraufhin zu betrachten, welche günstigen Faktoren in diesem Falle mit im Spiel waren; diese scheinen meinem Narzißmus den Erfolg viel eher zu erklären als die behandlungstechnischen Argumente, die in diesem Zusammenhang vorgebracht werden.

Wenn wir also Milieufaktoren – uneingestanden – ein so großes Gewicht beimessen, daß wir sie für Erfolg und Versagen der Beziehung zwischen Patient und Therapeut verantwortlich machen, sollten wir uns sehr viel eingehender als bisher mit ihrer Erforschung befassen. Da dieser Forderung von der Entwicklung der letzten Jahre und Jahrzehnte glücklicherweise begeistert zugestimmt wurde, wird unsere Aufmerksamkeit nunmehr in eine andere Richtung des Problems verwiesen. Mehr und mehr haben wir uns mit diesen »Milieufaktoren« beschäftigt und uns von ihrer Bedeutung beeindrucken lassen; im Verlauf dieser Entwicklung hat der Begriff jedoch kaum an Eindeutigkeit und Präzision gewonnen.

Um die Bedeutung des Begriffs und seine Reichweite einer strengeren Prüfung unterziehen zu können, müssen wir seine Vielschichtigkeit und unterschiedliche Verwendung genau betrachten – wir geraten sonst schon zu Beginn unserer Ausführungen in babylonische Sprachverwirrung. Wir werden uns darin jedoch kurz fassen, um nicht vom eigentlichen Thema abzukommen.

1. Die Verfänglichkeit des Milieubegriffs

Erstens: Der Ruf nach *dem* therapeutischen Milieu ist in der Form einer allgemeinen Losung sinnlos; in dieser sehr weiten Formulierung bedeutet der Begriff überhaupt nichts. Kein Milieu ist an sich »gut« oder »schlecht«. Die Antwort auf die Frage nach der Beschaffenheit eines Milieus muß weit mehr Faktoren berücksichtigen, als ich hier aufzählen werde – einige davon werden wir im weiteren Verlauf unserer Überlegungen streifen.

Zweitens: Um festzustellen, unter welchen Bedingungen ein »therapeutischer Effekt« eintritt, reicht es nicht, unsere philosophische, ethische oder politische Überzeugung oder unseren Geschmack zu befragen. Selbst ernsthafte klinische Diskussionen über dieses Thema gleiten allzu leicht dahin ab, wo einer den anderen zu überzeugen versucht, daß des anderen Konzeption zu »autokratisch« oder seine »demokratische Gruppenleitung« im Falle dieser Kinder wirkungslos sei. Die Frage, ob den Kindern bestimmte Regeln gegeben werden sollen, welche und wie viele, sollte nicht zu Grundsatzdebatten über Vorlieben für bzw. Abneigungen gegen Regeln im allgemeinen führen.

Drittens: Selbst ein Konzept »umfassender Milieutherapie« impliziert nicht, daß in allen Momenten des klinischen Lebens alle Aspekte eines gegebenen Milieus gleich relevant seien. Jedes Spiel hat »soziale Strukturen« irgendeiner Art und entwickelt infolgedessen so etwas wie eine »Hackordnung«, die die Machtpositionen der Spieler für die Dauer des Spiels bestimmt. Es gibt Fälle, in denen es eindeutig an der Hackordnung liegt, wenn sich das Spiel nach kurzer Zeit in ein wildes Durcheinander auflöst. Es gibt andere, in denen die Hackordnung, jedenfalls zur betreffenden Zeit, keine klinische Relevanz hat: Ich erinnere mich daran, daß eine Gruppe von Jungen beim Versteckspiel im Dunkeln solche Angst vor der Dunkelheit bekam, daß das Spiel deswegen nicht weitergeführt werden konnte. Wenn ein gegebener Milieuaspekt von der Wissenschaft zum theoretisch gültigen und gewichtigen erklärt wird, so ersetzt das keinesfalls eine sorgfältige Diagnose an Ort und Stelle. Allein solche Diagnosen können zwischen potentiellen und aktuellen Milieueinflüssen von Fall zu Fall differenzieren.

Viertens: Ich halte die Vorstellung des »modernen« und darum stark sozialwissenschaftlich orientierten Psychiaters, er müsse sich dem Soziologen verschreiben, um eine ordentliche Untersuchung seines »Behandlungsmilieus« zu erhalten, für unsinnig. Natürlich wird jede sorgfältige Betrachtung eines Behandlungsmilieus viele Variablen enthalten, von deren Existenz Medizin und Psychiatrie sich bisher nichts haben träumen lassen. Andererseits ist nicht die Beschreibung einer Variablen das zentrale Erfordernis, sondern die Einschätzung ihrer möglichen Auswirkungen auf den Behandlungsprozeß bestimmter Patientengruppen. Dies ist grundsätzlich eine klinische Aufgabe und bleibt daher Angelegenheit des Klinikers. Die Disziplin, die die Sozialwissenschaften in wirklich ausgewogener Weise mit klinischen Kriterien vermittelt, muß sich erst noch entwickeln. Der Weg zu dieser Wissenschaft kann nicht abgekürzt werden, weder indem die Psychiatrie Bruchstücke aus sozialwissenschaftlichen Theorien übernimmt, noch indem sie ihre eigenen Konzepte an die Sozialwissenschaften verkauft.

Fünftens: Die oft zu hörende Behauptung, wenn man nur erst wisse, welches Milieu man brauche, sei es automatisch ein Leichtes, dieses bestimmte Milieu an einem beliebigen Ort herzustellen, halte ich für naiv. Ein Instrumentarium zur Schaffung von »therapeutischer Krankenhaus-Atmosphäre«, von »klinisch richtigen Strategien der Verhaltensbeeinflussung« usw. muß erst noch entwickelt werden, und es wird uns noch viel Anstrengung kosten, bis wir dies Ziel erreichen. Die Vorstellung, daß es zu einem guten »Behandlungsmilieu« nur eines Oberarztes bedarf, der auf Milieutherapie schwört und einmal pro Woche Behandlungsstab und Patienten zu einer Aussprache versammelt, diese Vorstellung ist ein Tagtraum, den wir uns in seiner Schlichtheit nicht länger leisten können.

2. »Therapeutisch« – in welcher Hinsicht?

Eine der gravierendsten Unklarheiten entsteht aus dem ständigen und undifferenzierten Gebrauch des Wortes »therapeutisch« als Adjektiv zu »Milieu«, wie er sich bei einigen Leuten eingebürgert hat. Ich habe sieben der gebräuchlichsten Bedeutungen, die in wissenschaftlichen Darstellungen und Diskussionen in dieses Wort hineingelegt werden, an anderer Stelle erläutert;[2] ich muß jedoch auch hier, bevor ich fortfahre, zumindest andeutungsweise einige begriffliche Abgrenzungen vornehmen. Wann immer jemand verlangt, ein gutes »therapeutisches Milieu« müsse diese oder jene Eigenschaft haben, kann es sein, daß er sich auf eine – oder auf eine Kombination – der folgenden Bedeutungen bezieht:

2.1 »Therapeutisch« im Sinne von: sie zumindest nicht vergiften
(Don't put poison in their soup)

Nicht nur wird das Adjektiv »therapeutisch« oft in einem so weiten Sinne verwendet, daß es alles einschließt, was dem Patienten »gut tut«; man benutzt es auch als Sammelbegriff für alle Forderungen, »schädliche Einflüsse« auszuschalten.

Beispiel: In jedem »therapeutischen Milieu«, in dem Kinder behandelt werden sollen, wird man sicherlich mit Stolz darauf hinweisen, daß es hier weder dumme Strafen noch grausame und gedankenlose Behandlung der Kinder von seiten schlecht ausgebildeter Angestellter gäbe; es müßte zugleich auch Schutz davor garantieren, daß die Kinder zu vielen traumatisierenden Erlebnissen – vom Personal oder von anderen Kindern verursacht – ausgesetzt sind. Tatsächlich erleben wir es oft, daß die Erfüllung dieser negativen Anforderungen an ein Milieu als ausreichend betrachtet wird, um eine Anstalt stolz als »therapeutisches Heim« von einer anderen zu unterscheiden, die dann »eben nur ein Kinderheim« genannt wird.

Auf dieser Ebene bedeutet der Terminus »therapeutisch« also nur so viel, daß jedermann, der ein therapeutisches Milieu konzipiert, dazu angehalten ist, den Patienten ebensowenig Schaden anzutun wie anderen Leuten aus seiner Umgebung und alle schädlichen Stoffe aus ihrer Diät herauszuhalten. Die Frage freilich nach dem, was den Patienten nun »gut tut«, nach den spezifischen Implikationen, die die Lebensumstände, die Atmosphäre, die Behandlung der Patienten durch das Personal usw. für unsere therapeutischen Absichten haben, müssen an anderer Stelle ausführlicher abgehandelt werden; es würde den Rahmen dieser Ausführung sprengen, darauf genauer einzugehen. Ich will mir nur erlauben, wenigstens eine Forderung anzuschließen: Wir müssen an diesem Punkt intensiver ins Detail gehen und damit aufhören, unsere geschmacklichen Präferenzen, philosophischen Überzeugungen und sozialen Gewohnheiten mit der objektiven Einschätzung dessen zu verwechseln oder zu vermengen, was in einem gegebenen Moment der Behandlung eines bestimmten Patienten nützlich oder nicht nützlich ist.

2.2 »Therapeutisch« im Sinne von: sie müssen aber auch zu essen haben!
(*You still have to feed them*)

Wenn wir diese Überschrift erweitert auffassen als die Forderung nach »Erfüllung von Grundbedürfnissen«, so fällt uns leicht ein, daß Patienten eines Krankenhauses – bzw. Kinder in jeder Art von Heimen – eine Art »gefangenes Publikum« darstellen. Sie sind nicht nur mit ganz bestimmten pathologischen Symptomen hergekommen, auf die sich die therapeutische Behandlung konzentrieren wird. Sie bringen auch alle anderen menschlichen »Grundbedürfnisse« einer bestimmten Person in einer bestimmten Entwicklungsphase mit einem ganz bestimmten kulturellen Hintergrund mit, unabhängig davon, ob diese Grundbedürfnisse mit ihrem spezifischen zu behandelnden Leiden in Verbindung stehen oder überhaupt nichts mit ihm zu tun haben. Sobald wir ein bestimmtes Bedürfnis als »grundlegend« erkannt haben, müssen wir uns seiner genauestens annehmen, um dem Patienten nicht, unabhängig von der Therapie, in einem anderen Bereich zu schaden.

Wenn wir den Begriff also in diesem Sinne verwenden, sind wir davon überzeugt, daß es nicht nur ein Wesentliches sei, den Patienten »kein Gift in die Suppe zu tun«, sondern daß wir darüber hinaus auch darauf achten müssen, daß ihre psychologische Nahrung alle Vitamine enthält, die sie in ihrer spezifischen Situation benötigen – neben der Kur, die für bestimmte Einzelziele verordnet wird. Was nun genau in einem Krankenhaus oder Heim als »Grundbedürfnis« betrachtet werden sollte, hängt natürlich von der Art der Erkrankung, dem Alter, der Entwicklungsphase, den vorherigen Lebensgewohnheiten und vielen anderen Faktoren ab, die für den in Frage stehenden Patienten von Bedeutung sind.

Die *Form*, in der solchen Grundbedürfnissen Rechnung getragen werden muß, ist so wichtig wie ihr *Inhalt* und variiert sehr stark, besonders im Hinblick auf Pathologie, Entwicklungsphase und sozialen Hintergrund. Was man in einem beschäftigungstherapeutischen Programm für eine Gruppe neurotischer junger Erwachsener eine gelungene »Erfüllung von Grundbedürfnissen« nennen könnte, mag für ein Beschäftigungsprogramm, das man für eine Gruppe von hyperaggressiven Zwölfjährigen konzipieren muß, minimale Bedeutung haben; derjenige wiederum, der ein künstlerisches und unterhaltendes Programm für die Bewohner eines bestimmten Stadtviertels aufstellen möchte, kann mit keinem der obengenannten Entwürfe etwas anfangen. Es scheint mir, daß dieser Punkt bei der Planung von milieutherapeutischen Programmen besonders häufig vernachlässigt wird.

Die Überzeugung, die hinter all dem steht, ist nicht, daß »Erfüllung von Grundbedürfnissen« per se den gewünschten therapeutischen Wandel hervorbringt. Ich möchte viel eher sagen, daß die Nichterfüllung dieser Bedürfnisse der beabsichtigten Therapie entgegenwirkt oder daß dem Patienten auf anderen Lebensgebieten geschadet wird, während wir eifrig, aber blind das behandeln, weswegen er aufgenommen wurde.

Beispiel: Selbst dort, wo für jedes Kind wöchentlich sechs Stunden Individualtherapie garantiert sind, wird niemand von einem therapeutischen Milieu sprechen, wenn den Kindern zugemutet wird, ruhig auf einer Bank sitzend, ihrer Therapiestunde zu harren; wenn das Personal nicht dazu ausgebildet ist, schädliche Einflüsse der Patienten untereinander zu erkennen und zu verhüten und die Kinder zudem in großen Gruppen zusammenleben; oder wenn den Kindern die elementarsten Beschäftigungen verwehrt und sie einer Gruppenatmosphäre ausgesetzt sind, die durch Haß, Furcht, Langeweile, Lethargie und soziale Spannungen gekennzeichnet ist.

2.3 »Therapeutisch« im Sinne von: der Entwicklungsphase und dem soziokulturellen Hintergrund angemessen
(*Developmental-phase appropriateness and cultural-background awareness*)

Bei der Arbeit mit Kindern ist dieser Punkt natürlich besonders wichtig. Der eigene Stil der Erwachsenen-Kind-Beziehung, von dem gewöhnlich verlangt wird, daß er den Eindruck von Wärme und Fürsorge vermittelt, ist z. B. bei einem Fünfjährigen ganz anders als bei einem Jugendlichen. Drei Fünfjährige, einer Gruppe von Jugendlichen zugeteilt, würden sich in diesem wichtigen Punkt völlig vernachlässigt vorkommen. Die Stunden ihrer Spieltherapie könnten ebensooft stattfinden wie die der älteren Gruppe und könnten ebensogut durchdacht sein; dennoch würden sie sich im Milieu, in dem sie leben, seltsam und verunsichert fühlen. Um aus hundert Möglichkeiten nur einen Punkt herauszugreifen: das gleiche Erwachsenenverhalten, das auf einen Fünfjährigen durch und durch bestätigend wirkt, würde bei Jugendlichen wahre Anfälle feindseliger Rebellion hervorrufen, weil sie einen solchen »Erguß« infantilisierender mütterlicher Besorgtheit niemals ertragen könnten. Andererseits würde der eher sachliche Stil, den der Erwachsene mit der jugendlichen Patientengruppe pflegt, die Kleinen sehr erschrecken; die Panik, die bei der Beobachtung des locke-

Das therapeutische Milieu

ren »Schlagabtausches« zwischen Erwachsenen und jugendlicher Gruppe in ihnen entstünde, würde sie traumatisieren.

Offensichtlich komplizieren subkulturelle, sozioökonomische, ethnische und andere Unterschiede dieses Problem noch.

2.4 »Therapeutisch« im Sinne von: klinischer Elastizität
(Clinically elastic)

Was eine Einrichtung »therapeutischer« macht als eine andere, ist nicht nur die Art der Annehmlichkeiten oder der Programmgestaltung, die als Inhalt eines möglichen Milieus vorgesehen ist, sondern auch die Weise, wie gut es sich an die permanenten Änderungen des klinischen Betriebs und der therapeutischen Erfordernisse anpassen läßt. Mit »klinischer Elastizität« bezeichne ich die Eignung eines besonderen Milieuaspekts oder -bestandteils dafür, sich besonderen therapeutischen Erfordernissen anzupassen, ohne daß im Laufe dieses Wechsels die Gesamtstruktur völlig verlorengeht.

In manchen Diskussionen fordern Wissenschaftler solche »Flexibilität« bis zu einem Ausmaß, das absolut nicht mehr klar erkennen läßt, in bezug worauf man nun eigentlich flexibel sein solle. Solche terminologischen Schwierigkeiten sind jedoch nicht wirklich bedeutsam, solange wir uns bei unseren Forderungen nach Elastizität oder Flexibilität dessen bewußt bleiben, daß beide nicht etwa eigenständige Werte darstellen, sondern daß es eine klar umrissene Struktur geben muß, worauf sich diese beiden Begriffe dann beziehen lassen. Insbesondere fallen m. E. folgende klinische Anforderungen in diese Kategorie.

Zur klinischen Elastizität gehört zuerst einmal die Eigenschaft aller Milieucharakteristika, einen weiten Spielraum für »Ausnahmen«, auch für die begrenzte Duldung von starken Regressionen zu bieten – wenn es indiziert scheint, auch auf Kosten anderer Milieucharakteristika.

Zweitens gehört hierzu die Eignung von Milieucharakteristika, den Teil pathologischen Verhaltens zu absorbieren, den eine bestimmte Behandlungstechnik oder -strategie erforderlich machen kann, und sicherzustellen, daß solch »überschüssiges« pathologisches Verhalten durch die betreffenden Milieubereiche außerhalb der eigentlichen Therapie (Schule, Beschäftigungstherapie, Veranstaltungsprogramme usw.) richtig gehandhabt wird.

Beispiel: Die Lehrer der Kinder auf der geschlossenen Station unseres Projekts in Bethesda[3] mußten in der Anfangsphase ihrer Mitarbeit dazu fähig sein, Lernpotentiale, auf die sie bei einem Kind unter Umständen gestoßen waren, auch einmal *nicht* auszunützen, wenn die therapeutische Gesamtstrategie eine solche Einschränkung bei diesem Kind erforderlich machte. Dieselben Lehrer mußten auch darauf gefaßt sein und wissen, was es bedeutet, wenn ein Kind an bestimmten Tagen direkt nach einer aufregenden Therapiesitzung im Klassenzimmer erschien und sie mit Übertragungen überraschte, die eigentlich dem Therapeuten galten, und weit über das hinausgingen, was die Lehrer als üblich zu betrachten gelernt hatten. Sie mußten auch fähig sein, mit einem Teil des allzu wilden Betragens in ihren Klassen »psychohygienisch« und dennoch streng umzugehen, selbst wenn es aus ganz verschiedenen Gebieten des therapeutischen Raums stammte. Ebenso mußte der Therapeut, selbst in Stadien planvoller Entbindung kindlicher Aggression, genügend Sinn für Proportionen besitzen, um sein Arbeitstempo herunterzusetzen und damit die Zerstörung anderer Ich-unterstützender Lebenserfahrungen des Kindes in der Schule und andernorts abzuwenden. Solche Zerstörung kann dadurch eintreten, daß mehr aktive Destruktion freigesetzt wird, als die Umgebung ertragen kann oder als mit der Vorstellung des Betreuers von psychohygienischem Gruppenleben vereinbar ist.

2.5 »Therapeutisch« im Sinne von: Einbeziehung sekundärer Behandlungsziele (*Encompassing fringe-area treatment goals*)

Über die ausgesprochenen Hilfsfunktionen eines Milieus hinaus schreiben viele Autoren bestimmten Teilen des Milieus eine direkte Wirkung auf die Behandlung in sehr viel engerem Sinne des Begriffs zu. In diesem Zusammenhang wird der Begriff irgendwo zwischen »echter Therapie« und »wichtiger, aber nicht eigentlich therapiebezogener Befriedigung von Grundbedürfnissen« angesiedelt. Oft wird der Gedanke formuliert, daß zwar der Hauptteil der grundlegenden Pathologie des Patienten vom Psychiater in eigenen individual- oder gruppentherapeutischen Sitzungen in Angriff genommen werden muß, daß jedoch viele andere Züge des Patienten, die auch in gewisser Weise krankhaft erscheinen, an einem anderen Ort, zu einer anderen Zeit und von anderen Mitarbeitern der gleichen Institution korrigiert werden sollten. Diese anderen Bereiche, in denen der Patient Schwierigkeiten hat, werden also als Teil seiner Krankheit betrachtet; den anderen Mitarbeitern wird damit ein Teil der Heilungsaufgabe übertragen. Doch sollte man dies nicht mit der klinischen Hauptaufgabe, der Therapie, verwechseln. Auf diese Weise wird der Anteil, den Erholung und Geselligkeit an der Gestaltung eines Milieus haben, oft weit mehr betont, als es ihrer Funktion als »Erfüllung von Grundbedürfnissen« entspricht; sie werden zu regulären Teilen der Therapie ernannt. Man kann es auch als legitime Aufgabe der Behandlung betrachten, dem Patienten Ausdrucksmöglichkeiten wie bildende Kunst und Musik zu eröffnen, so daß er sich vielleicht Zugang zu einem vielseitigeren Leben verschaffen kann, sobald der Psychiater erst das Haupttor aufgeschlossen hat. In dieser Beziehung erwarten wir vom Psychiater, daß er unverzüglich die tiefsten Wurzeln der Krankheit seines Patienten angreift, aber wir sehen auch, daß er die anderen, ebenfalls therapeutischen Aufgaben ohne Umstände an andere Mitarbeiter des Teams delegiert bzw. an andere Aspekte des Heimlebens, an andere Hilfsmittel oder Inhalte als die des Einzel- oder Gruppengesprächs im Behandlungszimmer. Wenn wir also auf dieser Ebene ein Milieu auf seine »therapeutischen« Eigenschaften prüfen, stellen wir die Frage: »Wer behandelt die anderen Bereiche der Krankheit des Patienten und wieweit erlauben die örtlichen Gegebenheiten und das Gesamtkonzept der Institution eine solche Arbeit?«

Beispiel: Johnny hält sich hier zur Behandlung seiner Kleptomanie auf; sein Therapeut arbeitet mit individualtherapeutischen Methoden sehr intensiv mit ihm. Johnny weist außerdem schwere Mängel im schulischen Lernen auf und ist beim Spiel mit Gleichaltrigen sehr unbeholfen. Der Therapeut ist noch nicht in der Lage, einen dieser Faktoren einzubeziehen; einige Eigenschaften des Milieus, in dem Johnny nun lebt, müssen ihm jedoch schon einige positive Erfahrungen in dieser Richtung vermitteln können – sonst würden wir den Ort nicht als hinreichend therapeutisch bezeichnen.

2.6 »Therapeutisch« im Sinne von: das Milieu und ich
(*The milieu and I*)

Einige Autoren gehen über dieses Konzept einer unterstützenden Milieutherapie als Nebenaufgabe mit der wichtigen, aber nicht zentralen Funktion der Wiederherstellung (wie es im vorhergehenden Abschnitt geschildert wurde) hinaus. Sie versichern, daß ein gutes therapeutisches Milieu Komponenten besitzt, die eine spezifische therapeutische Aufgabe unmittelbar erfüllen können – entweder ganz allein oder doch wenigstens als unentbehrliche und gleichberechtigte Partner in der therapeutischen Hauptaufgabe. Diese Behauptungen reichen von Heilungsprozessen, die ein gutes therapeutisches Milieu von sich aus bewirken kann, über Aufgaben, bei denen das Milieu anderen, spezielleren und längerfristigen Bemühungen überlegen ist, bis zu der etwas bescheideneren Forderung, verschiedene Faktoren sollten sich bei der Behandlung gegenseitig ergänzen. Wie auch immer die dynamischen Kräfte beschaffen sein mögen, die in den erwähnten Milieuverhältnissen wirken, sie sind auf jeden Fall eigenständige Kräfte und gut dazu geeignet, im Rahmen größerer Behandlungen zum Tragen zu kommen; darüber besteht kein Zweifel. Wir diskutieren hier also nicht mehr, ob das Milieu überhaupt von Bedeutung ist, sondern befassen uns mit dem Konzept, das in diesem Begriff enthalten ist. Bisher wurde der Begriff mit seinen verschiedenen Bedeutungsebenen erläutert; was wir im folgenden anführen, läßt sich auf keine dieser Ebenen reduzieren, sondern bezieht sich auf einen umfassenderen Aspekt, einen erweiterten Bedeutungsgehalt.

Beispiel: Unter den verschiedenen Arten therapeutischer Hilfe, die die Kinder auf unserer Station dringend benötigen, findet sich auch die Aufgabe, das Über-Ich jedenfalls partiell wiederherzustellen. Abgesehen von ihrer sonstigen Pathologie ist bei einigen Kindern der Aufbau und die Ausdifferenzierung jener Art des Wertbewußtseins und Gewissens fehlgelaufen, das andere Kinder normalerweise im Laufe der Jahre entwickeln. Wir glauben, daß die ernsteren Fälle von Defekten des Über-Ichs nie in der Individualtherapie allein behandelt werden können; diese muß von einem umfassenden Ansatz begleitet werden, der den gesamten Lebenszusammenhang mit einbezieht, der seinerseits wiederum für diese Aufgabe sorgfältig strukturiert und von großer »klinischer Elastizität« sein muß, um eine langfristige Ausrichtung auf unser Vorhaben zu gewährleisten.

Einem solchen Kind müssen wir neben der Hilfe des Therapeuten einen Lebensraum bereitstellen, in dem es sich leisten kann, krankhafte Abwehrhaltungen aufzugeben und die notwendigen emotionalen Bindungen zu entwickeln, die jeder primären Wertidentifikation vorausgehen müssen. Ebenso scheint uns klar zu sein, daß alle Alltagserlebnisse so ausgewählt sein müssen, daß die Entstehung von massiven Schuld- und Angstgefühlen sowie eine in höherem Maße paranoide Interpretation solcher Erlebnisse, als sie mit einer schon gesteigerten Geschwisterrivalität vereinbar ist, verhindert wird. Ebenso notwendig erscheint uns, daß die Rollenverteilung unter den Erwachsenen, mit deren Hilfe das Wertbewußtsein sich ausbilden bzw. kräftigen soll, ganz eindeutig ist. Zusätzlich brauchen manche Kinder die Bindung an eine Art »entpersonalisierten Gruppenkodex«, der allein den Weg zur Verinnerlichung von Werten eröffnen kann, wenn auf lange Zeit hinaus keine Möglichkeit besteht, über persönliche Beziehungen dahin zu gelangen. In solchen Fällen wird das Milieu und seine wachsende Bedeutung für den einzelnen Patienten zu einer ebenso starken Kraft in der Therapie, wie man das von der Beziehung zwischen Patient und Therapeut im allgemeinen annimmt.

2.7 »Therapeutisch« im Sinne von: Vorbereitung auf »das Leben« (Re-education for life)

Obwohl nun alle vorhergegangenen Kriterien für ein therapeutisches Milieu überprüft und für gut befunden sind, ist uns daran gelegen, dem Ausdruck noch eine weitere Bedeutung abzugewinnen. Wir sind nicht damit zufrieden, daß das Milieu sich nur für Aufgaben der Wiederherstellung hier und jetzt eignen soll. Wir möchten auch, daß es ausreichend mit denjenigen Komponenten durchsetzt ist, die in späteren, »normalen« Lebenssituationen enthalten sein werden und an die der Patient sich nach seiner Entlassung wird anpassen müssen. Wir prüfen also, ob unser Milieu dem »wirklichen Leben« genügend ähnlich ist. »Nicht-therapeutisch« nennen wir in diesem Zusammenhang ein Milieu, das den Patienten nicht dazu anregt, aus seiner Krankheit und aus der Umgebung, in der man ihn zu heilen versucht, hinauszuwachsen. Für therapeutisch halten wir ein Milieu nur dann, wenn es versucht, sich selbst überflüssig zu machen, und wenn es in das Krankenhausdasein genauso viele Lebenserfahrungen einbaut, wie der Patient später wird machen müssen. Dem Patienten soll nicht von der Krankenhausatmosphäre der Geschmack am »normalen Leben« verdorben werden.

Mir scheint, daß dieser Aspekt der Bedeutung von »therapeutisch« in vielen unserer Diskussionen ernsthafte Probleme aufwirft. Geraten wir hier nicht tatsächlich in einen Widerspruch? Läuft nicht gerade die Forderung nach Einbeziehung »normaler Situationen und Lebenserfahrungen« der Idee eines speziell therapeutischen Milieus zuwider? Wie kann man von ein und demselben Milieu verlangen, daß es dem Patienten größten Spielraum für Regressionen und zugleich alle Herausforderungen des Lebens in einer offenen Gemeinschaft, mit seinen reichen Belohnungen, aber um so härteren Strafen, bieten soll? Wie können wir Johnny die Erfahrung einer Schulklasse vermitteln, wenn nur zwei Kinder anwesend sind neben einem hochqualifizierten Lehrer, der über genügend Zeit und die

Fähigkeit verfügt, mit fünf Wutanfällen pro Schulstunde fertig zu werden, ohne zu strafen oder enttäuscht zu sein? Und wie können wir dem Kind die faszinierende Möglichkeit bieten, besser angepaßte Kinder fröhlich bei der Arbeit zu sehen, ihren Erfolg zu registrieren und die freundlich-vernünftige Art, in der sie sich ihre Fehler korrigieren lassen, und gleichzeitig seine Aggression und Zerstörungswut einfach hinnehmen?

Es scheint mir, daß der Begriff »therapeutisch« auf dieser Ebene der sorgfältigsten Prüfung bedarf, denn es hat sich schon zu sehr eingebürgert, daß wir vor lauter »Rettenwollen« zwei Forderungen gleichzeitig aussprechen, die unvereinbare Gegensätze enthalten.

Abgesehen von solchen Übertreibungen und Auswüchsen ist jedoch die Forderung von großer Bedeutung, ein echtes therapeutisches Milieu solle in ausreichendem Maße Bestandteile enthalten, die über das augenblickliche Niveau der von der Pathologie her bestimmten Behandlungsmaßnahmen hinaus Wachstum und Wandlung unterstützen. Bei der Betrachtung von Einrichtungen und Institutionen, die Wert auf ein therapeutisches Milieu legen, bemerken wir tatsächlich, daß die verschiedenen Konzeptionen sich stark unterscheiden: Hier werden Schutz und Abhängigkeit als wichtigste Faktoren gefordert, dort sollen die Patienten ein nahezu normales Gemeinschaftsleben führen, »obwohl sie alle schizophren sind«. Diese Einstellungen treten allerdings in der Realität nicht so extrem auf. Eher läßt sich sagen, daß wir für jede Patientengruppe oder spezielle therapeutische Aufgabe sehr wohl angeben können, welche Aspekte eines Milieus für die unmittelbare klinische Aufgabe betont werden sollten und auf welche anderen Aspekte wir achten müssen, damit die Therapie auch Inhalte des späteren Lebens umfaßt. Eine Institution, die zur Heilung von Schwerkranken keine besonderen Milieubedingungen schaffen würde, verdiente nicht länger die Bezeichnung »therapeutisch«; und ein Krankenhaus, das nicht wesentliche Bestandteile des späteren Lebens des Patienten in der offenen Gemeinschaft einbezieht, könnte nicht länger den Anspruch erheben, »Behandlung« zu leisten. Manchmal lautet die Antwort hierauf: es gibt Grenzen dessen, was ein Milieu enthalten kann, und die Patienten seien besser dran, wenn sie von einem zum anderen wechseln können, um so an verschiedenen Orten und sogar bei verschiedenen Teams eine Art von durchgängiger Behandlung zu erfahren.

Beispiel: Auf unserer Kinderstation in Bethesda war es uns von Anfang an klar, daß wir uns auf solche Probleme einzurichten hätten. Obwohl die »geschlossene« Abteilung zu Beginn der Behandlung Vorteile bot, besonders weil sie mit einem reichen und angemessenen Programm ausgestattet war und über genügend Personal verfügte, so war doch zu erwarten, daß die Kinder den vorteilhaften therapeutischen Bedingungen unseres Milieus entwachsen würden, sobald man ihre Ich-Funktionen bis zu einem gewissen Grade wiederhergestellt hätte. Zu Beginn mußten die Kinder in einer Weise geschützt werden, wie sie in der Erläuterung der ersten sechs Bedeutungen von »therapeutisch« angeklungen ist; an einem bestimmten Punkt der therapeutischen Fortschritte wurde es jedoch wichtig, ihnen mehr Gelegenheit zu geben, sich aus der intensiven Beaufsichtigung und Abhängigkeit zu lösen, in die wir sie anfangs hineinführen mußten. Wir mußten ihnen dann die Möglichkeit bieten, auf eine Art zusammenzuleben, die dem »wirklichen Leben« ähnlicher war. Auf dem Hintergrund dieser Überlegungen begannen wir mit der Einrichtung eines »offenen Hauses«[4], das für die nächste Stufe ihrer Therapie vorgesehen war. Es war für solche Kinder wichtig, sich in ein Milieu zu begeben, das in höherem Maße selbständige Entscheidungen in Konfliktsituationen von ihnen verlangte – wobei jedoch solche Erfahrungen in Gesprächen mit dem qualifizierten Personal durchgearbeitet und auch sonst noch viele Behandlungsarten fortgesetzt werden mußten.

Ich will dieses Adjektiv nun nicht weiter auseinandernehmen. Ich konnte hoffentlich klarmachen, daß jede der erwähnten Bedeutungen von »therapeutisch« sozusagen auf eigenen Füßen steht; jede kann in diesem oder jenem Fall vorrangig oder auch unwichtig sein. Ich wollte erläutern, wie wichtig es ist, sich genau über die näheren Umstände im klaren zu sein, wenn man diesen Begriff in einem wissenschaftlich so weiten Feld verwendet. Diese Klarheit ist m. E. nicht immer im erforderlichen Maß gegeben.

Bei alldem bleibt stets noch folgendes zu beachten: Wenn wir ein Milieu »therapeutisch« nennen, dann können wir entweder aus der tatsächlichen heilenden Wirkung, die es auf einen Patienten gehabt hat, schließen, daß das Milieu therapeutisch ist; oder aber wir können aufgrund unserer Kenntnis der einzelnen Milieubestandteile eine therapeutische Wirkung antizipieren, ohne den tatsächlichen Effekt im Einzelfall schon zu kennen. Diese beiden Aspekte sollten stets sorgfältig gegeneinander abgegrenzt werden.

3. Was enthält der Begriff »Milieu«?

Ich verwende diesen Begriff natürlich nicht in dem globalen Sinn, den seine ursprüngliche Entlehnung aus dem Französischen vielleicht nahelegt. Aus praktischen Gründen werde ich hier nur von einem bestimmten Milieukonzept sprechen, dem künstlich geschaffenen Milieu, das dem Zweck dient, Gruppen von Kindern zu behandeln. Innerhalb dieser Grenzen kann man den Begriff einigermaßen weit fassen; man kann an die »psychiatrische Kinderabteilung« im vierten, achten oder neunten Stockwerk einer großen Klinik denken oder sich ein kleines therapeutisches Kinderheim vorstellen, das nicht Teil einer größeren Institution ist. Gewiß kann die Ähnlichkeit des Heims, über das ich sprechen möchte, mit anderen Einrichtungen dieser Art recht groß sein; ich kann mich aber nicht auf alle beziehen. Es geht also auf des Lesers eigenes Risiko, wenn er bei meinen Ausführungen andere Heime im Sinn hat.

Wir befinden uns nun also auf der Türschwelle dieses Therapieheims oder am Schlüsselloch zu dieser Krankenhausstation. Ich werde nun gefragt: »Welches wären, könnten Sie sich alles so einrichten, wie Sie wollen, die wichtigsten Faktoren in Ihrem Milieu, die über kurz oder lang in negativen oder positiven Sinne gewaltige Bedeutung erlangen würden?« Die Wahl fällt schwer; bei der folgenden Aufzählung müssen einige Punkte stark vereinfacht oder aus ihrem Kontext gelöst werden.

3.1 Die soziale Struktur

Dies ist ein Begriff, der die meisten Psychiater für einen Moment stutzen und sich dann hilfesuchend an einen Soziologen wenden läßt. Wie alle Begriffe bedarf der vorliegende der Präzisierung.

Erstens: Eine Krankenstation ähnelt in ihrer sozialen Struktur eher einer »Haremsordnung« als einer Familie, gleichgültig was die Schwestern oder Ärzte ihren Kindern gegenüber an Mutter- oder Vatergefühlen empfinden mögen. Unser Projekt in Bethesda war absichtlich möglichst weitgehend nach dem Modell eines amerikanischen Ferienlagers gestaltet; dieses schien mir als einzige der mir bekannten Einrichtungen dieser Art eine Struktur zu haben, in der Kinder mit einer großen Anzahl von Erwachsenen vertraut werden, die für sie ähnliche Rollen wie große Brüder oder Eltern verkörpern, ohne daß jedoch ein Äquivalent zum Familienleben vorgetäuscht wird.

Zweitens: Die Rollenverteilung unter den Erwachsenen kann für den Grad von Klarheit außerordentlich bedeutsam werden, mit dem sich in den Kindern ein Bild von der Struktur und dem Sinn ihrer Umwelt entwickelt. Früher oder später müssen sie einen Sinn dafür entwickeln, von wem genau diese oder jene Entscheidung zu erwarten ist.

Drittens: Die Hackordnung einer jeglichen Institution bleibt einem »hartgesottenen Burschen« nicht lange verborgen; er hat für die sozialen Beziehungen in seiner Umwelt ein feines Gespür, wenn er auch sonst keine »Leuchte« ist. Dies gilt auch in bezug auf die Hackordnung unter den Erwachsenen, die ihn betreuen, wie sorgfältig auch immer sie unter der berufsbedingten Bezeichnung ihrer Rollen versteckt sein mag.

Viertens: Das Kommunikationsnetz einer jeglichen Institution ist ein integraler Bestandteil ihrer Sozialstruktur. Es ist schon eine relativ schwierige Aufgabe, herauszufinden, wen man in welcher Angelegenheit wie ansprechen kann. Und es ist gewöhnlich unmöglich, auszumachen, welche der Kommunikationskanäle unter den Erwachsenen offen und welche unsichtbar blockiert sind; dies könnte nur einem sehr aufmerksamen außenstehenden Beobachter gelingen.

Neben diesen vier Punkten gibt es gewiß noch viele weitere, und ich verkenne nicht, daß die Sozialwissenschaften für die Erforschung sozialer Strukturen ein reichhaltiges Instrumentarium entwickelt haben. Ich wende mich jedoch gegen eine allzu starke Vereinfachung und gegen die Behauptung, die soziale Struktur sei durch eine grafische Darstellung der Machtverhältnisse oder ein Soziogramm bereits hinlänglich beschrieben oder sei die einzig wichtige Variable in einem Milieu, die die Psychiatrie in der Vergangenheit zudem vernachlässigt habe. Vom klinischen Gesichtspunkt aus fängt es erst an, interessant zu werden, *nachdem* der Soziologe eine bestimmte Sozialstruktur beschrieben hat; dann nämlich möchte ich wissen, welche Bedeutung sie für meine therapeutischen Ziele hat, wie sie sich auf die Wahl meiner Behandlungstechniken auswirkt, in welcher Phase der Behandlung meiner Kinder sie nutzbringend eingesetzt und in welcher anderen Phase sie zu einem ernsten Hindernis werden kann.

3.2 Das Wertsystem

Kinder reagieren nicht nur auf das, was wir ausdrücklich sagen oder zur allgemeinen Regel erheben, sondern ihnen entgehen auch unsere impliziten Werthaltungen nicht. Ich weiß nicht, wie sie das erspüren und ich kann auch nicht warten, bis das geklärt ist; ich muß jedoch herausfinden, *welche* Werthaltungen zu ihnen durchdringen. Überführt mich die Art der Zimmereinrichtung der Lüge, während ich z. B. versichere, daß die Kinder sich bei mir zu Hause fühlen sollen? Oder, sagt der Blick eines Erziehers dem Kind auch: »Wir haben dich trotzdem gern hier!«, obwohl er es ernst meint, wenn er ihm verbietet, das Tischtuch zu zerschneiden?

3.3 Gewohnheiten, Rituale und Verhaltensregeln

Die Abfolge von Ereignissen und die Bedingungen, unter denen manche Menschen bestimmte Verhaltensweisen wiederholen, kann ausschlaggebend dafür sein, ob sie fähig sind, sich zu kontrollieren und das Gleichgewicht ihrer Triebkontrolle aufrechtzuerhalten oder nicht. Bruno Bettelheim hat überzeugend dargestellt, was in einem Kind beim Aufstehen oder Schlafengehen vor sich geht;[5] dennoch hält man sich in vielen Diskussionen über das therapeutische Milieu immer noch darüber auf, ob ein geregelter Tagesablauf notwendig und sinnvoll sei, oder ob Regeln im allgemeinen das Leben zu einer eintönigen Plackerei machten. Alle Gruppen haben bestimmte »Rituale«, denen sich zum Beispiel ein Mitglied unterziehen muß, um wieder in die Gruppe aufgenommen zu werden, nachdem es ernstlich gegen den Gruppenkodex verstoßen hat, oder denen sich auf der anderen Seite die Gruppe unterziehen muß, wenn ein Mitglied »ausschert«. Welche Riten zelebrieren meine Jungen unter dem dünnen Mäntelchen von Wortgefechten und Prügeleien, welche die erwachsenen Mitarbeiter unter dem noch durchsichtigeren Mäntelchen einer Diskussion über Regeln und Sanktionen? Es geht hier wieder nicht um die Entdeckung der Phänomene als solcher. Wir haben immer noch keine guten Untersuchungen, die beweiskräftige Aussagen über die Relevanz bestimmter Praktiken liefern könnten.

3.4 Auswirkungen des Gruppenprozesses

Wie das Stichwort »Sozialstruktur« ist das Thema »Auswirkungen des Gruppenprozesses« von solcher Komplexität, daß ich mich in diesem Rahmen nur mit Andeutungen dazu begnügen muß; ich nenne einige Begriffe, über die wir in diesem Zusammenhang reflektieren sollten: allgemeine Gruppenatmosphäre, Sündenbock, Maskottchenkult, Untergruppenbildung, gruppenpsychologischer Rollenzwang, gruppenpsychologische Ansteckung, Rivalitäten zwischen »Gruppenführern« usw. Eigentlich müßte hier alles genannt werden, was man je von der Sozialpsychologie, der Gruppenpsychologie und der Gruppendynamik über Gruppen erfahren hat. Dabei kommt es auf folgendes an: Diese Prozesse sind reale Kräfte, denen der Patient ausgesetzt ist, ebenso real wie der Ödipuskomplex seines Therapeuten, die Nahrung, die das Kind zu sich nimmt, oder die Spielsachen, mit denen es sich beschäftigt. Es mag schwierig sein, solche Kräfte auszumachen; nichtsdestoweniger sind sie ebensosehr Teil seiner Umgebung wie die Gummizelle, in der er sich bei Wutanfällen austobt.

3.5 Die »anderen« Mitglieder der Gruppe

Meine Kinder leben als Teil einer Gruppe. Jedes von ihnen ist jedoch auch ein einzelnes Individuum. Und Bob, der mit Johnny in einem Zimmer lebt, befindet sich damit im Wirkungsbereich aller möglichen persönlichen Eigenheiten seines Kameraden. Wir erwarten doch von Kindern, daß sie auf einige bestimmte Farben einer Rorschachkarte mit einem »Schock« reagieren. Wir erwarten von einigen Kindern, daß sie sich durch die bloßen Umrisse eines Projekts, durch den bloßen Anblick eines Flugzeugmodells, das ihnen verführerisch vor Augen gestellt wird, zu großer schöpferischer Aktivität verlocken lassen. Der Junge mit dem Bob sein Zimmer teilt, ist aber weit schlimmer als eine Rorschachkarte oder ein Flugzeugmodell. Seine Gegenwart und die Beobachtung seiner Persönlichkeit beeinflussen Bobby, da Johnny seine Charakterzüge und neurotischen Syndrome wie ein nasses Badehandtuch um sich wirft und den Menschen seiner Umgebung mit jeder Begegnung auf irgendeine Weise mitteilt. Für den Psychologen, der die Kinder beobachtet, bleiben Persönlichkeitsmerkmale rein psychologische Phänomene; für den Zimmergenossen und andere Leute im Heim sind es reale Gegebenheiten, mit denen sie sich auseinandersetzen müssen.

Wir haben gelernt, die Wirkung gewisser pathologischer Extreme aufeinander zu beachten, aber wir prüfen unser Milieu noch nicht sorgfältig genug auf diese Persönlichkeitssyndrome der Kinder, die einen so starken Einfluß auf deren Umgebung ausüben. Man muß dazu sagen, daß nicht alle Charakterzüge und -syndrome so nachhaltig auf die anderen einwirken; manche können nur gesehen oder »gewittert« werden; nur für den, der im gleichen Zimmer wohnt, kommen sie an die Oberfläche und entwickeln sich zu Belästigungen. Wir wissen auch noch lange nicht, welche Folgen dies, klinisch gesehen, haben kann. Denn die Frage, aus welchen

Komponenten sich ein Milieu in bezug auf Persönlichkeitssyndrome der darin Lebenden zusammensetzt, ist noch lange nicht identisch mit der Frage, welche dieser Charaktersyndrome miteinander existieren sollten und welche sorgfältig getrennt werden müssen.

3.6 Einstellungen und Gefühle des Personals – nicht immer unbedingt »Übertragung«

Ich kann mich hier kurz fassen, da alle Therapeuten dieses Gebiet kennen; auch die Soziologen erkennen es an, wenn sie vielleicht auch fragen, ob es wirklich so wichtig ist. Man hat von den Einstellungen und Gefühlen des Personals tatsächlich lange Zeit so viel Aufhebens gemacht und sie zum wichtigsten, ja zum einzig relevanten Aspekt eines Milieus erklärt, so daß ich nicht fürchte, dieser Punkt könnte vergessen werden. Eigentlich spricht er für sich selbst; nur an zwei Stellen möchte ich kurz einhaken: Obwohl Einstellungen und Gefühle äußerst wichtig sind, zählen sie nicht immer als einziges; manchmal können andere Milieubestandteile ihre Wirkung entschieden mindern. Zum zweiten sind die Haltungen und Gefühle des Personals mannigfaltig und entspringen den verschiedensten Quellen. Wir wollen den Begriff »Übertragung« nur auf die Phänomene anwenden, für die er ursprünglich geprägt worden ist. Wenn ein Pfleger Bob nicht mehr leiden kann, weil der ihn gebissen hat, so wollen wir das nicht unter den gleichen Begriff fassen. Wenn ich übrigens die »Einstellungen und Gefühle« des Personals zu den wichtigen und wirksamen Milieufaktoren zähle, so meine ich damit nur solche, die wirklich »gelebt« und nicht nur in Forschungsinterviews und Fragebogen erwähnt werden.

3.7 Das Verhalten der »anderen«

Was die Menschen im Umgang miteinander wirklich *tun*, zählt mindestens soviel wie ihre Gefühle. Ich müßte nun rechtfertigen, warum es nicht »unpsychiatrisch« ist, so etwas zu sagen. Denn sind es nicht die allem zugrundeliegenden Gefühle, die »wirklich« zählen? Das hängt davon ab, was man unter »wirklich« versteht. Es gibt Situationen, wo die »zugrundeliegenden Gefühle« bei der Bestrafung eines Kindes solche Bedeutung haben, daß die vielleicht törichten Formen der Strafe, auf die unsere Wahl gefallen ist, außer acht gelassen werden können. In unzähligen anderen Fällen trifft dies gar nicht zu. Wie ehrenwert das Motiv auch sein mag: wenn man ein Kind einer Isolation aussetzt, die in ihm mehr Panik hervorruft, als es ertragen kann, so liegt die Wirkung auf der Hand. Die Ausrede, daß man es »gut gemeint hat und den Jungen doch liebt«, kann so fruchtlos sein wie die einer Mutter, die ihrem Kind Arsen ins Essen streut, ohne seine Wirkung zu kennen.

Das »Verhalten der anderen« und seine Wirkung auf ein Kind verdient unser echtes Interesse. Wir müssen hier sowohl Verhaltensweisen anderer Kinder als auch des Personals in Betracht ziehen und untersuchen, was diese Verhaltensweisen noch für Implikationen mit sich bringen, nachdem wir die mildernden Einflüsse von »Einstellungen, die eigentlich das Gegenteil meinten«, in Rechnung gestellt haben. Dies sollte übrigens auch bei der Anstellung von Personal beachtet werden. Es gibt Leute, die gestörte Kinder wirklich gern haben und auch einiges einzusetzen bereit sind – nur können sie nicht vertragen, wenn die Kinder ihnen allzuoft »ins Gesicht spukken« – welche Einstellung zu ihrem Beruf sie auch sonst haben mögen.

Um so etwas einschätzen zu können, wird sich der Therapeut selbstverständlich besonders für die Form interessieren, deren sich das Personal beim Einschreiten (»Grenzen setzen«), zum Ausdrücken von Anerkennung und Liebe usw. bedient. Das Vorherrschen bestimmter Formen des »Verhaltens der anderen, vom einzelnen Kind aus gesehen«, ist ein nicht zu vernachlässigendes Charakteristikum unseres »Milieus«.

3.8 Struktur und konstituierende Elemente einer Tätigkeit

Ein Teil der Wirkung, die ein Krankenhaus oder ein therapeutisches Heim auf ein Kind hat, liegt in den Dingen, die es tun darf oder tun soll. Jede Aktivität, die halbwegs einflußreich genug ist, um beschrieben zu werden, ist bis zu einem gewissen Grad strukturiert; einige Spiele haben z. B. ein Gerüst von Regeln, verlangen die Aufspaltung in zwei gegnerische Parteien oder lassen einen Kreis bestehen und bringen für die Spieler gewisse Rollenverpflichtungen mit, die zumindest für die Dauer des Spiels gültig sind. Zugleich geben sie den Kindern bestimmte »Aufgaben«, die im Spiel erfüllt werden müssen. Paul Gump hat in unserer Detroiter Spielstudie den Begriff »konstituierende Elemente« eingeführt und damit Tätigkeiten bezeichnet, die für den Ablauf des Spiels grundlegend sind.[6] So sind für ein Fangspiel Laufen und Fangen konstituierende Elemente, so ist das Erraten eines Wortes konstituierendes Element in vielen Scharaden usw. Es konnte oft gezeigt werden, daß – unter sonst gleichen Umständen – der Grad, in dem ein Kind einem Spiel mit seiner Struktur und seinen bestimmten konstituierenden Tätigkeiten ausgesetzt wird, von überragender klinischer Bedeutung für die Ereignisse zumindest des betreffenden Tages sein kann. Wenn wir die überwältigende Wirkung, die verführerische Seiten gewisser Spiele haben können (z. B. Versteckspiel mit der Taschenlampe im Dunkeln kurz vor dem Zubettgehen), falsch einschätzen, fordern wir unter Umständen Unannehmlichkeiten heraus, während manches anscheinend riskante Spiel gefahrlos gespielt werden kann, wenn ausreichend Kontrollen zur Ich-Unterstützung eingebaut sind (z. B. Sicherheitszonen, in die sich ein Kind zurückziehen kann, ohne zugeben zu müssen, daß es müde ist oder Angst hat usw.). Obwohl ich die Aufgabe einer umfassenden Behandlung schwer gestörter Kinder in einem therapeutischen Heim nicht auf diesen Faktor reduzieren würde, halte ich ihn doch für ebenso wichtig wie andere psychohygienische Faktoren, die traditionellerweise als klinisch bedeutsam angesehen werden. Was ich hier über Spiele gesagt habe, gilt auch für viele andere Tätigkeiten der Patienten: künstlerische und handwerkliche Betätigungen, Ausflüge, Übernachtung auswärts, gemeinsames Kochen, Diskussionsgruppen, musikalische Abende usw. Was davon stattfindet und wo, in welcher Atmosphäre, mit welchen Strukturen und Inhalten: das ist für ein gegebenes Milieu ebenso charakteristisch wie das dort beschäftigte Personal.

3.9 Raum, Zeit, Ausrüstung und andere »Requisiten«

Halten wir uns vor Augen, was eine Gruppe von Jungen wohl tut, wenn sie in einer Unterführung ein herrliches Echo entdeckt! Halten wir uns vor Augen, was geschehen kann, wenn eine kleine Gruppe die Besprechung für ihr nächstes Pfadfindertreffen unerwartet in einer großen Turnhalle mit allen möglichen Geräten abhalten muß, statt im gewohnten Clubraum! Oder machen wir uns klar, was mit einem Baseball geschieht, der in einem Augenblick auf den Tisch gelegt wird, wo die Kinder noch stillsitzen und der Erklärung der Spielregeln zuhören sollen. Oder wie so manche gutgemeinte Standpauke buchstäblich ins Wasser fällt, wenn die Glocke zum Schwimmen läutet, bevor man sie zu Ende gebracht hat. Muß ich noch erklären, warum ich es im Rahmen therapeutischer Arbeit mit Kindern für so wichtig halte, welche zeitlichen Regelungen und Einteilungen vorgenommen werden, mit welchen »Requisiten« die Kinder konfrontiert werden, unter welchen räumlichen Gegebenheiten gearbeitet wird und wie die ganze Ausrüstung für die Erreichung unserer Ziele geeignet ist? Bisher neigte man m. E. in Krankenhäusern dazu, diesen Punkt bei der psychiatrischen und soziologischen Diskussion über die Milieugestaltung außer acht zu lassen; nur Schwestern und Wärter haben aus Erfahrung gelernt, daß es sich lohnt, ihm Aufmerksamkeit zu schenken.

3.10 Das Eindringen von einem »Stückchen Außenwelt«

Am schwersten von allen »Milieuaspekten« läßt sich bei einem kurzen Besuch in einer beliebigen Institution die Wirkung der Außenwelt und der weiteren Umgebung abschätzen, die durch die Mauern der Anstalt durchsickert und sich einen Weg in das Leben der Patienten bahnt. Keine Einrichtung ist hermetisch abgeriegelt, wie viele Schlüssel und Tabus man auch zu diesem Zwecke einsetzen mag. In der kleinen Welt unserer Kinderstation in Bethesda konnten zum Beispiel folgende »Stückchen Außenwelt« Eingang finden, welche in ihrer Wirkung auf die Jungen so gut wie alles andere zum »Milieu« gehörten: Erwachsenenbesuche, die einen Geschmack von »Fallgeschichte« zurückließen; Kinder, die zu Besuch kamen und den spezifischen »Geruch« ihrer sozialen Umwelt mitbrachten; Ausflüge, die wir unternahmen; alte »Lieblingsplätze« einzelner Kinder aus der Zeit vor ihrer Einlieferung, an denen wir zufällig auf unserem Weg vorbeikamen; viele mit Überlegung ausgewählte Filme, Fernsehsendungen und Bilder von »draußen« und Geschichten, die wir ihnen hin und wieder erzählten. Und natürlich war die Schule eine ganze »Fensterfront«, die einen weiten und hoffnungsvollen Ausblick bot – wenn es uns nur gelang, die Kinder zum Hinausschauen zu bewegen. Ferner gab es da den »Krankenhauseffekt«, die Wirkung des großen Gebäudes, die sie immer dann traf, wenn sie vorübergehend die Etage unserer Station verließen und im Aufzug den körperlich Kranken begegneten, was in ihnen immer wieder die Frage auftauchen ließ: »Und warum bin *ich* hier?« Da waren die Geschichten, die andere Jungen und die Mitarbeiter erzählten, die Geheimnisse, die die Kinder bei uns vermuteten, wenn wir uns bemühten, ihre Aufmerksamkeit von einer Sache abzulenken. Sobald die Kinder im offenen Haus untergebracht waren, verlor der Begriff »Eindringen« seine eigentliche Bedeutung.

Qualität und Quantität von Bestandteilen der »äußeren Welt«, die hereingelassen oder sogar absichtlich einbezogen werden, bilden einen äußerst wichtigen Teil des Lebens für unsere Patienten und sollten wie andere Milieufaktoren aufmerksam betrachtet werden.

3.11 Das System der »Schiedsrichterdienste und Verkehrsregelung«
zwischen Kind und Umgebung [7]

Um methodologisch exakt vorzugehen, muß hier gesagt werden, daß dieser und der folgende Punkt auf meiner Liste einer anderen Dimension von Kategorien angehört als die bisherigen Begriffe. In bestimmter Weise gehören sie dennoch dazu, denn das Fehlen bzw. Vorhandensein und die Beschaffenheit von »Schiedsrichterfunktionen« in einem therapeutischen Heim bilden m. E. wesentliche Milieueigenschaften. Bestimmte »Milieueinwirkungen« treffen die Kinder direkt; eine Interpretation ist nicht nötig. Andere treffen die Kinder zwar auch, aber um sicher zu sein, daß sie die beabsichtigte Wirkung haben, muß jemand das Erklären übernehmen. Es macht einen großen Unterschied, ob ein Kind, das von einer rücksichtslosen Gruppe gehänselt wird, unglücklich fortrennt und mit dem Problem ganz allein fertig werden muß, oder ob das Heim einen »Erste-Hilfe-Dienst« bereitstellt, der sich des verstörten Kindes annimmt. Einige unserer Kinder würden ein solches vom Heim nicht vorgesehenes Erlebnis wahrscheinlich in verstärkte Abneigung gegen die Außenwelt umsetzen. Wenn aber ein freundlicher Erwachsener in dieser schlimmen Lage seine Sympathie anbietet, dem Kind nachgeht und es tröstet, dann könnte diesem Erlebnis der Stachel genommen, könnte sogar ins Positive gewendet werden.

Ähnliches schwebt mir vor, wenn ich den Begriff »Verkehrsregelung« gebrauche. Unter den Bewohnern eines Heims findet selbstverständlich ein reger Austausch statt. Doch je nach dem Grad ihrer Störungen müssen einige soziale Interaktionen, die das normale Leben den eigenen Ressourcen der Kinder überläßt, der »Verkehrsüberwachung« durch Erwachsene unterstellt werden. Es ist von Bedeutung, ob ein gegebenes Milieu sich auf dieses Problem eingerichtet hat oder nicht, ob es Beiträge zur Unterstützung der Kontakte unter den Kindern leisten kann, ob Neuankömmlinge z. B. erbarmungslos den schlimmsten Erpressungen ausgesetzt und ohne jeden Beistand gelassen werden, sobald sie angekommen sind, oder nicht. Es ist dies also die gleiche Frage wie die nach medizinischen Erste-Hilfe-Einrichtungen, die man stellt, bevor man in eine Stadt zieht. Ob diese Frage zum Konzept dessen gehört, was eine »Stadt« ausmacht, oder nicht, überlasse ich späteren Überlegungen. Ich will hier nur darauf hinweisen, daß die Qualität und das Fehlen oder Vorhandensein von »Schiedsrichterdiensten und Verkehrsregelung« ebenso reale Bestandteile einer Institution sind wie Wände, Kücheneinrichtung oder therapeutische Ansichten.

3.12 Therapeutische Elastizität

Wenn es in einer alten Hütte, irgendwo »weit draußen«, kalt ist, weiß man warum: Entweder brennt kein Feuer oder der Ofen ist defekt, so daß nicht genügend Wärme erzeugt wird. Wenn ich in einem Gebäude zu frieren beginne, das mit allem modernen Komfort ausgestattet ist, kann dieser Schluß falsch sein; der Grund dafür könnte einfach der sein, daß der Thermostat nicht richtig funktioniert. Dies ist ebenso wie der vorhergehende Punkt eine Eigenschaft eines gegebenen Milieus und weniger ein »Milieubestandteil« im strengen Sinn des Wortes. Dennoch ist er von so enormer klinischer Relevanz, daß er hier mit hereingehört. Tatsächlich habe ich kaum je eine Diskussion über den Milieubegriff erlebt, in der dieser Punkt nicht in irgendeiner Form aufgetaucht wäre. Man bezeichnet ihn häufiger mit dem Terminus »Flexibilität«, die die meisten Anhänger der Milieutherapie als »gut« empfehlen; in diesem Zusammenhang ist es dann verpönt, »Strenge« für eine lobenswerte Eigenschaft zu halten. Dieses Entweder-Oder-Denken ist hier unangebracht. Mir scheint der Begriff »Elastizität« besser jene Eigenschaft zu charakterisieren, die viele meiner Kollegen lange mit dem Wort »Flexibilität« zu beschreiben versuchten. Ein Milieu muß sicherlich dafür sensibel sein, daß sich die Bedürfnisse des Patienten während der verschiedenen Phasen des Behandlungsprozesses verändern. Es muß »die Zügel anziehen« – den Verhaltensspielraum einengen –, wenn Anzeichen für Triebangst am Horizont erscheinen, und es muß vielleicht locker lassen, wenn selbstauferlegte innere Zwänge zu stark werden. Es muß auch – in frühen Phasen starker Gestörtheit – Spontaneität und Selbstbestimmung des einzelnen Patienten einschränken; es muß Autonomie und selbst Risikofreudigkeit fördern, sobald der Patient in seiner Genesung fortgeschritten ist. Besonders dann, wenn schwer gestörte Kinder intensive Phasen der »Besserung« durchmachen, ist die Elastizität eines Milieus, sofern sie für Begleiterscheinungen dieser Besserung Spielraum schafft, ebenso wesentlich wie seine Fähigkeit, während regressiver Phasen diesen Spielraum einzuengen.

4. Wie »wirkt« das Milieu?

Ich bin mir der methodologischen Komplikationen und Mängel der vorausgehenden Liste durchaus bewußt. Ihre Zusammenstellung scheint mir aber deshalb von Wert, weil sie nachdrücklich betont, daß es eine große Zahl von Milieuaspekten gibt, die sich alle separat untersuchen und erforschen lassen. Das sollte uns wenigstens dazu verhelfen, daß wir uns davor hüten, uns einseitig nur mit einem von ihnen zu befassen und die anderen dabei zu übersehen, und daß wir sämtliche Disziplinen, die mit unseren Aufgaben zu tun haben, wie Psychiatrie, Soziologie usw. dazu zwingen, bei der Untersuchung dieses Gebiets ihre traditionellen Grenzen zu überschreiten und der unerbittlichen Vielzahl der Faktoren Rechnung zu tragen.

Da es der Sinn der Milieu-Diskussion ist, die Auswirkung verschiedener Variablen auf den Behandlungsprozeß der Kinder zu klären, steht die Frage nach der klinischen Einschätzung der Relevanz eines jeden dieser Punkte an nächster Stelle auf der Dringlichkeitsliste. Wir werden diese Frage überspringen müssen, können jedoch auf eine andere hinweisen, die uns zum Kern des Problems führt. Wenn wir annehmen, daß jeder dieser Milieubestandteile positiv oder negativ auf unsere therapeutische Arbeit wirken kann, müssen wir uns fragen, wie denn diese Wirkung zustande kommt. Dieses Problem führt uns zu einer der bemerkenswertesten Lücken unserer Persönlichkeitstheorie, und ich bin offen gestanden sogar der Ansicht, daß auch unsere fortgeschrittensten Erklärungsmodelle sich ihm nicht ganz gewachsen zeigen. Zwar haben wir einiges darüber in Erfahrung gebracht, wie die Pathologie im Verlauf einer speziellen Art des psychiatrischen Interviews beeinflußt wird; wir haben auszugsweise erforscht, wie Menschen in bestimmten Situationen aufeinander wirken. Wenn wir aber auf die Wirkung von abstrakt erscheinenden Phänomenen wie »Gruppenstruktur« zu sprechen kommen, sieht es schon weniger gut aus. Die Schwierigkeit vergrößert sich noch, wenn wir auszumachen versuchen, wie denn nun »Raum, Zeit, Ausrüstung und andere ›Requisiten‹« am wahrscheinlichsten ihre Aufgaben erfüllen, da wir doch behaupten, daß sie die Macht besitzen, einen sonst wohldurchdachten therapeutischen Erfahrungszusammenhang durcheinanderzubringen. Ein Teil dieses Problems kommt uns bekannt vor: »Wo laufen innerhalb eines Individuums welche Prozesse ab, wenn wir sagen, ein ›kultureller Faktor‹ habe das Verhalten einer Person beeinflußt?« Das war die Frage, als die Psychiatrie begann, kulturelle Einflüsse auf die Persönlichkeit in Betracht zu ziehen. Dieses Problem ist noch nicht annähernd gelöst. Doch glaube ich, daß es hilfreich sein könnte, einen Gedanken zu erläutern, der möglicherweise zu einer größeren Spezifität der Beobachtungen und somit letztlich zu ›nützlicheren‹ Formen der Sammlung von Datenmaterial führen könnte. Meine Kinder werden nie vom »Milieu« als solchem betroffen. Es beeinflußt sie immer in einer besonderen Form, zu einem bestimmten Zeitpunkt und an einem speziellen Ort. Ich glaube, daß Forscher, die mit dem Konzept des »setting«[8] arbeiten, uns auf diesem Gebiet technisch überlegen sind. Selbstverständlich interessiert mich das »setting« nicht um seiner selbst willen. Denn der Angelpunkt, um den sich alles dreht, sind die Erfahrungen, die ein bestimmtes »setting« uns und dem Kind vermittelt, und was das Kind mit ihnen anfangen kann.

Wäre es nicht besser, eine Art Vier-Stufen-Plan zu befolgen, anstatt zuerst das »Milieu« an sich und dann die »Reaktionen der Kinder« zu untersuchen? Wir sollten den sehr allgemeinen Begriff »Milieu« beiseite lassen; seine grundlegenden Inhalte treten den Kindern nur insofern nahe, als sie in einem gegebenen »setting« enthalten sind. So treffen wir die Kinder meiner Station z. B. beim Aufstehen oder bei größeren und kleineren Mahlzeiten an; wir können sie im Spielzimmer beobachten oder im Autobus auf dem Weg zum Campingplatz; wir sehen sie im Werkraum oder im Schulzimmer bei ganz besonderen Beschäftigungen usw. Worauf es bei all diesen »settings« ankommt, ist, daß die ganze Vielfalt von Milieuaspekten jeweils in besonderer Weise in ihnen enthalten ist: Der Werkraum ist durch räumliche Gegebenheiten, Werkzeuge und anderes mit einer klaren Verhaltenserwartung erfüllt, auf die ein Kind oder ein Erwachsener in ganz bestimmter Weise reagiert und die eine ganz spezifische Gruppenatmosphäre schaffen kann. Ziele und Einstellungen können hier ebenso wirksam werden wie die Tatsache, daß z. B. ein Kind ein anderes mit dem eben fertiggestellten Holzschwert zu verprügeln beginnt. Ich kann also, um es kurz zu sagen, Beobachtungen von Milieuaspekten isolieren, wenn sie für das Kind in einer spezifischen Situation während einer bestimmten Tätigkeit bedeutsam werden. Bei einer solchermaßen verengten Beobachtung kann ich außerdem das Erlebnis nachzeichnen, das eine solche konkrete Situation innerhalb eines »setting« im Kind bewirkt hat; wenn ich dann noch weiß, wie das Kind dieses Erlebnis verarbeitet hat, kann ich zu einem sinnvollen Schluß kommen, da ich Ausgangs- und Endpunkt des Geschehens kenne: die Reaktionen des Kindes auf sein Erlebnis und die Beschaffenheit der Bestandteile des »setting«, dazu eine Menge weiterer Vermutungen über die Erfahrung, die das Kind während dieses Geschehens gemacht hat.

Mir scheint, daß am Begriff des »setting« noch sehr gearbeitet werden muß, um ihn klinisch relevanter zu machen, und daß ferner präzisere Beobachtungstechniken entwickelt werden müssen, welche die »implizite Milieuwirkung« ebenso einzufangen geeignet sind wie die Art und Weise, in der das Kind die neugewonnenen Erfahrungen verarbeitet.[9]

Noch eine Schlußbemerkung: Es wird Zeit, daß wir eine Warnung Erik Eriksons ernster nehmen als bisher. Nach meinem Verständnis müßte sie in diesem Zusammenhang ungefähr so formuliert werden: Warum tun wir immer so, als ob »Milieu« und »Umgebung« rigide Strukturen darstellten und die Individuen zu keinem anderen Zweck vorhanden wären, als auf sie zu »reagieren«? Wie kommt jene »Umgebung« überhaupt zustande, von der hier die Rede ist? Könnten wir die Sache nicht auch umdrehen und fragen: »Wie wirken unsere Kinder auf ihr Milieu?« – und nicht nur: »Wie wirkt das Milieu auf sie?« Meine Kinder wirken z. B. ganz erheblich auf ihr Milieu ein, und ich zweifle nicht daran, daß viele der Faktoren, die wir als unveränderlich innerhalb eines Milieus betrachten, in Wirklichkeit Produkte der Einstellungen und Handlungen eben derer sind, auf die sie dann wiederum einwirken.

Ich halte es für eminent wichtig, herauszufinden, nicht nur, was ein Milieu ist und wie es »wirkt«, sondern auch, wie wir es beschreiben und wie wir es beeinflussen können.

Gruppenemotionen und Führerschaft

Sigmund Freuds Arbeit »Massenpsychologie und Ich-Analyse« hat die psychologische Literatur seit dem Jahre 1921 hauptsächlich nach zwei Richtungen hin beeinflußt. Erstens wurde eine Reihe von wertvollen Versuchen unternommen, die Erkenntnisse der Psychoanalyse durch die Anwendung soziologischer, anthropologischer und ökonomischer Theorien zu erweitern. Zweitens erkannten einige der späteren Publikationen in der Zeitschrift für Psychoanalytische Pädagogik auf dem Gebiete der Erziehung sehr klar die wachsende Bedeutung der Gruppenpsychologie, besonders für die Praxis der Erziehung. Genau genommen hat jedoch der Artikel Freuds keine Ergänzung auf der Ebene gefunden, auf welcher der Autor die Untersuchung des Problems begonnen hatte. Dies ist um so erstaunlicher, als während der letzten Jahrzehnte das Interesse an diesen Problemen immer stärker geworden ist. Man hat eingesehen, daß es zwecklos ist, zu versuchen, das Weltgeschehen ohne gründlichere gruppenpsychologische Betrachtung zu erklären. Außerdem gilt, daß die Arbeit Freuds unvollständig ist, so daß sie mehr als seine anderen Schriften nach einer Ergänzung verlangt.

Das verwendete methodische Instrumentarium würde in vielem anders aussehen, wenn Freud seine Arbeit geschrieben hätte, nachdem seine Ideen und grundlegenden Theorien ihre späteren Änderungen erfahren hatten. Dies würde besonders für folgende Punkte zutreffen.

Seine Auffassung vom »Ich-Ideal« – häufig auch »Ideal-Ich« genannt – unterschied noch nicht die zwei Komponenten, die er später hervorhebt, nämlich das durch Einverleibung (»Introjektion«) elterlicher Verbote entstehende »Gewissen« und das durch eine primär narzißtische Besetzung von Zügen der Persönlichkeit entstehende »Ich-Ideal«. Er verwendete den Begriff »Ich-Ideal« noch so, daß beide Funktionen in ihm unterschiedslos enthalten waren.

Beim Gebrauch des Begriffes »Identifizierung« änderte Freud im Laufe der Arbeit die Bedeutung mehrmals. An einigen Stellen unterschied er zwischen der »Errichtung eines Objekts im Ich-Ideal« einerseits und der »Identifizierung der Gruppenmitglieder untereinander ›in ihrem Ich‹« andererseits. An anderer Stelle wandte er den Begriff in seiner späteren Bedeutung an.

Die Arbeit Freuds erschien kurz bevor er in seiner revidierten Trieb-Theorie die Unterscheidung von Liebestrieben und Aggressionstrieben entwickelte. Zweifellos hätte auch die Anwendung dieser Begriffe einen beachtlichen Unterschied gemacht. Besonders reizvoll erschiene es, diese Unterscheidung auf den Abschnitt über gruppenpsychologische Erklärungen des Heeres in Freuds Aufsatz anzuwenden.

Auch das von Freud verwendete Untersuchungsmaterial ist für einige der Eigentümlichkeiten seiner Veröffentlichung verantwortlich. Er verwertete Erkenntnisse, die er durch seine große Erfahrung bei der Behandlung zahlreicher Einzelpatienten gewonnen hatte, und verwendete sie dazu, Analogien mit Situationen in der »Kirche« und dem »Heer« und mit anderen gruppenpsychologischen Phänomenen herzustellen. Die Verallgemeinerung einiger seiner Formulierungen ist sicherlich dem Umstand zuzuschreiben, daß er nicht Erfahrungen an der Einzelpersönlichkeit mit direkten gruppenpsychologischen Erfahrungen vergleichen konnte. Aus diesem Grunde lautete auch seine Formel: »Eine solche primäre Masse ist eine Anzahl von Individuen, die ein und dasselbe Objekt an die Stelle ihres Ich-Ideals gesetzt und sich infolgedessen in ihrem Ich miteinander identifiziert haben.«

Im allgemeinen kann hinsichtlich der Gültigkeit dieser Formel wenig Zweifel bestehen; schwerwiegende Bedenken erheben sich jedoch hinsichtlich ihrer Anwendbarkeit auf alle Arten der Gruppenbildung, auf die man in der Praxis stoßen kann. Natürlich schloß Freud absichtlich von seinen Untersuchungen jene Gruppenbildung aus, die ohne den Einfluß eines »Führers« zustande kommen.

Aber selbst wenn man ihm in dieser Begrenzung des Problems folgt, ist es sehr wahrscheinlich, daß die Formel einer Modifizierung und Ergänzung bedarf. Sie muß vielleicht zum Teil durch andere Formeln ersetzt werden, wenn sie das weite Feld der tatsächlichen Gruppenbildungen um eine zentrale Person umfassen soll.

Diese Studie will versuchen, die Ausführungen Freuds in den oben angeführten Punkten zu ergänzen. Sie sucht die nach 1921 entwickelten methodischen Möglichkeiten aufzugreifen und wendet sie auf gruppenpsychologische Beobachtungen an, die sich aus der praktischen Arbeit mit Gruppen von Kindern und Jugendlichen in Schule und Sommerlager ergeben. Trotzdem bleibt der grundlegende Zweck der Studie genau derselbe: Sie versucht, die intra-psychischen emotionalen und triebhaften Vorgänge in den Mitgliedern von Gruppen zu untersuchen, besonders solche, die sich um eine zentrale Person herum ereignen und wesentliche Faktoren im gruppenbildenden Prozeß darstellen.

1. Psychoanalytische Erkenntnisse und Soziologie

Das letzte Wort über die Beziehung zwischen diesen beiden Wissenschaften ist noch nicht geschrieben, und diese Studie soll nicht mit einem solchen Versuch belastet werden. Methodische Betrachtungen dieser Art sind jedoch so wichtig, daß eine klare Festlegung des Standpunktes dieses Autors dazu beitragen mag, eine Anzahl möglicher Mißverständnisse zu vermeiden.

Eine psychoanalytische Studie über Gruppenemotionen ist nicht mit einer psychoanalytischen Studie der Gruppe oder von Gruppen identisch. Nur das erstere soll versucht werden. Das zweite zu versuchen scheint unsinnig. Gruppen sind Phänomene, die so viele Aspekte enthalten, daß der Versuch, sie durch die Technik der psychoanalytischen Forschung auf eine Formel zu bringen, nutzlos bleiben muß. Tatsächlich wäre jeder diesbezügliche Versuch ähnlich zu bewerten wie die Auffassung, daß jede Persönlichkeit durch psychoanalytische Methoden allein zu erfassen sei, ohne daß irgendwelche Daten, z. B. über den organischen Zustand der betreffenden Person, in Betracht gezogen werden müßten. Es wird daher voll anerkannt, wie wichtig es ist, die mannigfaltigen Faktoren zu verstehen, aus denen sich das Leben der Gruppe zusammensetzt: psychologische, sozio-ökonomische und andere mehr; doch macht diese Arbeit nicht den Versuch, sich mit all diesen Faktoren zu beschäftigen. Sie greift absichtlich nur eine Seite des Gruppenlebens heraus: die emotionalen und triebmäßigen Beziehungen zwischen den Personen, die sich zu einer Gruppe zusammenschließen. Es soll lediglich der Versuch gemacht werden, Arbeiten über andere oder umfassendere Aspekte dieses Problems zu ergänzen, aber nicht zu ersetzen.

2. Der Begriff »Gruppenemotion«

Der Begriff Emotion wird hier in derselben weiten Bedeutung gebraucht, die Ausdrücken wie z. B. »die emotionale Entwicklung des Kindes« zugrunde liegt. In allen Fällen ist nicht nur Gefühl als solches gemeint, Triebe sind ebenso mit inbegriffen. Die Zusammenfassung von Gefühlen und Trieben in demselben Ausdruck ist ein bedauerlicher Mißstand, sie entspricht jedoch einer weitverbreiteten wissenschaftlichen Gepflogenheit, die auf terminologischer Tradition und Bequemlichkeit beruht. Wenn »Gruppenemotionen« besprochen werden, muß man sich darüber klar sein, daß diese sich nicht in einem Vakuum bilden, sondern Ereignisse sind, die zwischen den Menschen entstehen, die die Gruppe bilden. Aller Wahrscheinlichkeit nach setzen sie sich aus denselben Bestandteilen zusammen, die in jeder »Emotion« zu finden sind, obwohl sie manchmal ihren eigenen, speziellen Gesetzen zu gehorchen scheinen. Der Ausdruck »Gruppe« scheint keine besondere »Qualität« zu bezeichnen, sondern eher die Bedingungen für das Entstehen von Emotionen. Daher wird bei »Gruppenemotionen« auf jene triebmäßigen und emotionalen Ereignisse Bezug genommen werden, die innerhalb von Einzelpersonen unter dem »Druck« gruppenbildender Vorgänge stattfinden.

Aus dieser Definition ist ersichtlich, daß weitere Unterscheidungen gemacht werden müssen. Nicht jede Emotion, die Menschen empfinden, während sie sich in einer Gruppe befinden, sind tatsächlich »Gruppen«emotionen. So könnte z. B. ein Liebespaar, das während einer politischen Propagandaversammlung Hand in Hand dasitzt, mit Recht dagegen Einspruch erheben, daß man ihre Liebesgefühle in die Kategorie der Gruppenemotionen einreiht. Wo es notwendig scheint, kann dieser Unterschied dadurch hervorgehoben werden, daß man Emotionen, die nicht das Ergebnis oder die Ursache des gruppenbildenden Prozesses sind, der gleichzeitig stattfindet, »individuelle« Emotionen nennt, obwohl es klar ist, daß dieser Ausdruck insofern irreführend ist, als jede Emotion im Grunde genommen ein Vorgang ist, der in einer persönlichen Situation stattfindet. Ferner sind nicht alle Gruppenemotionen gleich grundlegend für den Vorgang der Gruppenbildung. Einige bilden z. B. den Ursprung der Gruppenbildung. Die Bewunderung, die hundert Menschen für eine und dieselbe Person empfinden, kann diese Person zu ihrem Führer machen. Sie ist grundlegend für die Gruppenbildung. Andererseits kann sich aufgrund dieser Gruppenbildung eine Reihe anderer emotionaler Beziehungen zwischen diesen Menschen entwickeln, die sie sonst nicht erlebt hätten. Diese Emotionen sind eher die Folge als die Ursache gruppenbildender Vorgänge. So kann z. B. *A* beginnen, *B* zu mißtrauen, ohne irgendeinen starken »persönlichen« Haß gegen ihn zu empfinden, lediglich aufgrund einer allgemeinen Gruppenabneigung, die sich durch die Rolle, die *B* innerhalb der Gruppe spielte, entwickelt hat. In diesem Falle ist *A*s Gefühl *B* gegenüber das Ergebnis einer speziellen gruppenemotionalen Konstellation.

Es werden daher die folgenden Unterscheidungen gemacht:

»Konstitutive« Gruppenemotionen sind triebhafte und emotionale Ereignisse in den Mitgliedern einer potentiellen Gruppe, die grundlegend für die gruppenbildenden Vorgänge sind; »sekundäre« Gruppenemotionen sind die trieb- und gefühlsmäßigen Vorgänge innerhalb und zwischen den Mitgliedern einer Gruppe, die sich aufgrund einiger gruppenbildender Vorgänge entwickelt haben.

Selbstverständlich kann jede Emotion in der einen Situation konstitutiv und in einer anderen sekundär sein. Die Diagnose der einen oder der anderen Situation ist nicht immer leicht, sie ist jedoch äußerst wichtig für die Beurteilung und Beeinflussung gruppenbildender Vorgänge.

3. Die zentrale Person

Freud bezeichnete die Person, um die sich der gruppenbildende Prozeß kristallisiert, als den »Führer«, wobei er einer tiefverwurzelten sprachlichen Gepflogenheit folgte. Seit 1921 sind jedoch einige Ereignisse geschehen, die uns alle für die vielfältigen Unterschiede der Bedeutungen, die dieses Wort unter gewissen Umständen annimmt, empfindsamer gemacht haben. Speziell die folgende Untersuchung führt zur Entdeckung einer Reihe von Formen der Gruppenbildung, die sich »um eine zentrale Person« abspielen, für deren Bezeichnung sich jedoch das Wort »Führer« nicht eignet. Es ist daher notwendig, mit einer terminologischen Korrektur zu beginnen, die das Wort »Führer« nur für einen bestimmten Rollentypus der zentralen Person bei der Gruppenbildung und seine Beziehungen zu den Mitgliedern reserviert und den anderen Formen andere Bezeichnungen gibt.

Unter der »zentralen Person« versteht man die Person, »um die herum« gruppenbildende Vorgänge stattfinden, den »Kristallisierungspunkt« des ganzen Geschehens. Das Wort »zentral« ist willkürlich gewählt und darf nicht buchstäblich genommen werden. »Im Brennpunkt« wäre wohl aus logischen Gründen besser, für sprachliche Zwecke ist dies jedoch unbefriedigend.

Der Ausdruck »zentrale Person« steht für den Menschen, der in den Mitgliedern einer potentiellen Gruppe die Herstellung emotionaler Beziehungen zu seiner Person und damit den Prozeß der Gruppenbildung hervorruft. Es lassen sich mühelos zehn Typen der Gruppenbildung und der verschiedenen Rollen, die die zentrale Person in der Gruppenbildung spielen kann (»Führerschaft«), unterscheiden.

Als Ziel dieser Untersuchung soll das Studium der triebmäßigen Beziehungen und emotionalen Vorgänge in dem einzelnen Gruppenmitglied, die zu gruppenbildenden Prozessen führen, betrachtet werden.

Die von Freud verwendete Begrenzung des Gegenstands auf diejenigen Gruppenbildungen, die »um eine Person herum« entstehen, wird beibehalten, so daß andere massenpsychologische Untersuchungen von unseren Überlegungen ausgeschlossen bleiben. Das Hauptgewicht dieser Studie liegt auf den »konstitutiven« Gruppenemotionen; die »sekundären« Wirkungen der Gruppenbildung auf die emotionalen Beziehungen zwischen Mitgliedern der Gruppe werden nur gelegentlich zu Illustrationszwecken erwähnt. Diese interpersonalen Beziehungen würden die Basis für eine weitere, für Erziehungsbelange gleich bedeutende Arbeit abgeben.

4. Zehn Typen der Führerschaft und Gruppenbildung

Bei sämtlichen der zehn anzuführenden Typen handelt es sich um Gruppenbildungen »um« eine zentrale Person »herum«. Der Unterschied zwischen diesen zehn Typen liegt in den unterschiedlichen Rollen, die die zentrale Person bei den grundlegenden Vorgängen der Gruppenbildung spielt. Die zur Darstellung dieser zehn Typen angewandte Methode ist einigermaßen kompliziert. Ihre Besonderheit für das ganze Problem wird später noch besprochen. Hier muß die Feststellung genügen, daß versucht wurde, die einzelnen Typen zunächst anhand eines oder mehrerer Musterbeispiele darzustellen. Sodann werden die Erklärung und die Formel, die jeden einzelnen Typus von den anderen unterscheiden, angeführt. Sie fassen jeweils die Art der beteiligten konstitutiven Vorgänge der Gruppenbildung zusammen. Die Beispiele sind nicht unbedingt mit klinischem Material identisch; sie werden auch nicht als Beweis für die darauffolgende Formel gebracht. Sie sollen lediglich der Illustration dienen und damit jeden Typus einführen und erklären.

Bei der Zusammendrängung vieler Beobachtungen in ein zusammengesetztes Bild blieb eine Unzahl von unwichtigen Punkten unberücksichtigt, um nur einen wichtigen Vorgang herauszuheben. Man kann diese veranschaulichenden Beispiele am besten verstehen, wenn man sie als graphische Darstellungen nimmt. Sie erheben den Anspruch, auf tatsächlichen Erfahrungen aus der Praxis zu basieren, wollen aber keine Fotografien sein. Fragen nach der Häufigkeit und Aktualität werden in der anschließenden »Diskussion« der zehn Typen aufgegriffen werden.

4.1 Typus 1: »Der patriarchalische Herrscher« (*The patriarchal sovereign*)

Beispiel: Die Gruppe besteht aus etwa zehnjährigen Kindern, von denen die meisten gerade an dem Punkt ihrer Entwicklung angelangt sind, an dem sie die Endstadien der »Kindheit« unmittelbar vor dem Ausbruch der ersten Vorpubertätssymptome repräsentieren. Sie unterstehen einem Lehrer, auf den die folgende Beschreibung zutrifft: »Er ist ein älterer Herr von strengem, aber nicht unfreundlichem Äußeren, entschieden, aber im Grunde genommen mild im Verhalten. Er repräsentiert ›Ordnung und Disziplin‹. Diese Werte sind jedoch so tief in ihm verwurzelt, daß er kaum ausdrücklich an sie denkt; es fällt auch niemandem ein, sie in seiner Gegenwart anzuzweifeln. Er glaubt an gute und gründliche Arbeit, weiß ganz genau, was er erwartet, und läßt seinen Schülern auch keinen Zweifel darüber.« – Die Atmosphäre in der Klasse kann leicht beschrieben werden. Die Kinder akzeptieren seine Werte, ohne zu fragen. Ihre Gefühle ihm gegenüber sind eine Mischung aus Liebe und Bewunderung mit einer Spur von Angst in allen Fällen, wo sie seiner Zustimmung nicht ganz gewiß sind. Solange sie sich seinem Kodex entsprechend verhalten, fühlen sie sich sicher und glücklich-geborgen. Gedanken und Vorstellungen, die mit seinem Kodex nicht übereinstimmen, werden in seiner Gegenwart unterdrückt. Die Witze, die er macht oder anerkennt, sind »gut«. Wenn ein Kind nicht so bereit ist wie die übrigen, seine kindliche Bewunderung auf diesen Typus des Lehrers zu konzentrieren, unpassende Bemerkungen und ungezogene Gesten macht oder sich nicht unterwerfen will, sind die anderen moralisch tief entrüstet – wenn sie vielleicht auch vorher in der Pause ein paar Minuten lang über die Späße dieses Kindes gelacht haben. Sie lieben alle ihren Lehrer und setzen unbegrenztes Vertrauen in ihn, aber gewisse Gedanken dürfen in seiner Gegenwart keinen Eintritt in ihr bewußtes Denken finden. Wenn dieser Lehrer sie verhört oder ihnen mißtraut, kommen Tränen leichter als Worte; ohne wahrnehmbare Ursache tritt ab und zu die nagende Angst ins Bewußtsein, sie könnten die glückliche Sicherheit, die sie in seiner Gegenwart fühlen, wieder verlieren.

Erklärung: Diese Kinder lieben ihren Lehrer, aber dies ist nicht alles, was geschieht. Ihre Liebe ist von der Art, die zur Identifizierung führt. Es wäre absurd, zu behaupten, daß sie wie ihr Lehrer sein wollen; sie wollen sich aber so benehmen, daß sie seine Anerkennung erlangen.

Formel: Diese Kinder werden zur Gruppe, weil sie das »Über-Ich« (»Gewissen«) der zentralen Person internalisieren. Aufgrund dieser Ähnlichkeit miteinander entwickeln sie Gruppengefühle untereinander.

4.2 Typus 2: »Der Führer« (*The leader*)

Beispiel: Die Jungen dieser Gruppe stehen im Alter von fünfzehn bis siebzehn Jahren. Die meisten der Jungen sind weit über die Vorpubertät hinaus – nahe daran, aus der frühen Pubertät in die spätere Pubertät überzutreten. Ihr Lehrer ist – oder wirkt – sehr jung. Er hat ein anziehendes Äußeres. Er ist etwas jugendlich (aber nicht unangenehm!) in seinen Ansichten und seinem Verhalten. Er repräsentiert ebenfalls »Arbeit und Disziplin«, und es gelingt ihm, seine Schüler ohne starken äußeren Druck dazu anzuhalten. Die Basis, auf der er sie dazu bringt, seine Autorität anzuerkennen, ist jedoch eine etwas andere. Er unterscheidet sich vom »Patriarchen« hauptsächlich dadurch, daß er die Triebregungen der Kinder durchaus nachfühlen kann. Diese sind sich dessen klar bewußt. Er spielt in seinem Unterricht eine Doppelrolle. In seinem eigenen Über-Ich hat er sich mit der Ordnung und den Forderungen der Schule, die er repräsentiert, identifiziert; er ist sich jedoch der triebhaften Bedürfnisse der Kinder voll bewußt. Um beides zu verbinden, muß er eine beachtenswerte methodische Geschicklichkeit entwickeln. Gelingt es ihm, dann erreicht er, daß sich die Klasse sicher und glücklich fühlt; mißlingt es, fürchten sich die Kinder entweder vor ihm oder vor ihren eigenen Triebregungen. Sie bewundern ihn, sie akzeptieren jedoch auch, was er vertritt, ohne viel zu fragen. Der Junge, der sich schlecht aufführt, ist nicht die größte Gefahr für das emotionale Gleichgewicht dieser Gruppe. Er ruft bei den anderen eher moralisches Mitleid als Empörung hervor. Die Gefahr liegt bei demjenigen Jungen, der versucht, beim Lehrer eine stärkere emotionale Gegenreaktion auszulösen als die übrigen Kinder, während er weniger bereit ist als sie, dafür mit gewissenhafter Arbeit zu bezahlen. Er wird von den anderen gehaßt und verachtet. Ein einzelner Jugendlicher aus dieser Gruppe, der das Gefühl hat, vom Lehrer negativ betrachtet zu werden, ist eher unglücklich als verängstigt. Unerlaubte Gedanken und Handlungen können noch immer gebeichtet werden. Verstanden und akzeptiert zu werden, ist die Mindestvoraussetzung für eine glückliche Gruppe in dieser Klasse.

Erklärung: Eine zentrale Person dieser Art wendet sich sowohl an die Liebesgefühle als auch an die narzißtischen Tendenzen im Kinde. Es kann jedoch kaum behauptet werden, daß die Kinder den Lehrer an die Stelle ihres »Gewissens« setzen. Sie nehmen ihn eher in denjenigen Teil ihres Über-Ichs auf, der gewöhnlich das »Ich-Ideal« genannt wird; das bedeutet, daß sie zu wünschen beginnen, »wie ihr Lehrer zu werden«.

Formel: Die Kinder werden zur Gruppe, weil sie die Persönlichkeit des Lehrers ihrem Ich-Ideal einverleiben. Aufgrund dieser Ähnlichkeit entwickeln sie untereinander Gruppengefühle. Diese Formel fällt nahezu mit jener in Freuds »Massenpsychologie und Ich-Analyse« zusammen.

4.3 Typus 3: »Der Tyrann« (*The tyrant*)

Beispiel: Hier handelt es sich um eine Klasse von etwa Zehnjährigen, knapp vor Eintritt in die Vorpubertät. Sie stehen unter der Aufsicht eines älteren oder in den mittleren Jahren stehenden Lehrers, der den Lehrberuf unter anderem aus einem oder beiden der folgenden Gründe ergriffen hat: Er muß zwanghaft ein bestimmtes Muster von »Disziplin« den Kindern abverlangen, weil dies die einzige Möglichkeit für ihn ist, einigen Forderungen seiner eigenen Eltern gegenüber späten Gehorsam zu beweisen; oder seine intensivsten Triebbefriedigungen liegen in der sadistischen Richtung, und er muß die Kinder als Objekte für diesen Zweck benutzen. Dieser Lehrer »repräsentiert« nichts, sondern er muß ständig irgendeine kapriziöste Form von »Ordnung« und »Disziplin« aufzwingen. Er wird sich auch nicht damit zufrieden geben, dies im stillen zu tun. Er bedarf einer lärmenden Maschinerie besonderer Kunstgriffe, Regeln und Rachemethoden. Auch seine Auffassung von Disziplin wird von der zwanghaftesten, unrealistischsten Art sein; die Durchführung geschieht in einer dem Wesen des Kindes nicht im mindesten gerecht werdenden Weise. Kurz gesagt, dieser Klasse steht ein »regelrechter Tyrann« vor. Die Alltagspsychologie könnte erwarten lassen, daß die Kinder diesen Lehrer hassen und ihn bekämpfen, soweit sie es wagen und tatsächlich tritt dies in einigen Fällen ein, die ich später beschreiben werde. Die vollkommen anders geartete Reaktion der Kinder ist erstaunlich. Sie unterwerfen sich ohne Schwierigkeiten. Sie rebellieren weniger heftig gegen die dumme Pedanterie dieses Tyrannen als andere Gruppen gegen die vernünftigen Forderungen eines geliebten Lehrers. Sie unterwerfen sich auch nicht nur zeitweilig. Was sie zeigen, ist »Identifizierung«. Wie stark ist diese Identifizierung? Dies zeigt sich an dem Jungen, der es wagt, in einer solchen Klasse zu rebellieren. Er erlebt eine schwierige Zeit. Jeder ist gegen ihn: der Lehrer, die anderen Kinder und er selbst. Die anderen zeigen Zeichen tiefer moralischer Entrüstung und beginnen schließlich dieses Kind zu fürchten.

Ein Unterschied scheint jedoch offensichtlich. Die emotionalen Bindungen, die diese Kinder untereinander herstellen, scheinen weniger stark als bei den anderen Beispielen. Kinder in solchen Klassen entwickeln wenig »Kameradschaft« und unterscheiden sich dadurch von jenen, die ihren Lehrer hassen, ohne sich mit ihm zu identifizieren; sie scheinen einander zu fürchten und zu mißtrauen. Sie scheinen zu befürchten, daß allzuviel Intimität die erfolgreiche Verdrängung ihrer Feindseligkeit gefährden und sie zu der Erkenntnis zwingen könnte, daß sie Feiglinge sind.

Erklärung: Zweifellos ist die Identifizierung dieser Kinder mit ihrem Lehrer echt. Er ist die zentrale Person für diese Gruppe. Zum Unterschied von den beiden vorher angeführten Beispielen geschieht hier die Identifizierung aber aus einem anderen Motiv heraus. Nicht Liebe veranlaßt die Kinder, sich zu identifizieren, sondern Angst. Selbstverständlich führt nicht jede Angst zur Identifizierung; bei dem eben beschriebenen Typus ist dies jedoch der Fall.

Formel: Diese Kinder introjizieren das Über-Ich der zentralen Person durch Identifizierung, die eine Folge ihrer »Angst vor dem Aggressor« ist, und stellen auf dieser Basis Gruppenemotionen zueinander her.

4.4 Typus 4: »Die zentrale Person als Liebesobjekt« *(Love object)*

Freud führt ein Beispiel der Gruppenbildung an, das er vom Typus des Führertums ausnimmt. In das von mir eingeführte erweiterte Konzept von der zentralen Person paßt es jedoch hinein. »Man denke an die Schar von schwärmerisch verliebten Frauen und Mädchen, die den Sänger oder Pianisten nach seiner Produktion umdrängen. Gewiß läge es jeder

Gruppenemotionen und Führerschaft

von ihnen nahe, auf die andere eifersüchtig zu sein, allein angesichts ihrer Anzahl und der damit verbundenen Unmöglichkeit, das Ziel ihrer Verliebtheit zu erreichen, verzichten sie darauf, und anstatt sich gegenseitig die Haare auszuraufen, handeln sie wie eine einheitliche Masse, huldigen dem Gefeierten in gemeinsamen Aktionen und wären etwa froh, sich seinen Lockenschmuck zu teilen.«[1]

Das Klassenzimmer liefert zwei ähnliche Beispiele zur Erläuterung.

Beispiel 1: Hier handelt es sich um eine Gruppe von Sechzehnjährigen in einer Klasse einer höheren Mädchenschule. Sie unterstehen einem Lehrer, jung, attraktiv, aber so narzißtisch, daß die Mädchen von Anfang an sexuell nicht allzusehr geängstigt werden. Es ist bekannt, daß sich in manchen dieser Fälle die ganze Klasse in ihn »verliebt«. Von diesem Augenblick an werden die Mädchen – ähnlich wie in Freuds Beispiel – in vielerlei Hinsicht als Gruppe handeln. Trotz des Verliebtseins der Mädchen in den Lehrer wäre es nicht erstaunlich, wenn er sich beklagte, daß er Disziplinschwierigkeiten habe, daß die Mädchen ihm nicht gehorchten und ohne Druck nicht auf seine Wünsche reagierten. Es scheint, daß diese Art des »Verliebtseins« in die zentrale Person nicht zur Identifizierung führt, wie bei Typus 2 beschrieben.

Beispiel 2: In einer gemischten Klasse von etwa Sechzehnjährigen befindet sich ein besonders hübsches, ziemlich narzißtisches Mädchen. In derartigen Situationen findet man häufig eine ganze Schar von Jungen, die das Mädchen auf verschiedene Weise bewundern und anhimmeln, die aber hinsichtlich ihres Wunsches nach alleinigem Besitz alle gleich erfolglos bleiben. Das Mädchen hat eine besondere Geschicklichkeit darin, sie alle in gleichem Abstand und dennoch gleich nahe zu halten. Manchmal wird man Symptome enger Gruppenbildung bei diesen Jungen beobachten können. Sie scheinen einander sehr nahezustehen, und doch ist ihre Beziehung keine echte Freundschaft. Sie beruht auf gruppenemotionaler Basis. Dies wird deutlich, wenn sich das Mädchen schließlich für einen der Bewerber entscheidet. Die anderen Jungen beginnen ihn als Rivalen zu hassen, vielleicht mit Ausnahme von einem oder zwei unter ihnen, die sich dem erfolgreichen Kollegen sogar enger anschließen und so manche Befriedigungen, die ihnen versagt sind, durch den Mechanismus des altruistischen Zugeständnisses erfahren können.

Erklärung: Es besteht kein Zweifel darüber, daß die gruppenemotionalen Symptome echt sind und daß der Lehrer in Beispiel 1 und das Mädchen in Beispiel 2 die Rolle der zentralen Person spielen, ohne deren Gegenwart diese Art des gruppenbildenden Prozesses nicht eingeleitet worden wäre. Es ist jedoch auch offensichtlich, daß diese zentralen Personen nicht als »Führer« bezeichnet werden können, selbst wenn man alle Auslegungen dieses Begriffes in Betracht zieht. Die Kinder identifizieren sich nicht mit ihnen. Sie internalisieren auch nicht die Lebensauffassung der zentralen Person. Diese verbleibt »außerhalb«, ruft aber das Auftreten gruppenemotionaler Symptome bei den Kindern hervor.

Formel: Die Kinder wählen ein und dieselbe Person als Liebesobjekt, und aufgrund dieser Ähnlichkeit entwickeln sie untereinander Gruppenemotionen.

4.5 Typus 5: »Die zentrale Person als Objekt von Aggressionstrieben« (*The central person as object of aggressive drives*)

Beispiel 1: Ein Lehrertyp, der dem unter der Überschrift »Tyrann« beschriebenen ähnelt, ist in seinem Sadismus weniger intensiv, in seinen übrigen Persönlichkeitszügen weniger überlegen. Er unterrichtet eine Gruppe ziemlich schwieriger Jugendlicher, in einer Schulumgebung, die durch ein althergebrachtes System von einschränkenden Vorschriften so gut organisiert ist, daß niemand es wagt, zu rebellieren, weil dies zwecklos wäre. Die Kinder gehorchen dem Lehrer unter ständigem Druck; sie benehmen sich gerade so gut, daß sie nicht in Schwierigkeiten geraten, aber dies geschieht mit innerem Groll. Sie identifizieren sich weder mit dem Lehrer noch mit dem, was er repräsentiert. Ihre Beziehung zu ihm ist – möglicherweise mit Ausnahme eines Feiglings in der Klasse – intensiver Haß, aufgespeicherte Aggression, die nur durch die Realitätseinsicht der Schüler nicht zur Explosion gelangt. Und doch werden, obwohl sie sich nicht mit dem Lehrer identifizieren, die Gefühle, die sie untereinander entwickeln, wirklich positiv und stark sein. Die Kameradschaft, die solche Kinder zeigen, ist enorm, viel größer als in irgendeiner der anderen Gruppen. Wer es wagt, sich mit dem gehaßten Unterdrücker zu identifizieren, ist ein Ausgestoßener, und die übrige Klasse wäre bereit, ihn zu lynchen. Das Gefühl ihm gegenüber ist das einer moralischen Entrüstung »von unten«, um einen Ausdruck Nietzsches zu gebrauchen.

Beispiel 2: Hier handelt es sich um eine Gruppe von Kindern, die keine besondere Gruppenstruktur entwickelt haben. Ihnen steht niemand mit genügend ausgeprägter Persönlichkeit vor, so daß keine der vorher angeführten Arten der Gruppenbildung eintritt. Plötzlich tritt ein neues Kind in die Klasse ein, das sich von den übrigen durch seine freimütige Art unterscheidet. Dieser »Neue« ist besonders narzißtisch, herausfordernd, hochmütig und ungeschickt darin, mit den Schwächen anderer umzugehen. Die Aggression jedes einzelnen richtet sich sofort gegen ihn. Gleichzeitig kann man beobachten, daß sein Eintritt in die Klasse gruppenbildende Prozesse indirekt beeinflußt hat. Die Kinder schließen sich enger zusammen; ihre gemeinsame Aggression gegen ihn scheint sie aneinander zu binden, und sie werden einer Gruppe ähnlicher, als sie es je zuvor waren.

Erklärung: Der »Neue« kann nicht als »Führer« bezeichnet werden. Die anderen lieben ihn nicht und identifizieren sich auch nicht mit ihm. Sie verhalten sich ganz gegenteilig, und doch wird er anscheinend der Brennpunkt der gruppenbildenden Vorgänge, ebenso wie der Lehrer in Beispiel 1.

Formel: Die Kinder wählen ein und dieselbe Person zum Objekt ihrer Aggressionstriebe und entwickeln aufgrund dieser Ähnlichkeit Gruppenemotionen untereinander.

4.6 Typus 6: »Der Organisator« (*The organizer*)

Beispiel: In einer Klasse von etwa dreizehnjährigen Jungen befinden sich fünf, für die das Vergnügen einer heimlich gerauchten Zigarette ein Symbol ihrer Erwachsenheit ist. Dabei haben sie alle die größte Mühe, sich Zigaretten zu beschaffen. Sie haben weder das Geld noch den Mut, sie zu kaufen, und auch nicht die Frechheit, sie ihren Vätern zu stehlen. Die Revolte der Vorpubertät gegen die Auffassung der Erwachsenen vom braven Kind ist noch nicht weit genug fortgeschritten. Ein Neuer, für den das Rauchen kein großes Problem ist, tritt in die Klasse ein. Er lädt die anderen zu diesem Unterfangen nicht ein, stiftet sie nicht an und ermutigt sie auch nicht. Sie wissen alle, daß er ihnen die ersehnten Zigaretten verschaffen kann, wenn sie ihn darum bitten. Ich habe Fälle gesehen, wo kaum ein anderer Faktor beteiligt war. Die Jungen liebten und bewunderten diesen Jungen nicht, im Gegenteil, sie blickten eher auf ihn als sozial Unterlegenen herab. Sie fürchteten ihn nicht, und er übte auch keinen direkten oder indirekten Druck auf sie aus. Und doch entwickelten sie sich – durch die bloße Tatsache, daß er ihnen die Zigaretten verschaffte – plötzlich zu einer Gruppe, die aufgrund der Teilnahme am verbotenen Vergnügen zusammenhielt.

Erklärung: Vielleicht erscheint dieses Beispiel komplizierter und weniger glaubhaft als die anderen, da man nicht gewohnt ist, die Funktion des Organisators isoliert zu sehen. Gewöhnlich ist sie mit anderen Rollen gekoppelt, die die zentrale Person für die Mitglieder einer potentiellen Gruppe spielt. Obwohl es nicht viele deutliche Beispiele für diesen Typus gibt, können diese nicht auf irgendeinen der anderen Typen zurückgeführt werden, da weder Liebe noch Haß noch Identifizierung beteiligt sind.

Formel: Die zentrale Person leistet dem Ich der potentiellen Gruppenmitglieder einen wichtigen Dienst. Dies geschieht dadurch, daß sie die Mittel für die Befriedigung gemeinsamer unerlaubter Triebe beschafft und so Schuldgefühle, Ängste und Konflikte verhindert, die sonst aus dieser Angelegenheit erwachsen wären. Auf der Basis dieses Dienstes können sich die latenten unerlaubten Triebe der Jungen offen zeigen. Durch die gemeinsame Konfliktlösung entwickeln sich Gruppenemotionen in der interpersonalen Situation.

4.7 Typus 7: »Der Verführer« (*The seducer*)

Beispiel 1: Aus einer Gruppe von dreizehnjährigen Jungen wurden sechs, die gemeinsam masturbiert hatten, aufgegriffen. Die erste oberflächliche Untersuchung durch die Schulbehörden ergab eine anscheinend ungleiche Beteiligung. Einige waren Zuschauer, gegenseitige Aktivität fand nicht statt; alle stimmten darin überein, daß einer von ihnen der »Anführer« der Bande war. Nach gründlicher Untersuchung zeigte sich folgende Situation. Der offensichtlich »Schuldige« betätigte sich am »aktivsten«. Er war es, der »als erster anfing«. Seine Aktivität richtete sich jedoch überhaupt nicht darauf, die anderen zu ermutigen, sich ihm zuzugesellen oder es ihm gleichzutun. Er war etwas weiterentwickelt als irgendeiner der übrigen; er masturbierte zu Hause ungehemmt und ohne besondere Schuldgefühle. Für ihn bedeutete die Masturbation etwas ganz anderes als für sie, und er benötigte die Gruppe vom Standpunkt der sexuellen Befriedigung auch nicht. Für ihn bedeutete die Gruppensituation nichts außer Prestigegewinn. Er war nicht homosexuell in der üblichen Bedeutung des Wortes; noch erstaunlicher ist vielleicht die Tatsache, daß ihn die anderen weder besonders liebten noch fürchteten. Sie waren ihrer Angst vor sexueller Neugier genügend Herr geworden, um den ersten Schritt zu aktiven Experimenten auf einer ganz und gar prägenitalen Stufe zu tun. Sie hätten dies allein vielleicht nicht getan, da sie sich in diesem Falle deswegen schuldig gefühlt hätten. Sie verwendeten in der Tat diesen Jungen zum

Gruppenemotionen und Führerschaft

Zwecke der »Verführung«. Sie brauchten ihn, und die Gruppensituation machte es ihnen möglich, ihre Hemmungen zu überwinden. Erst nachdem er »als erster angefangen« hatte, waren sie bereit und fähig, teilzunehmen.

Beispiel 2: Eine Klasse von Fünfzehnjährigen, die am Ende des Vormittagsunterrichtes in sehr lebhafter Stimmung ist, wartet auf die Ankunft des Lehrers. Er hat sich etwas verspätet. Er ist ein »Führer«-Typ mit leicht patriarchalischen Tendenzen. Es ist Prüfungszeit, und in den letzten Tagen waren Spannungen und Unzufriedenheit in starkem Ausmaß vorhanden. Die Beziehung zwischen Schülern und Lehrer war ziemlich gespannt. Der Lehrer betritt nunmehr die Klasse. Wie von ihnen erwartet wird, erheben sich die Kinder von den Plätzen. Plötzlich beginnt ein Junge, der von den übrigen weder besonders geliebt, respektiert oder gefürchtet wird, ein aggressives Geschrei, viel rebellischer, als man es erwartet hätte, besonders diesem Lehrer gegenüber. Ein Augenblick des Staunens vergeht. Bevor der Lehrer seine Reaktion zeigen kann, stimmen die übrigen Kinder ein. Die ganze Klasse befindet sich in Aufruhr, viel intensiver, als irgendeines der Kinder später »verstehen« kann.

Erklärung: Beide Beispiele stellen zweifellos eine Gruppenbildung durch die Existenz einer zentralen Person dar. In beiden Fällen hatten die Mitglieder der entstehenden Gruppe schon vor Einsetzen des gruppenbildenden Prozesses viel gemeinsam. Es ist auch offensichtlich, daß sie nicht anfingen, bevor die zentrale Person die »erste Handlung« vollbracht hatte. Anscheinend wurden die gruppenemotionalen Reaktionen durch die Tatsache herausgefordert, daß die zentrale Person eine »auslösende« Handlung beging. Durch diese Handlung wurde für die anderen die Befriedigung unerlaubter Triebe möglich, die sie sonst nicht offen ausgedrückt hätten. Diese Auffassung von der »auslösenden Handlung« ist keine Erfindung, sondern die Beschreibung eines Vorganges, der so häufig in der Schule und auch unter Erwachsenen beobachtet wird, daß es keines Beweises bedarf.

Was sich in diesen Kindern abspielte, ist folgendes: Es handelt sich um eine starke Zunahme der Intensität unerlaubter Triebe (»Sexualität« in Beispiel 1, »Aggressionen« in Beispiel 2). Das persönliche Über-Ich der Kinder bleibt stark genug, um jede Möglichkeit des Offenbarwerdens der Triebe zu unterdrücken. Das Ich der Kinder ist in einer schwierigen Lage. Gleich stark durch die unterdrückten Triebe und die Forderungen des Über-Ichs bedrängt, weiß es nicht, was es tun soll. Angst und Unbehagen sind die üblichen emotionalen Begleitumstände solcher Störungen.

Und auf einer solchen Situation scheint die Wirkung einer auslösenden Handlung zu beruhen.

Formel: Die zentrale Person erweist dem Ich der potentiellen Gruppenmitglieder einen »Dienst«. Dies geschieht dadurch, daß sie die »auslösende Handlung« ausführt und damit Schuldgefühle, Ängste und Konflikte verhindert. Aufgrund dieses Dienstes werden die latenten Triebe dieser Kinder frei. Infolge der gemeinsamen Konfliktlösung entwickeln sie Gruppenemotionen.

4.8 Typus 8: »Der Held« (*The hero*)

Beispiel: Es handelt sich hier um die unter Typus 3 beschriebene »Tyrannen«-Gruppe, in der alle Kinder sich mit ihrem Unterdrücker voll identifizieren, aber jetzt zu einem späteren Zeitpunkt. Die Kinder haben sich weiter in der Richtung der vorpubertären Rebellion entwickelt. Ihre Realitätseinsicht beginnt bei wichtigen Entscheidungen zu schwinden; genügend eingeschüchtert, behalten sie jedoch ihre defensive Identifizierung gegenüber aufrührerischen Wünschen noch bei. Der Tyrann beginnt nunmehr bedauerliche Fehler zu machen. Er macht zum Beispiel ein Kind zum bevorzugten Objekt seines Sadismus und verfolgt es immer beharrlicher. Die anderen bemitleiden dieses Kind beinahe. Mitleid würde jedoch eine Kritik an ihrem Tyrannen einschließen, und diese würde dazu führen, ihre eigenen, gefährlich aufrührerischen Gefühle ihm gegenüber neu aufleben zu lassen. Daher klammern sie sich, so eng sie nur können, an ihre schützende Identifizierung mit dem Unterdrücker. Ein Junge aus dieser Gruppe besitzt jedoch mehr Mut. Irgendein Umstand aus seiner Vorgeschichte macht ihn weniger widerstandsfähig – oder seine Einsicht den wirklichen Gefahren der Rebellion gegenüber schwindet vielleicht schneller. Auf jeden Fall ist es ihm eines Tages nicht mehr möglich, den Angriff des Lehrers auf sein Opfer zu ertragen. Er verteidigt seinen Klassenkameraden und wird als draufgängerisch und tollkühn angesehen. Der ganzen Klasse bleibt vor Erstaunen die Luft weg. Sie erwartet, daß etwas Entsetzliches eintreten wird. Sicherlich wird der Lehrer das betreffende Kind umbringen, oder ein Blitz wird aus heiterem Himmel einschlagen. Aber kein rächender Blitzstrahl kommt herab, um die Rebellion zu unterdrücken. Der Lehrer ist offensichtlich zu erstaunt und für einen Augenblick zu erschrocken, als daß er wüßte, wie er sich verhalten soll. Wenn dann seine Wut hervorbricht, ist es bereits zu spät. Der »Held« hat sein Wunder vollbracht. Alle Kinder haben – zumindest im geheimen – ihre Gefühle geändert. Sie bewundern den Helden nunmehr und beginnen sogar, sich mit ihm zu identifizieren. Er erhält seine Strafe, bleibt jedoch siegreich.

Erklärung: Die Situation ist der vorher beschriebenen ziemlich ähnlich, die Ereignisse bewegen sich jedoch nun in der entgegengesetzten Richtung. Die Jungen leiden in ähnlicher Weise durch eine Menge unterdrückter Tendenzen – wie berechtigte Rebellion zugunsten ihres leidenden Kameraden –, sie fürchten jedoch zu sehr die realen Folgen solcher Gefühle. Ihre persönliche Feigheit hindert sie daran, das zu unternehmen, was sie zwar für richtig halten, was aber für sie schreckliche Folgen haben könnte. Wiederum vollzieht der Held die »auslösende Handlung«. Aufgrund seines Mutbeweises werfen auch die anderen ihre Ängste ab und wagen es – wenn schon nicht in der Tat, so doch wenigstens gefühlsmäßig –, das zu erleben, wonach ihr eigener Gerechtigkeitssinn schon lange verlangt hatte.

Formel: Die zentrale Person erweist dem Ich der potentiellen Gruppenmitglieder einen Dienst. Dies geschieht dadurch, daß sie die »auslösende Handlung« vollzieht und ihnen so Ängste und Konflikte erspart. Die »auslösende Handlung« führt hier jedoch in die Richtung moralischer Werte gegenüber feigem Selbstschutz. Durch diesen Dienst werden die unerwünschten Tendenzen nach feiger Unterwerfung in den Kindern besiegt. Durch diese gemeinsame Konfliktlösung werden gruppenpsychologische Emotionen hervorgerufen.

4.9 Typus 9: »Der schlechte Einfluß« (*The bad influence*)

In vielen Klassen gibt es Kinder, die von allen Lehrern, den Eltern und auch den anderen Kindern als »unerwünschte Elemente« betrachtet werden. Und doch kann man sie kaum des »schlechten Einflusses« beschuldigen. Meistens sind die gegen sie erhobenen Anschuldigungen unklar, es wird jedoch angenommen, daß ihre bloße Gegenwart im Klassenzimmer einen schlechten Einfluß auf die anderen ausübe, »das Schlechteste in ihnen wachruft«. Und doch käme man in Verlegenheit, sollte man sagen, wie sie dies tun. Die Beschuldigungen, die gegen sie erhoben werden, müssen oft zurückgezogen werden, weil tatsächlich keine endgültige Grundlage hierfür besteht. Nichts kann bewiesen werden. Wie zugegeben wird, sind diese Kinder oft nicht so schwer zu behandeln; sie selbst sind besser als der Einfluß, den sie angeblich auf andere ausüben. Im Grunde genommen gleicht dies der Beschuldigung, durch »Magie« verführt zu haben. Zunächst hat es den Anschein, daß es absurd sei, zu glauben, daß etwas in diesen Kindern ansteckend sei, und doch ist diese Ansicht zutreffend. Der Hintergrund für die erhobenen Anschuldigungen trifft meist zu. Diese Kinder beeinflussen die anderen nicht offen – sehr zum Unterschied vom Typus des »Verführers« –, sondern durch ihre bloße Anwesenheit im gleichen Zimmer geschieht etwas mit den Kindern, was sie unruhig macht, ihnen »schmutzige« Gedanken einflößt oder es vielleicht auch nur schwierig macht, sie zu handhaben. Wodurch wird dies hervorgerufen?

Beispiel: In der Biologiestunde wird vor einer Klasse von Elfjährigen ein Wort erwähnt, das jene, die »Bescheid wissen«, an eine sexuelle Situation erinnert. Über ein Dutzend Schüler sind mit Assoziationen dieser Art beschäftigt. Wenn das Wort erwähnt wird, schauen sie alle auf einen Jungen und dann sich gegenseitig an; sie grinsen; er grinst zurück. Das Klassenzimmer ist in diesem Augenblick in zwei Teile geteilt. Die Fäden dieser kleinen Clique sind wie ein Netz darin gespannt. Am nächsten Tag ereignet sich eine fast identische Situation. Der betreffende Junge ist jedoch zufällig abwesend. Nichts geschieht. Die Kinder stellen keineswegs die gleiche Assoziation wie am Vortag her. Die kleine »Bande« bleibt in der Gruppe untergetaucht.

Erklärung: Dieser Typus ist dem des »Verführers« sehr ähnlich, der Unterschied liegt jedoch in der Technik, welche bei der Verführung angewandt wird. Hier liegt nichts der »auslösenden Handlung« Ähnliches vor. Die Erklärung muß auf eine eher beschreibende Feststellung beschränkt werden, um aufzuzeigen, wie der »schlechte Einfluß« wirkt. Die dynamische Erklärung kann erst später in Betracht gezogen werden. Da die innere Konstellation der Mitglieder einer potentiellen Gruppe ähnlich der beim »Verführer«-Typus beschriebenen ist, kann offenbar gesagt werden, daß diese Kinder eine Menge »unerlaubter Triebe« aufweisen, die nach Ausdruck suchen; ihr Über-Ich ist aber Herr der Lage, so daß eine Befriedigung dieser »unerlaubten Triebe« unmöglich wäre, ohne daß als Strafe Reue und Angst folgten; das »Ich« dieser Kinder befindet sich also in einer argen »Zwickmühle«, hin- und hergerissen zwischen den andrängenden Trieben und den Forderungen eines starken Über-Ichs.

Die innere Konstellation der zentralen Person vom »Schlechten-Einfluß«-Typ unterscheidet sich von jenen der Gruppenmitglieder. Ihre Triebe, die in dieselbe Richtung gehen, lösen bei ihr keine Konflikte und Probleme aus. Sie sieht ihnen ins Auge und macht sich nichts daraus. Daß die anderen diesen Umstand bemerken, scheint genug Ermutigung für sie zu sein, das auszudrücken, was sie gerade noch zu unterdrücken gesucht hatten. Wir dürfen also einen Prozeß zugrunde legen, der am besten dadurch beschrieben werden kann, daß man sagt, die »konfliktlose« Persönlichkeitskonstellation habe eine ansteckende Wirkung auf die »konfliktbelastete«, wann und wo immer diese zusammentreffen. Diese Beschreibung einer Tatsache, die leicht beobachtet werden kann, trägt an und für sich noch nichts zum Verständnis des Vorganges bei. Sie genügt jedoch, um die gruppenbildenden Prozesse in den vorliegenden Fällen zu erklären. Es ist sehr wichtig zu erkennen, daß diese Beispiele sogenannten »schlechten Einflusses« gewöhnlich gruppenpsychologische Vorgänge sind.

Formel: Die zentrale Person erweist dem Ich der potentiellen Gruppenmitglieder einen Dienst. Dies geschieht durch die »ansteckende Wirkung der konfliktlosen Persönlichkeitskonstellation auf die konfliktbelastete«. Dadurch bewahrt die zentrale Person die Mitglieder vor Schuldgefühlen, Ängsten und Konflikten. Aufgrund dieses Dienstes können sich die latenten unerlaubten Triebe der Kinder zeigen. Durch die gemeinsame Konfliktlösung entwickeln sie Gruppenemotionen in Beziehung aufeinander.

4.10 Typus 10: »Das gute Beispiel« (*The good example*)

Beispiel: Die im zuletzt angeführten Beispiel erwähnte Klasse enthält eine weitere Gruppe von Jungen, die sich sogar noch enger als die unerwünschten Elemente zu einer »Bande« zusammenschließen. Trotzdem würde der Lehrer zögern, sie einfach als »Bande« oder nur als Gruppe zu bezeichnen. Sie sind eben eine Schar sehr guter Freunde, wie er sagen würde. Und doch ist einer von ihnen der offensichtliche Mittelpunkt und hat einen »wunderbaren Einfluß« auf die übrigen. Sie sind viel netter, wenn er dabei ist. Wenn man weiter in den Lehrer dränge, könnte er kaum erklären, wie es dem Jungen gelingt, die anderen zu beeinflussen, denn er tut offenbar nichts dazu. Wenn man diese Gruppe einer näheren Betrachtung unterzieht, entdeckt man folgende Situation. Die Kinder sind nicht »Freunde« in der persönlichen Bedeutung dieses Wortes. Alle sind in dem Stadium, wo sie ihre Neugier hinsichtlich verschiedener Dinge ängstigt, da deren Befriedigung Schuldgefühle wecken würde. Dieser Junge jedoch ist von jedem unerlaubten Gedanken und jeder unerlaubten Handlung weit entfernt.

Erklärung: Die innere Konstellation der Mitglieder der potentiellen Gruppe weist eine Anzahl unerlaubter Triebe auf, die nach Ausdruck suchen; das Über-Ich ist entschieden dagegen, aber kaum in der Lage, seine

Position lange zu halten, und das Ich ist in einer »Zwickmühle«, wie es in einer solchen Situation das Gleichgewicht halten soll. Die innere Konstellation des zentralen Jungen bei dieser Situation enthält keinen derartigen Konflikt. Die bloße Vorstellung, in seiner Gegenwart unerlaubte Gedanken zu äußern, ist unmöglich. So schließt sich daher die Gruppe näher an ihn an; in seiner Gegenwart fühlen sich die anderen sicher. Was sie fürchten, sind ihre eigenen Triebe; was sie suchen, ist eine Stütze für ihr gefährdetes Über-Ich. Die Situation ist jener im Beispiel des »schlechten Einflusses« genau entgegengesetzt.

Formel: Die zentrale Person erweist dem Ich der potentiellen Gruppenmitglieder einen Dienst. Dies geschieht durch die ansteckende Wirkung der konfliktfreien Persönlichkeitskonstellation auf die konfliktbelastete. Die zentrale Person bewahrt somit die übrigen davor, ihren eigenen Trieben, die sie fürchten, ins Auge schauen zu müssen, und bewahrt sie vor den daraus resultierenden Konflikten. In diesem Falle führt die Lösung jedoch in die Richtung moralischer Werte statt in jene unerlaubter Triebe. Aufgrund dieses Dienstes können die Kinder ihre unerlaubten Triebe entsprechend der Forderung ihres eigenen Über-Ichs unterdrücken. Durch diese gemeinsame Konfliktlösung entwickeln sie Gruppenemotionen zueinander.

4.11 Zusammenfassung

Kurz zusammengefaßt können diese zehn Typen in drei Hauptkategorien eingeteilt und tabellarisch geordnet werden. Einteilungsgesichtspunkt: die Rolle der zentralen Person im gruppenbildenden Prozeß.

I. Die zentrale Person als Objekt der Identifizierung
  1. auf der Grundlage von Liebe
    a. Einverleibung in das Gewissen . . . . Typus 1
    b. Einverleibung in das Ich-Ideal . . . . Typus 2
  2. auf der Grundlage von Angst
    Identifizierung mit dem Angreifer . . . . Typus 3

II. Die zentrale Person als Triebobjekt
  1. als Objekt von Liebestrieben . . . . Typus 4
  2. als Objekt von Aggressionstrieben . . . . Typus 5

III. Die zentrale Person als Stützung des Ichs
  1. durch Beschaffung der Mittel zur Triebbefriedigung . . Typus 6
  2. durch Lösung von Konfliktsituationen durch Schuld- und Angstbeschwichtigung

a. durch Ausführen des »auslösenden Handlung« im
Dienste der Triebbefriedigung . . . . Typus 7
b. und im Dienste der Triebabwehr . . . . . . Typus 8
c. durch die »ansteckende Wirkung der konfliktfreien
Persönlichkeitskonstellation auf die konfliktbelastete«
im Dienste der Triebbefriedigung . . . . . . Typus 9
d. und im Dienste der Triebabwehr . . . . . . Typus 10

5. Diskussion der zehn Typen

Die Beschreibung zehn verschiedener gruppenpsychologischer Verhaltensweisen unter der Überschrift »Typus« ist nicht als logisch zwingende Trennung zu betrachten. In Wirklichkeit handelt es sich nicht so sehr um starre Gruppen»typen« als um typische Trends bei gruppenbildenden Vorgängen. Vereinfachung und Kürzung mögen vielleicht dazu beigetragen haben, daß die Typen viel eindeutiger und ausschließlicher erscheinen, als dies geplant war. Diese zehn »Typen« sind nur Hilfskonzepte für Forschungszwecke. Ihre Anwendung auf Situationen des praktischen Lebens kann dazu beitragen, daß bestimmte Züge in diesen sichtbar werden, die sonst unentdeckt blieben. Dies ist alles, wozu sie gut sind. Nichts wäre falscher, als praktische Gruppenerfahrung in irgendeinen dieser Typen hineinpressen zu wollen, als ob die reale Gruppensituation eine klare Veranschaulichung für sie sein könnte.

Der Organisator einer Gruppe übt meistens auch Führer- oder Verführer-Funktionen aus und umgekehrt: es gibt kaum eine Führer-, Tyrannen-, oder Verführer-Situation, die nicht mit irgendeiner Organisationstätigkeit verbunden wäre. Es werden jedoch gewöhnlich Unterschiede hinsichtlich des Ausmaßes bestehen, in dem der eine oder andere Typus der zentralen Person ursprünglich oder sekundär gruppenbildend wirkt. Es kann auch der Fall sein, daß jemand damit beginnt, daß er Held, Verführer usw. ist, und aufgrund dieser Gruppenbildung kann er später in Führer-, Organisator- und andere Beziehungen treten oder sich völlig von der einen zur anderen Rolle wandeln. Dies scheint der Fall zu sein, wenn ein Mensch durch die »Helden«-Situation plötzlich zum Mittelpunkt wird und später auf dieser Grundlage ausgeprägtere Führerschaftsfunktionen für seine Gruppe entwickelt.

Bei der Aufstellung der »zehn Typen« als Hilfsbegriffen für die Forschung wurde das Problem ihrer Anwendung auf historische, politische und erzieherische Realität außer acht gelassen. Die Beschäftigung mit diesem Problem ist sicherlich sehr verlockend. Denn zweifellos wäre es interessant, festzustellen, welche Art der Gruppenbildung – oder welche Mischung – in einer bestimmten kulturellen Situation, in einer bestimmten historischen Zeit, oder an einem bestimmten sozialen, nationalen oder ethnischen Ort häufiger vertreten ist.

Manche sogenannte »Banden«-Situation z. B. (Typus 7) kann sich bei näherer Untersuchung als viel eher dem Führerschaftstypus (Typus 2) zugehörig erweisen; sie sah nur aufgrund der Lebensauffassung des beurteilenden Lehrers so unerfreulich aus. So manche Gruppe, die stolz erklärt, an das »Führer«-Ideal zu glauben, erweist sich bei näherer Betrachtung bloß als eine Schar Verwahrloster, die unter dem Schutze eines Verführers, welcher sich aus Gründen der Verstellung den Führertitel zulegt, ihre zerstörerischen Triebe rücksichtslos befriedigt. Es wäre gleich irreführend, Erziehungsgruppen nach dem Namen des politischen Systems beurteilen zu wollen, unter welchem sie gebildet werden. So würde sich z. B. bald herausstellen, daß der Gedanke, alle Schulklassen in einem demokratischen Staat seien frei von den Zügen der patriarchalischen oder matriarchalischen Herrscheratmosphäre, eine Illusion ist, wenn man die Angelegenheit einer näheren Untersuchung unterwirft.

Es soll nicht einmal versucht werden, alles zu erwähnen, was sich in den die zehn Typen illustrierenden Gruppen abspielt. Nur einige der konstitutiven gruppenemotionalen Faktoren werden dargestellt. Das Problem hat noch eine zweite Seite, die wenigstens gleiche Beachtung verdient. Welche Art der Emotion wird in den Mitgliedern irgendeines dieser Typen von Gruppenbildung hervorgerufen, und besonders, welche Arten von Charakterzügen werden unter dem Druck eines von ihnen begünstigt oder behindert? Es scheint, daß Freud absichtlich diese Seite des Bildes außer acht gelassen hat. Er beschreibt das, was sich zwischen den Gruppenmitgliedern abspielt, als »Identifizierung in ihrem Ich«. Es besteht jedoch kein Zweifel darüber, daß sich diese Beschreibung nur auf die aufbauende Situation beziehen kann. Es ist offensichtlich, daß die Gruppenmitglieder aufgrund eben dieser Identifizierung auch neue gegenseitige Beziehungen entwickkeln. Was ist über diese zu sagen?

Die Gruppen, die einen Führer vom Typus 2 haben, werden sich mit der Gefahr der Eifersucht der Mitglieder untereinander als eines ihrer kritischsten Probleme auseinanderzusetzen haben. Denn wenn jedes Mitglied die zentrale Person so sehr liebt, daß sie aufgrund dieser Liebe eine starke Identifizierung herzustellen vermag, ist offensichtlich, daß die Probleme der geforderten Gegenliebe und der Rivalität zwischen den Gruppenmitgliedern auch zum Bilde gehören müssen. Die Entwicklung von Neid und Mißtrauen gegenüber den anderen Mitgliedern der Gruppe wird eines der in dieser Situation auftretenden Hindernisse sein. Die Gruppe, die sich um ein Aggressionsobjekt bildet (Typus 5), scheint freier von dieser Last zu sein. Der gemeinsame Haß gegen einen außenstehenden Feind verschlingt jede Aggressivität, die noch zwischen den einzelnen Gruppenmitgliedern bestehen könnte. Daher sehen – von außen betrachtet – derartige Gruppen viel »kameradschaftlicher«, viel verbundener aus als solche, die rein dem Führertyp angehören. Dies könnte sogar den Gedanken nahelegen, daß gemeinsamer Haß mehr verbindet als gemeinsame Liebe. Das wäre jedoch ein voreiliger Schluß. Es würde nämlich alles davon abhängen, was man unter »besser verbinden« versteht. Meint man die momentane Intensität des positiven Gefühls der Verbundenheit unter den Mitgliedern, so trifft obige Feststellung zu. Jede Erwartung jedoch, daß eine derartige plötzliche Verbundenheit bleibende Veränderungen in den interpersonalen Beziehungen der Mitglieder garantiere, würde enttäuscht werden. Die Vereinigung aufgrund gemeinsamer Aggressionen gegen einen außenstehenden Feind scheint nicht länger zu binden, als die offene Bedrohung von außen anhält. Sobald die Kampfsituation zu Ende ist, kann man sehen, daß derartige Gruppen in eine aggressive Jeder-gegen-Jeden-Haltung verfallen, es sei denn, es wären in der Zwischenzeit psychologische Bindungen anderer Art entstanden.

Während eine positive Anwendung meiner Typologie auf irgendeine tatsächliche politische oder historische Situation verfrüht erscheint, ist, glaube ich, folgende »negative« Schlußfolgerung bereits sehr wohl vertretbar. Das von mir entworfene Bild sollte uns höchst mißtrauisch sowohl gegenüber allen Versuchen eines gruppenpsychologischen »Mystizismus« machen wie auch gegenüber einem allzu naiven »Rationalismus«, und es könnte uns auch vor all dem warnen, was man als »psychiatrischen Individualismus« bezeichnen könnte.[2]

Die Theorie des »starken Mannes« z. B., die so häufig auch von höchst intelligenten Menschen vertreten wird, zielt darauf hin, die gruppenbildende Wirkung jedes politischen Führers durch seine »starke Persönlichkeit« zu erklären. Aufgrund meiner Untersuchungen konnte ich keine so einfache Lösung finden. Im Gegenteil, ich würde annehmen, daß die gruppenpsychologische Elastizität wirksamer ist als die Einseitigkeit des »starken Mannes«. Die Ziele Hitlers schienen beispielsweise durch seine Fähigkeit gefördert worden zu sein, aus mancherlei Gründen für verschiedene Gruppentypen zur »zentralen Person« zu werden. Es gibt bestimmte Anzeichen dafür, daß weite Kreise der eher reaktionären Bürokratie ihn zum »patriarchalischen Herrscher« erhoben – sehr zum Mißfallen der jüngeren Vertreter der Jugendbewegung. Für einige Führer der Jugendbewegung schien er die Rolle des echten Führers (Typus 2) zu spielen, wodurch die Tradition der asketischen und idealistischen Verherrlichung der Führeridee fortgesetzt wurde, die für die deutsche Jugendbewegung schon Jahrzehnte vor der Gründung der Hitler-Jugend charakteristisch und so stark gewesen war, daß sie sogar ausgesprochen anti-totalitären Bewegungen, wie der sozialistischen, eine Art »Führerschaftskult« aufnötigte. Für viele der aggressiveren SA-Leute schien der Führer oder sein Stellvertreter nicht die eben beschriebene Rolle der idealistischen Verherrlichung zu spielen, sondern eher die des Verführers, der die aggressive und zerstörerische Handlung und die Befriedigung sadistischer Impulse durch sein Können in der schuldbefreienden Magie ermöglichte. Zweifellos beteten viele Frauen ihren Führer an (laut Typus 4), wobei seine unbestimmbare Rolle dem anderen Geschlecht gegenüber ihnen ausgesprochen half. Seine wirksamste Waffe scheint durch Typus 3 beschrieben. Dadurch, daß er absichtlich die Rolle des Verfolgers gegenüber einem Teil der Bevölkerung übernahm, wurde er für die übrigen, die ihn sonst abgelehnt hätten, der »Tyrann« und nicht nur Aggressionsobjekt, was bedeutet, daß er sie zu echter Identifizierung mit seinen grundlegenden Zielen brachte. Diejenigen, die auf der Ebene von Typus 5 verblieben, die also das gemeinsame Staatsoberhaupt zum Objekt ihrer gemeinsamen Aggression machten und von Natur aus revolutionär genug waren, sich nicht bis zu tatsächlicher Identifizierung einschüchtern zu lassen, diese blieben das einzige ungelöste »realistische« Problem, dem man mit tätlicher Unterdrückung und beaufsichtigender Kontrolle zu Leibe rückte.

Selbstverständlich bezieht sich diese Erläuterung nur auf den von mir angenommenen »Typus« der Vorgänge. Mit welcher Häufigkeit jedes dieser gruppenbildenden Phänomene auftritt, kann durch psychologische Überlegungen nicht herausgefunden werden. Wir müssen vor der Gefahr warnen, auf der Grundlage oberflächlicher Information zu theoretisieren; nur das »gedeutete« und nicht das rohe Datenmaterial könnte als Basis für eine derartige Untersuchung dienen.

Der Versuch, statt in die Theorien eines gruppenpsychologischen Mystizismus zu flüchten, nunmehr das gesamte gruppenpsychologische Verhaltensmuster analysieren zu wollen, scheint eine der erwähnten negativen Auswirkungen zu sein, die meine Theorien auf das politische Denken haben könnten.

Die andere »negative« Anwendung liegt in der Zerstörung der weitverbreiteten Tendenz zu einem »Rationalismus« der naivsten Art. Da immer tiefverwurzelte Kräfte gruppenpsychologischer Natur am Werk sind, dürfen weder die Reden noch die Handlungen der Führer totalitärer – oder anderer – Staaten auf ihren oberflächlichen Gehalt hin ausgelegt und im Lichte der Vernunft oder ihrer Zweckmäßigkeit allein beurteilt werden. Kritiker Hitlers machten sich immer wieder darüber lustig, in welchem Ausmaß totalitäre Führer die Tatsache betonten, daß sie »alle Verantwortung auf sich nehmen« wollten. Diese Kritiker führen an, daß es absurd sei, ohne jegliche Herausforderung Verantwortlichkeit anzunehmen. Die Argumente dieser Kritiker sind logisch zutreffend, aber nicht psychologisch. Gruppenpsychologisch gesprochen, kennen diese Führer die »Magie des auslösenden Aktes« und wissen besser als ihre Kritiker, welche dynamische Kraft darin enthalten ist.

Die dritte Theorie, die vom soziologisch und gruppenpsychologisch orientierten Laien häufig vorgebracht wird, ist besonders wichtig, da sie von so manchen, sonst höchst maßgebenden Spezialisten auf dem Gebiete der klinischen Psychiatrie und Psychoanalyse geteilt wird. Diese Experten suchen die Weltereignisse dadurch zu erklären, daß sie eine klinische Vorgeschichte derjenigen Menschen verlangen, die ständig im Scheinwerferlicht der Öffentlichkeit stehen. Auf diese Weise werden viele zu dem Irrglauben gedrängt, daß sie, wenn sie nur eine komplette Vorgeschichte Hitlers hätten, verstehen könnten, was sich zu seiner Zeit in Europa abspielte. Eine derartige Naivität kann nicht scharf genug verurteilt werden. Eine Krankengeschichte Hitlers könnte nur erklären, warum Hitler und nicht Schmidt oder Huber an dieser Stelle stand, sowie einige der symptomatischen Besonderheiten der europäischen Szene. Es wäre ein Fehler, den Versuch unternehmen zu wollen, die europäischen Ereignisse jener Zeit in die »Krankengeschichte« eines Menschen aufzulösen – oder auch in die Krankengeschichten einer ganzen Reihe von Personen. Ein solcher Versuch verhielte sich blind gegenüber den wirtschaftlichen sowie den historischen Verwicklungen einerseits, aber auch – und dies möchte ich besonders betonen – gegenüber den tieferen gruppenpsychologischen Mechanismen, die am Werke sind, andererseits. Die Natur eben dieser Vorgänge ermöglicht es ja erst einer Person oder Personengruppe, die irgendwo an der Macht steht, die Herrschaft zu erringen und zu behalten. Das Verständnis für gruppenpsychologische Vorgänge ist daher grundlegend für jegliches Verständnis politischer Ereignisse. Dies bedeutet nicht, daß ich den äußerst anregenden Wert von klinischen Studien der Führerpersönlichkeiten abstreite; ich wende mich nur gegen die Annahme, daß dies für das Verständnis der Gruppenphänomene genügte. Was zuerst da ist, der Führer oder die Gruppe, ist eine Frage, die häufig in Diskussionen über Führerschaft erhoben wird. Ich will diese Frage so formulieren, daß sie weniger an den müßigen Prioritätsstreit hinsichtlich Henne und Ei erinnert. Welcher Faktor ist bei der Gruppenbildung aktiver, der Einfluß des Führers oder die Bereitschaft der Gruppe?

Dadurch, daß ich bei der Diskussion die im Brennpunkt stehende Person in den Mittelpunkt gestellt habe, kann es auf den ersten Blick scheinen, als ob meine Typen darauf hinweisen, daß die gruppenbildende Kraft mehr oder weniger von der zentralen Person ausgehe. Ich kann daher nicht nachdrücklich genug betonen, daß eine derartige Andeutung nicht beabsichtigt war. Der Grad, in welchem die Rolle des Führers oder der Mitglieder »aktiv« oder »passiv« ist, stellt ein Problem für sich dar. Es gibt tatsächlich auf diese Frage keine allgemein gültige Antwort. Ich möchte behaupten, daß jede Gruppensituation der Praxis beide Möglichkeiten in wechselndem Grade enthält, mit Ungefähr-Werten auf beiden Seiten. Bei meinen Erfahrungen mit Kindern habe ich alle diese verschiedenen Situationen angetroffen.

Es gibt offensichtlich Situationen, wo Mitglieder einer Gruppe, die sonst bestimmte Stadien der Gruppenbildung nicht mitgemacht hätten, durch die Kraft einer bestimmten Persönlichkeit, die ihre zentrale Person wurde, dazu veranlaßt werden. Ein sehr aktives Kind vom Typus »Schlechtes Beispiel« oder vom »Verführer«-Typ kann in einer Gruppe von Kindern, die noch stark in der Gehorsamsbereitschaft der Latenzzeit befangen sind, Wunder der Bandenbildung vollbringen, wo andere Kinder niemals die Rolle der zentralen Person hätten einnehmen können. Ich habe jedoch auch Situationen beobachtet, wo der zentralen Person ihre Rolle infolge der Intensität der Triebmengen in den Gruppenmitgliedern, die bereit waren, bei der ersten Gelegenheit auszubrechen, fast aufgedrängt wurde. So kann manches Kind in der »Verführer«-Rolle erst durch die Gruppe dazu verführt worden sein, ihr Verführer zu werden. Manchmal ist die zentrale Person tatsächlich »passiver« als die Gruppe. Dies ist ein wichtiger Punkt, auf den Lehrer stets achten sollten. Die praktischen Überlegungen sollten daher niemals in der Sackgasse eines Entweder-Oder enden, es sollte vielmehr angestrebt werden, den Grad der Aktivität oder Passivität auf beiden Seiten festzustellen.

Auch die Frage der Dauerhaftigkeit gruppenpsychologischer Wirkungen auf das einzelne Mitglied ist immer wieder erhoben worden. Ich wäre geneigt zu sagen, daß auch dies ein sehr umfassendes Problem ist, das ich nicht sofort irgendeinem an der Gruppenbildung beteiligten Faktor – wie dem Grad der Organisation oder Tradition – zuschreiben möchte. Ich würde ferner eine Teilung dieses Problems in die Frage der Intensität während des Beisammenseins der Gruppe und in die Frage der Wirkung über diesen Zeitpunkt hinaus vorschlagen.

Manche Lehrer vom Typus des »patriarchalischen Herrschers« z. B. (Typus 1) üben eine starke gruppenbildende Wirkung aus. Während sie ihre Klasse beaufsichtigen, sind die Kinder in fast hypnotischem Ausmaß unter ihrem stillen Einfluß. In dem Moment jedoch, wo sie das Klassenzimmer verlassen, teilen sich die Kinder in eine Anzahl mehr oder minder verwahrloster Gruppierungen auf, die vorher bis zur Unkenntlichkeit untergetaucht schienen. Ebenso kann der »Führer« (Typus 2) seine Schüler zu einem hohen Grad der moralischen Triebkontrolle führen. Im Privatleben können dieselben Burschen aber in der Lage sein, ein ganz anderes Leben zu führen (der verwahrloste Jugendliche mit viel »Pfadfinder«-Begeisterung!).

Trotzdem sind mir Gruppensituationen bekannt, die in das persönliche Leben des Einzelnen übergreifen, an der Formung einer neuen Lebensauffassung teilhaben oder sogar die Haltung eines Menschen gegenüber anderen gruppenbildenden Einheiten, während er sich in deren Kreis befindet, beeinflussen, so z. B. wenn ein Junge mit jugendbewegter Begeisterung für ein bestimmtes politisches System nach Hause zu seiner Familie kommt, die gegen dieses System eingestellt ist. Wie sehr so manche anscheinend »individuelle« Reaktion auf Situationen und Werte insgeheim durch unausgesprochene gruppenpsychologische Loyalität gefärbt wird, ist schon oft von Soziologen beschrieben worden, z. B. die Abhängigkeit vieler persönlicher Ideale von der stillschweigenden Unterwerfung unter Klassenvorurteile, nationale und »rassische« Ideen. Es ist interessant, zu beobachten, wieviel Selbsttäuschung und Verdrängung dabei am Werke sind. Jede Gesellschaftsklasse neigt z. B. dazu, ablehnend dem Versuch gegenüberzustehen, ihre »Werte« als Ausdruck der eigenen Klassenzugehörigkeit zu verstehen, während sie selbst darauf aus ist, derartige Zusammenhänge bei anderen Klassen zu entdecken.

Ob sich der Gruppeneinfluß auf die Gruppenmitglieder und die zentrale Person auf die Zeit beschränkt, während die Gruppe beisammen ist, oder ob es ihm möglich ist, über diese Grenze hinauszugehen, ist ein weiteres psychoanalytisch interessantes Problem.

Es scheint, daß dieses Problem ziemlich analog einem anderen, dem Psychoanalytiker besser bekannten, ist. In welchem Ausmaß sind die Handlungen eines Kindes als Reaktion auf die »realen« Personen seiner Umgebung anzusehen, und in welchem Ausmaß sind sie das Ergebnis von früher eingeprägten Bildern dieser Personen? Man könnte sich fragen, welches Gewicht auf manifest libidinöse und aggressive Beziehungen zu legen sei im Gegensatz zu der Wirkung früherer libidinös-aggressiver Beziehungen, die nunmehr wohl oder übel in den dauerhaften Charakterzügen als Ergebnis der Identifizierung internalisiert sind. Dies ist eine Frage, die ich hier noch nicht beantworten möchte. Sie ist aber wichtig, denn sie verspricht neues Material aus alltäglichen Situationen bei der Arbeit in Schule und Sommerlagern. Nur ein Zug scheint ziemlich offensichtlich. Wo immer dauerhaftere Persönlichkeitsänderungen innerhalb der Mitglieder einer Gruppe hervorgerufen werden, besteht die Tendenz, neben und manchmal auch an Stelle der zentralen Person eine »Idee« oder ein »Ideal« aufzurichten. In seltenen Fällen kann dieses Ideal die dauerhafte Macht einer leitenden Wirkung, sogar ohne leibliche Vertreter, einnehmen. Experten der Massenführung verlassen sich meist nicht auf die gruppenbildenden und charakterverändernden Kräfte einer Idee; sie ziehen es vor, dadurch sicherzugehen, daß sie ständig den eingesetzten zentralen Personen den Rücken stärken.[3]

6. Anwendung auf die Erziehung

Die ungeheure Wichtigkeit gruppenpsychologischer Untersuchungen für die Praxis der Erziehung kann am besten durch die Feststellung bewiesen werden, daß Lehrer es niemals mit Kindern als »Individuen« allein zu tun haben, sondern stets mit in eine bestimmte Gruppensituation eingefügten Personen. Es könnte sogar noch krasser gesagt werden, daß das, was sie zu tun haben, nicht in erster Linie die einzelnen Gruppenmitglieder betrifft, sondern die Gruppe als Ganze; obwohl sie das einzelne Mitglied durch ihre

Gruppenemotionen und Führerschaft

Handlungen beeinflussen wollen, handeln sie tatsächlich innerhalb und durch die Gruppe.

Aus diesem Grunde beklagen sich so viele Lehrer darüber, daß sich so mancher Einblick, den man in die Entwicklungspsychologie des Kindes gewonnen hat, anscheinend schwer »anwenden« läßt. Allzu lange hat man derartige Argumente lediglich als sturen »Widerstand« abgetan. Sie sind aber in vielen Fällen mehr als das. Es handelt sich um berechtigte Klagen über den Mangel an brauchbaren und anwendbaren Ratschlägen für eine der vordringlichsten Aufgaben des Lehrberufs: die Aufgabe, eine gruppenpsychologische Beziehung zu den Klassen herzustellen und die gruppenpsychologische Atmosphäre zu schaffen, die für den Erziehungsvorgang am günstigsten ist. Es besteht immer die Notwendigkeit, die Führung des einzelnen Kindes mit den bestimmten Forderungen der Gruppenführerschaft in Einklang zu bringen.

Es nimmt nicht wunder, daß unzählige gruppenpsychologische Probleme sich in dem Augenblick aufdrängen, wo man an die Situation des Unterrichts denkt. Eines scheint dringender als das andere. Diese Studie kann jedoch nur einige Probleme aufgreifen.

Die naheliegendste Folgerung, die aus meiner »Typen«-Einteilung für den Unterricht abgeleitet werden kann, lautet, daß die Typen sich nicht alle gleich gut für die verschiedenen erzieherischen Ziele einsetzen lassen. So leuchtet unmittelbar ein, daß die Rolle der zentralen Person als »Führer« oder »patriarchalischer Herrscher« sehr verschieden von der als »Liebesobjekt« ist. Wenn man die Tatsache übersieht, sind Erziehungsschwierigkeiten und Enttäuschungen zu erwarten.

Nur diejenige Art der Liebe, die schließlich in Identifizierung umgesetzt werden kann, ist für dauerhafte erzieherische Veränderungen wertvoll. Lehrer, die nur »gerngehabt« werden, ohne wenigstens eine zeitweilige oder teilweise Identifizierung der Kinder mit ihrer Person zu erreichen, können ihre erzieherische Wirkung nicht sehr weit ausdehnen. Die Frage, wie man Liebe weckt, die in Identifizierung umgewandelt werden kann, anstatt nur auf den Appell der Kinder mit zuviel Gegen-Besetzung libidinöser Natur zu reagieren, ist eines der vordringlichsten Erziehungsprobleme.

Der erzieherische Wert einer gruppenemotionalen Atmosphäre liegt aber nicht nur in der Stärke und der Art der Beziehung zwischen Mitgliedern und zentraler Person, sondern auch in der Art der »sekundären« Emotionen, die die betreffende Gruppensituation hervorzubringen geeignet ist.

Beispiel: Eine zynische Haltung des Lehrers gegenüber Johnny vermag zweifellos die Gruppenintensität der übrigen Klasse zu stärken, die so dazu verführt werden kann, sich mit dem strafenden Lehrer aus »Angst vor dem Aggressor« zu identifizieren. Es scheint leicht zu sein, die Kinder auf dieser Basis zusammenzuschließen. Man könnte damit auch bessere Lernleistungen und eine bewundernswerte »Reih-und-Glied«-Disziplin erreichen. Vom erzieherischen Standpunkt aus müßte jedoch ein sehr hoher Preis bezahlt werden. Denn gleichzeitig mit der Ertüchtigung der Gruppe würden ihre Möglichkeiten zur Charakterentwicklung eingeengt werden. Die Kinder würden streberhaft, und eine gehässige Haltung gegenüber »Ausgestoßenen« würde gefördert werden. Die meisten Gruppensituationen haben einige Vorteile und einige Nachteile für gewisse erzieherische Ziele. Eine sorgfältige Abwägung aller Gesichtspunkte, aller Für und Wider, verspricht eine höchst wünschenswerte Verbesserung der erzieherischen Planung.

Auf den ersten Blick wird der Erzieher seine Sympathie dem Typus 1 (patriarchalischer Herrscher) und dem Typus 2 (Führer) zuwenden. Einige werden die Bequemlichkeit des Typus 3 (Tyrann) genießen. Andere werden die Möglichkeit des Typus 4 (Liebesobjekt) irrtümlich für echten erzieherischen Einfluß halten. Typus 6 (Organisator) scheint den meisten erzieherischen Betätigungen innezuwohnen. Die Typen 8 und 10 (Held und Gutes Beispiel) können zeitweise wünschenswert, oder zumindest zulässig erscheinen. Die Bevorzugung oder Ablehnung des einen oder anderen Typus wird aber sehr stark von der Lebensanschauung des Erziehers abhängen, ferner von seinem Persönlichkeitstypus und einigen anderen Faktoren. Die meisten Erzieher werden jedoch jeden dieser Typen dem Typus 5 (Aggressionsobjekt) vorziehen. Und sie würden jeden Versuch in der Art der Rolle des Typus 7 (Verführer) und 9 (Schlechtes Beispiel) als regelrechte Herausforderung empfinden. Dies ist natürlich, da die Typen 1 und 3 die Unterdrückung unerlaubter Triebe zugunsten moralischer Werte nahelegen, während Typus 5 von Anfang an unbrauchbar ist, da er den erzieherischen Einfluß zerstört. Typen 7 und 9 scheinen deshalb schlecht, weil sie die Triebinteressen gegenüber den Sublimierungsvorgängen begünstigen, sie gleichsam davor »schützen«.

Viele Erzieher sind daher bereit, alle anderen Typen von Gruppenbildungen – mit Ausnahme von 5 – als »Gruppe« zu bezeichnen und die Typen 7 und 9 unter dem ablehnenden Ausdruck »Bande« zusammenzufassen.

Tatsächlich könnte man zum Zwecke verkürzter Darstellung mit dieser

Terminologie einverstanden sein und dazu feststellen, daß »Gruppen« auf die Verdrängung von Trieben und den Schutz kultureller Ziele hinarbeiten, während die »Bande« der Befriedigung von unerwünschten Trieben im Gegensatz zur Entwicklung moralischer Werte zu dienen scheint.

Eine derartige Sprechweise würde jedoch eine grobe Vereinfachung beinhalten, da das mit »Bande« bezeichnete Phänomen meist viel komplexer ist als irgendein von mir aufgezählter Typus. Ich würde daher eine Einteilung vorschlagen in Typen der Gruppenbildung, die dem erzieherischen Prozeß förderlich gegenüberstehen, und solche, die die Tendenz haben, sich ihm feindlich entgegenzustellen.

Wenn Erzieher es mit Gruppen- oder Bandensituationen zu tun haben, sind sie leicht geneigt, sich unklug zu verhalten. Sie halten es für eine viel zu leichte Aufgabe, die richtige Gruppenatmosphäre zu schaffen. Sie glauben, Bandenbildungen oder ihre symptomatischen Äußerungen allein dadurch zerstören zu können, daß sie sie bekämpfen. Detaillierte Untersuchungen über die Frage, zu welcher erzieherischen Aufgabe sich der eine oder andere Typus des Gruppenverhaltens eignet, wären sehr wünschenswert. Es scheint, daß aufgrund ihres Entwicklungsstadiums Kinder nicht zu jeder Zeit ihres Heranwachsens zu all diesen Typen der Gruppenbildung bereit sind. Eine sehr grobe Analyse läßt mich die folgende Entwicklungsparallele annehmen.

In der frühen Kindheit scheinen Kinder in einer Gruppenatmosphäre vom patriarchalischen oder matriarchalischen Herrschertyp natürlich und gut zu funktionieren. Während der Vorpubertät scheint es normal, daß Kinder durch den Gruppentypus der »Bande« – eine Mischung der Typen 6, 7 und 9 – stark angezogen werden. Dies ist das Alter, in dem in der Sprache einiger Forschungsexperten »peer culture« – Gleichaltrigenkultur – stärker wird als die vorausgehende Tendenz zur Nachgiebigkeit dem Erwachsenen gegenüber. Sogar sehr egoistische und verwöhnte Menschen können eine Phase intensiver Loyalität der Bande gegenüber mitmachen. Dies bringt Prestige. Ausgesprochene Selbstaufopferung für den »Kameraden in Gefahr« ist die Regel. Aus dieser Art der Gruppenbeziehung wird ein beachtenswerter Grad von Sicherheit geschöpft. Die Kinder haben ein verzweifeltes Bedürfnis, verdrängte Triebe und Wünsche auszusprechen. Viele unter ihnen brauchen eher »Triebschutz« als Triebsublimierung. Der Erwachsene ist oft über dieses Phänomen ganz bestürzt. Das sichtbare Bild des Bandenlebens ist für ästhetisch und moralisch Überempfindliche alles andere als erfreulich. Es ist jedoch wichtig, zu verstehen, daß normale Tendenzen nach der Teilnahme an einer Bandenbildung bis zu einem gewissen Grad geschützt werden müssen und daß man für die Unterdrückung normaler Bedürfnisse der Entwicklung durch spätere Schwierigkeiten teuer bezahlen muß.

Der Jugendliche zeigt wachsende Bevorzugung einer mehr sublimierten Gruppenbildung, besonders Typus 2, der ja für die meisten Jugendbewegungen charakteristisch ist. Die Bedürfnisse der Jugendlichen suchen ein Ventil in der Gruppe, die sie auch vor Schuldgefühlen und Ängsten bewahrt und zu reiferen Lebensformen führt. Die Jugendbewegungen stellen eines der interessantesten Probleme dar und bieten uns umfangreiches Material für das Studium der Gruppenbildungen im jugendlichen Alter. Beim verwahrlosten Jugendlichen jedoch dominiert das Bedürfnis nach dem vorpubertären Triebschutz gegenüber dem erzieherischen Prozeß. Aus diesem Grunde sind alle sogenannten »kriminellen« Banden offensichtlich auf der vorpubertären Ebene der Gruppenbildung fixiert. Eine Analyse der Bandenphantasien, wie sie Filme und Kriminalromane bieten, würde diese Analogie mehr ins Detail gehend bestätigen können, als dies hier möglich ist. Die Tatsache scheint so klar, daß die Vorliebe Jugendlicher für banden- bzw. gruppenähnliche Zusammenschlüsse zur Diagnose dienen kann. Dadurch würde sich der echte verwahrloste Typ von demjenigen Jugendlichen unterscheiden, der einfach Entwicklungsstörungen hat. Welche der gruppenbildenden Vorgänge für den Erwachsenen der »normalere« ist, hängt von der Lebensauffassung ab, die die Erwachsenen eines bestimmten Alters an einem bestimmten Ort entwickelt haben. Für eine »demokratische Gruppenbildung« scheint folgende Beschreibung zutreffend.

Die Mitglieder einer potentiellen Gruppe haben genug gemeinsam, um gruppenemotionale Beziehungen zueinander herzustellen, ohne daß jemand die eindeutigen Funktionen der »zentralen Person« übernimmt. Aufgrund dieses »Kameradschafts«-Typus der Gruppenbildung können zentrale Personen sekundär die Rolle des Organisators übernehmen, oder z. B. in vielen Fällen den emotionalen Bedürfnissen der Gruppenmitglieder als Führer und patriarchalischer Herrscher entgegenkommen. Der Unterschied zwischen echtem und pseudo-demokratischem Verhalten ist wie der zwischen einer Situation, in der die zentrale Person die Grundlage der Gruppenbildung ist, und einer solchen, wo man ihr nur eine organisierende oder sekundär ergänzende Funktion innerhalb des Systems einräumt.

Die erzieherischen Probleme und Aufgaben, die diese entwicklungspsychologischen Überlegungen implizieren, sind zahlreich. Die wesentliche Aufgabe scheint die Anerkennung des Gesetzes für gesundes Heranwachsen zu sein. Der Wert der Gruppenbildung für eine bestimmte Entwicklungsphase sollte nicht danach beurteilt werden, ob der betreffende Typ der Gruppenbildung vom »idealistischen« Standpunkt aus wünschenswert erscheint, sondern aufgrund seiner Eignung für die unmittelbare Aufgabe der Entwicklung. So muß sogar dem im Grunde genommen anti-erzieherischen, durch Verführung entstehenden Bandentyp der Gruppenbildung sein Platz als schützende psychohygienische Einrichtung eingeräumt werden, da sie Triebwachstum und -ausdruck während der Vorpubertät sichert.

Die klinische Bedeutung einiger Typen der Gruppenbildung oder ihrer Mischung verdient eine ebenso ernsthafte Berücksichtigung wie die rein erzieherische. Damit will ich sagen, daß bestimmte Personen größere Schwierigkeiten bei der Anpassung an die eine oder andere bestehende Form der Gruppenbildung haben können als andere und daß dies ein Problem für sich darstellen kann. Nebenbei bemerkt: Viele sogenannte »Anpassungsprobleme« sind das Ergebnis von Versuchen, einen Menschen in eine Art der Gruppenbildung einzufügen, die seiner Entwicklung nicht gemäß ist.

So sind z. B. viele Schulprobleme während der Vorpubertät, also im sechsten, siebenten und achten Schuljahr, der Tatsache zuzuschreiben, daß die Kinder in dieser Phase Perioden schneller Entwicklung durchmachen, während man von ihnen Anpassung an frühere oder spätere Stadien des Gruppenlebens erwartet. Das klinische Problem schließt jedoch auch jene Fälle ein, bei denen die mangelnde Gruppenanpassung einer grundlegenden Unzulänglichkeit in der Trieborganisation der Persönlichkeitskonstellation zuzuschreiben ist. So werden beispielsweise einige Persönlichkeitstypen stets Schwierigkeiten haben, libidinöse Beziehungen in eine Identifizierung umzuformen. Sie werden hartnäckig in der Liebe zu ihrem Führer beharren und libidinöse Gegenbesetzung bei nur geringer Bereitschaft zur Sublimierung als Gegenleistung fordern. Andere wieder werden jede Möglichkeit ergreifen, libidinöse Impulse in Identifizierungsprozesse zu verwandeln, so daß ihre Fähigkeit zu introjizieren größer erscheint als ihre Fähigkeit zu lieben, wobei diese charakterliche Angleichung durch Identifizierung ohne jede kritische Auswahl erfolgt. Wieder andere reagieren auf bestimmte gruppenpsychologische Bedingungen und verweigern jegliche gruppenpsychologische Anpassung, wenn diese Bedingungen nicht gegeben sind. Sie können sich z. B. mit niemandem außer dem Tyrannen-

Typ identifizieren, mit dem sie sich schon in der frühen Kindheit identifizieren mußten.

Ich glaube, die Feststellung ist berechtigt, daß bisher diesen gruppenpsychologischen Fakten bei der klinischen Arbeit allzuwenig Beachtung geschenkt worden ist. Viele, die sich mit Gruppensituationen befassen, scheinen sich der Tatsache nicht bewußt zu sein, daß zahlreiche Kinder, die Schwierigkeiten bei der Gruppenanpassung haben, einer Änderung ihres persönlichen Trieblebens bedürfen, ehe sie sich erfolgreich anpassen können, obwohl es ebenso zutrifft, daß vielen Kindern nur bestimmte gruppenpsychologische Verhältnisse bei der Persönlichkeitsentwicklung zu helfen vermögen. Diese Tatsache bestätigte sich mir in besonders eindrucksvoller Weise auf drei Gebieten: Zunächst gilt für die normale Entwicklung während der Vorpubertät, daß der Jugendliche häufig unrichtig behandelt wird, wenn er sich nicht in einer gruppenpsychologischen Situation befindet, die seinem Entwicklungsstand entspricht (was die meisten Schulen und alle Eltern nur höchst ungern berücksichtigen!). Sodann gilt für die klinische Arbeit mit verwahrlosten Jugendlichen, die an sich in der Lage sind, bestimmte Identifizierungen herzustellen, daß sie dies nur unter bestimmten Gruppenbedingungen vermögen – niemals also einem Erwachsenen gegenüber in einem gruppenpsychologischen »Vakuum« (das Versagen so mancher therapeutischer Aussprache, die sonst ausgezeichnet in die Wege geleitet war, scheint in diese Kategorie zu fallen!). Als letztes gilt: Die Beobachtung eines Jugendlichen muß die verschiedenen Typen gruppenpsychologischer Atmosphären berücksichtigen, wenn sie das Ziel verfolgt, zu einer Diagnose des Grades seiner Verwahrlosung oder seiner Störung oder seines Entwicklungsstandes zu verschiedenen Zeitpunkten zu gelangen.

Die Tatsache, daß Schulen und besonders Anstalten für schwierige oder verwahrloste Kinder wenig über diese wesentlichen gruppenpsychologischen Elemente und ihre Wirkung auf die Charakterentwicklung und die libidinöse Entwicklung wissen oder Nutzen daraus ziehen, ist wahrscheinlich derjenige Punkt auf der Liste der wünschenswerten erzieherischen Verbesserungen, der der Aufmerksamkeit am dringendsten bedarf.

Ein letzter Gesichtspunkt, der dem Erzieher klargemacht werden sollte, ist der, daß eine Gruppe auch aus nur zwei Personen bestehen kann. Diese »Zwei-Personen-Gruppen« mögen seltsam erscheinen, sie sind jedoch häufig. Man ist geneigt, die seelische Wechselbeziehung in solchen Gruppen irrtümlich für echte Liebe, Freundschaft oder sinnliche Zuneigung – besonders beim homosexuellen Typ dieser Beziehung – zu halten. Nichtsdesto-

Gruppenemotionen und Führerschaft

weniger ist eine genauere Unterscheidung nötig. Und Versuche, solche Gruppen zu handhaben, müssen darauf Bezug nehmen. Anna Freud bedauert in ihrem Buch »Das Ich und die Abwehrmechanismen«[4], daß jugendliche Liebesbeziehungen erstaunlich veränderlich zu sein scheinen, unbeständig und kurzlebig – Jugendliche seien in Liebe und Freundschaft treulos. Diese Beobachtung kann leicht bestätigt werden. Die meisten Beobachter bestätigen die Tatsache plötzlicher enger Freundschaften, die nur einige Wochen lang intensiv anhalten und kurz danach anscheinend im Vergessen enden.

Ich habe mich hierüber oft gewundert. Bei näherer Untersuchung einiger solcher Gruppenbeziehungen wuchs jedoch der Verdacht, daß diese kurzlebigen Vertrautheiten nicht echte Liebes- oder Freundschaftsbeziehungen waren. Nur einige schienen dem Bedürfnis nach dauernden Beziehungen zu anderen Menschen zu entspringen, während andere sich als »Gruppenbeziehungen« enthüllten, die auf dem »guten Beispiel« und seiner Wirkung (Schutz vor Versuchungen und Triebwünschen) beruhten, oder auf dem »schlechten Beispiel« und seiner Wirkung, Gedanken zu äußern, die das von den Eltern beherrschte Über-Ich niemals zuließe. Kurz gesagt, diese Gruppen haben eher den Zweck gegenseitigen und auch einseitigen Schutzes als den der persönlichen Liebe und Freundschaft. Es ist für den Lehrer wichtig, diesen Typ der Zweiergruppe zu erkennen, weil man den Kindern, die diese Art der Sicherheit zu ihrer Entwicklung brauchen, nicht hilft, wenn man sie drängt, soziale Kontakte öfter und mit mehr Menschen aufzunehmen. Es trifft auch nicht zu, daß das häufige Zusammenfinden gleichgeschlechtlicher Paare eine Vermehrung homosexueller Bindungen bedeutet. Eine ziemlich große Anzahl heterosexuell veranlagter Jugendlicher dürfte sich zu »homosexuellen« Paaren nur zusammenfinden, um sich in Konflikten zwischen ihren Triebregungen und ihrem Über-Ich gegenseitig zu unterstützen.[5]

Ansteckung und Schockwirkung in der Gruppe

Das Phänomen der Ansteckung ist für den Sozialpsychologen nichts Neues. Die meisten Lehrbücher und Veröffentlichungen der Sozialpsychologie haben im Zusammenhang mit Studien zum »Massenverhalten« das Übergreifen eines Verhaltens von einer Person auf eine andere oder auf eine ganze Gruppe abgehandelt. Aufruhr, Panik und Fälle von Massenhysterie liefern gutes Illustrationsmaterial dafür.

Tauchte dieses Phänomen jedoch in Intimgruppen oder in größeren Gruppen mit gut ausgebildeter Organisationsform auf, wurde es von der Gruppen- wie auch der Individualpsychologie bisher nur wenig beachtet. Den Praktikern der Gruppenführung, Lehrern, Freizeitpädagogen und anderen ist die Erscheinung zwar bekannt, es befällt sie aber Unbehagen, wenn man sie nach einer Erklärung fragt. Der Erzieher ist bislang einer recht allgemeinen Theorie zugetan gewesen, die man geradezu als eine »Ansteckungs-Phobie« beschreiben könnte: Befürchtungen von der Art, daß ein einziger »fauler Apfel« eine ganze Schulklasse verderben könne, haben nicht wenige Lehrer und Direktoren davon Abstand nehmen lassen, ihr Glück mit Johnny oder Mary zu versuchen, die zur Aufnahme in ihre Gruppe vorgeschlagen waren.

Aus wiederum anderen Gründen hat sich der Psychiater dem Phänomen verschlossen: hauptsächlich, weil für ihn ausgemacht schien, daß die wahren Ursachen für eine Ansteckung in den latenten Regungen des Einzelnen zu suchen seien. Wenn Johnny unter dem ansteckenden Einfluß von Bobby, der in derselben Gruppe ist, zu stehlen anfängt, so muß vorher in Johnny etwas gewesen sein, was auf die verführerischen Ränke von Bobby ansprach. Vor der Entwicklung der Gruppentherapie beschränkte sich die psychiatrische Arbeit hauptsächlich auf die Beratungssituation in der Zweiergruppe; das Problem, wie ansteckendes Verhalten praktisch in den Griff zu bekommen sei, stellte sich für sie deshalb nicht.

Mit der Entwicklung der Gruppentherapie hat sich das Bild verändert, und nach meiner Meinung sollte das Problem der Ansteckung in den Vordergrund unseres praktischen wie theoretischen Interesses treten. Zunächst lassen sich folgende Phänomene zweifelsfrei feststellen, gleichgültig, was die Erklärung für sie sein mag:

Erstens: In manchen Fällen wird das Verhalten eines Gruppenmitglieds von anderen Gruppenmitgliedern oder von der Mehrheit der Gruppe nahezu »automatisch« übernommen. Diese Übernahme geht auf recht rätselhaften Wegen vor sich; es ist nicht einmal notwendig, daß in der Person, die die »auslösende Handlung« vollzieht, eine – bewußte oder unbewußte – Absicht vorhanden ist.

Beispiel: Achtzig erheblich gestörte Kinder, zwischen acht und vierzehn Jahren alt, halten sich in einer großen Lagerkantine auf. Johnny hat einen Wutausbruch gegen jemanden an seinem Tisch und schleudert seinen Teller nach ihm. Einen Augenblick später fliegen überall Teller durch die Luft, und es entsteht ein ungeheurer Tumult, obwohl Johnny an eine solche Auswirkung weder gedacht, geschweige denn darauf abgezielt hat und obwohl er sonst im Lager nicht aufgefallen ist und keinerlei Führungsrolle innehat.

Zweitens: Manchmal bleiben in ebenso rätselhafter Weise solche zu erwartenden Ansteckungseffekte von einem Gruppenmitglied auf ein anderes oder auf einen größeren Teil der Gruppe aus, obwohl vorhergegangene Erfahrungen mit derselben Gruppe ihr Auftreten nahezu sicher voraussagbar erscheinen ließen.

Beispiel: In der gleichen Situation, in der Lagerkantine, wirft ein Kind mit einem Teller; nichts passiert; es bleibt ein völlig isolierter Vorfall ohne irgendwelche Auswirkung auf die breitere Gruppensituation.

Drittens: Wenn ein Kind, dessen Verhalten eindeutig problematisch ist, in eine kleine Gruppe von Kindern aufgenommen wird, die nie zuvor solches Verhalten zeigten, so kann es geschehen, daß dadurch in allen etwas geweckt wird, was vorher in ihnen schlummerte oder nur auf der Ebene des Phantasierens gegenwärtig war.

Beispiel: George wird einer Gruppe von Kindern zugeteilt, die sich alle etwas davor scheuen, positive Bindungen zu Erwachsenen einzugehen, die aber dennoch angefangen haben, ein positives Verhältnis zu ihrem Gruppenleiter zu entwickeln. Mit Georges Ankunft werden seine offenen Herausforderungen und sein gehässiger Spott über alles, was der Gruppenleiter vorschlägt oder tut, sofort übernommen, und – zu ihrer eigenen Überraschung und der des Erwachsenen – benimmt sich die Gruppe wie George.

Viertens: Wiederum kann es geschehen, daß, wenn ein Kind mit eindeutig problematischen Verhaltensformen zu einer neuen Gruppe stößt, keine direkte Auswirkung auf das Verhalten der übrigen stattfindet, zumindest keine Nachahmung.

Beispiel: Mary wird in eine Gruppe von vorpubertären Mädchen aufgenommen, die eine große Skala problematischen Verhaltens zeigen: sexuelle Delikte, Diebstähle usw. Marys offene Zurschaustellung eines hemmungslosen, nahezu paranoiden Phantasielebens, das sich hauptsächlich in Beschuldigungen gegen Erwachsene ergeht, bleibt ohne Wirkung auf die sonst nicht gerade leicht zu behandelnde Gruppe. Die anderen Kinder nehmen das Beispiel nicht zum Anlaß, sich ähnlich zu verhalten; im Gegenteil, sie suchen Schutz bei den Erwachsenen und bilden eine Front gegen die Neuangekommene, indem sie sie zum Sündenbock machen.

Angesichts dieser Phänomene erscheint es von größter Wichtigkeit, herauszufinden, wodurch solche Ansteckungswirkung von einem Gruppenmitglied auf andere oder auf die ganze Gruppe determiniert wird. Die psychiatrische Erklärung, daß Ansteckung die Existenz ähnlicher Tendenzen beim Nachahmenden voraussetze, scheint annehmbar, aber unzureichend. In der Praxis macht es einen beträchtlichen Unterschied, ob ein Gruppenmitglied sich nur in Tagträumen mit dem Stehlen beschäftigt oder ob es nach der Ankunft eines bestimmten anderen Kindes tatsächlich zu stehlen anfängt.

Aus unseren Erfahrungen, die auf reichhaltigen, wenn auch nicht systematisch gesammelten Beobachtungen beruhen, bietet sich eine Anzahl vorläufiger Hypothesen an. Die Faktoren, die dafür entscheidend sind, ob Ansteckung stattfindet oder nicht, können grob in zwei Kategorien eingeteilt werden: in gruppenpsychologische und in individualpsychologische Faktoren. Es erübrigt sich zu betonen, daß die meisten Fälle von Ansteckung auf ein Zusammenspiel von Faktoren beider Kategorien zurückzuführen sind, wobei manchmal die einen und manchmal die anderen ausschlaggebend sein können[1].

1. Gruppenpsychologische Faktoren

1.1 Der Gruppenstatus des Auslösenden

Wenn wir mit dem Auslösenden die Person meinen, deren Verhalten nachgeahmt wird, dann scheint es, daß – bei sonst gleichen Voraussetzungen – die Neigung zur Ansteckung größer ist, wenn der Auslösende einen hohen Status in der Gruppe einnimmt, wohingegen Ansteckungsmöglichkeiten weniger leicht gegeben sind, wenn die auslösende Handlung von jemandem mit niedrigerem Gruppenstatus ausgeht.

Beispiel: In einer Gruppe harter Burschen, die Erwachsene haßten, war es der allgemein anerkannte Rädelsführer, der härteste von allen, der als erster freundschaftliche Annäherungsversuche dem erwachsenen Leiter gegenüber machte. Sein Verhalten wirkte Wunder (positive Ansteckung). Jetzt konnten die anderen Jungen ihren beginnenden Neigungen, den Gruppenleiter zu akzeptieren, nachgeben. Diese wagten sie bisher nicht zu äußern – aus Angst, für Weichlinge gehalten zu werden. Wenn vorher ein anderes Kind der gleichen Gruppe ähnliche Versuche unternommen hatte, den Erwachsenen Zuneigung zu zeigen, wurde es verspottet und verachtet.

1.2 Beziehung zwischen Verhalten und Gruppenkodex

Bei sonst gleichen Voraussetzungen scheint es, daß ein Verhalten, welches im Gruppenkodex hoch rangiert, leichter ansteckend wirken kann als andere Handlungen derselben Person.

Beispiel: Jacks Versuche, andere Gruppenmitglieder zu sexuellen Spielereien zu bewegen, wurden von jedem wirksam abgewehrt. Andererseits hatte Jacks Verhalten immer dann sofortige Ansteckungswirkung, wenn er zu einem Zeitpunkt Unruhe stiftete, zu dem die ganze Gruppe gerade ruhig sein sollte, um Bekanntmachungen zuzuhören. Allerdings bestand die Gruppe aus vorpubertären Jungen ohne ausgeprägte Tendenz zu sexueller Frühreife, die sich jedoch bei gerissenen Streichen groß vorkamen. In dieser Gruppe zählte nur, ob man Erwachsene offen herausforderte oder nicht. Sexuelle Frühreife blieb eine Angelegenheit individueller Unterschiede und hatte wenig Einfluß auf die Bestimmung des Gruppenstatus.

1.3 Gemeinsamkeit grundlegender Ausdruckstendenzen

Bei sonst gleichen Voraussetzungen wird ein Verhalten, das geeignet ist, den unterdrückten Bedürfnissen einer großen Zahl von Gruppenmitgliedern mit hohem Gruppenstatus ein Ventil zu öffnen, die breiteste Ansteckungswirkung haben.

Beispiel: An dem Tag, als das Tellerwerfen des einen Kindes so uneingeschränkt nachgeahmt worden war, gab es bei nahezu jedem Mitglied der Gruppe aufgestaute Motorik und ein unterdrücktes Aktionsbedürfnis wegen einer Reihe von Regentagen und wegen der Art des vorhergehenden Programms, das weitgehend Passivität und Zuhören verlangt hatte.

Es scheint, daß die Gemeinsamkeit grundlegender Ausdruckstendenzen eher das Ausmaß der Verbreitung als das eigentliche Stattfinden von Ansteckung erklärt.

1.4 Größe, Struktur, Organisationsform und Art des Gruppenprogramms

Wenn diese Faktoren unter einer Rubrik zusammengefaßt werden, so geschieht das aus Platzmangel. Wir wissen wohl, daß jeder einzelne Faktor eine große Variationsbreite hat und unabhängig von allen anderen ist. Hier müssen wir uns darauf beschränken, die folgenden Beobachtungen zusammenzufassen.

Es scheint, daß der Faktor der Gruppen*größe* eine gewisse Wirkung auf das Zustandekommen von Ansteckung hat. Wir gehen aber nicht so weit, zu behaupten, daß größere Gruppen Ansteckung automatisch erleichtern. Wir fanden, daß je nach dem spezifischen Verhalten – andere Faktoren einmal ausgeklammert – manchmal die größere und manchmal die kleinere Gruppe Ansteckung förderte. Z. B. breitet sich eine Gruppenstimmung in der Art der Lagerfeuerrituale eher in einer größeren als in einer kleineren Gruppe aus. Die Ausbreitung einer Gruppenreaktion gegen Erwachsene dagegen scheint eher in einer kleineren Gruppe stattzufinden, vorausgesetzt natürlich, daß die Struktur in beiden Fällen die gleiche ist. Denn in anderen Fällen macht die *Struktur* der Gruppe viel aus. Wenn z. B. eine Gruppe klar umrissene Untergruppierungen hat, dann ist die Ansteckungsverbreitung minimal im Vergleich zu einer Gruppe ohne Untergruppenformation. Eine starke *organisatorische* Abhängigkeit von einem autokratischen Leiter scheint eine Ansteckung in bestimmten Bereichen zu begünstigen – anders in einer demokratischen Gruppenorganisation. Die Intensität, mit der ein *Programm* die Kinder in Anspruch nimmt, übt eine isolierende Funktion gegen Ansteckung des negativen Typs aus und fördert zugleich die Wirkung positiver Ansteckung, etwa eine Ausbreitung von Begeisterung.

Die eindeutigste Tatsache, die wir feststellen konnten, war eine eigentümliche Reaktion auf gewisse Kombinationen von strukturellen und organisatorischen Faktoren. Die Ansteckung z. B. von Kasper-Verhalten ist in einem riesigen Schlafsaal viel größer (organisatorische Reglementierung in einer großen Gruppe, in der sich durch Routinezwänge keine klare Substruktur herausbilden kann) als die Ausbreitung von Lärm und Unfugmachen von einem Zimmer, das nur mit vier Kindern belegt ist, auf ein anderes. Disziplinprobleme, die sich durch Ansteckung an »Spannungstagen« ergeben, sind in einer Erziehungsanstalt mit Antreten und Essen an langen Bänken und Tischen viel größer als dort, wo Kinder und Erwachsene zusammen an kleineren Tischen und in einer geschickten Aufteilung sitzen, die aus natürlicher Untergruppenbildung entsteht.

1.5 Gruppenatmosphäre

Eine andere Variable im Problemkomplex der Ansteckungswirkung ist, was wir »Resultante der Gefühlseinstellung von Gruppenmitgliedern gegenüber ihrem Leiter, dem eigenen Treiben und dem Image der eigenen Gruppe« nennen wollen. Im großen und ganzen meinen wir, daß das Verhalten, welches der gegenwärtigen Gruppenstimmung am nächsten kommt, mehr Ansteckungsmöglichkeiten enthält als anderes. In einer Atmosphäre gegenseitiger Akzeptierung und unbeschwerter Fröhlichkeit unter allen Mitgliedern, die auch den Leiter einbezieht, können sogar die rebellischen Streiche eines anerkannten »harten Burschen« ignoriert werden. In einer Atmosphäre innerer Auflehnung gegen Strafgewalt wird sogar das zufällige Kaspern eines sonst wenig beachteten Gruppenmitglieds nachgeahmt.

2. Persönlichkeitsfaktoren

Wir meinen, daß die genannten gruppenpsychologischen Faktoren, so wichtige Variablen zur Bestimmung von Ansteckungswirkung sie auch darstellen mögen, allein nicht zureichen, um das eigentliche Phänomen zu erklären. Wir haben sogar den starken Verdacht, daß sie eher das *Wann* und das *Wieweit* als das *Warum* der ansteckenden Wirkung bestimmen. Wie dem auch sei, der Schlüssel zur Erklärung der Ansteckungswirkung scheint in denselben Prinzipien zu liegen, die wir in »Gruppenemotionen und Führerschaft« beschrieben haben [2].

Beispiel: In einer Hütte mit sechs vorpubertären Jungen, die einen starken Hang zu destruktiven Verhalten zeigten, hatte es sehr oft eingeschlagene Fenster gegeben. Eine Zeitlang hatte sich ein gutes Verhältnis zwischen den Kindern und ihrem Gruppenleiter herausgebildet, und die Vorfälle waren sowohl individuell als auch in Gruppendiskussionen durchgesprochen worden. Einige Zeit gab es keine weiteren Vorfälle. Eines Morgens aber nahm einer der Jungen, der gerade den Boden kehrte, den Besen und stürmte mit einem Schlachtruf und mit voller Wucht gegen die Fenster los. Die Zerstörungswut aller anderen brach darauf sofort durch, und es folgte eine wahre Orgie von Destruktion.

Die Beschreibung dessen, was der Anstifter bewirkte, reicht allein nicht aus, um das Vorkommnis zu erklären. Detaillierte Kenntnis aller Beteiligten sowie der vorausgegangenen Ereignisse legen folgende Analyse nahe:

Fünf der Kinder hatten verdrängte Zerstörungswünsche. Ihr neuentwickeltes »Gruppengewissen« verbot ihnen, zerstörerische Handlungen innerhalb der eigenen Gruppe auszuführen; ein Verstoß hätte mit Schuldgefühlen bezahlt werden müssen. Der Anstifter war in diesem Fall offenkundig ein psychopathischer Junge, für den sogar die aus dem Gruppenkodex entstandenen Kontrollen nur geringe Bedeutung hatten und bei dem auch diese nur für kurze Zeit wirkten. Was die ungehemmte Nachahmung auslöste, war nicht allein die Form seiner Destruktivität.

Hätte ein anderes Kind das gleiche getan, so wäre es von den übrigen heftig angegriffen worden, weil es ihr Wort gebrochen und alle jetzt in Schwierigkeiten gebracht hätte. Der fragliche Anstifter hat aber mehr getan, als den Vorgang bloß ausgelöst: Die Art, in der er auf das Fenster losstürmte – so wie sie der Beschreibung der Kinder zu entnehmen war und wie er sie selbst nachträglich noch einmal vormachte –, zeugte von einer rücksichtslosen »Auf-Teufel-komm-'raus«-Stimmung. Seine Gestik wie seine glänzenden Augen deuteten darauf hin, daß er während seines Tuns völlig frei von Angst wie auch von Schuldgefühlen war. Von diesem und von unzähligen ähnlichen Vorfällen schließen wir, daß seine besondere Stimmungslage eine wesentliche Voraussetzung für die ansteckende Wirkung war.

Aus Platzgründen beschränken wir uns darauf, die wichtigsten Schritte

Ansteckung und Schockwirkung in der Gruppe

aufzuzählen, die, soweit es die Persönlichkeitsfaktoren betrifft, zur Entstehung von Ansteckung führen:

(1) Die Existenz eines akuten Konfliktbereichs bei den Nachahmenden: einerseits starker Drang zur Befriedigung heftiger Bedürfnisse, andererseits ausreichender Druck seitens des Ichs oder des Über-Ichs, der gerade genügt, die Bedürfnisse zurückzuhalten.

(2) Ein hoher Grad von Labilität im »Persönlichkeitsgleichgewicht« in den betroffenen Bereichen: Triebe, die stark genug sind, um nach Befreiung zu drängen; Kontrollen, die gerade stark genug sind, diese Befreiung zu verhindern. Wären die Kontrollen etwas stärker, so könnte keine Ansteckung stattfinden; wären die Triebe stärker oder die Kontrollen schwächer, so brauchten die Kinder nicht auf die auslösende Handlung eines anderen zu warten.

(3) Im Auslösenden das Vorhandensein eines ähnlich starken Drangs, der nach Triebausdruck in derselben Richtung verlangt wie der der anderen Kinder; der Drang des Auslösenden muß also mit dem Drang der Nachahmenden koinzidieren, in unserem Fall auf Zerstörung gerichtet sein.

(4) Ein offenes Ausagieren zugunsten von Triebbefriedigung auf der Seite des Auslösenden, verbunden mit einem genauso offen zur Schau getragenen völligen Mangel an Angst oder Schuldgefühlen.

Um es kurz zu fassen, was der Auslösende tatsächlich tut, ist folgendes: Er spielt den anderen die Erfüllung ihrer Bedürfnisse vor und zeigt dabei, daß dies ohne Angst und Schuldgefühle geschehen kann. Die Nachahmenden nehmen plötzlich wahr, daß genau das, was sie im Grunde selber gern täten, von jemand anderem getan und ohne Angst und Schuldgefühle genossen wird; das verändert ihr labiles Gleichgewicht zwischen Verlangen und Kontrolle zugunsten des ersteren. Ihr eigener potentieller Konflikt löst sich in offene Handlung auf, und zwar in eine Richtung, die durch das Verhalten des Auslösenden vorgegeben ist.

Wir meinen, daß es nicht einmal immer nötig ist, daß der Auslösende die Handlung bis zum Ende ausführt; starker und offener gestischer und mimischer Ausdruck des Freiseins von Schuldgefühlen und Angst im Moment der Triebbefriedigung kann ausreichen, die anderen zu beeinflussen (»das schlechte Beispiel«). In anderen Fällen ist die unmittelbare Sichtbarkeit der auslösenden Handlung nötig, um die Wirkung hervorzurufen (»der Verführer«).

Ansteckung kann natürlich auch in umgekehrtem Sinne stattfinden; man kann dann von »positiver Ansteckung« sprechen.

Beispiel: In einer der Lagerhütten waren Jungen untergebracht, die wegen Diebstahls straffällig geworden waren. Sie legten großen Wert auf ihren Gruppenkodex und ergingen sich in Kraftausdrücken und Flüchen. Eines Abends kniete einer von ihnen beim Zapfenstreich plötzlich nieder, holte seinen Rosenkranz hervor und begann sein abendliches Gebet. Verblüffung lähmte vorübergehend den Rest der Gruppe. Da unser religiöser Held zugleich der Gruppe ein »Vorbild« an Härte und krimineller Lebensanschauung war, gesellten sich drei andere zu ihm und knieten ebenfalls vor ihren Schlafkojen nieder, während die übrigen sie mit offenem Mund anstarrten.

Offene Zurschaustellung religiöser Andacht galt im Gruppenkodex dieser Kinder als weichlich. Dennoch waren sie alle sich dieses Kodexes nicht ganz sicher und fühlten sich nach ihren blasphemischen Orgien im Grunde etwas schuldig. Die klare »Lösung«, die ihnen ihr Kamerad vorzeigte, indem er seine Angst, sich lächerlich zu machen, abschüttelte und einfach dem religiösen Gebot seines Über-Ichs folgte, machte es den anderen möglich, ihre Scham vor einem offenen Sieg ihrer Gewissensinstanz zu überwinden und auf alle weiteren Spottreden und Blasphemien zu verzichten.

3. Indirekte Ansteckung und Schockwirkung

In den bisherigen Beispielen führte »Ansteckung« immer zu einer Nachahmung des Verhaltens des Auslösenden. Wir halten es für notwendig, auf zwei weitere Phänomene hinzuweisen, die unserer Ansicht nach auf dem gleichen Grundprinzip beruhen, obwohl direkte Nachahmung nicht stattfindet. Mit »indirekter Ansteckung« bezeichnen wir einen Vorgang, der in Situationen wie der folgenden auftauchen kann:

Beispiel: Die *spitfires* (»Brauseköpfe«) waren eine Gruppe von elf- bis dreizehnjährigen Jungen, die ein Jahr lang an intensiver Gruppenarbeit mit einer erwachsenen Leiterin teilgenommen hatten. Die Leiterin war ungewöhnlich begabt, einen demokratischen Führungsstil zu praktizieren und die Fähigkeit zum Ausdruck von Gruppengefühlen und -gedanken zu fördern. Wenn Probleme oder Konflikte auftauchten, hielten die Jungen »Beschwerdesitzungen« ab, in denen sie Vorwürfe gegeneinander oder gegen die Gruppenleiterin vorbrachten. Ihr bemerkenswerter Gruppenstolz galt einer Haltung von Offenheit und der Fähigkeit, Kritik akzeptieren zu können. Al wurde dieser Gruppe zugeteilt, als die ganze Horde ins Zeltlager

Ansteckung und Schockwirkung in der Gruppe

fuhr. Seine Aufnahme in die Gruppe war gut vorbereitet worden; der Lagerleiter und die Gruppenleiterin hatten den Jungen erklärt, warum die Aufnahme eines neuen Mitglieds notwendig war, und sie hatten sich mit den Ansichten, die die Jungen dazu äußerten, ausführlich beschäftigt. Al's Erscheinen war so gut wie irgend möglich vorbereitet worden; die Haltung, die die Gruppe ihm entgegenbrachte, war Bereitschaft zu gütlicher Zusammenarbeit.

Das hielt jedoch nicht lange an. Wir wußten, daß Al erhebliche masochistische Neigungen hatte. Gerade deswegen versuchten wir ihn in eine Gruppe einzugliedern, die so reibungslos mit der Leiterin zusammenarbeitete und die in Konfliktfällen ihre Probleme so gut verbalisieren konnte. Nach ein paar Tagen war die Gruppe in einem chaotischen Zustand. Al's Wünsche, sich jagen, stoßen und mit sich raufen zu lassen, waren so überwältigend, daß die anderen Jungen alle Selbstbeherrschung verloren. Sie fingen zwar spielerisch an, aber Al verlockte sie ständig zu sadistischeren Handlungen, als ihnen selbst in den Sinn gekommen wäre. Nach etwa einer Woche bestand die Gruppe aus einer Horde sadistischer Raufbolde, die in Gruppendiskussionen defensiv, aber im Erfinden von Ausreden und Alibis groß waren. Die Jungen zankten und rauften untereinander und waren aggressiv und unstet in ihren Beziehungen zu Erwachsenen.

In einer großen Gruppenaussprache über die Veränderungen und in Einzelgesprächen wurde die Sache eindeutig klar. Die Kinder klagten darüber, daß sie zwar wüßten, sie dürften nicht nachgeben, daß Al es aber »irgendwie fertigbringe«, sie dazu zu veranlassen, ihn zu jagen und zu hauen. Sie konnten nicht erklären, *wie* er es »fertigbringt«. Sie gaben auch zu, daß ihre Äußerungen, wörtlich genommen, nicht zutrafen. Es war jedoch klar, was sie damit sagen wollten. Al's offen zur Schau getragene, extrem masochistische Bedürfnislage allein weckte bei ihnen den Anreiz zu sadistischem Lustgewinn, und dies in größerem Ausmaß, als sie bewältigen konnten. Natürlich sammelte sich der Zorn über die eigene Unfähigkeit, sich zu beherrschen, als drohende Wolke über Al's Haupt und bot ein zusätzliches Ablehnungsmotiv. Die Ungreifbarkeit des ganzen Geschehens hemmte ihre ehemalige Fähigkeit zur freien Gruppenäußerung. Die Schuldgefühle infolge des eigenen Verhaltens, in welches sie hineinmanövriert worden waren, wurden zur kollektiven Motivation für eine Sündenbockprojektion gegen Al als den Anlaß der ganzen Schwierigkeiten; am Ende wollten sie Al loswerden.

Dieses Beispiel zeigt, daß etwas wie Ansteckung stattgefunden hat. Nur heißt Ansteckung hier nicht, daß die anderen Kinder Al nachahmten, sondern daß sie dazu veranlaßt wurden, sich auf die komplementäre Seite seiner Bedürfnisstruktur einzulassen (sadomasochistische Versuchung). Klinisch gesehen, scheint das Grundprinzip das gleiche zu sein, obwohl keine Verhaltensnachahmung stattfand. Wir könnten, mangels eines besseren Begriffs, dies Phänomen »indirekte Ansteckung« nennen, jedenfalls solange, bis wir genug darüber in Erfahrung gebracht haben, um ihm eine bessere Bezeichnung geben zu können.

Das Phänomen der »Schockwirkung« ist von noch größerer Bedeutung für den Kliniker. Ein Beispiel soll es verdeutlichen:

Beispiel: Die *puppeteers* (»Puppenspieler«) waren eine Gruppe von achtjährigen Jungen und Mädchen, die wegen einer tiefsitzenden Angst davor, sich selbst auszudrücken, zu uns geschickt worden waren. Sie waren alle schüchtern, verschlossen und so ängstlich, daß sie nicht einmal Fingerfarbe oder andere »schmutzige« Materialien benutzen wollten. Nach einigen Wochen hatten die Bemühungen der Leiterin einige Erfolge gebracht; es war jedoch zugleich klar geworden, daß sich die Kinder nur in den Symptomen glichen, nicht aber im Ausmaß der Verdrängung verbotener Triebregungen. Denn alle, mit einer Ausnahme, benutzten jetzt nicht nur reichlich Fingerfarben, sondern malten auch die phantastischsten Bilder und ließen sich während des Malens offen auf ödipale und andere Phantasien und Spiele ein. Ihr Benehmen wurde einem der Mädchen zuviel. Janie verließ verstört die Gruppe.

Eine genauere Untersuchung der Gesamtsituation zeigte deutlich, was geschehen war: Die Wahrnehmung von so viel psychischem Material, das Janie viel stärker als die anderen verdrängt hatte, stürzte sie in eine Angstphase. Statt die offene Ausdrucksfähigkeit der anderen Kinder nachzuahmen, verstärkte sie lediglich ihre eigene Reaktionsbildung gegen freie Selbstdarstellung.

Wir können diesen Fall kurz mit dem oben analysierten Fall von Ansteckung vergleichen:

(1) Bei Janie bestand ein gewisses Bedürfnis nach Selbstdarstellung, aber ebenso eine sehr starke Reaktionssperre dagegen. Ihr Gleichgewicht war keineswegs labil, sie hatte viel mehr Verdrängungstendenzen.

(2) Sie konnte klar erkennen, wie die anderen Kinder den Konflikt »lösten«; sie drückten ungehemmt und frei (mit Billigung der Leiterin) und ohne Angst und Schuldgefühle das aus, was Janie sich nicht einzugestehen wagte.

(3) Die Diskrepanz zwischen Janies Fähigkeit, sich selbst anzunehmen, und der der anderen Kinder war zu groß, als daß sie Freude am Nachahmen hätte gewinnen können.

(4) Die Vergegenwärtigung der Art und Weise, wie die anderen ihre Wünsche und Phantasien ausdrückten, vermochte in Janie nicht das Ausagieren ihrer Triebregungen zu bewirken und auf solche Weise ihr Problem zu lösen. Vielmehr wurde Janie dadurch zu noch größeren Anstrengungen der Reaktionsbildung gezwungen; zumindest war ihre ursprüngliche Lösung des Konflikts (Verdrängung und Reaktionsbildung) bedroht, und es entstand Angst.

Die Folge ist nicht immer nur Angstentwicklung oder verstärkte Reaktionsbildung; manchmal können weitreichende und ernsthafte gruppenpsychologische Folgen auftreten.

Beispiel: Aileens Haß auf Martha verstärkte sich zu einem kaum mehr verständlichen Ausmaß. Sie mühte sich nicht nur ständig, ihre Zimmerkameradin zu verletzen, aufzuziehen, zu beleidigen, sie in Verlegenheit zu setzen und zu quälen, sondern sorgte auch mit großer Mühe dafür, üble Gerüchte über Martha unter ihren Freunden und Freundinnen auszustreuen. Von Marthas Seite aus lag wenig vor, was diese Reaktion erklärt hätte. Martha ging Aileen aus dem Weg, so oft sie nur konnte, sie war ausgesprochen großmütig und hatte Verständnis für die Bemühungen der Leiterin, Aileen zu helfen, anstatt sie für ihre schändlichen Umtriebe zu bestrafen. Die Sache kam so weit, daß jedes einzelne Mädchen der Gruppe von Aileen gegen Martha aufgebracht worden und Martha zu einem echten Sündenbock gestempelt war.

Aileen war groß für ihr Alter (13 Jahre) und körperlich frühreif. Der Sozialfürsorger und die Schule versicherten uns aber, daß sie sich noch nicht für Jungen interessiere und daß wir deshalb keine Bedenken haben sollten, sie in einem gemischten Zeltlager unterzubringen. Sie lebte in einem Elendsviertel, in dem die meisten Mädchen ihres Alters offen mit ihrer Promiskuität prahlen und in dem Sexualität und Männer ständiges Gesprächs- und Klatschthema sind. Sie wohnte bei ihrer Tante, einer sehr moralischen Frau, die dafür sorgen wollte, daß Aileen nicht »in die Fußstapfen ihrer Mutter« treten sollte. Aileen fühlte sich also durch das offene Gerede und Angeben in ihrer Gruppe im Lager verunsichert, wobei Martha die größte Bedrohung darstellte. Denn Martha interessierte sich für einen der Jungen im Lager und kam dabei in keinerlei emotionale Konflikte, sondern sie genoß dessen Werbung auf eine Art, die es Aileen unmöglich machte, sie als ein »schlechtes Mädchen« zu verachten. Der Erfolg der eigenen enormen Verdrängungsbemühungen wurde bedroht, indem sie zuschauen mußte, wie erotische Wünsche ohne Schuldgefühle geäußert werden konnten, und indem sie sah, daß es auch möglich ist, Sexualität ohne Konflikte zu akzeptieren. Ihr Gleichgewicht war in Gefahr, und es genügte nicht, die eigene Reaktionsbildung gegen ihre sexuellen Bedürfnisse zu verstärken; sondern sie mußte die Person, die an allem Schuld war, »zerstören« oder ausschalten – nach dem altbekannten Muster der Hexenjagd.

Diese beiden und andere Formen von Schockwirkung lassen sich in folgender Übersicht zusammenfassen:

(1) *Freischwebende Angst:* Kinder, die mit jemandem in der gleichen Gruppe zusammenleben müssen, der ihre Balance von Es, Ich und Über-Ich bedroht, haben oft Alpträume, haben Angst vor einem bestimmten Kind, ohne von ihm tatsächlich bedroht zu sein, haben verschobene Ängste, die sich in unbegründeter Furcht, z. B. vor dem Wald oder vor Schlangen, oder in psychosomatischen Symptomen oder auch in Heimwehreaktionen manifestieren können.

(2) *Wutanfälle:* Kinder, deren Persönlichkeitsgleichgewicht durch das Wahrnehmen von unannehmbaren Verhaltensweisen in dieser Weise bedroht wird, bekommen manchmal mit größerer Häufigkeit Wutausbrüche, die eindeutig auf Angstanfälle zurückgeführt werden können.

(3) *Anschein von »Besserung«:* Mitunter werden sie durch diese Schockreaktionen vorübergehend gezwungen, »brav zu sein«. Solche Veränderungen können leicht mit wirklicher Besserung verwechselt werden. In Wirklichkeit aber ist die vorübergehende Bemühung, Gruppenwerte zu akzeptieren, nur die Reaktion auf eine Bedrohung ihres inneren Gleichgewichts: sie werden verunsichert durch die Beobachtung angst- und schuldfreier Ausgelassenheit anderer, und diese Beobachtung erzwingt verstärkte Reaktionsbildung[3].

(4) *Aus-dem-Weg-Gehen und Sich-Zurückziehen:* Unter dem Einfluß der Schockwirkung fangen einige Kinder an, bestimmten anderen Kindern aus dem Weg zu gehen; sie wollen einer anderen Gruppe zugeteilt oder nach Hause geschickt werden; sie laufen weg, oder sie nehmen nicht mehr an Gruppenunternehmungen teil, die ihnen früher Spaß gemacht haben, oder aber sie finden Zuflucht im Tagträumen und Lesen.

(5) *Feindseligkeit und Sündenbock-Intrigen:* Je weiter sie getrieben werden, desto weiter müssen sie selbst gehen, z. B. so weit wie Aileen. Nur das Ausschalten oder »Zerstören« derer, die ihr labiles Persönlichkeitsgleich-

gewicht bedrohen, kann das Problem lösen. Es kann also sein, daß sie sich in ernsthafte Intrigen gegen dieses oder jenes Kind oder gegen den Leiter einlassen oder daß sie versuchen, die Gruppe zu Sanktionen gegen bestimmte Missetäter oder Verstöße zu bewegen, oder aber, daß sie zu Klatschmäulern werden, allein um die Bedrohung ihres »anständigen«, aber instabilen Gleichgewichts – Unausgeglichenheit zwischen starker Triebregung und unversöhnlichem Über-Ich – zu beseitigen.

Es ist eine interessante, bisher aber noch nicht zu beantwortende Frage, warum in äußerlich ähnlichen Situationen einmal Ansteckung und ein andermal Schockwirkung die Folge eines Verhaltens ist. Vorläufig lassen sich nur folgende Vermutungen wagen:

Ansteckung findet statt (unter sonst gleichen Umständen):

(1) wenn das Gleichgewicht in demjenigen, den das Verhalten affiziert, von vornherein nach Triebfreisetzung tendiert;

(2) wenn der Mangel an Schuldgefühlen und der Grad von Angstfreiheit, die der Auslösende zur Schau trägt, gerade stark genug sind, um die innere Spannung im Nachahmenden herabzusetzen, aber nicht so weit, daß sie Angst vor totalem Verlust der Kontrolle wecken;

(3) wenn der Bereich, in dem Ansteckung stattfindet, verhältnismäßig frei von anderen Problemen ist.

Schockwirkung findet statt (unter sonst gleichen Umständen):

(1) wenn das Gleichgewicht bei dem, der affiziert wird, stark nach einem Sieg des Über-Ichs tendiert, vor allem, wenn die unterdrückten Triebregungen bedrohlich stark sind, so daß sogar vorübergehende Befriedigung ein Risiko bedeuten würde;

(2) wenn die Freiheit von Angst und Schuldgefühlen beim Auslösenden groß genug ist, um den, der getroffen wird, über den konkreten Anlaß hinaus zu gefährden, indem seine Grundprinzipien und Über-Ich-Kontrollen in Frage gestellt werden;

(3) wenn der Bereich, in dem eigentlich Ansteckung stattfinden könnte, zu konfliktreich und tabubeladen ist, so daß wegen eines kleinen Vergehens viel zu starke Gegenkräfte mobilisiert werden müßten.

4. Praktische Folgerungen

Nicht weniger interessant als die Frage, wann und warum Ansteckung oder Schockwirkung stattfinden, ist das Problem, warum sie mitunter gerade dann ausbleiben, wenn man sie durchaus erwarten könnte. Der Gruppenleiter muß dies unbedingt wissen, um jene Phänomene kontrollieren zu können. Spezifische praktische Vorschläge müssen der künftigen Forschung vorbehalten bleiben. Wir können auf der Grundlage unserer bisherigen Beobachtungen nur folgende vorläufige Hinweise anbieten:

4.1 Bedeutung der Gruppenzusammensetzung

Es ist offensichtlich nicht möglich, Gruppen auf der Basis einfacher Kriterien wie Alter, Interesse, Intelligenzquotient usw. zu bilden. Irgendwo werden früher oder später Faktoren auftauchen, die dafür bestimmend sein können, ob das Klima in unterschiedlich zusammengesetzten Gruppen günstig oder ungünstig ist, und dafür, wer wen und auf welche Weise beeinflußt.

Die zahlreichen Kriterien, die für eine »gesunde Gruppierung« entwikkelt worden sind, haben uns zunehmend beeindruckt[4]. Aber diese Frage ist zu kompliziert, als daß sie hier behandelt werden könnte. Wir müssen uns mit dem Hinweis begnügen, daß wir mit Gruppierungsmethoden manchmal verhindern können, daß Johnny oder Mary ein Übermaß an Ansteckung oder Schockwirkung auf den Rest der Gruppe ausüben.

4.2 Gruppenpsychologische Absonderung

Da Untergruppenbildungen sowie Gruppenstruktur und Faktoren der organisatorischen Kontrolle eine wichtige Rolle in den beschriebenen Prozessen zu spielen scheinen, können folgende Beobachtungen Hinweise für weitere Untersuchungen liefern:

Beispiel: Ansteckung oder Schockwirkung können manchmal durch die Aufteilung der Kinder auf feste Untergruppen eingeschränkt werden, auch wenn sie in der gleichen Hauptgruppe bleiben. Hütte Nr. 7 z. B. setzte sich aus Jungen zusammen, deren Wildheit und kriminelle Neigungen nicht mit der entwickelten und nahezu professionellen Abgebrühtheit der Jungen aus Hütte Nr. 4 verglichen werden konnten. Johnny, der etwas weniger kriminell als die anderen war, konnte glücklich mit ihnen zusammenleben.

Das, was er über das Verhalten und Treiben der Jungen aus Hütte 4 wußte, erregte ihn etwas, aber es hatte ansonsten nur geringe Bedeutung für ihn, da er fest in die Affektbindungen seiner eigenen Gruppe integriert war. Zusammen mit seinen Kameraden äußerte er manchmal Entrüstung über die »schrecklich rauhen Burschen von drüben« und zweifelte die Klugheit unserer Entscheidung an, solche Jungen überhaupt ins Lager kommen zu lassen. Aber er brauchte sie weder nachzuahmen noch übertriebene Schockreaktionen zu entwickeln. Diese Haltung wäre nicht möglich gewesen, wenn wir den Fehler gemacht hätten, ihn in Hütte 4 zu legen. Dem gleichen Gruppenkodex und den gleichen emotionalen Beziehungen innerhalb der Gruppe unterworfen wie diese Jungen, hätte er sie entweder nachahmen müssen, um Prestige zu gewinnen oder er hätte unter Affektverwirrung gelitten, aus Angst, seine Selbstkontrolle zu verlieren. Er hätte es dem Gruppenleiter außerdem kaum verzeihen können, die »schlechten« Jungen genauso zu akzeptieren wie ihn, und er hätte mannigfaltige hysterische Symptome entwickelt.

Beispiel: Kinder, die mit ihren Erziehern an einer großen Gruppenveranstaltung teilnehmen und in Gruppen geordnet in den Saal einziehen, sind wesentlich disziplinierter und leichter zu lenken – auch wenn das Programm Stillsitzen erfordert – als wenn sie alle durcheinander hereinstürmen. Denn unter anderem ist ein bestimmtes Verhalten, z. B. Herumkaspern, wenn es jemand sieht, der nicht direkt zu seiner Untergruppe gehört, längst nicht so ansteckend wie sonst.

4.3 Besondere Behandlung durch den Leiter

Ansteckung und Schockwirkung sind eigentlich unvermeidlich im Leben einer jeden Gruppe. Das Problem besteht nicht darin, wie man sie vermeidet, sondern vielmehr darin, wie man die Vorfälle richtig handhabt, so daß ihren Folgen rechtzeitig entgegengewirkt werden kann. Wenn der Gruppenleiter das Ansteckungspotential und den Ansteckungsbereich von Johnny und seiner Gruppe kennt, wird es ihm wesentlich leichter fallen, Gruppenentwicklungen und einzelne Vorfälle vorauszusehen und richtig zu behandeln. Auch Schockwirkung kann bis zu einem bestimmten Grad gehandhabt werden, indem die direkte und indirekte Unterstützung des Kindes durch den Gruppenleiter verstärkt wird. Zusätzlich können individuelle Gespräche, Gruppendiskussionen und andere Techniken angewandt werden [5].

4.4 Folgerungen für Neuaufnahmen

Viele bisher ziemlich rätselhafte Phänomene, wie erhöhte Erregbarkeit ganzer Gruppen bei der Aufnahme neuer Mitglieder oder wiederhergestellte Lenkbarkeit und Spannungserleichterung nach der Entfernung bestimmter älterer Mitglieder, müssen in neuem Licht gesehen werden. Es scheint auch klar zu sein, daß sowohl Aufnahme wie Entfernung von Gruppenmitgliedern strategische Implikationen haben, deren Bedeutung in keinem Verhältnis zu der Aufmerksamkeit steht, die man ihnen normalerweise schenkt.

5. Theoretische Folgerungen

All diese Erscheinungen werfen erneut die Frage auf, welcher besonderen Art die Vorgänge sind, die sich in den beobachteten Gruppen abspielen. Obwohl wir hoffen, im Rahmen dieser Studie ausreichend beschrieben zu haben, was wir mit den Begriffen »Ansteckung« und »Schockwirkung« meinen, sind wir dennoch weit davon entfernt, zu wissen, was die Phänomene eigentlich konstituiert. Folgende Fragen scheinen sich dem Theoretiker am meisten aufzudrängen:

Was sind die Unterschiede zwischen diesen und anderen Formen der Einflußnahme unter Gruppenmitgliedern?

Findet Ansteckung nur unter Gruppenmitgliedern statt, oder sind ihre Grundmechanismen auch dann am Werk, wenn ein Gruppenleiter seine Gruppe oder einzelne Mitglieder »mitreißt«? Die gleiche Frage trifft auf das Phänomen der Schockwirkung zu.

Durch welche subtilen Mechanismen werden solche Dinge mitgeteilt? Woher weiß Johnny, daß Bobby wirklich frei von Angst und Schuldgefühlen ist, während wir seine Fallgeschichte studiert haben und uns immer noch nicht sicher sind? Wie kann Aileen den Grad sexueller Gelöstheit bei Martha einschätzen? Wie kann eine Gruppe in einem Fall die Implikationen einer einzelnen Geste (Tellerwerfen) spüren und als Möglichkeit zur Triebabfuhr auffassen und in so vielen anderen Fällen nicht? Die intuitive Genauigkeit, mit der Gruppenmitglieder Informationen übermitteln können – weit über die Reichweite normaler Sprache und Signale hinaus – verblüfft uns und läßt uns ratlos.

Was gibt einer Handlung eine solche Signalfunktion? Würde irgendein anderes Verhalten gleicher Art eine ähnliche Ansteckungs- oder Schockwirkung hervorrufen, oder gibt es in der Art oder Intensität von Bobbys Handlungen etwas Spezifisches, das diese Wirkungen hervorruft?

Gilt das gleiche Prinzip in Situationen von absichtlicher Beeinflussung? Kann es gelehrt und gelernt werden? Liegt es vielleicht auch in anderen Beeinflussungs-Situationen vor, die wir zu undifferenziert auf direkte verbale oder gestische Kommunikation zurückgeführt haben?

Wie ist es möglich, daß die bloße Wahrnehmung einer konfliktfreien Über-Ich-Situation einen so starken Einfluß auf die konfliktgeladene Über-Ich-Situation eines anderen Kindes ausübt?

Wie können wir solche Phänomene in meßbare Einheiten übersetzen, damit sie wissenschaftlich untersucht und so vielleicht herausgehoben werden können aus dem Bereich der Einfühlung und Mutmaßung?

Der Zweck dieser kurzen Erörterung war nicht, das Problem zu lösen, sondern es aufzuwerfen. Wenn mehr Personen mit Gruppen arbeiten, in denen mehr über die einzelnen Gruppenmitglieder und andere Hintergründe und zugleich mehr über die Dynamik, die Gruppen in Bewegung setzt, bekannt ist, können diese Fragen vielleicht beantwortet werden. Einstweilen schließen wir mit einem dringenden Aufruf zur gruppenpsychologischen Forschung, die die Disziplinen der Psychoanalyse und der Soziologie vereint.

Disziplin in der Schulpraxis

1. Abgrenzung des Begriffs »Disziplin«

Wie groß die Zahl der Bedeutungen des Wortes »Disziplin« in den vorliegenden Wörterbüchern auch sein mag – in Unterhaltungen in den Pausen oder in Konferenzen gebrauchen die Lehrer es immer wieder in drei verschiedenen Anwendungsweisen [1].

1.1 Erste Bedeutung

Im ersten Fall verstehen wir unter »Disziplin« den Grad der Ordnung, den wir in einer Gruppe erreicht haben. Wir sagen z. B.: »Miss X hat nicht sehr viel Disziplin in ihrer 7 A.« Oder: »Mr. Y scheint in seinem Fach nicht sehr viel zu wissen, aber er hat, das muß man ihm lassen, bestimmt eine gute Disziplin in seiner Klasse.« In beiden Fällen verwenden wir gewöhnlich das Verbum »haben« in Verbindung mit »Disziplin«. Mit Disziplin, die wir »halten« oder »haben«, meinen wir den Organisationsgrad, der von uns in einer Gruppe erreicht wurde. Die Frage, wie denn genau wir zu diesem organisierten Funktionieren einer Gruppe gelangt sind, wird in diesem Fall offengelassen.

1.2 Zweite Bedeutung

Hierbei verstehen wir unter »Disziplin« nicht die Ordnung, die wir haben, sondern den Trick, mit welchem wir Ordnung schaffen. Z. B.: »Sagen Sie, Miss Jones, wie üben Sie in Ihrer Klasse Disziplin aus?« Oder: »Sie hält einen interessanten Unterricht, aber ich halte nicht viel von ihren disziplinarischen Maßnahmen.« Mit der »Disziplin, die von uns ausgeht«, bzw. unseren »disziplinarischen Maßnahmen« meinen wir alles, was wir tun, um in unserer Gruppe Ordnung zu schaffen, zu halten oder wiederherzustellen.

Es sollte von Anfang an klar sein, wie verwirrend ein solcher Doppelgebrauch des Wortes »Disziplin«, wie er im Amerikanischen herrscht, sein kann. Kein Wunder, daß wir durcheinander geraten, wenn wir manchmal das, was wir herstellen wollen, mit dem gleichen Wort bezeichnen wie die Technik, mit der wir es erreichen wollen. Diese Konfusion ist ein Grund für zahlreiche Kontroversen unter Lehrern über Fragen, die nur ein einfaches semantisches Problem sind.

1.3 Dritte Bedeutung

Im dritten Sinn gebraucht man das Wort – speziell das Verbum – als Euphemismus für »Strafe«. »Tut mir leid, ich konnte bei ihm nichts mehr erreichen. Ich mußte ihn einfach disziplinieren.« Oder: »Glauben Sie nicht, daß Kinder manchmal diszipliniert werden müssen?« In solchen Fällen sprechen wir nicht von Ordnung, sondern von einer besonderen Weise, sie durchzusetzen. Und unter den Dutzenden von Mitteln, mit denen man die Ordnung stärken und fördern kann, zielen wir nur auf eine, nämlich die Strafe, als wäre sie das einzige Mittel.

Es fällt nicht schwer, zu zeigen, daß dieser Gebrauch des Begriffs selbstverständlich irreführend ist. Wenn er, zusammen mit anderen Bedeutungen, in ein und derselben Diskussion auftritt, so läßt sich eine Verwirrung leicht absehen:

Mr. A: »Ich bin mit der Weise, wie Sie Johnny gestern diszipliniert haben, nicht einverstanden. Ich denke, das macht ihn nur noch halsstarriger, als er schon ist.«

Mr. B: »Was? Sie glauben nicht an Disziplin?!«

Die Auflösung eines solchen Mißverständnisses ist einfach; es gibt keine Alternative der Art, wie Mr. B sie unterstellt. Glauben an Disziplin (Ordnung) heißt nicht, daß jede Art der Strafe die richtige Methode zur Herstellung von Disziplin ist – wie sehr die Begriffe sich auch gleichen mögen.

1.4 Zusammenfassung

»Disziplin« klar abzugrenzen setzt voraus, daß wir wissen, in welchem Sinn wir selbst und andere Sprecher den Begriff gebrauchen; ohne diese Klärung werden wir in unserer Diskussion über die Sache in einer babylonischen Sprachverwirrung steckenbleiben. Für diese kleine Untersuchung schlage ich vor, die dritte Bedeutung auszuschalten: Wenn wir Strafe meinen, werden wir »Strafe« sagen, anstatt sie terminologisch zu verbrämen. An verschiedenen Stellen jeweils werden wir uns jedoch über die beiden anderen Bedeutungen verständigen müssen. Aber wir werden immer spezifizierende Zusätze machen, um klarzustellen, wovon wir gerade sprechen – von Disziplin als einer bestimmten Art der Ordnung oder als einer Technik, diese Ordnung zu schaffen, zu halten oder wiederherzustellen. Solange wir in jedem einzelnen Fall klar diese Unterscheidung treffen, lassen sich größere Mißverständnisse leicht vermeiden.

2. Die drei Hauptarten des Kopfzerbrechens

Zunächst wollen wir über die Wahl der richtigen disziplinarischen Maßnahmen (zweite Bedeutung) sprechen, obwohl einiges von dem, was wir hier sagen wollen, sich auch darauf bezieht, wie man die richtige Art von Ordnung (erste Bedeutung) plant. Von unserer Arbeit mit Praktikern an ihrer Wirkungsstätte her scheint uns, daß das Problem der Gruppendisziplin, mit dem sie ständig konfrontiert sind, sich um folgende drei gedankliche Komplexe dreht: (I) Individuum oder Gruppe? (II) Steuerung des Verhaltens oder Veränderung der Einstellung? (III) Wie können wir wissen, ob es »wirkt« oder nicht?

2.1 Individuum oder Gruppe?

Es ist sonderbar, daß angesichts zweier guter Dinge unser Gedanke oftmals der sein soll, wie wir eins zugunsten des anderen opfern können. So aber und nicht anders wird im Hinblick auf Gruppendisziplin das Problem gewöhnlich gestellt. Die meisten Lehrerkonferenzen lassen sich in theoretischen Diskussionen über diesen Gegenstand leicht in zwei Flügel spalten.

Auf der einen Seite gibt es die, die das Individuum der Gruppe opfern möchten: Was auch immer vorfallen mag, Johnny muß hinausgeworfen werden, weil »seine Anwesenheit die Gruppe stört«; oder er bekommt Schläge, »um ein Exempel für die übrigen zu statuieren« (gleichgültig, was es ihm antut); oder er muß als »Beispiel« für die Gruppe belohnt werden, selbst dann, wenn diese Belohnung ihn in einen eingebildeten Snob verwandelt und die übrigen Kinder einschüchtert und neidisch macht. An dieser Einstellung ist zweifellos etwas Richtiges, doch wenn man ihre Befürworter fragt, inwiefern dieses Vorgehen Johnnys Problem löst, dann wissen sie keine klare Antwort, sondern raten einem, man müsse doch »realistisch« sein.

Auf der anderen Seite gibt es die, die die Gruppe, in der Johnny lebt, nicht viel kümmert. Sie sind ganz versessen darauf, auch den sadistischsten kleinen Teufelsbraten noch zu verwöhnen, gleichgültig wie viele Kinder er dabei aufspießt. Sie verlangen, daß man Johnny all das Lob gibt, das er braucht, um zu Hause mit seinen Geschwistern besser auszukommen, gleichgültig wie »unfair« das dem Rest der Klasse gegenüber ist. Oder sie bestehen darauf, daß man Johnny die Klasse als Tummelplatz für einen kleinen Diktator überläßt, weil ihn das für die Frustration entschädigt, die er durch mangelndes Familienzugehörigkeitsgefühl zu Hause erleidet. Wenn man sie fragt: »Aber was soll mit meiner Gruppe geschehen?«, dann wissen sie keine Antwort, sondern sagen, man müsse Johnny doch »verstehen«.

Der einsichtige Lehrer weiß, daß beide Haltungen töricht sind und daß es keinen anderen Weg gibt, als beide Seiten zugleich zu berücksichtigen.

Das Problem des Gruppenleiters ist es stets, das Verhalten und die Entwicklung sowohl des Individuums als auch der Gruppe zu beeinflussen. Es gibt jedoch verschiedene Komplikationen, mit denen er sich oftmals konfrontiert sieht.

Erstens: In bestimmten Vorkommnissen des alltäglichen Gruppenlebens mag das eine oder das andere Problem im Vordergrund stehen. Einige Vorfälle sind »gruppenrelevanter«; andere wiederum sind bedeutungsvoller für den »Einzelfall«.

Beispiel 1: Johnny ist gerade in einer Entwicklungsphase, in der Kinder sehr viel den Clown spielen, um Prestige in der Gruppe zu gewinnen. An diesem Herumkaspern ist nichts wirklich Schlimmes. So wie wir Johnny kennen, sind wir in Wirklichkeit froh, daß es »zu guter Letzt« dazu gekommen ist. Gewöhnlich geschieht es jedoch ebenso unvermeidlich, daß Kinder in ihrem Ehrgeiz, Eindruck auf die Gruppe zu machen, es manchmal übertreiben und in ihrem Verlangen nach Beifall so aufdringlich werden, daß sie wirklich jede ernste Unterrichtssituation stören.

In diesem Fall genügt es nicht, zu wissen, daß Johnnys Verhalten vom Gesichtspunkt seiner eigenen Entwicklung in Ordnung, normal, verständlich, ja sogar wünschenswert ist. Der Lehrer muß auch wissen, daß seine gesamte Unterrichtssituation platzt, wenn er das Verhalten nicht einschränkt.

Beispiel 2: Der Lehrer bemerkt, daß Mary sich zurücklehnt, daß sie offensichtlich tagträumt. Nach einer Weile findet er heraus, daß das Kind aufgrund häuslicher Schwierigkeiten ernstlich verstört ist. Marys Verhalten bleibt jedoch auf ihr Phantasieleben beschränkt. Sie handelt in keiner Weise so, daß die Gruppe oder der Lehrer bei ihrer Arbeit gestört würden. Ihr Verhalten bleibt, aus der Perspektive der Gruppe gesehen, harmlos, obwohl es alarmierend ist im Hinblick auf ihre eigene Fallgeschichte. In diesem Fall gibt es für den Lehrer keine disziplinarische Notwendigkeit einzugreifen, aber Marys Verhalten stellt dennoch eine deutliche pädagogische Herausforderung an den Lehrer dar, denn sie braucht Hilfe.

Zweitens: Die Techniken, die einem Zweck angemessen sind (Hilfe für den Einzelnen), fallen nicht immer mit den Techniken zusammen, die von der anderen Perspektive des Problems her effektiv sind (Beeinflussung des Gruppenverhaltens).

Beispiel 1: George ist der Typus des Jugendlichen, der nur schwer auf eine lockere Führung reagiert. Appelle an den Gruppengeist bedeuten ihm nicht viel, denn es kümmert ihn wenig, was die anderen Kinder über ihn denken. Was er im Augenblick nötig hat, ist eine stetige Betreuung und eine sehr herzliche Freundschaft mit seinem Lehrer. Solange er beides bekommt, geht es ziemlich gut mit ihm. Es gibt viele andere Kinder in der Gruppe, die wie er sind. So entschließt sich der Lehrer dazu, auf der Basis einer Kombination von Abhängigkeit in seinem Unterricht eine straffe Lenkung, die die Kinder von ihm abhängig machen, mit der Zuwendung persönlicher Zuneigung zu verbinden. Nach einer Weile werden die Gruppenmitglieder einer Situation ausgesetzt, in der sie plötzlich selbständig handeln. Sie sind völlig unfähig, dies zu tun. Denn keiner von ihnen hat gelernt, unter anderen Bedingungen zu handeln als unter wohlwollendem Druck von seiten Erwachsener.

Die Technik wohlwollender autokratischer Freundschaft ist also richtig in bezug auf einige der betreffenden Kinder, aber sie wird der Aufgabe, die Gruppe zu einer eigenständigen Einheit zu erziehen, nicht gerecht.

Beispiel 2: Der Lehrer hat entdeckt, daß seine Klasse sich etwas verschlimmert hat, daß sie in eine Phase getreten ist, in der sie sich wilder und aufsässiger beträgt, als ihr guttut, und daß sie ganz außer Kontrolle gerät. Anstatt dem Lehrer Zeit zu lassen, um herauszufinden, was eigentlich vor sich geht, und sich an die schrittweise Lösung des Problems zu machen, besteht der Schulleiter darauf, daß sofort etwas unternommen und kurzer Prozeß gemacht werde.

Der Lehrer entschließt sich daher dazu, die Zügel der Gruppe fest in die Hand zu nehmen, statuiert einige »Exempel«, droht und wird hart und repressiv. Das »wirkt«, jedenfalls was das oberflächliche Verhalten der Gruppe angeht. Die Klasse bekommt einen besseren Ruf, macht weniger Lärm und ist während des Unterrichts folgsamer.

Zur gleichen Zeit jedoch verlieren einige Kinder der Klasse das Interesse an der Arbeit in der Schule, fangen an, zu spät zu kommen und zu schwänzen und vernachlässigen ihre Hausarbeiten; einige von ihnen schließen sich kriminellen Jugendbanden außerhalb der Schule an, obwohl sie sich in der Schule bereitwillig der Disziplin unterwerfen.

Die Technik des Lehrers funktioniert, was die Beeinflussung des Gruppenverhaltens anbetrifft; sie versagt aber in bezug auf das, was diese Schüler als »Menschen« brauchen.

Drittens: Bei Konflikten zwischen den Interessen von Einzelnen und den Anforderungen des Gruppenverhaltens gibt es ein grundlegendes Gesetz, das die Wahl unserer disziplinarischen Mittel leiten kann, *das Gesetz marginaler Antisepsis*[2]: Eine Technik, die in bezug auf Johnnys Probleme richtig ist, muß mindestens harmlos sein in ihrer Wirkung auf die Gesamtheit der Gruppe; eine Technik, die hinsichtlich ihrer Wirkung auf die Gruppe richtig gewählt ist, muß mindestens harmlos sein den betroffenen Individuen gegenüber.

Beispiel 1: Erinnern wir uns an Johnnys Herumkaspern. Es muß eingeschränkt werden, sonst wird das Gruppenziel allzu ernstlich beeinträchtigt. Nun taucht allerdings die Frage auf, wie denn Johnnys Verhalten sich so ändern läßt, daß das, was der Lehrer tut, auf Johnny mindestens nicht schädlich wirkt.

Unter idealen Umständen kann der Lehrer sich daranmachen, das Problem der Gruppe einschließlich Johnnys Problem in einem Aufwasch zu lösen, indem er z. B. wirklich viel Zeit auf Johnny verwendet, seine häuslichen Probleme ins Lot bringt, ihm eine nette Jugendgruppe ausfindig macht, wo er nach Herzenslust den Clown spielen kann, ohne anderen Leuten ins Gehege zu kommen, oder indem er ihn in die Psychotherapie schickt – je nach der besonderen Notwendigkeit, die vorhanden ist. Aber selten sind die Umstände so ideal. Oft hat der Lehrer diese Wahl nicht, kann er nicht soviel Zeit auf die Änderung von Johnnys Verhalten verwenden, und doch muß er irgendwie zu Ergebnissen kommen.

Unser Gesetz der marginalen Antisepsis verlangt nun, daß der Lehrer so handelt, daß für Johnny daraus wenigstens kein Schaden entsteht. Das

Gruppenproblem ließe sich z. B. leicht dadurch lösen, daß man Johnny, immer wenn er Faxen macht, bestraft oder ihn aus der Klasse wirft. Aber was würde dies bei Johnny anrichten, der nun nicht nur ohne soziale Bestätigung dastünde, sondern nur noch verwirrter wäre als vorher? Ihn vor den anderen bloßstellen – auch diese Maßnahme hätte ihre Wirkung auf das Betragen der Klasse. Aber würde dies nicht die geringe soziale Anpassung, die Johnny gerade erreicht hat, wieder zum Verschwinden bringen und ihn in noch großspurigere und schlimmere Angeberei vor weniger wohlwollenden Gruppen treiben?

Eine Kontrolle von Johnnys Clownerien, die ihm sein Anpassungsproblem nicht noch schwerer macht, wird dann funktionieren, wenn die anderen Kinder in der Klasse kooperieren und Johnny dabei helfen, die Grenzen zu erkennen, bis zu denen er gehen kann.

Beispiel 2: Ann ist ein Kind mit starken Minderwertigkeitsgefühlen. Der Psychologe hat dem Lehrer geraten, ihr sehr viel Zustimmung und Aufmunterung zukommen zu lassen, damit sie ihr Selbstvertrauen zurückgewinnt. Das führt dazu, daß der Lehrer nun alle Anstrengungen unternimmt, um Ann zu loben, sogar mehr, als sie es verdient, und aufdringlicher und sichtbarer, als er es normalerweise bei anderen Kindern tun würde. Das Ergebnis ist, daß Ann nur für kurze Zeit aufblüht. Sie ist während des Unterrichts stolz und glücklich und auch selbstbewußter. Der Lehrer glaubt, er habe das Problem erfolgreich gelöst.

Nach wenigen Tagen jedoch scheint durch, daß die anderen Kinder Anns besonderes Problem nicht eigentlich begreifen noch überhaupt genug darüber wissen. Darum müssen sie die besondere Aufmerksamkeit, die Ann nun plötzlich genießt, falsch deuten. Sie beginnen ihrem Lehrer zu mißtrauen. Sie fangen auch an, ihm ihre Gefühle deutlich zu zeigen. Sie werden nachlässig in ihrer Arbeit, murren und quengeln über ihre Hausaufgaben. Das alles gipfelt darin, daß sich endlich einige der Kinder regelrechte Frechheiten herausnehmen, zur größten Genugtuung der ganzen Gruppe.

Die Technik, die der Lehrer anwendet, um Anns Verhalten zu handhaben, ist richtig in bezug auf ihre Fallgeschichte. Aber vom gruppenpsychologischen Standpunkt aus ist sie verkehrt. Unbegründete Bevorzugung eines Kindes in Gegenwart der anderen kann mißverstanden werden, Eifersucht in der Gruppe auslösen und so die Moral der Gruppe zerstören. In Anns Fall ist die Methode zwar theoretisch richtig, praktisch aber ist sie falsch, weil sie nicht harmlos ist in ihrer Wirkung auf die Gruppe. Diese Analyse bedeutet nicht, daß der Lehrer für Ann überhaupt nichts tun kann, ohne die Gefühle der anderen Kinder nicht zu verletzen. Es bedeutet jedoch, daß er, was er tut, auf andere Weise tun und sich zuerst um das Verständnis der anderen Kinder bemühen muß – oder daß er vielleicht überhaupt mit Hilfe der Gruppe das Problem anpacken sollte.

Viertens: Unvereinbarkeiten zwischen der Rücksichtsnahme auf einen Einzelnen und auf die Gruppe, die zu irgendeinem Zeitpunkt im Gruppenleben unvermeidlich sind, lassen sich oftmals im nachhinein lösen, nämlich indem man spätere Situationen vorausplant.

Beispiel 1: Der Lehrer macht mit den Kindern eine Bootsfahrt. Sie sind natürlich in bester Laune und sehr ausgelassen. Das wußte er im voraus. Darum hat er den Ausflug überhaupt in die Wege geleitet. Einer aus der Gruppe, Bob, gehört anscheinend zu der Art von Kindern, deren Selbstkontrolle im Vergleich zu anderen sehr viel geringer ist. Darum hat die Beseitigung normaler Verhaltenshemmungen, obwohl sie die anderen nur in Grenzen zu Lärm und Unfug veranlaßt, eine allzu starke Wirkung auf Bob. Er gerät völlig außer sich, läßt sich nicht mehr halten und benimmt sich so, daß das Boot in Gefahr gerät, umzuschlagen.

Nehmen wir an, daß echte Gefahr droht. Zweifellos muß der Lehrer dann sofort handeln. Er wird daher, obwohl er nichts von körperlicher Züchtigung hält und obwohl er, weil er Bob versteht, nicht auf ihn wütend ist, alles daransetzen, ihn daran zu hindern, das Boot umzukippen, auch wenn er ihn dazu festhalten oder die anderen Jungen veranlassen muß, ihn bei der Stange zu halten. Diese Methode funktioniert insoweit, als Bob das Boot nicht tatsächlich zum Umkippen bringt. Wir wissen, daß die Technik, die er anwenden muß, nur eine für den Notfall ist, daß sie eher schlecht ist und auf Bob und die anderen Kinder keine gute Wirkung hat.

Die Moral von der Geschichte ist, daß der Lehrer nicht vermeiden kann, so zu handeln, und in einem ähnlichen Fall wieder so handeln müßte. Aber er kann es vermeiden, nach Hause zu gehen im Glauben, alles sei in Ordnung, einfach weil die Gruppenwirkung, die er befürchtete, ausgeblieben ist. Vielmehr wird er später mit Bob sprechen, um zu erfahren, ob er ihm helfen kann, mehr Einsicht zu gewinnen; er wird Bob merken lassen, daß er ihn keineswegs nicht mehr leiden kann, sondern daß er einfach eine Dummheit verhindern mußte, obwohl Bob selbst diesen Unterschied absolut nicht sehen wollte; er wird einen umfassenden Plan für die Zukunft aufstellen, der geeignet ist, einen vernünftig handelnden Jungen aus Bob zu machen, und der eventuell die Verhältnisse im Elternhaus und andere Umstände berührt; oder er wird Bob einer anderen Gruppe von Kindern zuteilen, deren

Programm nicht solche fortgeschrittenen Situationen freier Planung enthält wie das der ersten Gruppe, die für Bob vielleicht sozial zu reif ist.

Welche dieser Maßnahmen oder welche anderen Maßnahmen richtig sind, das hängt ganz von Bob und seinem Problem ab. Was wir hier zeigen wollen, ist, daß die Notwendigkeit, aus der Situation heraus zu handeln und etwas zu tun, was wir für falsch halten, andererseits nicht ausschließt, unvermeidliche Fehler wieder gutzumachen durch spätere Maßnahmen.

Beispiel 2: Martha lebt unter höchst unerfreulichen häuslichen Umständen. Der Lehrer weiß es, und er kennt auch die besondere Anspannung, unter der das Kind im Augenblick steht. Unter diesem Einfluß reagiert das Mädchen überaffektiv, bricht im Klassenzimmer in Wutanfälle aus, gebraucht ordinäre Ausdrücke und schleudert sogar dem Lehrer Beleidigungen ins Gesicht.

Die übliche Praxis in der Schule ist die, solche Vorfälle dem Schulleiter zu melden, um das Mädchen zu bestrafen oder mindestens sehr schwer zu rügen; oder man folgt irgendwelchen anderen geläufigen Praktiken der sozialen Ächtung. Der Lehrer ist sich bewußt, daß das Problem, mit dem dieses Kind konfrontiert ist, so ernst ist, daß es einfach nicht richtig wäre, irgendeine dieser Techniken anzuwenden oder die Eltern vorzuladen oder überhaupt irgend etwas zu tun, was dem Kind das Gefühl gäbe, seinen letzten Freund, den Lehrer, verloren zu haben. So entschließt er sich, eine Ausnahme zu machen. Er reagiert überhaupt nicht auf Marthas Beleidigungen, sondern wartet, bis der Anfall vorüber ist, geht dann ruhig auf das weinende Kind zu und läßt es ohne Übertreibung alle Anzeichen echter Zuneigung spüren.

Dieses Verhalten ist genau das, was Martha braucht; sonst würde sich ihr Fall in unvorhersehbarer Weise komplizieren. Dennoch weiß der Lehrer auch, daß diese Art, den Fall zu handhaben, nicht richtig im Blick auf die Gruppe als ganze ist. Denn er kann dasselbe Verhalten bei keinem anderen Kind der Gruppe in ähnlicher Weise tolerieren; und da die anderen Kinder dies wissen, werden sie Martha notwendig hassen, auf sie eifersüchtig werden und ihr, die schon genug Probleme hat, noch ein weiteres aufladen.

Dennoch glaubt der Lehrer, daß er richtig gehandelt habe und daß er dasselbe noch einmal tun würde. Aber er läßt es damit nicht bewenden. Er ist sich bewußt, daß etwas geschehen muß, was dem gruppenpsychologischen Fehler, der seinem auf den Einzelfall gerichteten Verhalten unvermeidlich anhaftete, entgegenwirkt. So wird er nach der Stunde mit der Klasse sprechen und auf diese Weise die freimütigen Reaktionen der Kin-

Disziplin in der Schulpraxis

der auf das Geschehene bekommen; er wird ihnen gestatten, ihren Ärger wegen Marthas schlechten Betragens loszuwerden, und ihnen die Möglichkeit geben, ihn für seine übergroße Nachgiebigkeit zu kritisieren. Weiter wird er im Gespräch mit allen oder einigen – das alles hängt von den Details der Situation ab – erklären, welche besonderen Gründe er für seine Handlungsweise gehabt habe. Dies wird der Gruppe helfen, sein Verhalten gegenüber Martha zu verstehen und nicht falsch zu deuten. Er wird auch keinen Zweifel darüber entstehen lassen, was er an Marthas Verhalten auszusetzen habe, und er wird der Gruppe somit klarmachen, daß er keineswegs ignorieren oder verzeihen wolle, was Martha getan habe, sondern daß es ihm um etwas Wichtigeres gegangen sei.

Zusammenfassend möchten wir dem Lehrer versichern, daß wir nicht vorgeben, das Problem »Individuum und Gruppe« sei immer lösbar oder immer leicht zu lösen. Wir wollen aber auch zum Ausdruck bringen, daß sich in sehr viel mehr Fällen, als es auf den ersten Blick den Anschein hat, eine angemessene Lösung finden läßt, wenn wir uns nur der Tatsache bewußt sind, daß ein guter Stil der Gruppenführung fortwährend solch eine doppelte Orientierung verlangt. Eine solche Haltung trägt dazu bei, sich der Angemessenheit unseres Tuns zu versichern, sowohl in bezug auf das betroffene Individuum als auch in bezug auf die gruppenpsychologische Wirkung. Viele Diskussionen, die zu kontroversen Entweder-Oder-Streits ausarten, ließen sich wesentlich konstruktiver lösen, wenn man stets beide Gesichtspunkte verbände, wie wir es vorgeführt haben. In all jenen Fällen jedoch, in denen sich der Lehrer wiederholt vor Situationen gestellt sieht, wo eine Kombination dieser zwei Gesichtspunkte unmöglich scheint, können wir mit Sicherheit sagen, daß gleich zu Anfang ein Fehler in der Zusammenstellung der Gruppe gemacht worden ist. Darüber werden wir später noch mehr zu sagen haben.

2.2 Steuerung des Verhaltens oder Veränderung der Einstellung?

Oft sieht sich der Lehrer beim Herstellen der Gruppendisziplin einem weiteren Problem gegenüber. Es stellt sich in der Frage: »Was versuche ich eigentlich zu erreichen?« Der Zweck aller disziplinarischen Maßnahmen läßt sich zwei Zielrichtungen entsprechend bestimmen: Beeinflussung von Verhaltenssymptomen hier und jetzt oder Einwirkung auf grundlegende Einstellungen.

Bei der hier angebotenen Alternative spielt es keine Rolle, ob wir einen Einzelnen oder eine Gruppe beeinflussen wollen.

Dem auf den »Zweck« der Gruppendisziplin ausgerichteten Aspekt scheinen uns folgende Prinzipien zugrunde zu liegen:

Erstens: Es ist manchmal wirklich wichtig, hier und jetzt das Verhalten zu steuern, und zwar unter allen Umständen. Es zu unterlassen würde einen großen Fehler bedeuten.

Beispiel 1: Der Lehrer hat mit einer Klasse ziemlich schwer gestörter Kinder zu tun, die aus einer verwahrlosten Umgebung stammen, wo heftiges Raufen nicht zu den sozial geächteten Verhaltensformen zählt. Eine Zeitlang scheinen seine Bemühungen einigermaßen erfolgreich zu sein. Die Gruppe funktioniert recht gut und interessiert sich offensichtlich für die Art, in der er Dinge erklärt, die diese Jugendlichen vorher noch nie so richtig begriffen haben. Aber die Gruppe ist eine seltsame Mischung aus scheuen und zurückgezogenen Kindern und wilden, brutal-aggressiven Burschen mit häufigen Wutanfällen. Während der Lehrer gerade damit beschäftigt ist, etwas zu erklären, bricht ein kleiner Krawall zwischen zwei Jungen in den hinteren Bänken aus. In einer Gruppe wie dieser geht es nicht an, jedem kleinen Vorfall Aufmerksamkeit zu schenken, ohne daß das Klima in einem dermaßen von Strafhandlungen bestimmten Zustand gehalten werden müßte, daß sich keinerlei positives Lernverhalten und keine die Schule akzeptierende Einstellung mehr entwickeln könnte. Der Lehrer ist daran gewöhnt, kleine Störungen von Zeit zu Zeit zu übersehen, und er hat herausgefunden, daß sie in der Regel von selbst wieder abklingen. In diesem Fall jedoch hat er kein Glück. Einer der beiden Jungen springt plötzlich auf und zieht sein Messer gegen den anderen. In diesem Fall gibt es für den Lehrer keinen Zweifel, daß die Bedrohung mit dem Messer gestoppt werden muß, ganz gleich, auf welche Weise. Nehmen wir an, daß der Junge so außer sich ist, daß keine milde Form des Eingreifens wirksam ist. So muß ihn der Lehrer am Arm packen, ihm das Messer wegnehmen, ihn anbrüllen oder hinauswerfen.

Das Anliegen, das bedrohte Kind vor einer Verletzung zu bewahren, ist wichtig genug, um den Gebrauch einer Technik, die nur oberflächlich eine Verhaltensänderung hervorbringt, zu rechtfertigen. Es zu unterlassen wäre hier ein schwerer Fehler. Es versteht sich von selbst, daß diese Technik nur den ersten Teil der richtigen Handhabung eines disziplinarischen Falls darstellt. Unsere Beispiele in dem vorausgegangenen Kapitel zeigen den Weg zu einem vollständigeren Handeln.

Beispiel 2: Die ganze 7 B hat sich mit allen Kindern der Hauptschule versammelt. Die 2 A dieser Schule hat eine Aufführung vorbereitet, in die sie viel Zeit und Begeisterung hineingesteckt hat, und sie hat monatelang auf diese Chance gewartet, von der ganzen Schule Beifall zu erhalten. Es ist Frühling; das Ende des Schuljahres ist nicht fern, und mit ihm endet für alle Schüler der 7 B, der Abschlußklasse, der Aufenthalt in diesem Schulgebäude – das hoffen sie wenigstens. Eine Stunde vor Programmbeginn hat es einen heftigen Streit über das Ergebnis eines Baseball-Spiels gegeben, das mit einem zweifelhaften Unentschieden ausging.

Im großen und ganzen ist die 7 B nicht gerade der schlechteste Haufen. Die Kinder verhalten sich auf der Versammlung so laut und unruhig, daß die ganze Aufführung in Gefahr ist, gestört zu werden. Miss Jones hat ein gutes Verhältnis zu ihrer Gruppe, aber heute scheint diese in einer Stimmung zu sein, in der sanftes Eingreifen nichts nützt. Die einzige Möglichkeit, der Störung Einhalt zu gebieten, ist, den schlimmsten Unruhestifter hinauszuwerfen; dann werden die anderen aufwachen und merken, daß sie nun andere Saiten aufzieht, und werden sich während des Rests der Aufführung gut betragen.

Obwohl Miss Jones weiß, daß der lauteste Störer nicht notwendig die wirkliche Ursache ist und daß ein Hinauswurf weder den Jungen ändert noch eine bessere Moral in der 7 B herstellt, fliegt Bob raus, weil er das Pech hat, der erste Störer nach der letzten Ermahnung zu sein. Steuerung des Verhaltens ist in diesem Augenblick die entscheidende Aufgabe der Lehrerin. Ihre Technik ist für diesen Zweck richtig und wirkungsvoll. Wir hoffen natürlich, daß sie sich der Grenzen solcher Techniken bewußt ist und andere Maßnahmen plant, um das wirkliche Problem später anzupacken.

Zweitens: Manchmal ist es in der Tat wichtiger, mit unserem Handeln an grundlegende Einstellungen heranzukommen, selbst wenn sich das Verhalten nicht auf der Stelle ändert. In einem solchen Fall würde die Anwendung einer Technik, die zwar das Verhalten tangiert, zugleich jedoch unseren tieferen Absichten zur Beeinflussung grundlegender Haltungen entgegenwirkt, einen schwerwiegenden Fehler darstellen.

Beispiel 1: Das Schulsystem A richtet eine Sonderklasse für all jene Kinder ein, die straffällig geworden sind, besonders solche, die die Schule hassen und das Gefühl haben, daß sich ohnehin niemand darum kümmert, was mit ihnen geschieht.

Es ist eindeutig klar, daß der einzige vernünftige Zweck, den eine solche Sonderklasse haben kann, darin liegt, die schulfeindliche Grundeinstellung der Schüler zu ändern. Dies Hauptziel muß ständig die »Disziplin« bestimmen. Das bedeutet, daß es die erste Aufgabe der Lehrerin ist, diesen mißtrauischen Kindern zu zeigen, daß sie anders ist, um so den Wunsch in ihnen zu wecken, sich mit ihr zu identifizieren und sie als »in Ordnung« zu akzeptieren. Miss Evans ist auf gutem Weg, in dieser Beziehung Erfolg zu haben. Nach Wochen sorgfältigen Studiums dieser Kinder und ihrer Besonderheiten hat sie recht gut herausgefunden, welches Verhalten sie vermeiden muß, um nicht mit früheren Lehrern in einen Topf geworfen zu werden, die ohne Wirkung an den Seelen dieser Kinder vorbeigezogen sind.

Letzten Montag ertappte man zwei Jungen beim Rauchen auf der Toilette. Die Lehrerin tadelte sie wegen ihres Verhaltens in eben der Weise, die man von ihr als einer Hüterin des Schulreglements erwartete. Aber sie vermied sorgfältig jegliches Zur-Schau-Tragen von moralischer Entrüstung, sobald sie von dem Vorfall sprach; ebenso machte sie kein unverhältnismäßiges Aufhebens davon. Spätere Diskussionen mit den Kindern beweisen, wie ausgezeichnet es ihr gelungen ist, ihr Vertrauen zu gewinnen, eben durch die Behandlung dieses kleinen Vorfalles. Ihre Technik war also sehr wirksam.

Die übrigen Lehrer jedoch sehen die Sache mit anderen Augen an. Miss Evans wird offen der Untergrabung der »Disziplin« bezichtigt; es wird von ihr verlangt, jeden Jungen nach Zigaretten zu durchsuchen, bevor er das Klassenzimmer betritt, und für die, die petzen, eine Belohnung auszusetzen. Denn – so wird argumentiert – jedes weitere Rauchen müsse absolut verhindert werden.

Was die Änderung von oberflächlichen Verhaltenssymptomen angeht, hat der übrige Lehrkörper richtige Ansichten über das Vorgehen. Miss Evans' Technik garantiert keine hundertprozentige Sicherheit gegen die Gefahr, daß in dieser Schule eine zweite Zigarette geraucht wird. Freilich, ein Überwachungssystem, ähnlich einem regelrechten Gestaposystem mit »Quislingen«, die ihre eigene Gruppe verraten, würde wohl die Zahl der gerauchten Zigaretten beträchtlicher heruntersetzen als Miss Evans' Technik.

Was aber das wahre Ziel der Schule angeht, so ist der Lehrkörper im Unrecht. Absicherung des Zigarettenverbots verlangt Techniken, die dem grundlegenden Erziehungsziel direkt zuwiderlaufen, dem Ziel nämlich, das dieses Schulsystem intendierte, als es die Sonderklasse einrichtete: die Veränderung der grundlegenden Einstellung der Kinder gegenüber der

Disziplin in der Schulpraxis

Schule. Durchsuchung der Schule, Belohnung fürs Verpfeifen und moralische Entrüstung über eine zwar nicht wünschenswerte, aber milieu-übliche Verhaltensform, all dies würde Miss Evans die Möglichkeit nehmen, einen Einbruch in die grundlegenden Reaktionen dieser Kinder gegenüber ihrer Lehrerin und dem, was sie verkörpert, zu erzielen.

Beispiel 2: Um sicher zu gehen, daß nicht das Mißverständnis entsteht, als unterstellten wir, daß solche Betrachtungen nur im Falle »abnormen« Verhaltens zählten, wollen wir an eine ganz gewöhnliche Schule mit normalen Kindern denken, wo man sich dazu entschlossen hat, ein Selbstverwaltungsexperiment durchzuführen. Ohne Zweifel kann man von einem solchen Experiment nicht erwarten, daß es zur Bequemlichkeit der Lehrer beiträgt; es hat vielmehr nur ein Ziel: grundlegende Einstellungen in den Kindern zu entwickeln, die zu einem wachsenden Verständnis für den demokratischen Prozeß selbst führen, ferner für die Verantwortungen, die sich aus ihm ergeben, und schließlich für Lernerfahrungen, die notwendig sind, ihn zum Funktionieren zu bringen.

Woran wir also denken, ist das schrittweise Erlernen eines Zusammenlebens unter Selbstverwaltungsstrukturen. Wir müssen uns sofort vor Augen halten, daß jede Technik, die hundertprozentigen »Erfolg« verspräche – nämlich ein reibungsloses Miteinander-Auskommen auf Kosten des Spielraums für das Lernen aus Fehlern und die Entwicklung von Selbstvertrauen –, offensichtlich falsch wäre. Wenn wir uns auf ein solches Projekt einlassen, dann begreifen wir zunächst einmal, daß die erste Auswirkung keine Verbesserung, sondern eine verstärkte Verwirrung sein wird, was die tägliche Routine angeht; ferner daß dieser Verwirrung nicht durch autoritäres Einschreiten beizukommen ist, daß sie vielmehr für das Lernen aus Fehlern fruchtbar gemacht werden muß; endlich daß die Techniken, die ein glattes Funktionieren versprechen, nicht »erfolgreich« sind in bezug auf die grundlegende Aufgabe, die in diesem Fall gestellt worden ist.

Der Erfolg des Unternehmens muß an dem Lernprozeß gemessen werden, der auf der Erfahrung aufbaut, nicht an dem Ausmaß, in dem Störungen vermieden werden. Nicht die Änderung oberflächlichen Verhaltens, sondern eine langfristige Einstellungsänderung ist das Ziel, in dessen Licht die Wertung stattzufinden hat.

Drittens: Meistens streben wir natürlich beide Ziele an: die Steuerung des Verhaltens und ebenso die Beeinflussung der Grundeinstellung. Die Schwierigkeit besteht darin, daß einige Techniken besser dazu taugen, Verhaltensänderungen hervorzurufen, andere dazu, über längere Zeit einen Wandel in grundlegenden Einstellungen zu bewirken.

Mit diesem Problem konfrontiert, sollten wir abermals das Gesetz der »marginalen Antisepsis« beachten, welches in diesem Zusammenhang folgendermaßen formuliert werden müßte: Jede Technik zur Änderung des Verhaltens muß mindestens harmlos sein im Hinblick auf eine langfristige Änderung der Einstellung, und jede Technik zur Änderung grundlegender Einstellungen muß mindestens harmlos sein im Hinblick auf die Provokation eines Verhaltens, der wir mit Realitätsdruck begegnen müssen.

Beispiel 1: Mr. Morris macht sich auf und holt sich Rat in disziplinarischen Fragen. Ab morgen früh will er in seinem Lateinunterricht andere Saiten aufziehen. Er führt ein strenges System von wohldefinierten Regeln und Bestimmungen, Verdienst- und Verlustpunkten, Anerkennungen und Strafen ein. Das System ist wohldurchdacht. Es spornt durch seine Lockmittel einige Schüler an, andere erschreckt es durch seine Drohungen; die Resultate sind unglaublich. Kurze Zeit nach Inkrafttreten des neuen Systems hat jedermann seine Aufgaben gemacht, verfügt jedermann über Hefte und Papier und gutgespitzte Bleistifte. Die tatsächliche Arbeitsleistung ist über Nacht gestiegen.

Jedoch wir haben uns zu früh gefreut. Wir entdecken nach einer Weile, daß die grundlegende Einstellung dieser Kinder ihrem Lehrfach und ihrem Lehrer gegenüber nicht nur einfach unverändert geblieben ist, sondern sich sogar noch verschlechtert hat. Niemand stellt mehr Fragen. Die Schüler befinden sich nicht einmal mehr im Zweifel darüber, wozu Latein gut sein soll – es ist ihnen gleichgültig geworden. Sie bekämpfen die Anstrengungen des Lehrers nicht mehr; sie sind jetzt dahin gelangt, ihn als pedantisch, lächerlich und »schulmeisterlich« zu verachten. Sie haben überhaupt kein Interesse am Gegenstand mehr; sie schinden Zeit und warten auf den glücklichen Augenblick, wo sie das Wort »Latein« nicht mehr werden hören müssen. Was die neue Technik hervorgebracht hat, ist lediglich eine geschickte Ausnutzung des Systems, mit der sich die Kinder Schwierigkeiten ersparen. Ihr eigentliches Motiv ist nicht, Latein zu lernen, sondern herauszubekommen, wie man allzuvielen Reibereien mit einer Sache, deren Bedeutungslosigkeit man nach und nach als unvermeidlich hingenommen hat, aus dem Wege geht.

Der Rat, den Mr. Morris von seinen »disziplinarischen Zauberkünstlern« erhalten hat, hatte also einen Haken. Er ersetzte einen Mangel fach-

Disziplin in der Schulpraxis

bezogener Motivation durch das System von Zuckerbrot und Peitsche zur Steuerung des Verhaltens, aber er förderte nicht die wirklich langfristigen Ziele, die er zu erreichen hoffte, nämlich eine Gruppe von Kindern zu haben, die lernbegierig sind und die ihn als Person respektieren. Vielmehr verkehrte er dies Ziel ins Gegenteil.

Beispiel 2: Miss Jones übernimmt die 8 B. Diese Klasse hat sich einen schlechten Ruf erworben; in ihr sind die schlimmsten Strolche der Schule; diese machen ebenso wie die weniger störenden Kinder in der Klasse eine Periode starker körperlicher Veränderungen durch und sind offensichtlich außer Rand und Band. Die Verhältnisse haben sich dermaßen verschlimmert, daß der ganze Schulbetrieb von ihnen gestört wird. Keine der täglichen Routinen, Anwesenheit und Schularbeiten eingeschlossen, funktioniert mehr.

Miss Jones hat viel über »demokratische Spielregeln« gelesen. Als erstes führt sie also ein System der Selbstverwaltung ein. Es hat ein paar annehmbare Wirkungen; das Betragen einiger der Schüler wird besser; sie zeigen nicht mehr so viel Aufsässigkeit und trotzige Ablehnung von Schule und Lehrer. Aber es ist genauso offenbar, daß sie mit ihren Angelegenheiten nicht zurechtkommen. Es entwickeln sich einige Tyrannen, die alle anderen – die eigenen engsten Spießgesellen ausgenommen – ihrem Regime unterwerfen wollen; Regeln werden aufgestellt und wieder gebrochen; es kommt zu schönen Lernerfahrungen in den Diskussionen, die sie um ihre Angelegenheiten führen, aber immer noch zeigt sich keine Veränderung, soweit es die Teilnahme am Unterricht und die Arbeitsleistung betrifft, und immer noch geraten sie miteinander in Streit.

Der Fehler ist offensichtlich. Miss Jones' Idee war insoweit richtig, als ein Selbstverwaltungsexperiment für Kinder die beste Methode ist, gewisse Grundeinstellungen gegenüber den anderen in ihrer Gemeinschaft zu erwerben. Wir wissen jedoch auch, daß ein solches Experiment für eine recht lange Zeit das tägliche Verhalten überhaupt nicht berührt, wenn es mit einer Gruppe gemacht wird, die dafür noch nicht reif ist. (In einem Sommerlager wäre das Experiment wohl geglückt.) Wenn die Anforderungen der Schule die gleichen bleiben, dann verlangt Miss Jones' Technik auch längere Wartezeiten für Veränderungen im Verhalten, als sie im Rahmen des Möglichen voraussehen konnte. Darum war die Technik richtig im Hinblick auf die grundlegenden Einstellungen, schädlich jedoch, weil sie nicht einmal ein Minimum an aktuellen Verhaltensproblemen löste, die gelöst werden *mußten*.

Um sicher zu gehen, daß wir nicht mißverstanden werden, sollten wir hinzufügen, daß es in keinem der beiden Beispiele notwendig ist, nun ins andere Extrem zu fallen. In beiden Beispielen, glauben wir, lassen sich praktikable disziplinarische Systeme, die Wirksamkeit im einen Bereich mit Antisepsis im anderen kombinieren, leicht vorschlagen.

In beiden Beispielen hätte ein Teil der Arbeit von Lehrern und Schülern so vorbereitet werden können, daß die Arbeit sie zur verstärkten Beteiligung ermuntert hätte, sinnvoller geworden wäre und auf diese Weise grundlegende Einstellungsänderungen vorbereitet hätte. In beiden Fällen hätte ein Bereich des schulischen Lebens ruhig dem Einfluß und Einschreiten der Erwachsenen überlassen werden können, ohne im mindesten Freiheit und Selbstverwaltung in anderen Bereichen in Gefahr zu bringen.

Im Beispiel von der Lateinklasse hätte der Lehrer etwa seine Unterrichtstechnik derart verändern können, daß Latein näher an die Interessenebene und die momentanen Bedürfnisse der betreffenden Altersstufe gerückt worden wäre; er hätte auch eine größere Unterrichtsbeteiligung entwickeln können, wenn er in seine Lehrmethoden die Technik der Gruppendiskussion aufgenommen hätte. Zugleich wäre es ratsam gewesen, auch einige wohldurchdachte Druckmittel anzuwenden und Belohnungen auszusetzen, um die Erfüllung gewisser Arbeitsanforderungen zu erzwingen, ohne jedoch das gesamte Gewicht der Motivationen auf solch ein Prämiensystem zu verlagern.

Im zweiten Beispiel hätte Miss Jones eine scharfe Trennungslinie zwischen zwei Problemkomplexen ziehen können: Solchen, deren Lösung die Schule durchsetzen muß, selbst wenn die Kinder noch nicht ganz soweit sind, den Sinn dahinter zu erkennen, und solchen, die für die Gruppe getrost offengehalten werden können, auf daß sie sich selbst mit ihnen frei – *wirklich* frei – befasse. Auf diese Weise hätten die Schüler eine Chance gehabt, Selbstbestimmung in einem Bereich zu üben, in dem sie es sich hätten leisten können, auch einige Fehler zu machen.

Zusammenfassend wollen wir noch einmal feststellen, daß wir nicht so tun wollen, als gebe es irgendein fertiges Rezept, das die Frage beantwortet: »Wie weit kann die Leine gelockert werden, damit Lernen durch Fehler stattfinden kann, und auf welchen Punkten müssen wir bestehen, weil wir keine Konzessionen an störendes Verhalten machen können?« Es ist offensichtlich, daß wir gewöhnlich dazu neigen, uns in eine der beiden Richtungen zu verirren. Dennoch scheint es, daß ein sorgfältiges Durchdenken beider Seiten dieses ganzen Fragenkomplexes (Änderung von Verhaltenssymptomen oder grundlegende Einstellungsveränderung?) zu wesentlich zufriedenstellenderen Lösungen führen würde, als wir sie uns ohne eine solche vergleichende Untersuchung erhoffen können.

2.3 Woran erkennen wir, ob »es wirkt« oder nicht?

Wenn Leute anfangen, über Probleme der Disziplin zu reden, dann tun sie gewöhnlich eins von zwei Dingen: Entweder sie fangen einen wilden Streit über »Grundprinzipien« an und setzen eine unbegründete Meinung gegen die andere, oder sie tun so, als wollten sie sich einigen und zum »Praktischen« kommen, und fangen danach an, nur noch Anekdoten zu erzählen. Wenn man solche Anekdoten analysiert – Einzelfälle von guter oder schlechter Disziplin, Geschichten vom Versagen oder Erfolg einer Bestrafung, Beispiele dafür, wie gut Körperstrafen bei John wirkten und wie sie beispielsweise seinen Klassenkameraden zugrunde richteten –, dann stellt sich heraus, daß alle diese Anekdoten zwei Dinge gemeinsam haben. Einmal besser ein andermal schlechter getarnt, heben sie alle die einzigartigen magischen Fähigkeiten des Erzählenden auf ein Podest, und sie bewegen sich alle auf der Ebene des primitiven Denkens, was die Kriterien betrifft, mit denen eingeschätzt wird, warum dieser oder jener Trick »wirkte«.

Die folgenden Vorschläge eignen sich nach meiner Auffassung dazu, dem Lehrer als Leitfaden zu dienen, wenn er sich nicht von dem, was andere für ihre »Erfahrung« halten, nasführen lassen möchte.

Erstens: Behauptungen selbst der erleuchtetsten Experten, daß ihre »Techniken funktionieren«, bleiben bedeutungslos für Sie als Lehrer, solange Sie solche Fälle nicht im Lichte der individuellen Kinder, mit denen Sie es zu tun haben, und der gruppenpsychologischen Merkmale der eigenen Klasse geprüft haben.

Beispiel 1: Ihre Klasse ist eine 9 B in einer hochgradig konservativen Gemeinde. Der Anekdotenerzähler ermuntert Sie, soviel »Ungezwungenheit« wie nur möglich zu schaffen, damit die Kinder sich keinen Zwang antun und sich wie zu Hause fühlen. Aber hüten Sie sich vor diesem Ratgeber. Alles hängt davon ab, was der Erzähler im Sinn hat, wenn er »Ungezwungenheit« meint, und in welchem Personenkreis er seine Erfahrungen gewonnen hat. Jugendliche, die gerade in eine soziale Schicht eintreten, die ein wenig höher steht als die, in der ihre Eltern leben, werden durch eine Rückkehr zur Ungezwungenheit der Gruppe, die sie hinter sich gelassen haben, oft verunsichert. (Ein Beispiel ist die tiefe Aversion von jugendlichen

Negern der Mittelklasse – Kindern von Angestellten, die hoffen, später einmal im College zu studieren – gegen andere schwarze Jugendliche, die naivunbeherrscht mit ihrer holprigen Sprache und ihrem Verhalten die Elendsviertel, aus denen ihre Eltern stammen, verkörpern.)

Beispiel 2: Ihr Schulleiter hat Sie vorgeladen, um eine Methode zu finden, mit der der Lärm und die Unordnung im Lesesaal, wo sich die große Zahl von 350 Kindern versammelt, verringert werden könnte. Auf einer Konferenz, an der teilzunehmen der Schulleiter Ihnen vorgeschlagen hat, legt ein Redner gerade dar, was für eine großartige Sache es ist, alle Regeln abzuschaffen, die Kinder aus ihren Fehlern lernen und ein Bedürfnis nach Ordnung sich schrittweise aus dem Chaos heraus selbst entwickeln zu lassen.

Unglücklicherweise fügt er nicht hinzu, daß er nicht über eine Schule spricht, sondern über ein Sommerzeltlager, nicht darüber, wie man einen Lesesaal ruhig, sondern darüber, wie man eine Lagerhütte sauber hält, nicht über einen Gemeinschaftsraum mit 350 Schülern, sondern über eine Freizeitgruppe mit acht.

Beispiel 3: Raymond hat sich in der Schulstunde heute sehr schlecht betragen. Er hat in Ihrer Anwesenheit ein schmutziges Schimpfwort gebraucht. Sie sind nicht sicher, wie man mit diesem Betragen fertig werden soll; also bitten Sie den dienstältesten Lehrer um Rat. Dieser hat die richtige Antwort sofort parat und spricht aus langer Erfahrung: »Lassen Sie mich Ihnen eins sagen, lieber Freund«, meint er, »Sie können es sich nicht leisten, das ungestraft durchgehen zu lassen. Sie müssen die Eltern vorladen. Dann müssen Sie Raymond hart bestrafen, sonst werden alle anderen Kinder anfangen, es ganz genauso zu machen.« Während er das sagt, erinnert er sich an einen Vorfall mit einem frühreifen Schläger von dem »Messerwerfer-Typ« in einem Versammlungsraum mit sechzig Kindern – alle am Rande einer Revolte, während die Clique des Schlägers abwartete, wie der Lehrer wohl reagieren würde. Die Situation, für die der Rat gegeben wurde, *Ihre* Situation, ist jedoch ganz anders. Aber Ihr »erfahrener« Freund kümmert sich nicht um solche »Nebensächlichkeiten« wie die Tatsache, daß Raymond ein scheuer und schwacher Junge ist, von zu Hause aus eingeschüchtert, daß er Sie anbetet und daß ihm dieser Temperamentsausbruch passiert ist, weil er sich in seinen Gefühlen verletzt fühlte; ferner daß Raymond grausame und brutale Eltern hat, die keinen Sinn für Angemessenheit in Ihren disziplinarischen Maßnahmen haben und die Sie entweder auslachen würden, weil Sie sich über eine ordinäre Aus-

Disziplin in der Schulpraxis

drucksweise aufregen, oder Raymond erbarmungslos schlagen würden, je nachdem wie betrunken sie gerade sind; schließlich daß Ihre Klasse Sie anbetet, daß sie es »verstehen« würde, wenn Sie den ganzen Auftritt weise ignorierten, und daß kein einziger darunter ist, der auch nur im Traum daran dächte, sich ebenso zu verhalten [3].

Kurzum, was wir herausstellen wollen, ist, daß ein Ratschlag oft aus einer ganz bestimmten Situation abgeleitet ist, die der Sprecher jeweils im Sinn hat. Die Behauptung, daß »es wirkt«, ist bedeutungslos, es sei denn, man weiß, daß die Situation, mit der man selbst es zu tun hat, der anderen Situation, aus der der Ratschlag sich herleitet, grundsätzlich ähnlich ist und mit ihr in den meisten wesentlichen Punkten übereinstimmt. Fehler von der beschriebenen Art sind für Millionen von Fällen verantwortlich, in denen der »beste Rat« den »schlimmsten Schaden« anrichtet.

Zweitens: Behauptungen über die Wirkung bestimmter Techniken bleiben bedeutungslos, solange man nicht festgestellt hat, wovon genau die Rede ist: von der Wirkung einer Technik auf das individuelle Kind oder auf die Gruppe als ganze.

Beispiel 1: Sie wissen nicht mehr, was Sie tun sollen, da Johnny neuerdings recht trotzig und frech und so widerspenstig in seinem Verhalten während des Unterrichts geworden ist. Mr. Jenkins weiß alle Antworten. Er hat das alles schon durchgemacht. Er erzählt Ihnen eine schöne Geschichte, wie es ihm einmal geschehen sei, als ihn ein Kind angegriffen habe, und wie er es dann am Genick gepackt und aus dem Klassenzimmer geworfen habe, und: »Da hätten Sie die Klasse nachher einmal sehen sollen! Keins der Kinder hat sich je wieder schlecht aufgeführt.« Er empfiehlt das »Am-Genick-Packen« wärmstens als Heilmittel für widerspenstige Jugendliche. Er merkt nicht einmal, daß er über die Wirkung auf eine Gruppe spricht, während Sie wissen wollen, wie man Johnny helfen kann, sein Verhalten zu ändern.

Beispiel 2: Dr. P. Assiegutan [4], Psychiater an der Ihrer Schule angeschlossenen Erziehungsberatungsstelle, hat das Wundermittel entdeckt, mit dem Kinder, die in der Schule aggressiv sind, von ihrem Lehrer behandelt werden sollen. Er erinnert sich noch an Georges Fall. George war so aggressiv, daß er einmal beinahe ein Kind umbrachte. Da fand er einen Lehrer, der »George akzeptierte«, und von da an war alles in Butter.

Sie versuchen es mit Ned, aber es funktioniert nicht. Zuerst einmal wird Ned desto aggressiver, je mehr Ihr »Verständnis« ihm den Rücken stärkt; er ist zufällig ein anderer Typ als George. Ferner hat der Psychiater auch vergessen, eine andere Kleinigkeit nachzuprüfen. Sogar in Georges Fall, der angeblich so erfolgreich war, hat noch etwas mit hereingespielt, wofür der Psychiater sich nun einmal nicht interessierte, was Sie sich aber auf keinen Fall entgehen lassen dürfen. So wie die Dinge lagen, wurde George von seinen Klassenkameraden gehaßt. Als der Lehrer sich über die Weise, wie sie ihm zusetzten, aufzuregen begann und als er anfing, ihn zu verteidigen, ließen sie von ihm ab und knöpften sich einen anderen Jungen als Sündenbock vor. Die Technik, die vorgeschlagen wird, um das Problem, das der Lehrer mit Ned hat, zu bereinigen, enthält Implikationen, die weit über den betreffenden Schüler hinausreichen. Sie aber wollen Ned helfen, ohne in der Klasse andere Sündenböcke zu schaffen.

Drittens: Behauptungen über die Wirkung bestimmter Techniken bleiben so lange bedeutungslos, wie der Ratgeber nicht ganz klar macht, worüber er spricht, ob er mit »Wirkung« eine Veränderung im Verhalten oder eine grundlegende Veränderung in der Einstellung meint.

Beispiel 1: Miss Smith fiel ein guter Trick ein, der ihre Klasse »friedlicher« machte. Sie erklärte den Kindern einfach, daß sie jeden hart bestrafen werde, der beim Raufen mit einem anderen Kind ertappt würde. Sie behauptet, daß es Wunder gewirkt habe, und empfiehlt die Technik unbekümmert allen weniger erfahrenen Kollegen.

In Wahrheit haben die Kinder aus realistischen Gründen offenen Streit während der Unterrichtsstunden aufgegeben. Außerhalb der Schule aber rauften sie wie Hund und Katz. Solange sie in »Gefahr« waren, hielten sie einfach einen befristeten Waffenstillstand zum gegenseitigen Schutz ein. Sie waren überhaupt nicht »friedlicher«. Fallen Sie also nicht auf diese Art der Täuschung herein!

Beispiel 2: Miss Jones hat gerade von Chuck einen Brief erhalten. Dieser Brief ist ein einzigartiges Dokument dafür, was ein Lehrer im Leben eines Kindes bedeuten kann. Chuck ist nun Entwicklungshelfer und eigentlich ein Held. Der Schulleiter sagt, Miss Jones könne stolz sein auf diesen Brief.

Miss Jones kann kaum ein Lächeln unterdrücken, denn als Chuck noch ein kleiner Junge war und sie ihn damals davor rettete, straffällig zu werden, war der Rektor noch nicht Leiter der Schule. Damals lagen die Dinge anders. Was Miss Jones für Chuck tat, wurde gar nicht geschätzt. Es trug ihr den schlechten Ruf übergroßer Weichheit und disziplinarischer Unfähigkeit ein. Das einzig besondere Erlebnis in Chucks Leben bestand zufälligerweise darin, daß Miss Jones »anders« war als alle Lehrer, die er vorher gehabt hatte. Das ging ihm auf, als er einmal sehr gemein zu ihr war, um vor der Klasse anzugeben, und als sie ihn daraufhin nicht bestrafte, sondern zu einem Gespräch bat. Eben an dieses Gespräch erinnert er sich nun bei seiner schweren Arbeit. Damals jedoch wurde Miss Jones beinahe vom Schulamt entlassen, weil ihre »Techniken nicht wirkten«.

Viertens: Gestatten Sie niemandem zu behaupten, daß seine Techniken »wirken«, wenn er nicht gleichzeitig bereit ist, Nebenwirkungen, die auf der Oberfläche nicht sichtbar sind, in Betracht zu ziehen.

Beispiel 1: Der Betreuer einer Gruppe im Erziehungsheim findet eine schöne Methode, den Kindern »das Fluchen und die ordinären Ausdrücke auszutreiben«. Er läßt die Kinder einfach die Regel einführen, daß, wer immer ein Schimpfwort in den Mund nimmt, eines hinten draufbekommt. Bennie ist der offiziell ernannte Büttel und erfüllt seine Aufgabe großartig. Die Technik »wirkt« hundertprozentig. Eine spätere Untersuchung der Gruppe enthüllt jedoch folgendes:

Bennie wird von der Hälfte der Gruppe bestochen, so daß nur ein paar Vorfälle gemeldet werden. Bennie verhaut den Rest erbarmungslos, so daß die Betroffenen erst richtig ins Fluchen kommen, allerdings erst, nachdem sie sich in der Toilette eingeschlossen haben. Nach einer Weile beginnt jeder jeden zu hassen, und alle hacken ohne Gnade aufeinander herum. Alles endet mit einem Aufstand gegen Bennie, und die Gruppe will anschließend kein Wort mehr von demokratischer Selbstverwaltung hören; sie steckt voller Mißtrauen gegen ihre erste Erfahrung, die wegen der falschen Handhabung durch den Betreuer nicht funktionierte.

Die Kinder in dieser Gruppe erweisen sich als schlimme Flucher, verglichen mit Kindern anderer Gruppen. Immerhin, als die Nebenwirkungen dieser Technik unter der Oberfläche noch nicht durchleuchtet waren, konnte sich ihr Erfinder stolz mit einer »prächtigen Technik« brüsten, deren Anwendung »viele Probleme meiner Kollegen« lösen würde.

Beispiel 2: »Ich halte nichts von körperlicher Züchtigung, aber George ist ein Junge, der sie wirklich braucht. Und sie wirkt bei ihm Wunder.« Eine Untersuchung dieser Behauptung enthüllt folgenden Sachverhalt:

George war seit frühester Kindheit von seinem Vater grausam geschlagen worden. Er wurde aus einer Klasse, die sehr repressiv geführt wurde, plötzlich herausgenommen und der Gruppe dieses Lehrers zugeteilt. Er verstand nicht, daß diese Kinder – die auch aus einem »feineren Milieu« als er zu stammen schienen – sich dem Lehrer unterwerfen konnten, ohne einen Streit anzufangen. Da begann er sich zu brüsten, wie er es dem Lehrer zeigen werde und daß er keine Angst habe. Als er nicht geschlagen wurde und somit die Bestätigung seines Heldentums ausblieb, forderte er mehr und mehr. Als er seine Schläge bekam, war er für den Augenblick zufrieden; die Welt war wieder so, wie sie für ihn immer gewesen war: Erwachsene hassen Kinder, und wenn man nur weiß, wie man sie in Rage bringen kann, dann lohnt es sich auch, gelegentlich eine Abreibung in Kauf zu nehmen.

George hatte seinen Lehrer auf die bereits recht umfangreiche Liste von Erwachsenen gesetzt, gegen die man kämpfen muß. Der Lehrer hatte alle pädagogische Macht über ihn verloren.

Später stieß ein anderer Lehrer auf George und widerstand der Versuchung, sich provozieren zu lassen; nach vielen Schwierigkeiten sah der Junge plötzlich ein, daß es hier jemanden gab, der anders war und sich darum kümmerte, *wer er war*, anstatt bloß darum, *was er tat*; und alsbald begann er sich zu ändern.

3. Vorbeugung von Disziplinschwierigkeiten

3.1 Drei Typen »disziplinarischer Fälle«

Der Begriff »disziplinarischer Fall« ist ein schönes Beispiel von falscher Benennung, denn offensichtlich sprechen wir nicht von einem »disziplinarischen Fall«, wenn wir ein Beispiel besonders gut funktionierender Disziplin meinen, sondern eher dann, wenn eben diese »Disziplin« genannte Sache (»Ordnung«) sich schon längst verflüchtigt hat. Wie dem auch sei, die sogenannten disziplinarischen Fälle lassen sich nach ihren kausalen Faktoren in drei Kategorien einteilen.

3.1.1 Typus 1: Fallgeschichtlich bedingte Disziplinfälle

Mit diesem etwas willkürlichen Terminus belegen wir Fälle, in denen offensichtlich die besondere Störung eines individuellen Kindes alle Schwierigkeiten verursacht.

Beispiel: Der Schulleiter forderte mich auf, in die 5 B zu gehen und der Lehrerin bei der Arbeit zuzusehen. Er hatte Chuck, den er als ein schwieriges Kind kannte, zu ihr in die Klasse versetzt, weil er sie für eine gute Lehrerin hielt und hoffte, daß sie mit ihm umgehen könnte. Aber nun ist er enttäuscht von ihr.

Eine halbe Stunde in der 5 B läßt am Sachverhalt keinen Zweifel. Unwahr ist, daß die Lehrerin Chuck falsch behandelt hat. Wahr ist jedoch, daß ihre Klasse sich von Tag zu Tag verschlechtert und daß die Lehrerin mit ihrem Latein am Ende ist. Des Pudels Kern: Chuck ist ein ernstlich kranker Junge, so krank, daß er in ein Heim gehörte; nur eine intensive psychiatrische Behandlung könnte ihn wiederherstellen. Chuck hat den Bezug zu allem verloren, was außerhalb von ihm geschieht. Sein plötzliches Singen oder Fluchen hat nichts mit irgend jemandem aus seiner Umgebung zu tun, es bricht vielmehr aus Phantasiegebilden hervor, ohne jede Beziehung zu äußeren Stimuli.

Die Lehrerin ist ausgezeichnet und käme mit einem Jungen, der aus Trotz oder, um etwas anzustellen, fluchte oder sänge, sehr wohl zurecht. Aber alles, was sie in diesem Fall unternehmen kann, muß zwangsläufig schiefgehen. Wenn sie den Druck, der Chuck wenigstens zeitweilig in Schach hielte, verstärken wollte, dann müßte sie dies in einem solchen Maße tun, daß die anderen Kinder Angst vor ihr bekämen und auf Chuck wütend würden, weil er der Grund für die strafende Haltung ihrer Lehrerin wäre; das würde dann zu endlosen Streitereien und Zänkereien führen. Wenn sie Chucks Verhalten ignorieren wollte oder ihm damit beizukommen versuchte, ihm immer wieder die Verhaltensregeln zu predigen, würden die anderen Kinder wegen der ungeheuren Geduld, die sie an Chuck verschwendete, ihn aus Eifersucht bald hassen. Außerdem müßten sie aus dem Versagen dieser Methode schließen, daß sie eine dumme Lehrerin hätten, weil sie dies alles geschehen ließe.

Kurzum, Chuck ist präpsychotisch, so weit außerhalb der Reichweite der ihn umgebenden Realität, daß er innerhalb des Gruppenlebens für keine Technik zugänglich ist. Er ist die einzige Ursache nicht nur der Disziplinprobleme, sondern auch des Zanks, des Mißvergnügens, der hysterischen Überempfindlichkeit und der Desorganisation der Gruppe. Alle disziplinarischen Schwierigkeiten mit der 5 B waren offensichtlich eine Folge der besonderen Fallgeschichte Chucks.

3.1.2 Typus 2: Gruppenbedingte Disziplinfälle

Mit diesem Terminus meinen wir disziplinarische Schwierigkeiten, die nicht so sehr von diesem oder jenem gestörten Kind verursacht werden, sondern von den ungünstigen Elementen innerhalb einer Gruppe, in der sie auftreten.

Beispiel: Roy war der »berühmteste disziplinarische Fall« des Jahres, ein Fall »sexueller Verfehlung«. Die Lehrer meinten, daß sie »ein Exempel statuieren« müßten. Sie schlossen Roy aus ihrer Schule aus und hatten anscheinend »alles getan, was sie konnten, um ihre Klassen sauber zu halten«. Das Schlimme war, daß innerhalb weniger Wochen ein anderer Junge die gleiche »sexuelle Verfehlung« beging und dazu noch in der gleichen Klasse; das Problem war das gleiche geblieben, nur die Akteure hatten gewechselt.

Ich wurde beauftragt, den Hintergrund dieser Situation zu erforschen, und konnte folgende Sachlage aufdecken:

Zunächst einmal war Roy nie ein wirklicher »Sexualfall« gewesen. Im Gegenteil, unter den Klassenkameraden war Roy das normalste und bestangepaßte Kind. Allerdings war er älter als die anderen, körperlich weiter entwickelt und hatte ein paar Jahre vorher erste Anzeichen sexueller Neugier gezeigt.

Das Problem lag bei den anderen Kindern oder jedenfalls ihrer Mehrheit. Sie alle kamen aus Familien mit unvernünftigen strengen Tabus gegen den Ausdruck jeglicher, selbst normaler Sexualneugier. Diese Kinder standen gerade vor dem Eintritt in eine Entwicklungsstufe, auf der verstärktes sexuelles Interesse und Nachforschen eher zu den normalen als zu den abnormen Merkmalen gehört.

Resultat: Sie waren voll von unterdrückter und überhitzter Neugier und suchten wie verrückt nach jemandem, der diese Neugier befriedigen konnte. Roy seinerseits fühlte sich diesen Kindern ein wenig unterlegen, denn er stammte nicht aus der feinen Wohngegend der Stadt und konnte sich auch nicht mit seinen Schulleistungen brüsten. Er war glücklich über die Gelegenheit, von ihnen anerkannt zu werden und sie als Gegenleistung für all die Hilfe bei den Hausaufgaben, die er von den erfolgreicheren Kameraden erhalten hatte, nun seinerseits ein wenig aufzuklären. Als einige mit den harmlosen Sachen, die er erzählte, nicht zufrieden waren, zeichnete er ihnen ein paar Bilder – das war das einzige, worin er wirklich gut war –, und der Erfolg der Bilder führte ihn zu immer gewagteren Produktionen.

Roys problematisches Verhalten war nicht das Ergebnis einer fehlgelaufenen Fallgeschichte. Zwar konzentrierte sich das manifeste »disziplinarische Problem« auf die Person Roys, aber das *wirkliche* »disziplinarische Problem« ging von den Schwierigkeiten der Gruppe aus. Nicht Roys Relegation, sondern ein gründliches und vernünftiges Anpacken des Problems der Gruppe (nämlich ihre unbefriedigte sexuelle Neugier) von seiten der Schule und der Eltern, hätte die Antwort sein müssen. Da man diesen Weg nicht ging, produzierte die Gruppensituation wenig später weitere Schwierigkeiten derselben Art.

Ein großer Prozentsatz der »disziplinarischen Probleme« in Schulen gehört in Wirklichkeit zum Typus 2. Ich bin häufiger auf solche Fälle gestoßen als auf Fälle vom Typus 1. Auch wenn wir »einen Psychiater für jedes Kind« hätten – wie manche fordern –, würden sie selbstverständlich nicht verschwinden. Denn es ist in vielen Fällen nicht die individuelle Fallgeschichte der Kinder, die die Schwierigkeiten verursacht, sondern die psychologische Struktur der Klasse oder Gruppe.

3.1.3 Typus 3: Mischfälle mit unterschiedlichen Schwergewichten

Zu diesem Typus scheinen mir 70 Prozent aller disziplinarischen Fälle des Schullebens zu gehören. Die Verhaltenssituation, die diesen Typus von Schwierigkeiten bedingt, zentriert sich um ein individuelles Kind. Dieses Kind selbst ist jedoch nicht unbedingt schwer gestört; irgend etwas in der Gruppenatmosphäre, in der es lebt, ruft sein Verhalten hervor. Unser Problem besteht darin, die Schwerpunkte zu definieren, die sowohl auf individuellen als auch auf gruppenpsychologischen Kausalfaktoren liegen können. Die Mittel zur Abhilfe müssen beide Seiten in dem Maße, in dem die Gewichte verteilt sind, berücksichtigen.

Beispiel: Don hat sich heute so unglaublich betragen, daß weder die Lehrerin noch die Kinder in der Klasse ganz begreifen können, was vorgefallen ist. Die Lehrerin hatte einen angeblichen Diebstahl einer Geldbörse aus dem Schließfach eines der Kinder untersucht. Nun war Don zufällig in der Nähe des Schließfachs gesehen worden, und im Bestreben, etwas Licht in die Sache zu bringen, hatte die Lehrerin versucht, zunächst einmal diejenigen namhaft zu machen, die in der Nähe gewesen waren. Als sie in demselben ruhigen Ton, den sie den anderen gegenüber gebrauchte, nun Don fragte, ob er in der Nähe gewesen sei, sprang er wütend auf und erhob ein Protestgeschrei: Niemand solle wagen, ihn einen Dieb zu nennen, er lasse sich das nicht gefallen usw. Im weiteren Verlauf steigerte er sich so weit, daß er ihr unflätige Schimpfworte an den Kopf warf, und rannte schließlich tränenüberströmt hinaus, die Tür hinter sich zuknallend.

Da dieses Verhalten für jedermann im Raume ganz unerwartet kam, fiel es der Lehrerin nicht schwer, ihre Fassung zu bewahren und sofort zu versuchen, zur Wurzel von Dons Problem vorzudringen. Sie wechselte von ihrer Untersuchung des Diebstahls über zu einer Diskussion über Dons

Verhalten, führte mit dem Beschuldigten nach der Schule ein Gespräch und förderte folgende Tatsachen über den Fall zutage:

Don hatte genau vor einem Jahr ein unglückliches Erlebnis gehabt. Einige Jungen aus der Schule, die er damals besuchte, hatten versucht, ihm einen Diebstahl in die Schuhe zu schieben. Sein sehr strenger, jähzorniger und voreingenommener Vater hatte Don schwer geschlagen, ohne der Wahrheit der Beschuldigung überhaupt nachzugehen; und als er später erfuhr, daß Don unschuldig war, hielt er es nicht einmal der Mühe wert, sich auf irgendeine Art zu entschuldigen.

Don hatte nicht nur einen sehr strengen und herrschsüchtigen Vater zu Hause, das Unglück wollte es auch, daß er während seiner Schulzeit voreingenommenen und autoritären Lehrern in die Hände fiel. Don kam die Lehrerin, die er augenblicklich hatte, wie ein Wunder vor. Er war ihr mit Mißtrauen begegnet, war nun aber drauf und dran, zuzugeben, daß er doch endlich eine Menschenseele gefunden habe, die willens war, ihm die Hand hinzustrecken, ohne Rücksicht darauf, was die Leute sagten. Dann, ganz plötzlich und auf ihre Frage hysterisch über-reagierend, war ihm in den Sinn gekommen, daß sie vielleicht doch wie alle anderen sein könnte. Auch die Gruppe war netter zu ihm gewesen als die früheren Kindergruppen. Er brannte darauf, von den anderen anerkannt zu werden, und wollte »zur Familie« gehören, wie er es noch nie zuvor gewünscht hatte. Der Gedanke daran, »vom Lehrer vor allen anderen verdächtigt« zu werden, ließ ihn Rot sehen.

Es erübrigt sich zu sagen, daß sich dieser Lehrerin Gelegenheit bot, den Fall ohne alles Aufsehen zu lösen, weil ihre Nachforschung die allerwichtigsten Faktoren an den Tag gebracht hatte. Sie tat folgendes: Sie erklärte der Gruppe in Dons Abwesenheit, daß sie mit Don gesprochen und entdeckt habe, warum er so außer sich geraten sei; ferner, daß sie selbstverständlich den Inhalt der Unterredung nicht verbreiten könne, daß sie aber auch wisse, die anderen Kinder würden es akzeptieren, wenn sie ihnen sagte, daß es das beste sei, Dons Benehmen nicht weiter zu erwähnen, und daß sie es mit Don unter vier Augen ausmachen werde. Sie sprach auch mit Don, zeigte ihm ihr Verständnis und bereitete ihn darauf vor, in die Klasse zurückzukehren.

Die Analyse des Falls zeigt, daß er teilweise mit Dons Fallgeschichte verflochten war und nur auf dieser Grundlage begriffen werden konnte. Sie zeigt jedoch auch, daß ein anderer Teil des Falls mit der Gruppenrolle zu tun hatte, die die Lehrerin spielte, als sie Don half, sich an die anderen

Kinder anzupassen und seinen Platz in der Gruppe zu finden. Die Behandlung des disziplinarischen Falles verlangt darum einen Ansatz, der sowohl die einzelfallbedingten als auch die gruppenbedingten Elemente in Betracht zieht.

Im Einklang mit unserer Erfahrung wagen wir folgende Verallgemeinerungen:

Nur etwa 10 Prozent aller disziplinarischen Fälle in der Schule sind klar und scharf als einfache Fälle »individueller Störungen« auszumachen. Mindestens 20 Prozent der Fälle sind solche, bei denen das problematische Verhalten gänzlich von gruppenpsychologischen Unzulänglichkeiten des Schullebens hervorgerufen wird. In etwa 70 Prozent der Fälle, so scheint uns, sind sowohl die persönliche Fallgeschichte des Individuums als auch Mängel in der psychologischen Struktur der Gruppe im Spiel. Das bedeutet, daß mindestens 90 Prozent aller disziplinarischen Fälle – insbesondere im Hinblick auf ihre vorbeugende Handhabung – unbedingt einer gruppenpsychologischen Betrachtung und Analyse bedürfen.

3.2 Gruppenpsychologische Faktoren bei Disziplinschwierigkeiten

Unter dieser Überschrift sollten gründliche Analysen einer breiten Mannigfaltigkeit disziplinarischer Fälle vorgelegt werden. Die gruppenpsychologischen Faktoren darin sollten sorgfältig isoliert, und es müßte eine große Auswahl von Lösungen vorgeschlagen werden. Aber diese Art des Vorgehens – die einzige, die für die Arbeit des Lehrers von wirklicher praktischer Hilfe wäre – ist beim beschränkten Umfang dieses Aufsatzes nicht möglich. Dennoch werden wir wenigstens versuchen, die häufigsten gruppenpsychologischen Faktoren, die zu Disziplinschwierigkeiten beitragen, aufzuzählen. Einstweilen müssen wir alle Interpretationen und Anwendungsmöglichkeiten der Vorstellungskraft des Lesers anheimstellen.

Es sei an unsere These erinnert, daß viele Disziplinschwierigkeiten nicht etwa daraus resultieren, daß bei den betreffenden Individuen etwas nicht stimmt, sondern daß sie vielmehr Folgen gruppenstruktureller Faktoren sind. Wenn mit der Gruppe etwas nicht stimmt, dann wird wahrscheinlich sogar das normalste individuelle Gruppenmitglied etwas Unsinniges tun, was ein ernsthaftes Verhaltensproblem schafft. Wir untersuchen jetzt, *was* genau in schulischen Gruppen am häufigsten schiefgeht und deswegen am stärksten die Disziplin gefährdet. Die Ergebnisse unserer Analyse lassen sich in sechs Hauptgebiete gliedern.

3.2.1 Unzufriedenheit während des Lern- und Arbeitsprozesses

Die Tatsache, daß schlechtes Unterrichten oder schlechte Curriculumplanung automatisch die Zahl der von uns hervorgerufenen Disziplinschwierigkeiten erhöht, ist in allgemeiner Form schon lange bekannt. Tatsächlich bewerteten wir diesen Faktor eine Zeitlang so stark, daß wir ihn als die einzige Quelle von Disziplinschwierigkeiten ansahen. Es gibt übrigens noch immer einige Anhänger dieser Theorie, die laut verkünden, daß ein Lehrer, der zu unterrichten wisse, in seiner Klasse keine Disziplinschwierigkeiten habe. Das ist eine starke Übertreibung eines sonst sehr wichtigen Punktes. Übertreibungen in der entgegengesetzten Richtung sind auch gelegentlich zu hören: daß Disziplin ausschließlich auf »Persönlichkeitsfaktoren« und »psychosozialen Störungen« der Schüler basiere und praktisch keinerlei Beziehung zum Unterricht und Lehrplan als solchem habe.

Während wir beide Extreme zurückweisen und das Gran Wahrheit in beiden zu retten versuchen, vertreten wir die These, daß jede Störung der Befriedigung, die die Kinder aus der Arbeit im Unterricht erhalten, wahrscheinlich in problematischem Verhalten reflektiert wird. Hier einige Beispiele:

(1) *Viel zu leichter Stoff*. Die Schüler werden unterfordert und suchen sich ein anderes Ventil für ihre überschüssige Kraft.

(2) *Viel zu schwieriger Stoff*. Lange Phasen der Arbeit werden von Frustration begleitet. Die Forschung hat erwiesen, daß normale Kinder enorme Aggression oder Unruhe entwickeln, wenn sie dadurch, daß sie eine Sache nicht richtig zustande bringen können, frustriert werden. Die Folgen sind unvermeidliche Ablenkung, gegenseitiges Anrempeln, Fallenlassen und Herumwerfen von Dingen, Reizbarkeit und eine »Ohne-mich«-Einstellung, die die Schwelle der Verhaltenshemmungen auf der ganzen Linie heruntersetzen.

(3) *Sprachniveau des Lehrers zu hoch*. Die Sprache kann dem Entwicklungsniveau der Kinder oder auch dem Dialekt, den sie von ihrer sozialen Schicht her gewöhnt sind, zu fern liegen. Ist das der Fall, so fühlt sich das Kind deplaciert, nicht wirklich erwünscht oder sogar verachtet, und es beginnt Anzeichen der Reaktionsweisen und des Protests sozial Ausgestoßener zu zeigen.

(4) *Aufgabenlast zu schwer*. In diesem Fall ist die Schulstunde mit emotionalen Spannungen geladen, die aus Schuldgefühlen, Kritik und dem all-

Disziplin in der Schulpraxis

gemeinen Eindruck, Anforderungen nicht genügen zu können, entstehen; oder es wird der Versuch gemacht, sich für die Zeit, die fürs Spielen verloren ist, durch Belustigung während des Unterrichts schadlos zu halten.

(5) *Aufgabenlast zu leicht.* Jetzt fehlt das Gefühl, Lernfortschritte zu machen, was sich wiederum in wachsendem Unwillen gegenüber jeglicher Arbeit widerspiegelt, weil die Zeit dafür nicht nutzbringend verwendet zu sein scheint.

(6) *Schlechte Planung, unzureichende Erklärung und unfaire Beurteilung der Aufgaben.* Die Folge ist eine typische »Empfindlichkeit« im Verhalten, die bei vielen kleinen Gelegenheiten herausplatzt.

(7) *Art der Arbeit und Darstellung des Stoffs zu fortgeschritten.* Beides stimmt nicht mit den Entwicklungsbedürfnissen der Kinder überein. So sollten z. B. allgemein naturkundliche Vorträge erst für solche Altersstufe gehalten werden, auf der ein starkes Interesse am Unterrichtsstoff für die Motivation nutzbar gemacht werden kann.

(8) *Art der Arbeit und Darstellung des Stoffs zu kindlich.* Beides kann verglichen mit dem Entwicklungsniveau, auf dem die Kinder emotional stehen, zu kindlich sein. Das Reden über Sexualität, z. B. im Zusammenhang mit Blumen oder Schmetterlingen, ist zu kindlich, wenn die Schüler schon darauf stolz sind, daß sie mit ihrem gerade erworbenen vorpubertären Wagemut sexuelle Dinge tatsächlich auf einer ganz anderen Ebene erforschen.

(9) *Tätigkeiten zu sehr auf rein verbale Ebene beschränkt.* Solche Tätigkeiten lassen über lange Zeiträume die normalen motorischen Bedürfnisse heranwachsender Kinder unaktiviert. Wir treffen häufig Unruhe, Lärm, Füßescharren, Umwerfen von Stühlen und gegenseitiges Anstoßen an, wenn zuviel Diskussion oder Vortrag das wirkliche Mitmachen und Teilnehmen mit den Händen ersetzt.

(10) *Ungünstiger Stundenplan.* Entweder kann die Abfolge der verschiedenen Fächer schlecht geplant oder der Wechsel von erschöpfenden und weniger ermüdenden Stunden falsch abgestimmt sein. Wenn z. B. eine Stunde über englische Dichtung am Ende eines langen Schultages liegt, unmittelbar nach einer Sportstunde, dann ist es wirklich schwer, tatendurstige Sechstklässler mit Shelley oder Keats in Aufregung zu versetzen.

Die Beispiele ließen sich hundertfach vermehren. Es soll die zusammenfassende Feststellung genügen, daß jeder ernsthafte Fehler bei der Einteilung oder Darlegung des Lehrstoffes – im Hinblick auf die Entwicklungsbedürfnisse unserer Schüler – sich in einer Zunahme von Disziplinschwierigkeiten niederschlägt, selbst bei der normalsten oder manierlichsten Gruppe von Kindern. Langeweile und Ermüdung sind als schlimmste Feinde der Schulmoral bekannt. Nur der Schwachsinnige gibt nichts darauf, ob wir ihn langweilen oder nicht – er bemerkt nichts und kümmert sich auch sonst nicht um das, was um ihn herum vorgeht. Das normale Kind sucht instinktiv nach einer Ersatzbefriedigung, wenn der Unterricht schlecht ist. Diese natürliche Abwehr des normalen Individuums stellt sich dann mitunter als »Disziplinschwierigkeit« dar.

3.2.2 Emotionale Unruhe in zwischenmenschlichen Bezügen

Die Schulen wurden ursprünglich als Anstalten zum Lernen geschaffen. Leider aber laden wir nicht nur die verschiedenen Intelligenzquotienten der Kinder ein; zu unserer großen Beunruhigung bringen die Kinder außer ihrer Intelligenz auch noch andere Bereiche ihrer Persönlichkeit mit: Empfindungen, moralische Einstellungen und was sonst noch der Erziehung bedarf; ferner ihren Leib, Glied für Glied – ganz gleichgültig, wie störend oder unnötig für das, was wir lehren wollen –; und schließlich das ganze Inventar von Emotionen, über das sie zu Hause oder auf dem Spielplatz verfügen, zusätzlich zu den Emotionen, die für den Erwerb von Wissen und Kenntnissen relevant sind. Kein Wunder, daß sie im Klassenzimmer auch noch »leben«, ob es uns recht ist oder nicht. Das bedeutet, daß sie Zuneigung und Haß entwickeln, Cliquen und Untergruppen bilden, daß sie hoffen, lieben, hassen und fürchten. Sie experimentieren miteinander als potentiellen Freunden, Geliebten, Rivalen, Mitarbeitern, Anführern und sogar Sklaven.

Sie versuchen die ganze Skala von persönlichen Beziehungen zu erleben, mit denen sie in ihrem privaten Leben bekannt geworden sind. Das Leben geht also weiter trotz der Lehrpläne, die wir haben mögen.

Konflikte, die persönlichen Verhältnissen entspringen, spiegeln sich in der Gestalt von »Disziplinschwierigkeiten« wider. Solche Disziplinschwierigkeiten zielen oft nicht einmal auf uns Lehrer, aber sie sind trotzdem vorhanden.

(1) *Individuelle Freundschaften und Spannungen.* Starke, plötzliche Freundschaften unter Kindern rufen oft Widerspenstigkeit gegenüber dem Lehrer hervor, der sich kritisierend oder tadelnd einmischt. Lebhafte Antipathien, Haß und Animosität unter Kindern können manche individuellen Gefühle ermutigen, eine vernünftige Anpassung an Forderungen des Lehrers oder an Arbeitsinteressen beiseite zu schieben. Mitunter stellen die

Arbeit und das Vorankommen nur ein Moment der Spannung unter einzelnen Kindern dar statt einen gelösten Prozeß intellektuellen Reifens, der sich in emotionaler Isolierung vollzieht.

(2) *Cliquen und Untergruppenbildung.* Diese Erscheinungen sind oft das Rückgrat des Gruppenlebens, die verläßlichsten Stützen der Moral des Lernenden. Doch manchmal können sie das Erscheinungsbild der Schule unüberschaubar in Verwirrung bringen. Man kann Untergruppen bekommen, die unversöhnlich gegeneinander stehen, so daß irgendein Vorschlag für Gruppe 1 einfach deswegen unannehmbar wird, weil er von Gruppe 2 überschwenglich begrüßt wird. Oder man kann erleben, daß verschiedene Untergruppen einander zu beeindrucken beginnen, je nachdem, wie sehr sie sich dem Führungsanspruch des Lehrers unterwerfen oder aber gegen ihn rebellieren.

Viele Streitigkeiten und viele Beispiele unerwünschten Verhaltens sind eher Begleiterscheinungen solcher Untergruppenspannungen als direkte Angriffe auf die Ordnung, die man vertritt. Die Basis, auf der solche Untergruppenbildung stattfindet, kann aus vielen Faktoren bestehen: Entwicklungsalter, Geschlecht, Grad der Gewitztheit, soziales Ansehen, ethnische Zugehörigkeit, Ausgeprägtheit intellektueller Interessen, Nähe zur Person des Lehrers, Anerkennung des schulischen Kodex und vieles andere mehr.

(3) *Zerrüttung des Rollengefüges in der Gruppe.* Jeder Lehrer weiß, was »Gruppenrollen« sind, selbst wenn ihm der Ausdruck fremd ist. Ein paar Beispiele mögen genügen, um die genannte Erscheinung zu illustrieren. Die meisten Klassen haben solch typische, von Schülern ausgefüllte Funktionen wie Anführer, zweiter Kommandierender, Organisator (mit dem Lehrer oder gegen ihn), Hilfsaufpasser, Lehrerliebling, Musterknabe, schwarzes Schaf, Sündenbock, Tyrann, Isolierter, Zurückgewiesener, Gruppenbüttel, Anwalt, Verteidiger der Unschuldigen, Gruppen-Clown, Kampfheld, Angehöriger einer fünften Kolonne (bezüglich der Gruppeninteressen), Anstifter und Rädelsführer, Unruhestifter, Volksaufwiegler, Beschwichtiger, humorvoller Retter gespannter Situationen. Wenn immer in einer Gruppe, in der viele Einzelne danach trachten, solche Rollen für sich zu etablieren, eine dieser Rollen schlecht ausgefüllt oder etwa gar nicht benötigt wird oder wenn immer mehrere Kinder um dieselbe Gruppenrolle im Konkurrenzkampf liegen, dann ist es wahrscheinlich, daß die Disziplinschwierigkeiten für den Lehrer zunehmen, wie nett auch immer die Kinder sein mögen und wie schlau der Lehrer auch sonst sein mag.

(4) *Reibereien zwischen Schüler und Lehrer*. Die Tatsache, daß starke Reibereien oder emotionale Störungen in den Gefühlen, die die Kinder uns entgegenbringen, Anlaß zu vielen Disziplinschwierigkeiten sind, ist theoretisch schon lange akzeptiert worden. Oft jedoch sind wir uns des Ausmaßes nicht ganz bewußt, in dem die Schüler-Lehrer-Spannung zur Entstehung von Disziplinschwierigkeiten beiträgt. Denn oft sind diese emotionalen Elemente kaum sichtbar, und manchmal sind sich selbst die Kinder ihrer Existenz nicht bewußt, oder aber sie bestreiten sie heftig vor anderen und vor sich selbst. Die stärkste Quelle von Disziplinschwierigkeiten ist die Tendenz so vieler Kinder, grundlegende, in der Familiensituation entwickelte Einstellungen auf den Lehrer zu projizieren. So kann sich z. B., ohne daß in der Schule ein wirklicher Fehler begangen wurde, bei den Kindern häufig das starke Gefühl entwickeln, nicht geliebt oder verstanden oder auch diskriminiert zu werden.

Jede Spannung, die unter den Kindern herrscht – sei sie bewußt oder unbewußt –, färbt sehr wahrscheinlich auf die Disziplin in der Klasse ab. Besonders in Fällen allgemeiner Reizbarkeit und Empfindlichkeit oder einer hartnäckigen Widerspenstigkeit der ganzen Klasse ist der Verdacht, daß einiges davon auf gestörte interpersonale Beziehungen zurückgeht, meistens gerechtfertigt.

3.2.3 Störungen im Gruppenklima

Zwar erlaubt uns der gegenwärtige Stand der Forschung nicht, den Begriff »Gruppenklima« hinreichend zu definieren, aber dennoch, so glauben wir, können einige Beispiele illustrieren, was mit diesem Terminus gemeint ist.

Die Lehrer sind mit dem Gruppenklima überall in ihrer Arbeit vertraut, selbst wenn sie während ihrer Ausbildung nicht mit der gruppenpsychologischen Diskussion in Berührung gekommen sind. Insgesamt meinen wir mit diesem Begriff die grundlegende Gefühlsschattierung, die dem Leben einer Gruppe unterliegt, die Summe der Emotionen aller gegenüber allen, gegenüber der Arbeit und der Organisation, gegenüber der Gruppe als Einheit und gegenüber den Dingen außerhalb der Gruppe.

(1) *Das Strafklima*. Das Strafklima ist eine der am häufigsten anzutreffenden Verzerrungen des Klimas in einer Klasse. Ein Strafklima ist *nicht* identisch mit einem »Straffall«. Im Gegenteil, eine vernünftige Bestrafung bedeutet gewöhnlich keineswegs eine strafende Grundeinstellung des Lehrers gegenüber dem Kind, wohingegen in einem regelrechten Straf-

klima der Druck auf die Kinder meist die ganze Zeit über so stark ist, daß der Lehrer von wirklichen Strafen nur spärlichen Gebrauch machen muß.

Von allen Klassenatmosphären ist jedoch das Strafklima vielleicht das, welches sich auf Gruppenmoral und Disziplin am zerstörerischsten auswirkt. Unvermeidlich ruft es folgende Nebenwirkungen hervor: Der Lehrer bekundet den Persönlichkeiten der Kinder in seiner Klasse wenig Respekt; und da er sich sicher ist, ihr Verhalten ohnehin durch Drohungen und Einflößung von Furcht manipulieren zu können, kümmert es ihn nicht, daß sie menschliche Wesen sind; die Kinder erwarten gewöhnlich entweder totale Anerkennung oder Abweisung auf der Grundlage des Verhaltens-Kodex ihres Lehrers und zerfallen demgemäß in der Regel in zwei Gruppen: Die einen rebellieren, hassen und schlagen zurück (die offenen »Problem-Fälle« in der Strafgruppe), die anderen identifizieren sich aus Furcht mit dem Lehrer und müssen darum in ihrer Einstellung gegenüber den anderen Kindern zu moralischen Heuchlern werden. Sie sind, solange der Lehrer anwesend ist, in verdächtiger Weise folgsam und unterwürfig, verpetzen ihre Kameraden, wenn sich ihnen eine Chance dazu bietet, und entwickeln ganz allgemein ihren Kameraden gegenüber eine »Ich-bin-besser-als-du«-Haltung. Gefühle der Furcht vor Repressalien und der Beschämung hängen die meiste Zeit im Raume; der Lehrer wie auch die Zuschauer solcher Szene gewinnen dem eine sadistische Befriedigung ab.

Diese Art von Klima brütet Sadisten, Tyrannen und Heuchler aus. In dieser Art von Gruppe ist es ein Zeichen von starkem Charakter und Mut, wenn jemand zu einem »Verhaltensproblem« wird. Das moralisch gesunde Individuum ist das häufigste Opfer des Strafklimas.

(2) *Das Klima emotionaler Erpressung.* Dieses Klima stellt eine andere Verzerrung des gesunden Gruppenlebens dar. Es ist eine Variante des Strafklimas, segelt aber unter anderer Flagge. Im Klima emotionaler Erpressung »liebt« der Lehrer alle Kinder und betont das auch bis zu dreimal in der Minute. Er paukt den Kindern ein, wie nett und unaggressiv er sei, wie er niemals jemanden für Fehltritte bestrafe, und weidet sich dabei genüßlich an den selbst-induzierten Schuldgefühlen seiner Klasse. Im Klima emotionaler Erpressung wird man nicht bestraft, wenn man etwas falsch macht, weiß aber, daß man sich noch drei Wochen nachher wie ein Schuft fühlen muß. In diesem Klima stellt der Lehrer eine außerordentliche emotionale Abhängigkeit zwischen sich und den Kindern her und nützt sie als die einzige Quelle der Einflußnahme aus.

Die Folgen dieser Art von Atmosphäre sind einmal ein überraschendes

Fehlen von offener Gewalt (physischer oder anderer Art) zwischen Lehrer und Kindern, was oft als »Verständnis haben« und als Fortschrittlichkeit in Erziehungstechniken mißverstanden wird; ferner eine extreme Furcht der Kinder vor der Mißbilligung ihres Lehrers, was bei den Kindern wahre Orgien der Selbstbeschuldigung und – nach jedem disziplinarischen Verstoß – verletzte Gefühle beim Erwachsenen hervorruft; schließlich starke Rivalitäten zwischen einigen der Kinder, die die »Guten« darstellen, und denen, die dem Lehrer emotional weit weniger nahe sind. Die Disziplinschwierigkeiten dieser Gruppe sind besonders groß, wenn ihre Mitglieder aus der Kindheit in das frühe Jugendalter treten, d. h. wenn soviel Abhängigkeit von Erwachsenen für sie unnatürlich wird. Die hauptsächlichen Opfer dieses Klimas sind solche Kinder, die erwachsen und unabhängig werden wollen und die sich für Unheil, das sie angerichtet haben, lieber bestrafen lassen, als sich auf Geheiß des Lehrers in Introvertierte zu verwandeln, die sich selbst verleugnen.

(3) *Das Klima feindseligen Wettbewerbs.* Das Klima feindseligen Wettbewerbs ist eine Verzerrung einer ansonsten gesunden Erscheinung in unserer Gesellschaft. Normalerweise ist für Kinder, die in eine Wettbewerbsgesellschaft hineinwachsen, ein gutes Maß an Wettstreit- und Konkurrenzverhalten unvermeidlich, sogar wünschenswert. Zwei Dinge können in einem normalen Wettbewerbsklima jedoch falsch laufen: Zum einen kann es mehr Wettbewerbsverhalten geben, als die Kinder brauchen oder ertragen können, ohne negative Charakterzüge oder eine defaitistische Haltung zu entwickeln; zum anderen kann Wettbewerbsverhalten in eine haßerfüllte Grundhaltung ausarten.

Das Klima feindseligen Wettbewerbs läßt sich als eines beschreiben, in dem jedermann fortwährend in aggressiven Wettbewerb mit jedermann hineingetrieben wird. Belohnt wird dasjenige Kind, das über jedermann, der sich mit ihm zu messen sucht, ungerührt hinweggeht. Beschämung trifft dasjenige Kind, das lieber eine schlechte Note bekommen möchte, als sich seinem besten Kameraden gegenüber »besser-als-er« zu fühlen. Dieses Klima verwandelt das Klassenzimmer in einen Hunderennplatz. Es ist höchst zweifelhaft, ob in den Teilnehmern, solange das Rennen läuft, gegenseitige Zuneigung und Freundschaft geweckt werden.

Daraus ergibt sich einmal ein außerordentlicher Mangel an Zusammenarbeit unter den Mitgliedern der Gruppe (die gesamte Organisation muß durch äußere Regelung und äußeren Druck aufgezwungen werden); ferner werden diejenigen, die im aggressiven Wettbewerb zufällig die letzten sind, zu sozial Ausgestoßenen; und schließlich entwickeln sich diejenigen, die sich nun einmal leicht in vorderster Linie behaupten und zehnmal mehr Lob erhalten, als ihre Anstrengung verdient, zu Snobs. Die Folgen sind eine starke Abhängigkeit solcher Gruppen von autoritärer Führung und Behandlung, keine realen Bedürfnisse nach demokratischer Zusammenarbeit und Selbstbestimmung, Freude an Strafen für disziplinarische Vergehen als Ventil für die ganze Feindseligkeit und moralische Überheblichkeit, die unter der Decke gehegt und gepflegt werden.

(4) *Das Klima des Gruppenstolzes.* Das Klima des Gruppenstolzes hat in normalen Verhältnissen ein sehr gesundes Pendant. Was wir hier meinen, ist das verzerrte Verhältnis, in dem der Gruppenleiter bei jedem einzelnen Gruppenmitglied starke emotionale Bindungen an die Gesamtgruppe zu erzeugen bestrebt ist und dabei Gefühle der Eitelkeit und der Arroganz überzüchtet, die sich auf die Gruppe an sich richten. In guten Sportteams verkommt der Mannschaftsgeist gelegentlich zu dem Klima, das wir hier meinen.

Das Klima des Gruppenstolzes verlangt normalerweise ein hochgradiges Gruppenbewußtsein innerhalb einer Klasse als Gesamtheit, wobei sich mit der beschriebenen Entwicklung eine Reihe von positiven Eigenschaften verbindet. Gleichzeitig wird eine Unzahl von Gruppenbütteln geschaffen, die geradezu auf Gelegenheiten warten, wo sie sich auf die armen Teufel stürzen können, die die Ehre der Gruppe befleckt oder Auszeichnungen der Gruppe herabgewürdigt haben. Andererseits entwickelt dieses Klima eine Gruppe von Kindern, die chronischer Ablehnung verfallen und gegen die eine wilde Mob- und Lynch-Psychose unter dem Deckmantel einer selbstgerechten Entrüstung der Gruppe entfesselt wird. Die hauptsächlichen Typen von Disziplinschwierigkeiten, die von einem solchen Gruppenklima begünstigt werden, sind heftige Streitigkeiten und chronisches problematisches Verhalten bei denen, die dauernd verfolgt, verachtet und abgelehnt werden.

Wir könnten – und sollten – diese Analyse typischer Klassenklimata noch eine ganze Weile fortsetzen. Es mag genügen, festzustellen, daß das Gesamtklima, das die sozialen Beziehungen zwischen Lehrer, einzelnen Kindern und der Gesamtgruppe bestimmt, einen außerordentlichen Einfluß auf die Arten disziplinarischer Probleme ausübt, die automatisch vermieden oder von selbst produziert werden. Doch wir geben auch zu, daß von allen Faktoren, die zur Entstehung von Disziplinschwierigkeiten beitragen, dieser Faktor ohne weiterreichendes gruppenpsychologisches Instrumentarium am allerschwierigsten zu analysieren ist.

3.2.4 Fehler in der Organisation und Führung von Gruppen

Viele Lehrer erfüllen ihre Unterrichtsaufgaben perfekt, was Darstellung des Stoffes und Aufbau von Lernerfahrungen angeht, und sind darüber hinaus ausgezeichnete Lehrerpersönlichkeiten mit einer fairen Einstellung gegenüber dem Kind. Was sie in Schwierigkeiten bringt, ist die Methodik der Gruppenführung. Denn das erfolgreiche Umgehen mit Gruppen eines bestimmten Typus ist eine ebenso komplexe Aufgabe wie die Anordnung des Lehrstoffs.

Da Lehrer praktisch keine geregelte Ausbildung in der Leitung von Gruppen erhalten, werden die Kinder einem blinden methodischen Ausprobieren ausgesetzt, das viele Probleme schafft, die leicht vermieden werden könnten. Wieder sind wir gezwungen, nur einen Bruchteil der veranschaulichenden Beispiele, die sich anbieten, auszuwählen.

(1) *Zuviel autokratischer Druck*. Zuviel autokratischer Druck kann problematisch sein, besonders in Altersstufen, in denen eine allmähliche Emanzipation von erwachsener Führung ein natürlicher und bedeutender Entwicklungszug ist. Inhalt und Anordnung des Stoffs können so sehr auf den Erwachsenen zentriert sein, daß die Gruppenmitglieder wenig von echter und sinnvoller Beteiligung spüren.

(2) *Zu wenig Sicherheit*. Wird der Gruppe von ihrem erwachsenen Leiter zu wenig Sicherheit gewährt, so werden die Kinder dauernd einer Belastung durch Verantwortung und moralische Schuld ausgesetzt. Das Abschieben aller Verantwortung auf die Gruppe ohne Rücksicht auf die Entwicklungsbedürfnisse und emotionale Reife der Gruppenmitglieder wird oft als »Selbstverwaltung« und »Erziehung zur Demokratie« mißverstanden.

(3) *Zu hoher oder zu niedriger Normenstandard für das Betragen der Gruppe*. Ein zu hoher Standard setzt die Kinder moralischem Defaitismus aus und zwar mit dem Ergebnis, daß unverantwortliches Unheilstiften zu einem Ausweg wird. Zu niedriger Normenstandard gibt ihnen keine Möglichkeit, ein normales Maß von »Gruppenstolz« zu genießen. Dementsprechend werden die Kinder unzufrieden und mürrisch, und es überkommt sie das Gefühl, daß ihr Gruppenleben kindisch und minderwertig ist; sie entwickeln ähnliche Reaktionen wie auf Langeweile und Ermüdung.

(4) *Zuviel Organisation*. Überorganisiertheit reglementiert das Leben durch tausend kleine und dumme Verordnungen, mit denen man bei jeder Regung in Konflikt gerät, was eher darauf hinausläuft, daß man Unan-

nehmlichkeiten vermeidet, als darauf, daß man ein wirklich ernsthaftes Gruppenbewußtsein entwickelt.

(5) *Zuwenig Organisation.* Bei zuwenig Organisation müssen alle Fragen von Mal zu Mal entschieden werden, und die Kinder wissen nie genau, woran sie sind.

(6) *Falsch orientierte Gruppenorganisation.* Oft gibt es den Fall, daß die Organisation sich nicht im Gleichklang mit dem Alter, der Entwicklungsreife, der besonderen Art, dem Hintergrund und den spezifischen Bedürfnissen einer Gruppe befindet. Das trifft häufig besonders auf Schulen zu, deren Schülerpopulation sich verändert, z. B. wenn der Einzugsbereich der Schule neu geordnet wird und nun Unterstützungsempfänger überambitionierte und übermäßig beschützte Gruppen aus »feinem« Mittelklassenmilieu ablösen, während Lehrer und Schulorganisation an der alten disziplinarischen Struktur festhalten. Deswegen ist eine permanente Revision der organisatorischen Strukturen dringend erforderlich, um sie der Gesamtstruktur der Schule und ihren Bedürfnissen anzupassen.

(7) *Taktlosigkeit.* Taktlosigkeit ist besonders verbreitet unter sehr ehrgeizigen und ausschließlich fachorientierten Lehrern, die wenig Einfühlungsvermögen für die Erlebniswelt von Kindern besitzen. Besonders häufig tritt Taktlosigkeit auch beim Übergang von einer Entwicklungsphase zu einer anderen in Erscheinung, wenn die Lehrer mit den Kindern oft so umzugehen versuchen, als wären sie wesentlich jünger, als sie sich selbst fühlen.

(8) *Nachgiebigkeit der Erwachsenen gegenüber eigenen persönlichen Empfindlichkeiten und Allergien.* Es gibt auch die Gefahr, den eigenen persönlichen Verhaltenskodex den Kindern überzustülpen, ohne Rücksicht darauf, ob er paßt oder nicht. Das kann z. B. die Form außerordentlicher sprachlicher Empfindlichkeit beim Umgang mit vorpubertären Kindern annehmen, die aus Sozialschichten stammen, in denen sie wenig Beschützung erfahren; oder es kann die Form extremer Kränkbarkeit in bezug auf persönliche Eitelkeit annehmen, z. B. beim Umgang mit Kindern, die ein geringes schulisches Wertbewußtsein haben oder denen die Erwachsenen zu Hause wenig emotionale Sicherung gewähren.

(9) *Übersteigertes Reagieren auf Verletzung der Würde.* Viele ernste Disziplinschwierigkeiten haben mit Disziplin überhaupt wenig zu tun. Sie sind vielmehr ein hysterisch-verärgertes Reagieren überempfindlicher Erwachsener auf ungehöriges kindliches Verhalten, besonders wenn Unterschiede in der sozialen Herkunft und dem Benehmen hineinspielen.

(10) *Vergeltungswunsch anstelle erzieherischer Absicht.* Einstellungen

wie: »Denen will ich es schon zeigen«, oder: »Ich werde ihnen geben, was sie verdienen«, werden oft zur Hauptmotivation bei der Behandlung von Disziplinschwierigkeiten, während allein die Möglichkeiten echter Einstellungsänderungen unter den betreffenden Kindern zählen sollten.

(11) *Inkonsequenz im Versprechen und Drohen.* Falls die Inkonsequenz extrem ist, unterhöhlt sie die Sicherheitsgefühle der Gruppe und vermittelt den Kindern ein Gefühl der Unberechenbarkeit der Ereignisse; dagegen rebellieren sie dann; oder sie entwickeln eine defaitistische Haltung gegenüber Gruppenbelangen.

(12) *Gedankenlosigkeit beim Einlösen von Versprechen oder Wahrmachen von Drohungen.* Auch die Vorstellung, daß Stetigkeit in sich selbst schon eine Tugend und daß es besser sei, konsequent zu sein und auch Falsches zu tun, als jemals eine Entscheidung zu ändern, ist ein schwerer Fehler. Kinder beobachten genau die Sorgfalt, mit der man seine Handlungen im voraus plant. Die offen und aufrichtig begründete Änderung eines Entschlusses fördert den Respekt mehr als törichtes, stures oder rücksichtsloses Festhalten an einem falschen Entschluß.

(13) *Falscher Gebrauch von Techniken.* Dies bezieht sich auch auf eine falsche Anwendung von Techniken wie Belohnung und Strafe, Appell an die Vernunft, Eingreifen und »Lernen aus Fehlern«. Solche falsche Anwendung untergräbt die Gruppenmoral und läßt eine Psychologie des »Versuch-es-und-laß-dich-nicht-erwischen« entstehen. Welches die Kriterien für »falsche Anwendung« sind, das ist leider ein zu verwickeltes Kapitel, als daß es sich hier aufschlagen ließe.

(14) *Falsche Begründung für Erziehungstechniken.* Es gibt mehr Kinder, die nicht gehorchen, weil die Begründung, mit denen ihnen die Notwendigkeit des Gehorchenmüssens verkauft wird, zu dumm ist, als Kinder, die gegen das Gehorchen an sich opponieren. Das bewahrheitet sich überall im Feld der pädagogischen Techniken. Besonders im Gespräch mit Gruppen kommt es oft vor, daß die Lehrer richtige Maßnahmen, die sie ergreifen, mit falschen Argumenten zu rechtfertigen suchen und damit Widerstand hervorrufen, wo anfänglich gar keiner war. Das gilt besonders für das frühe Jugendalter, wo die Gruppenkodizes sich derart verändern, daß ein Argument, das vor wenigen Jahren noch gezogen hätte, nun eine ebenso offene Provokation darstellt.

(15) *Unangemessene emotionale Distanz und Nähe.* Fehler auf diesem Gebiet sind als ein Faktor, der die Gruppenmoral unterminiert, so wohlbekannt, daß wir sie bloß noch kurz zu erwähnen brauchen. Wir haben

noch hinzuzufügen, daß solches emotionales Vorziehen und Abweisen meist von den Kindern wahrgenommen wird, ohne daß wir selbst uns dessen bewußt sind, und daß klassen- und rassenbedingte emotionale Reaktionen in dieser Beziehung wie Dynamit wirken.

Es wäre leicht, mit dieser Aufzählung noch eine Weile fortzufahren. Wir wollen zur Wiederholung kurz zusammenfassen, daß, selbst wenn eine ausgezeichnete Befähigung zum Lehren garantiert ist, selbst wo von Anfang an eine respektierende Einstellung gegenüber dem Kind herrscht, jeglicher Fehler im kollektiven oder individuellen Umgang mit den Kindern und der Gruppe sehr wahrscheinlich ein problematisches Verhalten auslöst. Es ist wichtig, die von uns angewandten Techniken der Gruppenführung von Zeit zu Zeit einer Kontrolle zu unterwerfen, weil Kinder samt ihrer Umwelt sich schneller ändern als unser Verzeichnis allgemein empfohlener und praktisch bereits erprobter pädagogischer Tricks.

3.2.5 Emotionale Beanspruchung und plötzliche Änderungen

Emotionaler Druck, der auf einer ganzen Gruppe lastet, kann ganz von selbst Ausbrüche und Problemfälle erzeugen. Wir wissen, daß dies zutrifft, immer wenn die emotionale Belastung der Gruppe von sich aus leicht zu erkennen ist.

(1) *Angst.* Ein häufiger Fall von Belastung ist der Angstzustand, in dem sich viele Schulgruppen während der Prüfungen, und während sie auf die Ergebnisse warten, oft wochenlang befinden. In ähnlicher Weise erzeugen manchmal plötzliche Emotionen, die über eine Klasse hinwegziehen, unerwartete Verhaltensschwierigkeiten. Aufregung über gegenwärtige Ereignisse (Unruhe und Demonstrationen in der Stadt), extreme Wut, Begeisterung, ungewöhnliche Ausgelassenheit sowie Niedergeschlagenheit und Furcht zählen zu den vornehmlichsten Gefährdungen einer stabilen Gruppenmoral. Unnötig zu sagen, daß in Zeiten allgemeiner Spannungen und Krisen die permanent aufgepeitschte Erregung und Aggression chronisch störend und provozierend auf die Disziplin vieler Schulgruppen wirkt und daß sie unmerklich, aber beträchtlich die Schwierigkeiten des Lehrers als des Gruppenleiters erhöhen.

(2) *Langeweile.* Eine der verheerendsten Wirkungen auf die Gruppenmoral leitet sich jedoch nicht von verwegenen Taten und starker Erregung her, sondern eher davon, daß diese über einen langen Zeitraum hinweg ausbleiben. Langeweile wird immer der größte Feind der Schuldisziplin sein.

Wenn wir uns daran erinnern, daß Kinder nicht nur dann gelangweilt sind, wenn sie sich für den Stoff nun einmal gerade nicht interessieren oder wenn der Lehrer ihn für sie nicht interessant machen kann, sondern auch dann, wenn bestimmte Arbeitsansprüche mit ihren Grundbedürfnissen nicht übereinstimmen, so können wir ermessen, welch wesentlichen Anteil die Langeweile an Disziplinschwierigkeiten wirklich hat.

In Klassen, die zu groß sind, wird sich eine Anzahl von Kindern unvermeidlich langweilen, während andere am Unterricht Gefallen finden, denn kaum eine Unterrichtsweise kann genau das richtige Niveau für alle Schüler gleichermaßen finden. Eine andere Art der Langeweile entsteht in der Klasse, wenn die Betonung zu sehr auf dem Sprachlichen liegt, wobei den manuellen und motorischen Beschäftigungsbedürfnissen der Kinder nur ungenügende Aufmerksamkeit geschenkt wird. Das umgekehrte Verhältnis – überlange manuelle Betätigung mit Gegenständen, die der Phantasie keine Möglichkeit bietet mitzuwirken – kann ebenfalls zur Langeweile führen.

Die Forschung hat erwiesen, daß die Langeweile der Frustration eng verwandt ist und daß sich zu viel Frustration unvermeidlich in Reizbarkeit, Sichzurückziehen, rebellischer Opposition oder aggressiver Ablehnung aller Unterrichtsbemühungen auswirkt.

(3) *Reaktion auf Veränderungen.* Reaktion auf Veränderungen ist vielleicht der häufigste und dennoch am wenigsten erkannte Faktor bei Disziplinschwierigkeiten. Selbstverständlich sind wir bei Veränderungen zum Schlechten hin auf solch schlimme Wirkungen gefaßt. Es ist allerdings wichtig, sich vor Augen zu halten, daß eine solche Einschränkung des Problems nicht realistisch ist. Jede Veränderung, auch die zum Guten hin, tendiert dazu, die Gruppenorganisation zeitweilig durcheinanderzubringen und eine Phase einzuleiten, in der die Probleme zunehmen.

Viele Lehrer dürften sich daran erinnern, wie es ihnen manchmal schwerfällt, selbst mit »braven« Klassen fertigzuwerden, wenn der gewöhnlich helle Unterrichtsraum für ein Experiment verdunkelt wird, wenn die Unterrichtsform vom Lehrervortrag zur Gruppendiskussion wechselt, wenn die Klasse in Arbeitsgruppen aufgeteilt wird oder wenn Lichtbilder oder Filme vorgeführt werden. Sie wissen, wieviel Lärm und Verwirrung den Umzug von einem Klassenzimmer in ein anderes oder den Wechsel vom Unterricht zur Frühstückspause und umgekehrt begleiten und wie ansonsten sehr eifrige Kinder sich im Museum, auf dessen Besuch sie schon lange gespannt waren, plötzlich sehr albern benehmen.

Auch ein Wechsel in der Gruppenführung stellt einen schwerwiegenden

Faktor dar, der eine Reaktion hervorruft. Ein großer Teil der Schwierigkeiten, die Aushilfslehrkräfte oder Vertretungslehrer mit Schulklassen haben, hat wenig mit der wirklichen Qualität dieser Klassen oder mit der wirklichen Eigenart des Lehrers im Umgang mit Gruppen zu tun. Wenn man sich eine Klasse anschaut, in der gerade jemand den ständigen Lehrer vertritt, ist sie stets schon fast zwangsläufig heruntergekommen und ähnelt eher einem Mob als einer Gruppe; die Führungsaufgaben sind, verglichen mit denen unter normalen Bedingungen, ganz anders.

Insbesondere ein Wechsel in der Führungstechnik affiziert die Gruppen in der gleichen Richtung. Häufigstes Beispiel für diese Art von Wechsel ist der Versuch, das Prinzip der Selbstverwaltung in einer Schule einzuführen. Was man in den ersten Monaten dabei erlebt, hat nichts mit der Reaktion der Kinder auf die Selbstverwaltungsidee zu tun. Es ist nurmehr ihre Reaktion auf die Veränderung als solche. Erst nach ein paar Monaten werden ihre wirklichen Reaktionen auf die Selbstverwaltung, ihre Fähigkeiten, damit fertig zu werden, oder ihre diesbezügliche Reife überhaupt sichtbar.

Die Antwort ist selbstverständlich nicht, daß Veränderungen um jeden Preis zu vermeiden sind. Die Antwort ist vielmehr, daß die Kenntnis dieses gruppenpsychologischen Gesetzes uns bei der Beurteilung der Vorgänge anleiten sollte und daß wir der durch allzu plötzliche Veränderungen hervorgerufenen Verwirrung in manchen Fällen durch Vorausplanung mittels »Übergangs-Techniken« begegnen können.

3.2.6 Die Zusammenstellung von Gruppen [5]

Noch nie ist das Problem der »Gruppierung« in befriedigender Weise diskutiert, geschweige denn gelöst worden. Die häufigsten Kontroversen drehen sich um Gruppierung nach »Intelligenz«- gegenüber Gruppierung nach »Reife«-Kriterien. Leider eröffnet keines der beiden einen Ausweg. Das wirkliche Problem ist dafür viel zu komplex.

Ohne diese sehr wichtige, aber vom Wege abführende Frage hier eingehend zu behandeln, läßt sich ohne Gefahr jedenfalls die Verallgemeinerung treffen, daß immer dann, wenn mit der Gruppenzusammenstellung etwas nicht stimmt, sich ganz natürlich und unvermeidlich Disziplinschwierigkeiten ergeben.

Wenn dies stimmt, dann muß die Berücksichtigung dessen, was bei der Gruppenzusammenstellung gesunde Divergenzen – im Gegensatz zu schweren Fehlern – schafft, von größter Bedeutsamkeit sein.

Ohne allzu großes Risiko lassen sich folgende Prinzipien empfehlen:

Erstens: Es geht nicht um die Frage, ob eine Gruppe heterogen ist oder nicht, sondern vielmehr darum, ob die Kriterien, nach denen sie heterogen zusammengestellt worden ist, für das Gruppenleben relevant sind oder nicht.

Beispiel 1: Die 10 A paßt gut zusammen, was Interesse und Begabung für Latein anbetrifft. Gleichzeitig ist sie divergent in bezug auf Entwicklungsaltersstufen. Einige der Schüler pubertieren heftig; andere haben ihre Pubertät bereits hinter sich gebracht; wieder andere treten gerade aus einer verspäteten Kindheit heraus.

Weil sie alle aufgrund ihrer Interessen und Begabung für Latein ausgelesen wurden und weil der Lateinlehrer ausgezeichnet unterrichtet und die Gruppe hervorragend führt, stellen sie in der Lateinstunde, für welche sie einmal in der Woche zusammenkommen, eine glückliche Gruppe dar.

Erwartete man von ihnen, auch nur einen Tag Zeltlagerleben miteinander zu teilen, dann würden sie ein chaotisches Durcheinander bilden.

Beispiel 2: Die Kinder von Hütte 8 haben stark voneinander abweichende Intelligenzquotienten. Aber ihre Ferienlagerinteressen, ihre Gewitztheit und ihr Entwicklungsreifegrad passen gut zusammen. Dementsprechend bilden sie eine ausgezeichnete Hüttenmannschaft, jedoch wäre es nahezu unmöglich, ihnen, so wie sie jetzt sind, schulischen Lernstoff beizubringen.

Zweitens: Da jede Gruppe unter einigen Gesichtspunkten immer schlecht, unter anderen dagegen gut zusammenpaßt, besteht das eigentliche Problem darin, extreme Konstellationen auch bei denjenigen Tätigkeiten zu vermeiden, die den Zweck des Gruppenlebens erst in zweiter Linie bestimmen.

Beispiel: Die 10 A in Latein, von der schon die Rede war, hat einen Fehler. Nur drei der Kinder sind noch unreif in ihren Ansichten über Leben und Sexualität. Die Erfahreneren sind so sehr in der Überzahl, daß diese drei ziemlich fehl am Platz sind. In einem solchen Fall werden wir beobachten können, daß die drei Benjamine, nachdem sie sich ein paar Wochen ganz aufs Latein konzentriert haben, dem Lehrer plötzlich Schwierigkeiten machen. Entweder werden sie besonders ängstlich sein, sich auszudrücken, oder ihre Versuche, auf die in anderer Beziehung aufgeklärteren Kameraden Eindruck zu machen, werden besonders faxenhaft und wüst ausfallen. Allzu große Heterogenität auch in einem zweitrangigen Gesichtspunkt der Gruppierung wird also immer noch Disziplinschwierigkeiten begünstigen.

Wie weit genau die Extreme zwischen Gruppenmitgliedern innerhalb eines Gruppierungskriteriums auseinanderliegen dürfen, ohne das Gleich-

Disziplin in der Schulpraxis

gewicht der Gruppe zu beeinträchtigen, ist eine noch ungelöste Frage. Gerade hier muß die Situation von Fall zu Fall neu untersucht werden.

Drittens: Obwohl praktisch jedes Kriterium in einem Fall für die Gruppenzusammenstellung relevant, im anderen höchst unwichtig sein kann, sind, wie uns scheint, die folgenden Gesichtspunkte diejenigen, die es in der Analyse von Disziplinschwierigkeiten am meisten zu berücksichtigen gilt:

(1) *Alter und Entwicklungsstand*, besonders im Hinblick auf körperliche und soziale Reife, sind Hauptkriterien.

(2) *Sozioökonomischer Hintergrund, Rassenunterschiede, Wertvorstellungen usw.* Zentral sind hier vor allem die zahlreichen Differenzen, die sich aus der Gliederung unserer Gesellschaft in soziale Schichten herleiten: Unterschiede z. B. im Kodex von Jugendlichen, die auf »gutes Benehmen« sehr viel Wert legen, und solchen, die stolz auf unkonventionelles Verhalten sind. Dieser Faktor sollte öfter in Betracht gezogen werden, als es geschieht.

(3) *Bejahung des Elternhauses oder Emanzipation.* Während der Mittelstufenjahre (ungefähr 11-15 Jahre) wiegt der Grad der Abhängigkeit vom Elternhaus oft schwer. In dieser Zeit befinden sich die Kinder im Übergang von starker Identifikation mit dem Zuhause zu verschieden weit gesteckten Emanzipationsbedürfnissen.

(4) *Schüchternheit – Verwegenheit.* Einige schüchterne Kinder zusammen mit einigen verwegeneren stellen eine gute Mischung dar. Wenn die Distanz zu groß wird, ist die Mischung verheerend: Der Schüchterne wird noch ängstlicher und bereitet dem Lehrer Probleme, indem er sich zurückzieht. Der Ungestüme wird durch die billige Bewunderung, die er von seinen zurückhaltenderen Kameraden erhält, noch vorlauter.

(5) *Intelligenz und Wissen.* Dieser Punkt ist so bekannt, daß er keiner Ausführung bedarf.

(6) *Interesse und Bejahung der Arbeit* sind besonders wichtig hinsichtlich der Lernmoral.

(7) *Körperliche Geschicklichkeit.* Extreme Unterschiede in einer Gruppe tendieren dazu, scharf geschiedene Untergruppierungen zu begünstigen.

(8) *Anerkennung des Gruppenleiters.* Die Skala reicht von offener Herausforderung bis zu starken kindlichen Abhängigkeitsbedürfnissen: zwei so unterschiedlichen Neigungen, daß sie sich in ein und derselben Gruppe nur schwer zufriedenstellen lassen.

(9) *Organisatorische Reife.* Wenn man von zwei Dritteln einer Gruppe

erwarten kann, daß sie sich selbst verwalten können, während ein Drittel sich auf einem ganz anderen Niveau organisatorischer Abhängigkeit befindet, so daß es ohne den Druck äußerer Lockmittel und Kontrollen nicht auskommen kann, dann entstehen Verhaltensschwierigkeiten.

(10) *Freude am Gruppenleben.* Dieser Faktor trennt den unverdrossen »gruppenorientierten« Jugendlichen von seinem einzelgängerischen Kameraden.

Alles in allem wollen wir zeigen, daß die Zusammensetzung einer Gruppe aus allzu heterogenen Elementen an den hochgradig gruppenrelevanten Stellen von sich aus eine dauernde Quelle von Disziplinschwierigkeiten sein kann, ohne daß sonst etwas falsch sein müßte. Rechtzeitige Entdeckung und Korrektur solcher Faktoren erspart dem Lehrer viel unverdiente Kritik und viel Selbstbeschuldigung, so daß also eine psychologische Analyse der Zusammensetzung der Gruppe eine Aufgabe ist, die sich von Zeit zu Zeit zu unternehmen lohnt.

3.3 Lernen Sie Ihre Gruppe kennen

Es erübrigt sich, zu betonen, daß bei Disziplinschwierigkeiten jeder der sechs aufgeführten gruppenpsychologischen Faktoren mit jedem anderen gleichzeitig eine Rolle spielen kann. Die Aufgabe des Praktikers läuft auf drei wesentliche Punkte hinaus:

Erstens: Man lasse sich nicht von dem oberflächlichen Aussehen einer Disziplinschwierigkeit täuschen. Was die Kinder tun, enthält nicht unbedingt einen Hinweis darauf, was die wirkliche Quelle des disziplinarischen Problems ist.

Zweitens: Man kann den wunden Punkt dennoch auffinden, wenn man die Disziplinschwierigkeit unter Berücksichtigung der folgenden Fragen analysiert:

(1) Was war die eigentliche Bedeutung des beobachteten Verhaltens?
(2) Bis zu welchem Ausmaß wurde es durch die besondere Fallgeschichte des betreffenden Individuums hervorgerufen? Bis zu welchem Ausmaß enthielt es auch (oder hauptsächlich) Elemente gruppenpsychologischer Natur?
(3) Welche der häufigsten gruppenpsychologischen Faktoren, die Verhaltensprobleme in Schulklassen erzeugen, sind vorhanden und bis zu welchem Grad?

Drittens: Auf dieser Basis wird man weiterhin die folgenden Fragen stellen müssen, die sich aus einem vorausgegangenen Kapitel unserer kleinen Abhandlung herleiten.

Habe ich, wenn ich etwas ausrichten will, eine Wirkung hauptsächlich auf das Individuum oder hauptsächlich auf die Gruppe im Sinn? Und wie kann ich sicherstellen, dem Gesetz der »marginalen Antisepsis« Rechnung zu tragen?

In welche Richtung muß ich am meisten zielen, auf Veränderung des Verhaltens oder auf grundlegende Einstellungsänderung? Und wie kann ich bezüglich dieser Frage sicher gehen, daß das Gesetz der marginalen Antisepsis berücksichtigt wird? Wie kann ich bestmöglich beurteilen, ob, was ich zu tun gedenke, »wirkt« oder nicht, ohne mich durch falsche Analogien oder billige Verkäufer eines »Sacks voller Tricks« täuschen zu lassen und ohne die weniger sichtbaren Nebenwirkungen meines Tuns den leichter sicht- und greifbaren gegenüber zu vernachlässigen?

Keine dieser Fragen kann die persönliche Analyse jedes Falles, jeder Situation, in der sich der Lehrer befindet, ersetzen. Sie sollen den Lehrer lediglich ermutigen, sein Problem zu durchdenken, anstatt ohne kritische Prüfung Techniken anzuwenden, die von anderer Seite her empfohlen werden. Der Autor ist davon überzeugt, daß einer, der gute Disziplin hält, obwohl er immer noch etwas von den Qualitäten eines guten Künstlers behält, doch dem modernen Arzt wesentlich näher steht als dem Taschenspieler und Zauberkünstler auf dem Jahrmarkt.

4. Das Verhältnis von Disziplin und Persönlichkeit des Lehrers

Zu den sinnlosen Kontroversen, die den Fortgang auf Lehrertagungen und in Ausbildungskursen gewöhnlich blockieren, gehört auch die wohlbekannte Alternative: Was macht einen zum Lehrer, der gute Disziplin zu halten versteht –: die Persönlichkeit oder das methodische Geschick?

Die Häufigkeit, mit der diese Frage gestellt wird, sowie der würdige Gesichtsausdruck derer, die sie stellen, kann den Praktiker leicht täuschen. In Wahrheit ist die Fragestellung töricht. Es gibt keine solche Alternative. Die Formulierung ist nichts als ein Zaubertrick, der ausgeheckt worden ist, um die Diskussion zu verlängern und Sand in die Augen der Lehrer zu streuen, damit sie nicht merken, wie wenig wir in Wirklichkeit über diesen Bereich wissen. Die Tatsachen, die hinter dem Problem stehen, lassen sich einfach in ein paar Punkten zusammenfassen:

Erstens: »Persönlichkeit« und »methodische Geschicklichkeit« stehen nie in Konflikt miteinander. Im Gegenteil, sie ergänzen sich gegenseitig. Das eine ist sinnlos ohne das andere. Es gibt kein Entweder-Oder.

Zweitens: Die Verwirrung in dieser Frage wird hauptsächlich durch einen weitverbreiteten falschen Gebrauch des Begriffs »methodisches Geschick« gestiftet. Gewisse Leute verstehen unter »methodischem Geschick« den Besitz eines Sacks voller kleiner »Tricks« und »Kniffe«, von denen sie annehmen, daß sie in sich selbst »richtig« sind; und deshalb schlagen sie vor, sie bei jedem Disziplinproblem anzuwenden. Wenn das Wort »methodisches Geschick« in dieser Weise falsch verstanden wird, dann müssen wir allerdings zugeben, daß die Persönlichkeit des Lehrers sehr wohl ohne solches Geschick auskommen kann. Viele Lehrer aber, die nichts darauf geben, diese Tricks auch nur zu sammeln, kommen sehr gut zurecht.

Es sieht jedoch anders aus, wenn wir dem Begriff »methodisches Geschick« eine präzisere Bedeutung geben. Wir meinen folgendes: eine Kenntnis von den Entwicklungsstadien des Kindes sowie der grundlegenden Gesetze der Verhaltensdynamik von Individuen und Gruppen; die Fähigkeit, die Situationen richtig einzuschätzen, in denen sich der Lehrer befindet, und auf individual- und gruppenpsychologische Mechanismen hin zu untersuchen; eine Kenntnis der grundlegenden Techniken menschlicher Beeinflussung und ihrer Beziehung zu bestimmten Entwicklungsaltern und Persönlichkeitstypen; die Fähigkeit, herauszufinden, welche dieser Beeinflussungstechniken auf welche Situationen passen, und die Fähigkeit, etwaige Nebenwirkungen präzis einzuschätzen.

Wir sind der festen Ansicht, daß »methodisches Geschick«, wie es hier definiert wird, so wesentlich ist, daß nicht einmal ein Genie oder die perfekteste Lehrerpersönlichkeit ohne es auskommen kann.

Drittens: Was verstehen wir eigentlich unter »Lehrerpersönlichkeit«? Hier ist nicht der Ort, das sehr verwickelte Problem, was eine hervorragende Lehrerpersönlichkeit ausmacht, zu lösen.

Nur eine Bemerkung über die Lehrerpersönlichkeit muß in diesem Zusammenhang unbedingt gemacht werden. *Sinn für Humor* ist offensichtlich das wesentliche Charakteristikum für einen, der geschickt mit Disziplinschwierigkeiten und unangenehmen Gruppensituationen fertig werden will. Wenn wir gleichzeitig den Charakterzug, der dem erfolgreichen Disziplinhalten am schädlichsten ist, nennen sollten, so würde unsere erste Wahl auf *falsche Würde* fallen. Wir kennen nicht einen einzigen anderen

Disziplin in der Schulpraxis

Persönlichkeitszug, der ebensoviel Verwirrung, Aufruhr und Unordnung stiftet.

Viertens: Wie das ideale Gleichgewicht zwischen »Lehrerpersönlichkeit« und »methodischem Geschick« aussehen sollte, läßt sich schwer bestimmen. Es scheint aber auf der Hand zu liegen, daß gewisse disziplinarische Aufgaben stärkere Betonung verdienen als die übrigen.

Für die Aufgabe, gute Disziplin einzuführen und aufrechtzuerhalten (unter Disziplin verstehen wir hier »Ordnung«), scheint uns die Persönlichkeit des Lehrers der wichtigste Faktor zu sein. Hat der Lehrer eine starke Persönlichkeit, kann er unter normalen Umständen mit wenigen methodischen Überlegungen gut zurechtkommen. Für die Aufgabe, Disziplinschwierigkeiten auf ihre Quellen hin zu untersuchen und »disziplinarische Fälle« erfolgreich zu handhaben, genügt unseres Erachtens selbst die idealste Persönlichkeitsausstattung nicht. Diese Aufgaben stehen, wie gesagt, der Arbeit des Chirurgen näher als der des Künstlers, und Spezialkenntnisse und methodisches Geschick wiegen hier in der Tat sehr schwer.

Fünftens: Die Nachwirkungen sollten berücksichtigt werden. Eines der ernstlichsten Hindernisse für die Entwicklung methodischer Geschicklichkeit bei Lehrern scheint darin zu bestehen, daß merkwürdigerweise von der »rechten Beurteilung« viel zu wenig Gebrauch gemacht wird. Die Einschätzung der disziplinarischen Fähigkeiten von Lehrern trifft öfter daneben als die Einschätzung irgendeiner ihrer anderen Fähigkeiten. Die häufigsten Fehler bei der Beurteilung der wirklichen disziplinarischen Fähigkeiten eines Lehrers sind die folgenden:

(1) Wir verwechseln die Geschicklichkeit eines Lehrers im Unterrichten und Ruhehalten mit seiner Geschicklichkeit im Umgang mit Konflikt- und Störungsfällen. Und so belasten wir, zum Nachteil aller Betroffenen, den in seinem Feld geschickten Praktiker mit der Aufgabe, beispielsweise in einer ganz andersartigen Situation Beratungsdienste zu leisten. Oder umgekehrt, wir verwechseln die Fähigkeit, die Disziplinschwierigkeiten anderer Leute psychologisch gut zu analysieren, mit der Geschicklichkeit, die eigene Gruppe gut zu organisieren, was dann ringsum zu großen Überraschungen führen kann.

(2) Wir tadeln einen Lehrer für die auftretenden Problemfälle oder loben ihn, wenn sie ausbleiben. Und doch wissen wir, daß das eigene Verhalten des Lehrers nur in gewissen Grenzen mit der Anzahl derartiger Problemfälle in der Klasse zu tun hat.

(3) Wir loben oder tadeln einen Lehrer im Hinblick auf den »Erfolg«, den er bei der Behandlung von Verhaltensproblemen in seiner Klasse hat, und doch wissen wir auch sehr wohl, daß die Maßnahmen des Lehrers nur einen unter einer großen Anzahl von Faktoren darstellen, von denen »Erfolg« oder »Versagen« seiner pädagogischen Bemühungen abhängt, wobei die meisten anderen außerhalb seines Einflußbereiches liegen.

(4) Wir beurteilen den Umgang eines Lehrers mit einer disziplinarischen Situation auf der Grundlage von Kriterien, die nichts zu tun haben mit seinen eigenen Zielen und den besonderen Bedingungen, unter denen er arbeitet, und mißverstehen auf diese Weise gründlich die reale Situation.

5. Zur Erinnerung, bevor Sie nächstes Mal in Ihre Klasse gehen

Wir bilden uns nicht ein, daß das weitausgedehnte Thema »Disziplin« in wenigen Sentenzen vermittelt werden kann. Wir wissen jedoch, daß für den überlasteten Praktiker gelegentliche Wegweiser hilfreich sind. Wir möchten deshalb gerne diese ziemlich ausführliche Darstellung in einer recht unkonventionellen Form schließen, indem wir dem Lehrer, der nach dem Lesen dieses Artikels sein Klassenzimmer betritt, vorschlagen, folgende Gedanken nachzuvollziehen.

Erstens: Routine-Tricks sind nicht alles. Man kann die Disziplin nicht aus Flicken zusammenstückeln. Besonders wenn wir nervös werden oder wenn »verständnisvolle« Vorgesetzte oder Kollegen uns wegen begangener Fehler unter Druck zu setzen versuchen, entwickeln wir oftmals eine falsche Bewunderung für organisatorische Kniffe. Wir verfallen der Illusion, daß diese Kniffe die Sache für uns erledigen können, daß sie uns das Denken, Planen, Lieben und Verstehen abnehmen können. Sie tun es nun einmal nicht. Wenn Sie Ihre Gruppenatmosphäre mit einem organisatorischen Apparat überlasten, wenn Sie für alles unter der Sonne eine »Regelung« aufzustellen und – falls diese Regeln verletzt werden – ein System von Vergeltungsmaßnahmen auszuklügeln versuchen, dann sind Sie im Begriff, ihre besten Bemühungen auf lange Sicht zu durchkreuzen. Glauben Sie auch nicht, daß Sie immer herumlaufen müssen mit Zuckerbrot und Peitsche. Verlassen Sie sich ein wenig mehr auf sich selbst, auf Ihre »Persönlichkeit« und auf Ihren Sinn für Humor. Das erspart Ihnen eine Menge Sorgen und eine Menge disziplinarischer Zwischenfälle.

Zweitens: Das »Mysterium der Persönlichkeit« ist ganz gut, wenn es

Disziplin in der Schulpraxis

wirkt. Aber für Versagen ist es eine schlechte Ausrede. Diese Feststellung soll Sie davon abhalten, in das andere Extrem zu fallen. Denn obwohl unsere Persönlichkeit – und die Weise, wie sie sich Kindern vermittelt – die Grundlage von fast allem ist, was wir gewöhnlich »Respekt« und »Führerschaft« nennen, kann doch kein Zweifel darüber bestehen, daß es so etwas wie »alltägliche Lappalien« gibt, die man leichter durch eine Regel oder ein gegenseitiges Übereinkommen in Ordnung bringt als durch magische Blicke. Kinder haben, oft ganz unbewußt, in ihren Erwartungen ein beträchtliches Bedürfnis nach Regelmäßigkeit und Voraussagbarkeit. Wenn ihr ganzes Leben von den Launen Ihres Genius abhängt, dann machen Sie sie nicht glücklich, und es wird immer öfter zu kleinen Reibereien kommen. Lassen Sie also Ihr Mißtrauen gegenüber der Idee, Routine-Tricks statt Persönlichkeit einzusetzen, sich nicht zu einer irrigen Verachtung *jegliches* Planens und Organisierens auswachsen.

Drittens: Versuchen Sie nicht, Ihre ganze Wäsche mit demselben Stück Seife zu waschen. Manchmal entdecken wir zwei, drei nette Kniffe, die wirken. Dann bilden wir uns ein, daß die restlichen Schwierigkeiten des Lebens sich in Wohlgefallen auflösen werden, wenn wir uns nur an diese Kniffe halten. Das aber gibt es nicht. Erwarten Sie nicht von Kniffen, daß sie unter allen Bedingungen wirken, und machen Sie sich selbst oder den Kindern keine Vorwürfe, wenn sie es nicht tun; schieben Sie es vielmehr auf die Kniffe, oder besser noch, auf die unbedachte Art und Weise, in der Sie sie übertragen haben. Sehen Sie sich vor, wenn Sie anfangen, »Anekdoten« darüber zu erzählen, wie dies oder das »immer wirkt«.

Viertens: Kinder sind mindestens so kompliziert wie ein Stück Holz. Untersuchen Sie also lieber ihre Struktur, Elastizität usw., bevor sie Ihre verschiedenen Werkzeuge und Apparate ansetzen. Manchmal wollen wir schnell ans Ziel gelangen, verderben aber die ganze Angelegenheit, weil wir ein zu grobes Instrument verwendet haben. Wenn Ihnen das passiert, machen Sie nicht das Instrument dafür verantwortlich.

Fünftens: Wenn Sie sich lächerlich machen, warum sollten Sie dann nicht der erste sein, der es merkt, und kräftig darüber lachen? Der schlimmste Aberglaube über Disziplin ist der, daß »Respekt« und »Führerschaft« ebensoleicht schmelzen wie Schokolade. Das ist nicht wahr. Wenn sie wirklich schmelzen, dann waren sie von Anfang an niemals »echter« Respekt und »echte« Führerschaft. Seien Sie also nicht nervös, fürchten Sie nicht, daß Sie Ihre Würde vor den Augen der Kinder »in Gefahr bringen«, wenn diese merken, daß Sie am Ende doch nicht der Erzengel Michael sind. Die

Furcht, sich der Lächerlichkeit auszusetzen, hat nach unserer Erfahrung mehr »unlösbare« Disziplinschwierigkeiten verursacht, als irgend sonst etwas. Es gibt einen Unterschied zwischen dem Gelächter, das Sie anstimmen, und der Lächerlichkeit. Echter, besonders auf die eigene Person bezogener Humor ist das Entwaffnendste, was es im Umgang mit Kindern gibt.

Sechstens: Sie brauchen keine Selbstmordgedanken zu haben, bloß weil Sie am Ende doch nicht allmächtig sind. Auch der Macht des größten Magiers sind Grenzen gesetzt, ebenso wie der Omnipotenz des gewissenhaftesten Wissenschaftlers. Immer wieder stoßen wir uns an dieser Einsicht. Wenn Ihnen das geschieht, dann tadeln Sie Ihre Kinder nicht dafür, daß Sie sie nicht kurieren können, und machen Sie sich selbst keine Vorwürfe. Das größte Hindernis in unserer Arbeit ist der Zeitfaktor. Er verdient gebührende Aufmerksamkeit. Es bedarf mindestens ebensovieler Monate planvoller Arbeit, einen falschen Charakterzug an einem Kind zu beseitigen, wie es Jahre planvoller Mißhandlung bedurfte, ihn auszuprägen. Aber vergessen Sie nicht, daß man durch langfristige Planung viele Dinge immerhin auf dem rechten Gleis anfangen kann, obgleich man eben diese Dinge nicht so lange verfolgen kann, bis sie in ihr Abschlußstadium treten. Fürchten Sie sich nicht davor, Fehler zu machen. Nicht die Fehler selbst erzeugen »verdrehte« Kinder, sondern die falsche Reaktion auf diese Fehler, nachdem wir sie einmal gemacht haben. Und das steht ganz in Ihrer Macht.

Zu guter Letzt, was wollen Sie eigentlich sein, ein Erzieher oder ein Engel mit einem feurigen Schwert?

Von Ihrer Antwort auf diese Frage hängen Ihre Entscheidungen über disziplinarische Techniken letztlich ab. Denn um kindliche Vergehen und Sünden gegen »Regeln und Gebote« zu rächen, bedarf es *einer* Art von Persönlichkeit; einer *anderen* aber, um menschliche Wesen durch die Wirren des Aufwachsens zu führen. Sie müssen sich entscheiden.

Grenzziehung und Strafen
aus der Perspektive der Ich-Psychologie

1. »Ich verstehe das Kind – aber was soll ich tun?«

Wir Psychoanalytiker und Psychotherapeuten haben den größten Teil dieses Jahrhunderts darauf verwandt, die breite Öffentlichkeit zu verunsichern, indem wir ihr folgende Probleme in ihrer ganzen Komplexität vor Augen führten:

(1) Verhalten ist oft etwas anderes, als es auf den ersten Blick scheint, und oft weiß die »handelnde Person« das selber nicht.

(2) Manche Verhaltensweisen wanken und weichen nicht, gleichgültig, was man unternimmt. Sie kommen »von innen heraus« und scheinen immun gegen die üblichen Techniken der Verhaltenssteuerung zu sein, die sich anderweitig vielleicht als recht wirkungsvoll erwiesen haben. Dies trifft besonders für sogenannte »Symptome« zu.

(3) Sobald etwas einmal auf dieser Ebene »symptomatisch« geworden ist, wird es wichtig, die »Ursachen« zu suchen und zu beheben, die in ziemlich unerwarteten Richtungen liegen mögen und die eventuell eine Reihe ungewöhnlicher und umständlicher Verfahren nötig machen.

(4) Wer uns nach »einfachen« Techniken zur Handhabung solcher Verhaltenssymptome fragt, gerät in den Verdacht, selbst ein Einfaltspinsel zu sein, der noch nicht über Ursache und Wirkung Bescheid weiß.

(5) Was tatsächlich zählt, ist nicht, was man *tut*, sondern welche Beziehungen man zu seinem Kind hat und die »Grundeinstellung«, die aus dem Verhalten spricht, kurz: was man für das Kind *empfindet*.

Übrigens waren wir in unserem Kampf für ein umfassenderes Konzept des menschlichen Verhaltens überraschend erfolgreich; so erfolgreich, daß heutzutage Erziehungsfehler oft mehr aus Hilflosigkeit und Wut denn aus Unwissenheit begangen werden. Andererseits haben wir im Verlauf dieser siegreichen Schlacht leider eine Menge anderer »Wahrheiten« unter den Teppich gekehrt; wir haben einige wichtige Punkte viel zu wenig hervorgehoben und damit Verzeichnungen unserer eigenen Lehre gefördert. Ich nenne die folgenden Punkte:

(1) Ein bestimmtes Verhalten kann recht »normal« und leicht verständlich sein, so daß es gar nicht als ein »Symptom« im üblichen Sinne zu bezeichnen ist. Trotzdem mag es viele verschiedene Gründe geben, es zu modifizieren, zu verändern oder zu unterbinden. So bleibt uns die Aufgabe, Verhalten zu steuern, auch dort gestellt, wo keine eigentliche Therapie in Frage kommt.

(2) Bestimmte Verhaltensweisen sind eine Manifestation von pathologischen Zuständen und können letztlich nur »von innen« gelöst werden – in der Zwischenzeit jedoch muß jemand darauf achten, daß man sie im Griff behält, sie verändert, ihre Intensität verringert oder sie, zumindest im Augenblick, unterbindet. Kurz gesagt: Verhaltenssteuerung (*behavioral management*) bleibt selbst dort ein Problem, wo eine therapeutische Behandlung als einzig mögliche Lösung erkannt wurde.

(3) Kinder können offenbar eine Menge »Schlüsse ziehen«; d.h. die meisten von ihnen spüren, ob ein Erwachsener ihnen gegenüber aus Liebes- oder Haßgefühlen handelt, ob er es gut meint oder ob er zerstören will; ungeschicktes Vorgehen wird sie wenig stören, solange die Grundeinstellung »richtig« ist. Allerdings sind dieser Ellenbogenfreiheit klare Grenzen gesetzt; wenn man jemandem Arsen in die Suppe schüttet, stirbt er, gleichgültig ob man es aus pervertierten Lustgefühlen, aus falsch verstandener Liebe, aus Dummheit oder tatsächlich aus bösem Willen tut.

(4) Was immer wir mit Kindern tun, um ihr Verhalten zu beeinflussen: weder gibt es eine einfache Handvoll Tricks, noch genügt es, das Kind zu kennen, um zu wissen, was korrekte Behandlung ist und was nicht. Das Ergebnis hängt ja nicht nur davon ab, was wir tun, sondern auch davon, was das Ich des Kindes mit dem Erlebnis macht, das wir ihm vermitteln. Mit anderen Worten: sogar die scheinbar einfache Steuerung äußerer Verhaltensweisen wird zu einem Problem, das ebenso komplex und vielschichtig ist wie einige der kompliziertesten Phasen der Kindertherapie selbst.

2. Zum Problem der Grenzziehung

Seit sich allmählich die Erkenntnis durchsetzt, daß weder die Kindertherapeuten im allgemeinen noch die Psychoanalytiker im besonderen eine Strategie des »absoluten Gewährenlassens«, des »Alles-Erlaubens« gutheis-

Grenzziehung und Strafen

ßen, wird zunehmend von uns verlangt, nicht nur zu erklären, warum Kinder bestimmte Dinge tun, und zu raten, wie man sie behandeln soll, sondern auch bei der Lenkung ihres Verhaltens Hilfen zu geben. Öfter als mit der nicht ganz ernst gemeinten herausfordernden Frage: »Glauben Sie nicht, es sollte eigentlich doch irgendwo einige Grenzen geben?«, werden wir heute mit der direkten Forderung konfrontiert, doch zu erklären, *welche* Grenzen gesetzt werden sollten und *wie*. Zur Klärung der Fragestellung wollen wir uns vor Augen halten, daß der vielverwendete Begriff »Grenzziehung« (*setting limits*) drei völlig verschiedene Bedeutungen und Zielvorstellungen einschließt.

Erstens: Einmal meinen wir mit »Grenzziehung« die Aufgabe, Grenzen des Verhaltens zu definieren; es liegt bei uns, zu entscheiden, welches Verhalten erlaubt, welches toleriert, welches verhindert werden soll, bei Kindern welchen Alters, in welcher Situation usw. Im allgemeinen gibt es in jeder Gemeinschaft (so z. B. auch in der Schule) solche – ausgesprochenen oder unausgesprochenen – »Grün-Gelb-Rot-Bezirke«, für die die Kinder meist ein gutes Gespür entwickeln. Sie wissen genau, »was geht, womit man gerade noch davonkommt und was passiert, wenn man erwischt wird«.

Die Frage, wie klar die Grenzen in gegebenen Situationen bestimmt sein sollen, stellt ein äußerst interessantes Problem dar, das von Fall zu Fall auf empirischer Basis bestimmt werden muß.

Zweitens: Grenzen kann man gewiß beliebig setzen – aber wie soll man sie setzen, damit sie ihre Funktion erfüllen und wirklich eingehalten werden?

Diese Frage stellt Erwachsenen auf drei verschiedenen Ebenen die folgenden Probleme:

(1) Wie bringen wir die Kinder dazu, die Grenzen, die wir ihnen setzen, mit Anstand zu akzeptieren? (»Ich würde eure Grenzen ja gern überschreiten, aber ich kann nicht deswegen wütend auf euch sein, weil ihr sie gesetzt habt!«)

(2) Wie bringen wir fertig, daß sie innerhalb der Grenzen leben wollen?

(3) Wie helfen wir ihnen, sie zu internalisieren?

Eine andere Aufgabe ist es wiederum, die Eltern davon abzuhalten, sich ausschließlich und übertrieben stark auf eines dieser Probleme zu konzentrieren.

Drittens: Was sollen wir tun, damit die Kinder ein Verhalten unterlassen, das die Grenzen überschreitet? Hier sprechen wir nicht darüber, wie die festgelegten Vereinbarungen übers Schlafengehen aussehen sollten, sondern darüber, was wir zunächst einmal tun müssen, falls die Kinder zur Schlafenszeit nicht ruhig werden.

In der Umgangssprache wird der Begriff »Grenzen setzen« übrigens auch häufig falsch verwendet, wenn willkürliche Strafen, vor allem körperliche Züchtigung, gemeint sind – eine Verwirrung, die beseitigt werden muß, wenn eine ernsthafte Diskussion in Gang kommen und ans Ziel gelangen soll.

3. Rezepte zur Verhaltenssteuerung

In diesem Aufsatz werden wir uns auf die Punkte beschränken, die mit dem Unterbinden oder Modifizieren von Verhalten (s. o.: Drittens) zu tun haben, weil es mir wichtig scheint, diesen Punkt der Verhaltenssteuerung aus der geistigen Windstille herauszumanövrieren, in der er zur Zeit, oberflächlich und unachtsam behandelt, festzuliegen scheint.

Ohne hier weitere Argumente zum Streit der Meinungen auf diesem Gebiet hinzuzufügen, möchte ich behaupten: Die Frage, welches Verhalten von Erwachsenen welche Wirkungen auf Kinder hat, muß ebenso auf Dosierung, Wahl des günstigen Zeitpunkts und Nebenwirkungen untersucht werden wie ein kompliziertes pharmazeutisches Rezept. Es bleibt noch viel zu tun, bis wir irgendwo diese Klarheit über das Problem, diesen Respekt vor der Komplexität erreichen, den unsere Kollegen von der Arzneimittelkunde haben.

Um gegen die übliche Entweder-Oder-Fangfrage von »Gewährenlassen oder Strafen« anzugehen, möchte ich etwa 20 der am leichtesten zu unterscheidenden und klassifizierbaren Techniken der Verhaltenssteuerung nennen, deren sich die meisten Erzieher und Therapeuten zu dieser oder jener Zeit zu bedienen scheinen.

Wenn wir annehmen, es sei jetzt meine Aufgabe, Bob oder Mary von etwas Verbotenem abzuhalten, so habe ich folgende Möglichkeiten des Vorgehens:

(1) Bewußtes Ignorieren (*planful ignoring*)
  (in der Annahme, daß sich das Problem teilweise von selbst erledigt, und das um so schneller, je weniger Aufhebens ich davon mache);
(2) Zeichengeben (*signal interference*)
  (in der Erwartung, daß das Ich des Kindes, wenn es das Signal »unannehmbar« erhält, von da an selbständig den untragbaren Verlauf seiner Verhaltensform kontrollieren wird);

(3) Verschieben der physischen Distanz und »Kontakthalten« (*proximity and relationship control*);
(4) Unauffällige affektive Zuwendung (*hypodermic affection*);
(5) Entspannen der Situation durch Humor (*decontamination through humor*);
(6) Hilfestellung zur Überwindung des Hindernisses (*hurdle help*);
(7) Umstrukturierung der Situation (*restructuring*);
(8) Umgruppierung (*regrouping*);
(9) Beweis, daß die Gegenansicht richtig ist (*counterdistortional evidence*);
(10) Bewußtmachung und Beseitigung von emotionalen Spannungen *(removal of emotional debris)*;
(11) Appell an Ich, Ich-Ideal, Über-Ich und Verhaltensnormen der Gruppe (*appeal to ego, ego ideal, super ego and group code representations*);
(12) Vorbeugendes und »keimfreies« Hinauswerfen (*antiseptic bouncing*);
(13) Physische Einschränkung (*physical restraint*) – (nicht zu verwechseln mit körperlicher Strafe);
(14) Beschränkung von Aktivität, Raum und Gegenständen (*limitations in activity, space and props*);
(15) Erweiterter Freiraum bei gleichzeitiger schärferer Grenzziehung (*special surplus quantity of permission with sharpened boundary impact*) – (klar abgegrenzte Sondererlaubnis, Privilegien);
(16) Verbot (auch im Englischen: *Verbot*);
(17) Versprechungen (*promises*);
(18) Belohnungen (*rewards*);
(19) Drohungen (*threats*);
(20) Bestrafung (*punishment*).

Ich muß den Versuch aufgeben, die Bedeutung der verwendeten Begriffe im einzelnen zu beschreiben; ich zähle sie lediglich auf, um zu betonen, wie viele Wahlmöglichkeiten bestehen, und verlange, daß jede von ihnen nicht als besser oder vollkommener als andere betrachtet, sondern sorgfältig geprüft wird auf Indikation und Gegenindikation, auf Nebenwirkungen ebenso wie in bezug auf Dosierung und richtigen Zeitpunkt der Anwendung.

Einen dieser Begriffe, von dem wir natürlich auch nur einen Aspekt erörtern können, wählen wir für eine detailliertere Diskussion aus.

4. Die Bestrafung und ihr Verhältnis zur Ich-Struktur des Kindes

Fast jeder Bewährungshelfer oder Sozialarbeiter mit etwas Erfahrung könnte wahrscheinlich detaillierte Bücher darüber schreiben, was die Menschen unter dem Vorwand der »Bestrafung« einander antun. Die Mehrzahl stünde wahrscheinlich unter der Überschrift »Die Unmenschlichkeit des Menschen gegenüber seinem Mitmenschen«, oder mindestens: »Die Naivität der Erwachsenen in bezug auf das Wohl der Kinder«.

Der Psychiater und der Psychoanalytiker könnten hier wahrscheinlich eine beträchtliche Liste von Überraschungen hinzufügen, d. h. von Situationen, wo die Dinge, entgegen den Erwartungen des strafenden Erwachsenen, aufgrund unbewußter und traumatischer Komplikationen fehl liefen.

Es scheint mir, daß tatsächlich der wichtigste Beitrag unserer klinischen Wissenschaft zum Problem der Bestrafung von den Schauergeschichten ausgeht, die wir über den Mißerfolg von Bestrafungen und seine Gründe ans Licht bringen konnten. Diese Fragen sind wichtig; trotzdem möchte ich mich ganz in die entgegengesetzte Richtung wenden.

Statt zu versuchen, diese Mißerfolge zu klären, möchte ich hier die Frage aufwerfen:

4.1 Welche Voraussetzungen müssen erfüllt sein, damit eine Bestrafung den richtigen Effekt haben kann?

Zur Klärung dieser Frage möchte ich einige Definitionen liefern – damit meine ich Erklärungen, die meinen Gebrauch von Begriffen für die Diskussion begrenzen, nicht aber Ersatzlösungen für eine endgültige Antwort auf das Thema selbst sein sollen.

Die Begriffe »Bestrafung« und »Strafe« sind in unserem Sprachgebrauch sehr häufig. Das reicht von: »Diese Straße war eine Strafe für mein Auto«, bis zu juristischen Einzelheiten, dem Problem der Todesstrafe oder der Inhaftierung Jugendlicher. In diesem Aufsatz möchte ich »Strafe« und »Bestrafung« verwenden für Vorgänge zwischen dem Erzieher (oder Therapeuten) und dem Kind in rollenadäquater Interaktion.

Mit Bestrafung meine ich den *bewußten Versuch eines Erwachsenen, das Verhalten von Kindern (einzeln oder in Gruppen) dadurch zu steuern, daß er sie einem Unlusterlebnis oder einer unangenehmen Erfahrung aussetzt*. Jedes unsinnige, grausame, niederträchtige und pathologische Verhalten

Grenzziehung und Strafen

von Erwachsenen bleibt dabei ausgeschlossen, auch wenn sie dafür ihre Vorrechte als Erwachsene in Anspruch nehmen und ihre naive oder sadistische Rachsucht »Strafe« nennen.

Beispiel: Bei einer Schlägerei mag jemand mit einem Skalpell erstochen werden, wenn zufällig eines zur Hand ist. Dann ist das aber trotzdem nur eine Schlägerei, die auf der Tagesordnung einer Konferenz für Operationstechniken kaum Beachtung finden dürfte. Andererseits schließt meine Definition mißglückte Bestrafungsversuche durchaus ein – ebenso wie der Mißerfolg einer Operation deren Charakter als chirurgischen Eingriff nicht in Frage stellt. Diese Definition setzt voraus, daß wir von Erwachsenen sprechen, die erzieherische oder therapeutische Funktionen im Leben des Kindes haben, sei es als Lehrer oder Eltern, als Therapeuten oder Pfleger, daß wir uns also auf solche Fälle beschränken, in denen diese Leute im Sinne einer erzieherischen oder therapeutischen Aufgabenstellung handeln. Wir nehmen also ausnahmslos an, daß der strafende Erwachsene – unter anderem wenigstens – den Vorsatz hat, dem gestraften Kind zu helfen.

Man könnte sich hier überlegen, ob strafen unbedingt heißen muß, jemandem etwas Unangenehmes zufügen – aber das würde im Augenblick zu sehr ins Detail führen. Meine Definition ist nur sinnvoll, wenn wir dies tatsächlich voraussetzen. Eingriffe, die etwas Angenehmes implizieren, gehören in ein anderes Kapitel, auch wenn der handelnde Erwachsene sie zu der Zeit »Strafe« nennt. Die zugrunde liegende Annahme, auf deren Basis allein irgendeine Form der Strafe durch den Erzieher oder den Therapeuten sinnvoll ist, kann auch so definiert werden: Wir setzen voraus, daß das unangenehme Erlebnis im Fall einer Bestrafung dem Kind hilft. Wir hoffen, daß es das Kind aufrüttelt und ihm so eine Einsicht verschafft, die es anderweitig nicht gewonnen hätte; und daß ferner das Erlebnis das Kind mit einer Portion Energie zur Selbstkontrolle ausstattet, die andere Formen des Einschreitens in diesem Fall nicht hätten hervorbringen können. Ein unangenehmes Erlebnis wird also als eine Art Werkzeug benützt, es ist Mittel und nicht Zweck des Strafakts.

Offensichtlich geschieht sehr vieles zugleich, wenn ein Kind gestraft wird. Viele der relevanten Vorgänge will ich hier nicht aufnehmen, sondern nur als in ihrer Bedeutung unbestritten voraussetzen. Die Betonung liegt in diesem Beitrag absichtlich und einseitig – natürlich nur für Demonstrationszwecke – auf einer einzigen Frage: *Wovon hängt es ab, ob das Ich des Kindes das Erlebnis der Strafe gut verarbeitet oder ob es von der darauffolgenden Verwirrung oder schon vom ersten heftigen Eindruck überwältigt wird?* Denn welche Form der Strafe auch immer wir anwenden – vom leichten Klaps bis zum »Entzug von Privilegien« –, was auch immer wir dem Kind antun: es ist immer nur eine Hälfte des Vorgangs. Die andere Hälfte besteht in dem, was das Kind mit dem Erlebnis macht, das wir in ihm ausgelöst haben.

Dieser Teil des Geschehens bedarf dringend einer ausführlichen Erörterung; wir werden ihm den Rest dieses Aufsatzes widmen.

5. Die Analyse des Straferlebnisses

Ich möchte ein sehr vereinfachtes, erfundenes Beispiel heranziehen, um einige theoretische Fragen daran zu erörtern. Bobby, ein normaler Zwölfjähriger, sitzt in seinem Zimmer und beobachtet andere Kinder, die draußen Fahrrad fahren. Bald möchte er sich ihnen anschließen. Er hat ein erfreuliches Zuhause, ideale Eltern. Bobby ist im Grunde ein normaler Junge, so normal, daß er nicht immun ist gegen die üblichen Versuchungen seiner Umgebung und seines Alters. Heute ist er mit einer schlechten Note und einer ernsten Mahnung seines Lehrers nach Hause gekommen. Nun betritt Bobs Vater den Raum. Er ist ein vernünftiger Vater, normal vernünftig eben, aber heute ist er offensichtlich schlecht gelaunt. In unmißverständlichen Worten eröffnet er seinem Sohn, daß

(1) die Prüfungen in ein paar Wochen stattfänden, daß er

(2) seit Wochen dabei sei, dem Sohn diese Tatsache vor Augen zu führen, und daß ihm dies

(3) offensichtlich nicht genügend dabei helfe, der Versuchung, zu spielen, statt Hausaufgaben zu machen, in angemessener Weise zu widerstehen.

(4) So fällt er das abschließende Urteil: »Das wär's mein Freund. Du weißt, was du in den nächsten Wochen zu tun hast. Ich möchte dir das nicht noch einmal sagen; kein Fahrrad mehr, bis ich's dir wieder erlaube!«

Das ist nur ein erfundenes Beispiel und impliziert absichtlich keinen pathologischen Sachverhalt auf irgendeiner Seite. Wir wollen uns also nicht an Einzelheiten der gewählten Situation klammern.

Außerdem: ich empfehle nicht solches Verhalten, ich beschreibe es nur, um ein Prinzip zu demonstrieren.

Die Frage, die man hier stellen muß, ist wohl folgende: Was soll, unserer Hoffnung gemäß, in Bob vorgehen und was wird sein Ich aus dem Erlebnis machen, so daß es »richtig« (d. h. in unserem Sinne) wirkt?

Grenzziehung und Strafen

Folgende Annahmen müssen untersucht werden:

Erstens: Das Kind empfindet das unangenehme Erlebnis als eine »Frustration«. Dieser Punkt bedarf kaum einer Erklärung, da wir ja nicht annehmen, Bobby sei ein Eigenbrötler oder ein Masochist, dem es Spaß macht, auf seinem Zimmer zu sitzen und Trübsal zu blasen, sondern daß er sehr gern mit den anderen Kindern radgefahren wäre.

Zweitens: Das Kind wird wütend. Dieser Punkt mag manche erstaunen, ist aber leicht verständlich, wenn man bedenkt, daß die enge Verbindung von Frustration und Aggression nicht nur nach Ansicht der überzeugten Freudianer existiert, sondern in den USA in einer großen Zahl von Untersuchungen experimentell und statistisch eindeutig nachgewiesen werden konnte [1].

Übrigens: diese Wut muß nicht einmal ins Bewußtsein vordringen, noch muß sie irgend etwas gleichen, das ganz diesen Namen verdient; das kommt darauf an, wie genau man mit seiner Terminologie umgeht. Das beste Beispiel für das, was ich meine: Erinnern Sie sich an das Gefühl, wenn Ihnen in der U-Bahn jemand auf ein schmerzendes Hühnerauge tritt? Vielleicht sind Sie höflich genug, dieses Gefühl der Aggression sofort zu unterdrücken und sich sogar noch für Ihre Ungeschicklichkeit zu entschuldigen; aber entspräche Ihrer ersten »Aufwallung von Wut« nicht viel eher der Wunsch, Ihrem Gegenüber eine herunterzuhauen?

Drittens: Hier liegt nun für Bobbys Ich die erste Prüfung. Denn wir möchten ja nicht, daß sein Ärger und seine Frustration sich allein gegen seinen Vater richten. Sein Ich muß ihm helfen, den Unterschied zwischen der Ursache und dem Anlaß seiner mißlichen Lage zu entdecken und im Sinn zu behalten. Denn der Anlaß seines Mißgeschicks ist natürlich der Vater (und kein anderer). Wenn der ihn nicht gescholten hätte, könnte er jetzt vergnügt mit den anderen radfahren. Ebenso einleuchtend ist aber folgendes (und wir hoffen, daß es seinem Ich gelingt, sich dies trotz der Unannehmlichkeiten der augenblicklichen Frustration klarzumachen): Niemand anderen trifft die Schuld als ihn selbst. Der Grund des Ärgers ist sein eigenes unangemessenes Betragen zuvor. Diesen scharfen Unterschied zwischen »Ursache« und »Anlaß« der eigenen mißlichen Lage zu treffen ist eine Aufgabe für das Ich, die nicht zu unterschätzen ist; von ihr hängt es ab, als erste und wichtigste Konsequenz, ob Bob aus dem Erlebnis das lernt, was wir möchten.

Viertens: Natürlich möchten wir, daß er seinen Ärger auf die Ursache, nicht auf den Anlaß lenkt. Wir möchten, daß er das meiste internalisiert, natürlich mit etwas Spielraum, wo er seinen Ärger in angemessener Form abladen kann; er ist ja schließlich auch nur ein Mensch. Wenn Bobs Ich seine Aufgabe also erfüllt, muß er auf sich selbst wütend werden, weil er so faul war; und was ihm auch an direkter Wut auf den Vater im Augenblick der Schelte (Bestrafung) hochgekommen sein mag, kann sich zwar in einer Grimasse oder einem ärgerlichen Gedanken o. ä. äußern, sollte aber nach gewisser Zeit wieder abklingen. Wenn in dieser Familie alles »stimmt« und wenn Bob nicht zu sehr gekränkt ist, kann er nicht anfangen, seinen Vater, die Welt und die radfahrenden Kinder zu hassen; er muß seinen Ärger, oder jedenfalls den größten Teil davon, internalisieren.

Fünftens: Nun folgt die nächste Prüfung für Bobs Ich: Es nützt ihm ja nichts, nur dazusitzen und wütend zu sein, selbst wenn er auf den richtigen, sich selbst nämlich, wütend ist. Das brächte ihn nicht an die Arbeit. Auch möchten wir seinen Ärger auf einen speziellen Zug von ihm lenken, nämlich auf seine Faulheit, die ihn in seine mißliche Lage gebracht hat, und nur darauf; nicht etwa auf seine gesamte Persönlichkeit.

Sechstens: Tatsächlich möchten wir nicht einmal, daß er für längere Zeit wütend bleibt, weder auf andere noch auf sich selbst. Was könnte ihm das nützen? Möglicherweise zögen wir Ideen der Selbstkasteiung solchen der Wut auf Vater, Gesellschaft und Gott vor; aber wenn wir daran interessiert sind, daß Bob mit diesem Straferlebnis geholfen wird, kann eine solche »nette« Reaktion nicht genügen. Wir wollen, daß er seinen Ärger in neutralisierte Energie umwandelt, die er dann für andere Aufgaben verwenden kann. Diese Transformation des Wut- und Ärger-Potentials in Energie, die für andere Aufgaben gebraucht werden kann, scheint mir das größte und verwickeltste Problem zu sein, über das wir sehr wenig wissen. Ich bin versucht, es mit der Funktion eines körperlichen Organs zu vergleichen, dessen Aufgabe darin besteht, Substanzen auf chemischem Wege umzuwandeln – und ich kenne viele Kinder, die wie »Diabetiker« reagieren, wenn es darum geht, Wut richtig umzusetzen. Wichtiger als unsere Zeit auf die Deskription traumatischer Ereignisse zu verwenden, die aus den Straferlebnissen der Kinder ein so vielschichtiges Problem machen, scheint es mir – so nützlich obige Erwägungen sein mögen –, eben diesen Prozeß der Energie-Transformation selbst näher zu untersuchen.

Siebtens: Der transformierten Energie muß ein sinnvolles Ziel gesetzt werden; ich vereinfache etwas und gliedere die Aufgabe in drei Schritte auf:

(1) Ich möchte, daß Bob die zusätzliche Energie – gewonnen aus der

Umwandlung seiner Frustrationswut – für vertiefte Einsicht in der Form eines Anzeichens von Reue verwendet und daß er

(2) einen guten Vorsatz zur Besserung faßt, und ich möchte, daß genug davon übrig bleibt für eine

(3) gesteigerte Triebkontrolle.

Anders formuliert: Er soll nicht wütend sein, sondern bedauern, daß er nicht von Anfang an gearbeitet hat, und erkennen, daß sein Vater eigentlich die ganze Zeit recht hatte.

Ich will auch, daß ihm noch genug Verstand übrig bleibt, damit er erkennen kann, daß die Welt sich weiterdreht; weiterhin möchte ich, daß er nächstes Mal die Dinge geschickter anpackt und daß ihm zudem genügend Optimismus übrig bleibt, ein nächstes Mal zu erwarten, das eine Mehranstrengung lohnt und bessere Ergebnisse bringt; außerdem möchte ich, daß er aufhört zu faulenzen, sich selbst zu bemitleiden und die radfahrenden Kinder nur zu beneiden, und statt dessen anfängt, seine Hausaufgaben zu erledigen. Dies ist übrigens ein Punkt, der bei der Einschätzung der »Strafwirkung« vom psychologischen Laien oft übersehen wird: Wir nehmen zu leicht an, daß ein unangenehmes Erlebnis, möglichst eindrücklich vermittelt, einer gelernten Lektion gleichwertig ist.

Achtens: Während diese ersten Schritte für jede erzieherisch lohnende Verarbeitung eines Straferlebnisses durch das Ich grundlegend sind, geht in vielen Fällen das, was wir erhoffen und was wir erreichen müssen, darüber hinaus; z. B. könnte ich hoffen, daß Bob nicht nur auf diesen Zwischenfall gut reagiert und die ihn begleitenden Unannehmlichkeiten gut »verdaut«, sondern sogar für »nächstes Mal« etwas übrig behält. D. h. ich möchte, daß ein Rest dieses Straferlebnisses als zusätzliche Hilfe bei der nächsten Versuchung dieser Art bereitliegt. Ich wünsche eine Steigerung des »Problembewußtseins« (der Wunsch, mit den anderen zu spielen, sollte ihn an letztes Mal erinnern, wo es sich gar nicht gelohnt hat); und ich wünsche, daß neue Energien für die Selbstkontrolle frei werden (er soll es nächstes Mal leichter finden, von selbst zu arbeiten, wenn die Situation auch noch so verlockend ist).

Neuntens: Bobs Ich hat jedoch noch eine weitere Aufgabe, die der Erzieher in ihrer Komplexität leicht unterschätzt: Wir wollen nicht, daß er zu lange dasitzt und sich als unglücklicher Sünder fühlt. Wir möchten, daß er spürt: Er kann etwas tun, nicht nur um aus der Situation des Gestraften herauszukommen, sondern auch um sich deswegen nicht mehr schlecht vorzukommen. Er kann dazu beitragen, seines Vaters Meinung und Gefühle ihm gegenüber zu ändern, und er kann das Gleichgewicht in sich selbst und das zwischen ihm und seinem Vater wiederherstellen, das während der Bestrafung vorübergehend gestört war. Leider eignet sich das oben angeführte Beispiel nicht so gut wie andere, um diese Phase des Geschehens zu beschreiben. Ebenso wichtig, wie das Kind richtig in eine Situation des »Gestraftwerdens« zu versetzen, ist es, ihm aus dieser Situation wieder herauszuhelfen. Ein zu lange anhaltendes Gefühl von Reue oder Wut hielte das Kind nur von dem ab, was getan werden soll. Beispiele für Strafsituationen, bei denen größere Schuld oder schärfere und direktere Angriffe gegen eine andere Person oder Gruppe im Spiel sind, machen diesen Punkt klarer. Tatsächlich enthalten unsere gesellschaftlichen Bräuche eine ganze Serie solcher »Wiedergutmachungsrituale«, deren Ziel es nicht ist, weiter zu strafen, sondern im Gegenteil: der betreffenden Person zu helfen, wieder in Gnade bei ihrer Gruppe oder in ihrem eigenen Wertsystem aufgenommen zu werden. Beispiele: Wenn man zugibt, »daß es einem leid tut«, oder verspricht, »den Schaden zu ersetzen«, oder dahingehend Anstalten trifft (z. B. dabei hilft, einen Raum aufzuräumen, den ein Kind auf Kosten der anderen in Unordnung gebracht hat), dann hat dieser Vorgang folgende »Wiedergutmachungsabsichten«:

(1) Er gibt einem ein gutes Gefühl, und man darf sein unrichtiges Handeln von vorhin vergessen.

(2) Er zwingt die anderen, einem zu verzeihen; sie können es einem nicht länger nachtragen oder vorhalten; sie müssen einen wieder mit der gleichen Achtung wie andere Gruppenmitglieder akzeptieren.

(3) Er bewirkt, daß man sich mit den anderen wieder im Einverständnis fühlen kann und daß diese einen durch ihre bloße Anwesenheit nicht stets an die Schuldgefühle erinnern, die man hatte oder hätte haben sollen.

Das ist übrigens ein besonders wichtiges Kapitel in der Analyse des Strafrituals (*punishment cult*), denn manchmal liegt der ganze Zweck einer Bestrafung in diesem »Wiedereinlenken, Wiedergutmachen«. Ich würde gern ein Konzept der »Wiedergutmachungs-Elastizität« (*restitutional resilience*) postulieren, die Kinder meiner Ansicht nach haben sollten. Manche haben zuviel davon. Andere haben dagegen Schwierigkeiten, wieder zurückzukommen, zu vergessen und sich mit den anderen und sich selbst wieder im Einklang zu fühlen, und das kann ihnen ebenfalls viel Verwirrung bereiten.

Zehntens: Bei der Verarbeitung des Straferlebnisses gibt es noch eine weitere Aufgabe für das Ich, die leicht übersehen wird: Man muß alle anderen Tätigkeitsbereiche von der Strafe scharf trennen. Strafsituationen, die schlecht gehandhabt werden, haben nämlich manchmal eine unheilvolle Wirkung, die weder von der falschen Wahl des Mittels noch von einer der anderen Unangemessenheiten herrührt, die wir so gut kennen, sondern die genau diesem Problem zuzuschreiben ist. In unserem Beispiel: Während Bob gerade ausgeschimpft wird, möchten wir nicht, daß die üblichen Familienaktivitäten darunter leiden, ebensowenig wie Bob seinen kleinen Bruder hassen soll, der zufällig eine gute Zensur hat, oder sehr verlegen sein soll, wenn er am nächsten Tag in der Schule seine Freunde von der Fahrradgruppe trifft usw. Ebenso wie stark übertriebene oder neurotisch deplacierte Formen der Trauer, so können auch neurotisch oder anderweitig übersteigerte oder deplacierte Formen der Bewußtheit der eigenen Situation nach einem Straferlebnis das Leben durcheinanderbringen.

Die entscheidende Frage, wie lange ein Kind im Stadium der Bestrafung bleiben soll, hängt nicht nur von dem ab, was es verdient, oder von einer der vielen anderen Variablen, die uns hier sofort in den Sinn kommen, sondern von seiner Fähigkeit, das Erlebnis der Strafe von anderen wichtigen Erlebnissen in seinem Leben zu trennen. Die Aufgabe, ein Straferlebnis psychohygienisch gut zu speichern, ist eine besondere Anforderung an das Ich.

6. Die Beurteilung der Strafwirkung

Ich möchte das »Straferlebnis« noch etwas weiter auspressen, um aus ihm eine Reihe von Variablen abzuleiten, die sich zur freien Verwendung oder zumindest zur unabhängigen Betrachtung eignen könnten. Obwohl dies alles Versuchscharakter hat, bin ich der Überzeugung, daß es uns zu so etwas wie einer »Landkarte« führt, die wir wie einen Wegweiser benützen können, um wunde Punkte bei den verwendeten Straftechniken und das Versagen verschiedener Straferlebnisse beim Kind zu lokalisieren. Ich möchte dies an einigen ausgewählten Punkten zeigen:

(1) *Die Wahl der Bestrafungsart*, das spezifische »Unlusterlebnis«, durch das wir versuchen, unserem Kind ein größeres Problembewußtsein und mehr verfügbare Energie für seine Triebkontrolle zu vermitteln, bedarf natürlich sorgfältiger Untersuchung. Einem Kind, das vorzieht, träumend in seinem Zimmer zu sitzen, wird man kaum »etwas vermitteln«, wenn man es dahin zurückschickt, weil es sich beim Fußballspielen, das es nicht

mitmachen wollte, schlecht benommen hat. Wenn andererseits die Bestrafungsart so gewählt wird, daß sie eine viel größere Dosis an Mißbehagen oder tatsächlichem Schmerz hervorruft, als das Ich des Kindes verarbeiten kann, oder wenn der sekundäre Schmerz – manchmal eine unbeabsichtigte Folge der gewählten Art des Mißbehagens – zu überwältigend ist: dann sieht sich das Ich vor eine Aufgabe gestellt, die es nicht bewältigen kann. Wäre dieses Kind hier z. B. vor seinen Spielkameraden vom Vater auf eine beschämende und infantilisierende Art gescholten worden, würden wir es sicher niedergeschlagen vor Scham finden, beschäftigt mit Tagträumen von ruhmreicher rebellischer Widerrede gegen Erwachsene, mit der es – in Gedanken – sein Prestige und seinen Status bei seinen Spielkameraden wiederherzustellen suchte. Statt dessen aber sollte es sich hinsetzen, um zu arbeiten.

Aus diesem Grund halte ich selbstverständlich körperliche Strafen für höchst verfehlt. Das Erlebnis körperlichen Schmerzes hat die Tendenz, uns auf einen primitiven Stand zurückzuführen und derartige Quantitäten blinder und nach Ausdruck suchender Wut hervorzurufen, daß dies dem subtilen inneren Mechanismus, den ich zuvor postuliert habe, kaum förderlich sein kann.

(2) Die Aufgabe des Ichs, »*Ursache und Anlaß*« der mißlichen Lage des Kindes auseinanderzuhalten, scheint mir ein weiterer jener Punkte zu sein, bei dem manche sonst »verdiente« oder gut gemeinte Bestrafung fehlgehen kann. Tatsächlich ist die Voraussetzung dafür, daß selbst ein starkes Ich bei solchen fragwürdigen Versuchen das erwünschte »Ziel« erreicht, sicher die, daß das Kind den Bestrafenden als *wohlwollenden Freund* betrachtet, der Mißbehagen eindeutig nur mit gutem Grund oder wenigstens in guter Absicht hervorruft. In dem Augenblick, da diese Erkenntnis nicht garantiert werden kann, und dann, wenn der Erwachsene in die Rolle eines kollektiven Feindes von »uns Kindern« gerät, eines persönlichen Tyrannen oder Verfolgers, entsteht eine völlig andere Situation: Wer wird denn auf sich selbst wütend werden wollen für etwas, das ihm ein Feind getan hat? Im Krieg ist alles fair, und der Gedanke, ich dürfe nicht wütend werden, hassen oder auf meinen Gegner in der Schlacht aggressiv reagieren, ist geradezu verrückt. Erzieherisch wünschenswerte Effekte werden mit einer »Bestrafung« nur dann erzielt, wenn diese sich nicht in einer »Bestrafungsatmosphäre« vollzieht; d. h. selbst im Augenblick verständlicher Wut auf den Erwachsenen oder die Institution, die bestrafen, muß das Ich leicht zeigen können, daß der Fehler beim Kind selbst liegt; daß der zufällige

Anlaß seiner momentanen mißlichen Lage nur dem Kind selbst zuzuschreiben ist; daß niemand ihm diese Schwierigkeiten wünscht, sondern daß es ganz allein dafür verantwortlich ist.

Dieser Punkt ist dann besonders wichtig, wenn sich der Erwachsene in der Rolle eines »Repräsentanten« der Erwachsenen »gegen« die gleichberechtigte Kultur der »Jugend« sieht. In diesem Fall geraten selbst persönlich annehmbare Erwachsene in die seltsame Abhängigkeit von etwas, das ich gerne den durch Rollen vorgeschriebenen »Ritualtanz der Herausforderung« (*dare choreography*) nenne, und dies wiederum geschieht am häufigsten, wenn sie unklug Strafen androhen. Verdient oder nicht, sobald die Drohung von einer Person kommt, die rollenmäßig auf »den Erwachsenen«, der gegen »uns Kinder« steht, festgelegt ist, ruft die Strafandrohung das Gegenteil dessen hervor, was wir erhofft haben: Sie fordert nach außen gewendete reaktive Aggression heraus, und selbst das Kind, das zugeben könnte, es sei tatsächlich im Unrecht, kann es sich nicht leisten, auf die Stimme der Vernunft zu hören. Es muß die sich nach außen richtende, feindselige gegenaggressive Haltung aufrechterhalten, um den guten Ruf im Hinblick auf den Kodex seiner Spielgefährten nicht zu riskieren. Von hier ab führt die Wirkung der Strafe in die entgegengesetzte Richtung: Statt Ansporn zur Internalisierung von Aggression zu sein, wird sie zu einer Aufforderung, »Kampfesmut in der Schlacht« zu beweisen, und das mit der Strafsituation verbundene Mißbehagen wird zu einer stolz vorgezeigten »Kriegsnarbe«.

(3) *Internalisierung: wie gründlich, wie wirksam, für wie lange?* Wir wissen recht gut, was manchmal bei Strafen von sonst liebenden Eltern mit besonders guten Beziehungen zu ihren Kindern schiefgeht: Die Strafe scheint wirkungsvoll zu sein; das Kind, überinternalisiert, ist dankbar dafür und scheint auf diese Technik »günstig zu reagieren«. Und trotzdem – dies können wir kurz abhandeln, da die Kinderpsychiatrie und -analyse eine Menge solcher Beispiele liefern –: Schaut man nur ganz wenig unter die Oberfläche, so wird man feststellen, daß diese Wirkung zu einem ungeheuren Preis erkauft worden ist. Das Kind, das sich mit dem Aggressor überidentifiziert hat, wird nun überwältigt von Schuldgefühlen, von einem Gefühl der Minderwertigkeit und der Verzweiflung; sein Selbstbewußtsein wird geschwächt, und während es bereut, bleibt es doch unfähig, »etwas zu unternehmen« gegen das, wofür es bestraft wurde.

Ein Punkt, der recht oft bei einer wenig intensiven Beschäftigung mit Einzelheiten an der Oberfläche unbeachtet bleibt, ist der der zeitlichen Dosierung (*timing*): Ein Kind kann nur eine gewisse Zeitlang aus der »Internalisierung« seiner Aggressionen Nutzen ziehen. Wenn es länger in einem »Zustand der Strafe« gehalten wird, als es ertragen kann, hört entweder die Internalisierung auf, und die Strafe wird von nun an einfach als feindlicher Akt von seiten eines grausamen oder desinteressierten Tyrannen ertragen; oder: wenn das Kind fortführe zu »internalisieren«, würden wir es in eine seelische Verfassung hineintreiben, die nicht einmal das erfüllt, was eine Minimaldefinition von psychosozialer Gesundheit vorschreibt. Der zuvor aufgeführte Fehler bei der Bestrafung wird häufig begangen, wenn ein Kind isoliert wird, dessen Verhalten für einen bestimmten Erwachsenen in einer bestimmten Gruppe unkontrollierbar geworden ist.

Zugegeben, sein Benehmen war schlecht oder gefährlich genug, so daß die Notwendigkeit, es für den Augenblick zu »isolieren«, offensichtlich gewesen sein mag; sie kann in diesem Moment sogar dem Kind eingeleuchtet haben. Wenn das Kind aber auch nur *ganz kurze Zeit länger* in dieser teilweisen oder totalen »Isolierung« von den Aktivitäten der Gruppe gehalten wird, als sein Ich das verarbeiten kann, fällt die ganze Situation ins andere Extrem: »Die anderen Kinder spielen alle noch, dabei sind sie kein bißchen besser als ich! Nur auf mir hacken sie herum« usw. Dann folgt ein intensives Sich-hinein-Steigern in die Vorstellung des Ausgestoßenseins oder offene Wut gegen den strafenden Erwachsenen oder, wenn dem Kind durch seine besonders gute Beziehung zu dem strafenden Erwachsenen dazu die Hände gebunden sind: offene Rache-Drohungen und Phantasien gegen die unbestraft ausgehenden Spielgefährten.

Es hat mich schon immer verblüfft, warum eine so offensichtlich unglückliche Lage des Ichs in einem gestraften Kind so schwer zu erkennen sein soll. Aber ich muß selbst in sehr guten therapeutischen Erziehungsheimen und Kliniken feststellen, daß sich die Blindheit gegenüber dem Problem der zeitlichen Dosierung von Strafen oder anderen Techniken des Eingreifens sehr hartnäckig hält. Ich finde immer noch Praktiken, bei denen das Kind auf seinen Stuhl oder ins Bett verbannt wird oder in den beliebten Beruhigungsraum, und das nicht auf der Grundlage therapeutischer Erwägungen, sondern auf der Grundlage einer einfach und künstlich hergestellten Relation zwischen zeitlicher Dauer der Strafe und »Schwere« des Vergehens.

(4) Das Problem der »Nützlichkeit des Straferlebnisses für zukünftige Ereignisse« scheint mir ganz besonders von der Fähigkeit des Ichs abzuhängen, sich mit dem Phänomen »Zukunft« richtig auseinanderzusetzen und

Grenzziehung und Strafen

von der »Vergangenheit« richtig Gebrauch zu machen. Das schließt auch den eigenen Beitrag zur kausalen Abfolge der Ereignisse ein.

Das erstaunlichste Problem in diesem Zusammenhang scheint mir, mit welch automatischer Bereitwilligkeit wir *die abschreckende Wirkung* von Strafen erwarten, besonders wenn wir von Kindern sprechen, deren Ich *nicht gesund* ist. Dabei ist offensichtlich, daß eine abschreckende Wirkung jeglicher Art direkt von ziemlich genau faßbaren Ich-Funktionen abhängt. Manche der Kinder sind völlig unfähig, sich auch von den bestgeplanten oder sogar von sehr schmerzhaften Strafen irgendwie abschrecken zu lassen. Gleichgültig, womit man ihnen droht; man könnte ihnen sagen, sie würden bei Sonnenaufgang erschossen: »Sonnenaufgang, wann ist das?« Nichts könnte ihnen gleichgültiger sein. Und dennoch werden die grausamsten und dümmsten Formen der Strafe gewöhnlich mit dem Argument der Abschreckung im Hintergrund auferlegt werden.

Es hängt von den Fähigkeiten des Ichs ab, ob es auf ein Erlebnis so reagiert, daß es »etwas daraus lernt«. Die schlichte Vorstellung, jedes beliebige Erlebnis genüge, um eine Wirkung zu erzielen, die über die augenblickliche Situation hinausgeht, ist eine naive und völlig unrealistische Hoffnung und sollte, wie andere Ammenmärchen, wenigstens in therapeutischen Kreisen schon lange als überholt gelten.

Es sollte klar geworden sein, daß es sich lohnen kann, unsere Anleitung zur Lokalisation schwacher Punkte in Theorie und Praxis des Strafens zu verwenden; dennoch kann ich diese Idee hier nicht weiter entwickeln. Statt dessen möchte ich wenigstens die Diskussionspunkte aufzählen, die in der erzieherischen und therapeutischen Praxis am häufigsten auftauchen und einer solchen Untersuchung zu bedürfen scheinen. Indem ich kurz als Beispiele einige Punkte nenne, möchte ich noch einmal deren Komplexität vor Augen halten:

(a) Sollen wir Privilegien entziehen? – und woher wissen wir, was tatsächlich ein Privileg und was keines ist?

(b) Wie beugen wir unerwünschten Nebenwirkungen vor?

(c) Was halten wir von Körperstrafen?

(d) Welches sind die gruppenpsychologischen Aspekte der Strafe? (Bestrafung der Gruppe, in der Gruppe, durch die Gruppe, gruppenpsychologische Auswirkungen der Strafe.)

(e) Wie wirkt sich die Strafe auf den strafenden Erwachsenen und das »Betriebsklima« aus?

(f) Wie kontrollieren wir Ärger und Launen?

(g) Wie treffen wir die richtige Zeiteinteilung? D. h.: Wie schnell soll die Strafe auf das Vergehen folgen? Wie lange soll die Bestrafung andauern?

(h) Wie dosieren wir die Strafe? U. a.: Fairneß und Gerechtigkeit auf der einen, Flexibilität aus therapeutischen Gründen auf der anderen Seite.

(i) Wie definieren wir den Begriff des »letzten Auswegs«?

(j) Welches sind die Anzeichen für eine Entartung der Strafe?

(k) Wie beziehe ich die Reaktion der »anderen« (Eltern, Geschwister) im Leben des Kindes in mein Handeln ein?

(l) Wie leiste ich »Erste Hilfe« beim Anfang und bei der Beendigung des Straferlebnisses?

(m) Wie erkennt man die Fähigkeit des Ichs, Strafen zu verarbeiten, in verschiedenen Entwicklungsphasen?

(n) Wie klären wir die Verwirrungen um Rollen und interpersonale Beziehungen im Bereich einer Straferfahrung?

(o) Wann ist der Gebrauch von Strafen indiziert, wann ziehen wir andere Techniken zum Setzen von Grenzen vor?

7. Das Setzen von Grenzen und die Aufgabe, das Ich zu unterstützen

Strafe ist nur eine der 20 »Techniken der Verhaltenssteuerung«, die wir zu Beginn dieses Aufsatzes angeführt haben. Ich wählte diesen Punkt, um zu zeigen, wie wichtig es ist, die mißliche Situation des Ichs abschätzen zu können, wenn ein Kind dieser Form des Einschreitens ausgesetzt wird. So verschieden Strafe von allen anderen Punkten ist – und so verschieden diese alle unter sich wieder sind –, so scheint mir doch, daß das gleiche Grundprinzip für alle gilt: In dem Augenblick, in dem wir in den natürlichen Fortgang des kindlichen Verhaltensablaufs »eingreifen«, stellt dies ein »Eindringen« von außen und somit ein ganz spezielles Erlebnis dar, und wie bei allen anderen Erlebnissen bleibt es dem Ich des Kindes überlassen, darin einen Sinn zu finden und seinen seelischen Haushalt entsprechend einzurichten.

Diese Arten der Verhaltenssteuerung sind natürlich unterschiedlich einschneidend. In unserer Liste z. B. lassen Techniken wie Zeichengeben, Appell an die Vernunft, an die Fairneß gegenüber anderen oder an die Anständigkeit dem Kind einen weiten Spielraum für eine eigene Wahl und eine eigenständige Entscheidung. Wenn ich es durch eine Geste oder ein

Grenzziehung und Strafen

Wort bitte, ruhig zu sein, weil es im Raum zu laut wird, so entscheidet es selbständig, ob es das tun will oder nicht; dazu hat es den Vorzug, sich stolz und selbständig zu fühlen, wenn es das »ganz allein« getan hat; ich habe es ja nur daran erinnert. Hierbei sind ein »gewaltsamer Eingriff« oder der Verlust von Macht nicht im Spiel. Wenn ich – im Vergleich dazu – ein Kind in seinem Wutanfall halten muß oder wenn ich es für einige Zeit von seinem Taschenmesser trennen muß oder wenn ich darauf bestehe, daß es auf seinem Stuhl sitzenbleibt oder den Raum verläßt: wie freundlich auch immer ich mich dabei verhalte, es bedeutet, daß ein anderer die Macht übernimmt und daß seine »Selbständigkeit« der Entscheidung weitgehend geschwächt wird. Die mißliche Lage, in dem sein Ich sich daraufhin befindet, hängt also von der »Tiefe des Einschnitts« und der »Schwächung der Selbständigkeit« ab, die jegliche verhaltenssteuernde Technik impliziert. In jedem Fall jedoch bleibt es dem Ich überlassen, zu entscheiden, was in dem Kind geschieht, wenn der Verlauf des Erlebnisses, das durch mein Eingreifen verursacht wurde, einmal festliegt.

Dies sollte uns daran erinnern, daß die Einschätzung der unerfreulichen Lage des Ichs bei den verschiedenen Arten des Einschreitens so bedeutungsvoll sein kann, wie sie mir im Falle der *Strafe* zu sein scheint; zum anderen müssen wir folgendes bedenken:

Es ist ein großer Unterschied, ob ein bestimmtes Ich einfach einem Erlebnis ausgesetzt wird und man von ihm erwartet, es solle allein damit fertig werden oder ob sich jemand die Mühe macht, das Ich im Augenblick des heftigen Zusammenstoßes mit dem Erlebnis und nachher speziell zu unterstützen. Daraus ergibt sich, daß es einer der wichtigsten Punkte ist, nicht nur die angemessene Art des Eingreifens zu wählen, sondern obendrein das Ich zu unterstützen – während und nach der entsprechenden Strafsituation.

Manchmal ist dies der Punkt, an dem eine bestimmte Technik versagt, und nicht daran, daß sie unangebracht gewesen wäre. So gewinnt die Frage: Wie kann das Ich unterstützt werden?, im Augenblick eines verhaltenssteuernden Eingriffs eine besondere Bedeutung.

Auch gilt es folgendes zu bedenken: Bis hierher haben wir angenommen, wir hätten es mit einem relativ normalen Kind mit normalen menschlichen Beziehungen und in günstigen Verhältnissen zu tun. Wenn es schon für das normale Ich des normalen Kindes, das von völlig akzeptierten und ihm wohlwollenden Erwachsenen in klardefinierten Rollenbeziehungen erzogen wird, schwierig genug ist, »deren Eingreifen« irgendwelcher Art zu bewältigen, so kann man sich leicht vorstellen, wie schwierig das wird, wenn man ein *krankes* Kind vor sich hat oder sogar eines, bei dem die Ich-Funktionen als solche gestört sind. Es ist erstaunlich: Der Gedanke, sich aufs Strafen zu verlegen, scheint Erwachsenen in eben den Fällen am schnellsten zu kommen, bei denen die Fähigkeit des Ichs, mit einer solchen Aufgabe fertig zu werden, am meisten gestört ist. Dies trifft jedoch nicht nur für das Strafen zu. Deshalb muß die Frage, ob irgendeine Technik – sei sie noch so wenig einschneidend – angebracht ist oder nicht, immer danach beurteilt werden, wie weit das Ich intakt ist und wie starke Belastungen es ertragen kann. Nur noch ein Beispiel, um von der normalen Reaktion auf einen verhaltenssteuernden Eingriff zum pathologischen Sachverhalt zu kommen:

Ein Kind mit einer beträchtlichen Neigung zu Wutanfällen, mit geringer Frustrationstoleranz und ungenügenden Fähigkeiten, mit etwas fertig zu werden, muß vielleicht für einen Augenblick aus durchaus verständlichen Gründen von der Gruppe getrennt werden. Es ist unwahrscheinlich, daß sein Ich in der Lage ist, mit einem derart komplexen Ereignis fertig zu werden, besonders mit einem, das so viel Unterschwellig-Krankhaftes im Kind aufrührt. In diesen Fällen, sogar nachdem der entsprechende Eingriff beschlossen wurde oder man ihn aus praktischen Gründen nicht vermeiden konnte, in diesen Fällen überlegen wir uns, welche Art von »Unterstützungen« sein Ich brauchen wird, um diese Situation zu meistern.

Bei diesem Beispiel würde sich das in folgenden Überlegungen äußern: Wenn ich John zurechtweisen muß, werde ich sicherlich jeglichen Ausdruck von persönlichem Ärger vermeiden müssen; andernfalls würde ich in ihm die ständig vorhandene Erwartung, alle wollten ihm übel, nur wieder bestätigen. Auch versichere ich mich lieber, daß er weiß: Nur hier und jetzt ist seine Trennung von den anderen für kurze Zeit notwendig; das impliziert weder Schuld- noch Schamgefühle, bedeutet weder Versprechen noch Drohung – denn wie sollte sein Ich in der Lage sein, die Situation zu überblicken, wenn ich in dem Kind die ganze Stufenleiter irrationaler Furcht und Wut wachriefe? Wenn ich diesen Jungen hinausschmeißen muß, gleichgültig wie freundlich ich das tue, muß ich mich versichern, daß es noch andere Augenblicke im Laufe des Tages (vorher oder nachher) gibt, in denen ich ihm mein Wohlwollen zeigen kann: zu Zeiten, wo sein Ich für eine Kommunikation weit geöffnet ist, nicht dann, wenn es offensichtlich verschlossen ist.

Wenn ich mich versichern möchte, daß er den Zwischenfall nicht dazu benutzt, die Verwirrung zwischen meiner offiziellen Rolle und meiner per-

Grenzziehung und Strafen

sönlichen Beziehung zu ihm zu vergrößern, so achte ich besser darauf, daß er von unserer gemeinsamen Aktivität mit den anderen Kindern nicht zu lange getrennt ist, andernfalls verursache ich nur mehr Neid und unterschwellige Rivalitätsgefühle gegenüber den anderen Kindern, als selbst ein gesundes Ich bewältigen könnte.

Auch wenn ich das Kind nur für kurze Zeit ausschließen muß und dies keine »Strafe« bedeutet, sollte ich darauf achten, daß ich es keine Minute länger ausgeschlossen halte, als es sein Ich ertragen kann, damit nicht Angst, Wut oder Wahn-Phantasien entstehen, mit denen es allein nicht mehr fertig werden kann.

Kurz gesagt: Was zählt, ist nicht nur unser Handeln im Augenblick des Eingreifens, sondern auch, wie gut wir planen, um Bedingungen zu schaffen, die günstig dafür sind, daß das Ich des Kindes das Erleben eines Eingriffs in seinen gesamten Lebensbezügen bewältigen kann.

Das gibt uns jetzt die letzte Gelegenheit, eine absichtliche Vereinfachung zu korrigieren, deren wir uns zu Beginn zum Zweck einer schnelleren Veranschaulichung bedienen mußten: die Liste der Techniken des Eingreifens ist nur der Form nach eine Liste. Tatsächlich tritt jede dieser Techniken eher in Form eines komplexen Bündels auf als in der Isolation kleiner Wahrnehmungsvariablen. Wenn wir etwas »Verhalten eines Erwachsenen, welches das Verhalten eines Kindes beeinflussen möchte«, nennen, packen wir in diesen Begriff des »Verhaltens« den gesamten Fächer der Aktivitäten, die außer Lippen-, Gesichts- und Muskelbewegungen noch eine Rolle spielen: so z. B. die gesamte »Atmosphäre«, in der der Eingriff stattfindet, den »Umgangston«, der zwischen Erwachsenem und Kind herrscht, und ganz besonders die »Botschaft« von der Haltung und Absicht, die der Erwachsene durch sein Verhalten vermittelt. In dieser Beziehung mag die Warnung angebracht sein, daß wir da, wo wir über das sprechen, was wir tun, auch die Grundeinstellung meinen, die gefühlsmäßige Haltung und Absicht, in der wir es tun. Denn das Ich des Kindes muß außer mit der speziellen Situation, die wir durch den Eingriff schaffen, auch noch mit der Grundeinstellung, die ihm entgegengebracht wird, fertig werden, ferner mit der antizipierten Rolle des Erwachsenen und mit manchem sonst noch.

Wie reagieren Jugendliche?

1. Definition des Gegenstands

Es versteht sich von selbst, daß diese Seiten nicht dazu gedacht sind, alle anderen Bücher und Artikel über das Jugendalter zusammenzufassen oder zu ersetzen. Ich gehe davon aus, daß es ihre Hauptaufgabe ist, eine fruchtbare Diskussion der dringendsten aktuellen Probleme, denen der Therapeut begegnet, in Gang zu setzen. Außerdem sollen sie nicht nur auf die Probleme eingehen, die in der Einzeltherapie auftauchen, sondern auch auf diejenigen, die ihm in seiner Rolle als Helfer der Jugendlichen, als Berater der Eltern und Lehrer und der Gemeinschaft im ganzen begegnen. In diesem Fall ist es wohl angebracht, kurz auf die wichtigsten Verständigungsschwierigkeiten einzugehen, auf die wir vermutlich stoßen werden, wenn wir uns mit einem so umfassenden und schwer greifbaren Themenkomplex wie dem »Jugendalter« beschäftigen.

1.1 Jugendliche sind Menschen, die eine bestimmte Entwicklungsphase durchlaufen

Nicht alles, was sie tun, ist darauf zurückzuführen, daß sie sich eben in dieser Phase befinden. Bei Diskussionen, die in letzter Zeit in den USA stattfanden – und zwar nicht unter Laien – war ich erschrocken darüber, wie schnell man in einer jeden Auseinandersetzung über Probleme des Jugendalters zu Themen wie Verwahrlosung, Schizophrenie, Jugendkriminalität usw. gelangte. Wir sollten uns ständig über den Unterschied im klaren sein, der zwischen minderjährigen Schwindlern, frühreifen Schizophrenen, klassischen Neurotikern, die darauf warten, alt genug für den Therapeuten zu sein, auf der einen Seite und dem Problem des »Jugendalters« auf der anderen Seite besteht. Es wurde bisher tatsächlich in sehr geringem Maße erforscht, wo die Krankheit anfängt und die Pubertät als ein natürliches, zur Entwicklung gehöriges Phänomen aufhört; sicherlich verdient diese Frage unsere besondere Aufmerksamkeit.

1.2 Welche Altersgruppen bezeichnen wir als »Jugendliche«?

Wir verwenden ein und denselben Begriff für einen Entwicklungsabschnitt, der von der Latenzperiode bis in das frühe Erwachsenenalter reicht – das bringt eine irreführende und gefährliche Abkürzung mit sich. Obwohl wir uns dieser Gefahr bewußt sind, vergessen wir sie zumeist im Verlauf einer Diskussion, so daß wir schließlich über ganz verschiedene Altersstufen sprechen. Es ist richtig, daß es nicht leicht, nicht einmal ratsam wäre, eine zu scharfe Trennungslinie zu ziehen, und daß im Fall eines bestimmten Jugendlichen, den wir vor uns haben, solche Unterscheidungen manchmal überflüssig scheinen. Trotzdem besteht fraglos ein großer Unterschied zwischen dem, der am Anfang seiner Pubertät steht, und dem, den man schon fast als jungen Erwachsenen bezeichnen müßte. Die beiden stehen vor *völlig verschiedenen Aufgaben*, gleichgültig, wie ähnlich sie sich in anderer Hinsicht sein mögen.

In den USA stehen wir vor einer weiteren Schwierigkeit: Der handliche Terminus »Teenager« – eine Möglichkeit speziell unserer Sprache, das Alter zwischen 13 und 19 zu bezeichnen – hat dazu beigetragen, die Unterschiede zwischen den verschiedenen Phasen des Jugendalters noch mehr zu verwischen. Zudem kranken unsere Begriffe noch an einem Überbleibsel aus den Anfangsjahren der Psychoanalyse: Die Vorstellung, das »Jugendalter« schließe direkt an die »Latenzperiode« an, mag auf einige Kinder aus dem Wien der zwanziger Jahre zugetroffen haben – für unsere Jugendlichen in den USA stimmt das keinesfalls. Ich schlage vor, den Begriff der »Latenz« in Wien zu lassen, wo er hingehört; ich habe gegen den Begriff als solchen nichts einzuwenden; was mich stört, ist seine allzu nachlässige Verwendung, die dazu führt, daß wir eine völlig andere und äußerst wichtige Phase übersehen, die zwischen der eigentlichen Latenzperiode und dem Beginn der Pubertät liegt: die Vorpubertät. Ich möchte behaupten, daß eine Anzahl sehr bedeutender Veränderungen stattfindet, die weder direkt in das Bild der späteren Kindheit passen noch unmittelbar mit dem Beginn der Pubertät zusammenhängen. Ich freue mich, daß diesem Tatbestand von seiten der Analytiker zunehmend mehr Beachtung geschenkt wird [1]. Da die Analytiker sich aber meistens mit sehr speziellen Problemen der therapeutischen Technik befassen, möchte ich in groben Umrissen das Verhalten beschreiben, das in dieser Phase sehr wahrscheinlich auftritt, wobei ich besonders die Züge berücksichtige, die der Umgebung des betreffenden Jugendlichen im täglichen Leben vor allem zu schaffen machen. Das Folgende ist ein kurzer Versuch, allerdings recht überzeichnet und wenig differenziert, die Charakteristika der Phase zu nennen, *aus der* die Jugendlichen dann in die Pubertät eintreten [2].

1.2.1 Verhaltensweisen, die im Gefolge einer Desorganisation des Organismus auftreten

Ein Teil der Verwirrungen der Vorpubertät vermengt sich oft unmerklich mit dem Bild des beginnenden Jugendalters. Dies scheint m. E. darauf zurückzuführen zu sein, daß die Struktur des Organismus *sich ein wenig lokkert*, direkt bevor die großen Veränderungen der Pubertät eintreten. Diese entwicklungsmäßig notwendige »Lockerung der bestehenden Persönlichkeitsstruktur« bringt ähnliche Phänomene mit sich wie ein wirklich krankheitsbedingter Persönlichkeitszerfall. Die folgenden Beispiele sollen eine solche Lockerung der bereits erworbenen Persönlichkeitsstruktur beim älteren Kind anschaulich machen – dabei versteht sich von selbst, daß jeder der erwähnten Verhaltenstrends in dieser Phase eine völlig normale Entwicklungserscheinung sein kann, ganz gleichgültig, wie »krank« oder erschreckend er aussehen mag:

(1) Zunahme der körperlichen Unruhe;

(2) verminderte Konzentrationsfähigkeit, sowie verminderte Fähigkeit, bei einer Tätigkeit länger zu verweilen;

(3) unrealistische Einschätzung der eigenen Fähigkeiten;

(4) verstärkte Ambivalenz gegenüber Fragen der Abhängigkeit sowie Reizbarkeit gegenüber ehemals geliebten Personen;

(5) partielle Rückkehr zu bereits abgelegten infantilen Verhaltensweisen (Bettnässen, Nägelkauen, Angst vor Dunkelheit, alle Arten von Phobien);

(6) vielfältige »Bewaffnung« zur Verteidigung gegen auftauchende alte und neue Ängste (zwanghafte Ticks und Rituale, Zauberei, Maskottchen zum Schutz gegen die Angst, Machtsymbole wie Taschenlampen und Messer, Sammlertick zur Linderung von Angst, und um ein Gebiet zu haben, das vor der Invasion der Eltern sicher ist, usw.);

(7) Rückkehr zu kindlichen Sexualtheorien, obgleich eine Aufklärung inzwischen stattgefunden hat;

(8) häufigeres Spielen mit den Geschlechtsteilen als gelegentliche Reizreaktion, was etwas ganz anderes ist als die spätere Masturbation;

(9) Regression in frühere libidinöse Phasen, besondere Neigung zu analen Witzen und sado-masochistischen Phantasien, die oft mit technologischen Tagträumen (Foltermaschinen) verknüpft sind;

(10) prägenitale Bewertung des anderen Geschlechts: Mädchen sind »dumme Gänse«, wenn sie nicht gerade ausgesprochen gut kämpfen oder sich sehr jungenhaft benehmen; sie werden aufgrund des mangelnden Penis als minderwertig betrachtet; für beide Geschlechter ist »weiblich« gleichbedeutend mit »kastriert«, bei beiden entstehen daraus heftige Angst- und Schuldgefühle;

(11) das wohlbekannte Vermeiden der körperlichen Berührung mit den Eltern, das schon beträchtliche Zeit vor der Pubertät auftreten kann.

1.2.2 Verhaltensweisen, die eine »gruppenpsychologische Umorientierung« begleiten

Neben den üblichen und wohlbekannten libidinösen Veränderungen, die schon im Entstehen begriffen sind, und der oben erwähnten Lockerung der Persönlichkeitsstruktur vollzieht sich eine weitere Veränderung, die für die sozialen Beziehungen ebenso relevant ist, sich aber nicht leicht in den üblichen Rahmen der libidinösen Veränderungen einordnen läßt: Die alte *primäre Identifikation eines Kindes mit der Familie* wird als gruppenpsychologische Basis schwächer, während eine *neue Identifikation mit der Gruppe der Spielgefährten (peer group) und deren Verhaltenskodex* sie ersetzt. Diese Veränderung geschieht häufig sehr viel früher, als man die eigentlichen libidinösen Veränderungen erwartet, aber die darauf folgende Desorientierung des Verhaltens und innerliche Konfliktsituation machen das Bild noch komplizierter.

Entwicklungsphänomene dieser Art finden ihren Ausdruck in folgenden Verhaltensweisen:

(1) Im Konflikt der verschiedenen Normen: das einzelne Kind hängt noch sehr an den Eltern, während der *peer group*-Kodex im Grunde »antierwachsen« ist; daraus ergeben sich neue, intensive Schuld- und Schamgefühle beiden Gruppen gegenüber;

(2) in einer Verlegenheit, wenn man sich dem Höflichkeits- und Benimm-Kodex der Erwachsenen unterwirft;

(3) in einer Ungehemmtheit in Sprache und Verhalten, im Spotten über Gesundheits- und Sicherheitsregeln, in der besonderen Freude am Risiko;

(4) in dem Versuch, Erwachsene in offiziellen Rollen nicht zu offen zu akzeptieren, auch wenn man sie sehr gern hat (Lehrer, Eltern usw.);

(5) in der Loyalität gegenüber Altersgenossen, deretwegen man Risiken auf sich nimmt, auch wenn man sie persönlich verachtet oder fürchtet;

(6) in offen zur Schau gestellter Frechheit gegenüber Autoritätspersonen;

(7) in der tiefsitzenden Ablehnung gegen solches Lob und solche Strafen, die als infantilisierend empfunden werden;

(8) darin, daß man sich in gleichgeschlechtlichen Gruppierungen sicher fühlt; Vertreter des anderen Geschlechts werden als »Jagdbeute« betrachtet, anstatt daß man nach wirklich persönlichen Beziehungen strebt;

(9) darin, daß es einem schwerfällt, die Hilfe eines Erwachsenen anzunehmen, und stolz darauf ist, Schwierigkeiten um jeden Preis mannhaft und tapfer durchzustehen;

(10) in der geringen Einschätzung der verbalen Kommunikation, auch mit vertrauenswürdigen Erwachsenen; Gefühle und Emotionen werden nur zögernd mitgeteilt;

(11) in dem Desinteresse an Erwachsenen als Partner in Spielsituationen, es sei denn in Gruppenspielen (was enorme Probleme für unsere Spieltherapie mit sich bringt!);

(12) in der gesteigerten Bereitschaft, sich vom Verhalten anderer Gruppenmitglieder anstecken zu lassen; dabei sind besonders diejenigen von Bedeutung, die beträchtlich draufgängerischer und um einige Jahre älter sind, als die Eltern das gerne sähen.

Diese Liste könnte man noch erheblich verlängern. Jede der oben genannten Verhaltensweisen kann auch in anderen Altersstufen oder als Ergebnis einer Fehlentwicklung oder Krankheit auftreten; in unserem Zusammenhang gilt: In der Vorpubertät können solche Phänomene dem Wachstum völlig »angemessen« und ein Schritt auf dem normalen Weg der Entwicklung sein.

Ich halte es deshalb für lohnend, eine kurze Liste dieser Art aufzustellen, weil uns dabei klar wird, in welcher Verfassung Jugendliche sind, wenn die Pubertät sie »trifft«. Vieles davon wird sich wahrscheinlich auch in späteren Phasen des Jugendalters fortsetzen; begonnen hat es allerdings schon viel früher. Anders ausgedrückt: die Reaktion eines Jugendlichen auf seine Pubertät und die darauffolgende Periode wird nicht nur von verschiedenen Faktoren in der Pubertät selbst, sondern auch erheblich von Erlebnissen aus der Zeit davor, also *von der Situation, aus der der Jugendliche in die Pubertät eintritt*, bestimmt.

All dies stellt uns vor die schwierige Frage: wie können wir feststellen, welche dieser Erscheinungen Überreste einer früheren Phase und welche Reaktionen auf eine neue Phase darstellen? Und wie erkennen wir, wo eine dieser Erscheinungen aufhört, »phasenspezifisch« zu sein, und anfängt, ein eindeutiges Krankheitssymptom zu werden? Was dies an Implikationen für uns als Therapeuten hat, die wir hauptsächlich mit Spielzeug für kleine Kinder ausgerüstet sind und uns nun plötzlich gezwungen sehen, therapeutisch unfruchtbare, aber von der *peer group* akzeptierte Spielformen zu praktizieren – das könnte Gegenstand einer langen Diskussion sein.

1.3 Was gehört noch zum Jugendalter?

Neben dem Problem, zu unterscheiden, was bei einem bestimmten Jugendlichen »Pubertät« und was »Krankheit« ist, stößt man in Diskussionen über das Jugendalter noch auf eine weitere Schwierigkeit: zu differenzieren zwischen dem »psychiatrischen Kern« eines Problems und äußeren Faktoren wie dem *geographischen, sozialen und historischen Ort* der Adoleszenz. Schon 1929 versuchte Siegfried Bernfeld im Rahmen der sogenannten »Klassischen Psychoanalyse« einen Sachverhalt hervorzuheben, von dem man seit dieser Zeit immer wieder behauptet hat, die Psychoanalyse ignoriere ihn. Zu einer Zeit, als weder die Kulturanthropologie noch die Soziologie einen so eindrucksvollen Stand wie heute erreicht hatten, versuchte Bernfeld, zwei Aspekte in die Diskussion zu bringen, die heute für uns große Bedeutung haben[3]:

Zunächst: Wenn wir für den Augenblick davon absehen, was während der Pubertät geschehen soll, und speziell absehen von der Libido-Entwicklung, lohnt es sich, die Reaktion der Jugendlichen *auf ihre Pubertät* als solche zu untersuchen.

Aus dieser Sicht schlägt Bernfeld eine Unterteilung der Reaktionsmuster in drei Gruppen vor:

(1) Die erste Reaktion der Jugendlichen auf das Gewahrwerden der eigenen beginnenden Pubertät ist durch *Vermeidung, Wunsch nach Verzögerung und Angst* gekennzeichnet (diese ähnelt der neurotischen Reaktion);

(2) Die erste Reaktion der Jugendlichen ist nicht nur *nicht* durch Furcht und Angst gekennzeichnet, sondern sie begrüßen im Gegenteil, was mit ihnen »endlich« geschieht, und möchten möglichst schnell an den Endpunkt dieser Entwicklung gelangen. Sie begrüßen die ersten sekundären Geschlechtsmerkmale als verheißungsvolles Versprechen und versuchen, es schneller wahrzumachen, als sie selbst und ihre Umwelt vielleicht verarbeiten können;

(3) Die Reaktion der Jugendlichen schwankt heftig zwischen den beiden obengenannten Möglichkeiten (diese ähnelt der manisch-depressiven Reaktion).

Bernfeld betont hier, daß jede dieser Reaktionsformen ganz und gar »normal« sein kann; alles hängt davon ab, wohin sie führen, nicht davon, woher sie kommen, und es ist wichtig, die schnelle Klassifizierung »neurotisch«, »verwahrlost« oder »manisch-depressiv« zu vermeiden.

Der zweite, noch wesentlichere Aspekt, auf den uns Bernfeld hinwies, lange bevor Anthropologen, Kulturforscher und ein paar Psychoanalytiker, die hofften, das Unbewußte und die Sexualtriebe aus Freuds Lehre streichen zu können, Ähnliches vorschlugen, ist folgender:

Die Frage, mit welcher dieser Reaktionen ein Jugendlicher seine beginnende Pubertät begrüßt, ist nicht allein eine Frage der Libido-Entwicklung. Sie kann mit dem *sozialen Ort* zusammenhängen, an dem der Jugendliche seine Pubertät erlebt. Im Hinblick auf die Wiener Gesellschaft von 1929 äußerte Bernfeld folgende Hypothesen: Bei einem 14jährigen Sohn einer Arbeiterfamilie mag es völlig normal sein, wenn er die Pubertät »stürmisch« beginnt. Tatsächlich hat er Glück, wenn er so reagiert, da seine subkulturelle Umwelt damit viel zufriedener ist: Er geht aus, ist stolz darauf, seinen Lebensunterhalt selbst zu verdienen, sein psycho-sexuelles Experimentieren wird mit mehr Nachsicht betrachtet.

Wenn er aber zufällig der Sohn einer »besseren« Familie ist, die von ihm erwartet, er solle noch über Jahre hinaus brav aufs Gymnasium gehen, so ist er weit besser dran, wenn er seine Pubertät nicht mit Schwung, sondern mit panischem Schrecken beginnt. Seine Eltern und Lehrer sind nämlich weit mehr gewillt, sich mit neurotischem Verhalten abzufinden (sogar gegebenenfalls einen Psychoanalytiker gegen dessen bessere Einsicht dazu zu überreden, den Jungen in therapeutische Behandlung zu nehmen), als etwa ein Versagen in der Schule zu akzeptieren.

In der Auseinandersetzung über die Pubertät sollten wir zwischen zwei Punkten genau unterscheiden:

(1) dem *rein psychiatrischen Kern* von Wachstumsprozessen, die »im Inneren« stattfinden müssen, gleichgültig, wo man aufwächst – wenigstens solange wir uns nicht allzu weit von den uns vertrauten Kulturen entfernen –, und

(2) der spezifischen *Form*, die die Aufgabe des Erwachsenwerdens annimmt. Diese wird bestimmt von der spezifischen »Umwelt«, ihren soziokulturellen Erwartungen, ihren psycho-ökonomischen Eigenschaften usw.,

Wie reagieren Jugendliche

dazu von einer Vielzahl anderer soziokultureller Determinanten, die uns leicht als so selbstverständlich erscheinen, daß wir vergessen, sie wieder in unsere Gleichungen aufzunehmen.

Was den »psychiatrischen Kern« anbetrifft, haben wir das Glück, zumindest dessen psychoanalytische Aspekte an einem Ort klar zusammengefaßt zu finden: Der gesamte psychoanalytische Beitrag kann in dem Buch von Peter Blos nachgelesen werden[4]. Weniger gut ist es hinsichtlich aller anderen psychiatrischen Aspekte des Problems bestellt; das gilt auch für dessen kulturelle, soziologische und ökologische Seiten. Zum Glück hat ein großer Teil der diesbezüglichen Beiträge dieser Wissenschaften seit langem in unser eigenes Berufswissen Eingang gefunden, zum Teil so weitgehend, daß wir nicht einmal mehr wissen, woher sie stammen. Manches davon haben wir so sehr akzeptiert, daß ich befürchte, es sei zu sehr stereotypisiert worden; einige der Konzepte, die wir der Soziologie entliehen haben, veralten allmählich. Mir scheint eine Gefahr nicht darin zu liegen, daß wir als Psychiater die Hinweise der Verhaltenswissenschaften vergessen oder den enormen Unterschied zwischen dem Aufwachsen in einer Millionenstadt oder in einem Dorf in der Prärie ignorieren könnten, sondern eher darin, daß wir die Problematik auf der entgegengesetzten Seite zu sehr vereinfachen.

Wir sollten uns ständig bewußt machen, daß Kinder *aller* Schichten in unserer Gesellschaft – auch in den sogenannten dilinquenten Subkulturen – immer noch unter einer *zweifachen Norm* leben müssen. Selbst ein Junge aus dem finstersten und verbrecherischsten Slum darf in Anwesenheit von Erwachsenen keine sexuellen Schimpfwörter gebrauchen, *bis er alt genug dafür ist,* auch wenn er sie aus dem Mund eben dieser Erwachsenen den ganzen Tag über hört. Auch das duldsamste und harmloseste Über-Ich eines Heranwachsenden aus dieser Schicht, das über Verletzungen des Wertsystems vergnügt hinweggehen kann, enthält also den Kern möglicher neurotischer Normenkonflikte, mit denen wir bei einem Jugendlichen aus der weit sichereren Mittelschicht-Umgebung so vertraut sind.

1.4 Reaktion – worauf?

Hier gelangen wir an einen weiteren Gefahrenpunkt, den ein solches Thema enthält: Wenn wir die Reaktionen von Jugendlichen diskutieren wollen, müssen wir natürlich ganz genau fragen: *Worauf* reagieren diese Jugendlichen eigentlich?

Das bevorzugte Thema könnte die Art und Weise sein, in der sie auf ihre eigene Adoleszenz reagieren – aber was zeigt mir in einem bestimmten Fall an, daß gerade eine solche Reaktion vorliegt? Und selbst wenn sie auf einen Tatbestand oder ein Ereignis in ihrer Umwelt reagieren, wie stelle ich fest, ob ihre Reaktionsweise auf ihren augenblicklichen Entwicklungsstand zurückzuführen ist oder ob sie nicht eine ganz einfache Antwort auf einen gegebenen Sachverhalt ist, die kaum anders ausfallen kann? Theoretisch mag das eindeutig und kaum der Diskussion wert sein. In unseren fachlichen Diskussionen – vielleicht auch in einem Teil unserer Publikationen – tauchen solche »Fehlbezeichnungen einer Variablen« jedoch häufig auf. Ein Beispiel: George hat seinem Vater einen tödlichen Schlag versetzt – dieser war, wie schon oft, betrunken nach Hause gekommen und hatte seine Frau fast zu Tode geprügelt. Der Sohn geriet daraufhin so in Wut, daß er ihn totschlug. Wie läßt sich hier feststellen, was wir vor uns haben? Natürlich kann das ein typischer Fall von »Jugendkriminalität« sein, nach außen gerichtete Abwehr eigener Inzestwünsche, ausgelöst durch die betreffende Szene, genährt durch die Wiederbelebung der ödipalen Konflikte früherer Jahre usw. Andererseits: wäre nicht jeder – jugendlich oder nicht – anständig genug, eine Frau in einer so gefährlichen Situation zu verteidigen, und könnte dabei nicht jeder, weil er in solchen Schlägereien ungeübt ist, einen heftigeren Schlag erteilen, als beabsichtigt? Wie erkenne ich also, ob ein solches Verhalten charakteristisch für den »Teenager« war und nicht die menschenunwürdigen Verhältnisse kennzeichnet, unter denen viele Kinder leben müssen?

Wenn wir also »Reaktionen« von Jugendlichen betrachten, sollten wir uns bei der Verwendung dieses Begriffes unser Konzept von »Reaktion« noch einmal verdeutlichen. In groben Zügen könnte man ihre »Reaktionen« etwa in folgende Kategorien unterteilen:

Reaktionen auf

(1) libidinöse Vorgänge, ausgelöst oder wiederbelebt durch den »Prozeß des Heranwachsens«;

(2) die Tendenz des kindlichen Über-Ichs, Gratifikationen, die in der Adoleszenz ganz normal sind, immer noch mit Schuldgefühlen zu belegen;

(3) Menschen, die während der Kindheit von großer Bedeutung waren – Vater, Mutter, Geschwister –, deren Rolle nun jedoch aus veränderter Perspektive gesehen werden muß;

(4) das eigene Selbstbild, das im Kampf um die Identitätsfindung für das spätere Leben verwirrt ist;

(5) die *Gefühle,* die andere ihnen gegenüber in dieser Hinsicht haben;

(6) die Art und Weise, in der andere sich ihnen gegenüber *verhalten*, die Lebenserfahrungen, denen sie sie aussetzen;

(7) den gesamten, schwer zu fassenden Komplex von Gruppenatmosphäre, kulturellem Milieu, sozialen Erwartungen, allgemeinen subkulturellen Normen und spezifischen Verhaltenserwartungen;

(8) Raum und Dinge: Autos, Transistorradios, Messer, Bücher, weitoffenes Gelände oder ein erstickend kleiner Schlafplatz in einer überfüllten Slumwohnung;

(9) besondere Ereignisse und ungewöhnliche Umstände: Geburt und Tod eines Bruders oder einer Schwester, Ehescheidung, Arbeitslosigkeit, plötzlicher Reichtum, Umzug in eine neue Umgebung usw.;

(10) den Arbeitsmarkt und die Möglichkeiten, die er ihnen bietet oder vorenthält;

(11) die Lebensphilosophie oder Religion, in der sie oder die Menschen ihrer Umgebung befangen scheinen, einschließlich der Vielfalt von Wertsystemen, die ihnen zu verschiedenen Zeiten begegnen;

(12) die Mißverständnisse und Verwirrungen über »die Jugend von heute«, die die erwachsene Generation ihrer Umwelt produziert.

2. Zentrale Schwierigkeiten für die Jugend unserer Zeit

2.1 »Freiraum« ohne Freiheit

Ich setze Eriksons Begriff des *moratorium* als bekannt voraus[5]: der Freiraum, den jegliche Gesellschaft ihrer Jugend zugestehen muß, damit diese die nötige Anzahl von Experimenten mit dem Leben machen kann, die noch keine Konsequenzen und bindenden Verpflichtungen nach sich ziehen. Darin sollen die Jugendlichen die Eigenschaften entwickeln, die sie dann als Erwachsene benötigen, und feststellen können, welcher Platz in dieser Gesellschaft möglicherweise der ihre ist. Wir in den Vereinigten Staaten behaupten gerne, wir gestünden unserer Jugend einen sehr großzügig bemessenen Freiraum zu, und wir fragen uns mitunter bang, ob wir unseren Kindern nicht vielleicht zuviel erlauben.

Die folgenden Tatsachen verlangen jedoch eine genauere Betrachtung; ich möchte nämlich behaupten, daß dieser vielzitierte »Freiraum« über weite Strecken einen erstickenden Mangel an Freiheit aufweist.

Durch die reiche Ausstattung mit technischen Hilfsmitteln und Finessen im Kleinen und im Großen sehen sich unsere Jugendlichen manchmal in einen Rahmen gepreßt, der für sie einen unerträglichen Grad von Infantilisierung mit sich bringt.

Beispiele:

(1) Gerade zu einer Zeit, in der selbständige Beweglichkeit aufgrund der ihr innewohnenden Gratifikation und als Symbol der Unabhängigkeit hoch bewertet wird, muß die Stadtjugend zum »motorisierten Kinderwagen« zurückkehren. Während sie als kleinere Kinder die nähere Umgebung ziemlich frei durchstreifen konnten, müssen sie jetzt von der Mutter sogar zu ihren Verabredungen und Gruppentreffen chauffiert werden.

(2) Die meisten »Jobs«, die den Jugendlichen aus städtischer Umgebung zugänglich sind, haben den starken Beigeschmack einer an den Haaren herbeigezogenen Ausrede für etwas mehr Taschengeld. Beiträge zum Leben der Familie, die durchaus sinnvoll und bedeutsam sein könnten, werden zum bloßen Vorwand für die Verteilung von Geldprämien degradiert.

(3) Die zunehmende Forderung nach verlängerter und stärker spezialisierter Ausbildung ist zwar für einige sehr bedeutsam, impliziert aber für viele vor allem, daß sie unerträglich lange wie Kinder behandelt werden. Denn im Vergleich zum offenen Arbeitsmarkt nimmt jede Schulsituation unvermeidlich diesen Beigeschmack an.

(4) Die Jugend der Pionierzeit hatte eine bedeutende Möglichkeit, konstruktiv und zugleich therapeutisch mit der Wirklichkeit fertig zu werden: das Ausreißen. Man verließ das Zuhause oder die unerträglichen Umstände und »machte etwas aus sich«. Heutzutage sind sogar die besten Versuche dieser Art erfolglos. Auch relativ vernünftige Versuche, sich auf diese Weise selbst zu schützen, enden regelmäßig und ruhmlos irgendwo in einem Büro der »Bahnhofsmission«.

(5) Mit der zunehmenden Automatisierung wird die Chance, einen inhaltsreichen und schöpferischen Beruf ergreifen zu können, wahrscheinlich nur den wenigen zuteil werden, die den Ansprüchen auf hohe Spezialisierung und spezifische Fertigkeiten gerecht werden. Den vielen, die für eine so weitgehende Spezialisierung nicht genügend sozialisiert sind oder deren Ausbildung und Geschicklichkeit nicht für die spezifischen Arbeitsanforderungen ausreichen, wird die übliche Motivierungs-Akrobatik, die ihre Berater vor ihnen vollführen, zu Recht sinnlos erscheinen.

2.2 Ein neues Vorurteil kommt hinzu

Für unsere Jugendlichen besteht folgendes Problem (das vielleicht in den USA besonders extreme Formen annimmt):

Mit dem Eintritt in die Gruppe der »Teenager« wird man ganz offensichtlich Teil einer Minorität, der die Gesellschaft mit Vorurteilen begegnet – selbst wenn man in einer Umgebung aufgewachsen ist, in der man keineswegs unter Diskriminierung gelitten hat. Gleichgültig, wie groß die persönliche Zuneigung eines Erwachsenen zu einem bestimmten Jugendlichen in seiner Umgebung sein mag – in seinen Worten und Handlungen als Vertreter der erwachsenen Generation wird immer ein gewisses Mißtrauen gegenüber »Teenagern« zum Ausdruck kommen, und zwar nach dem Motto: Einige meiner besten Freunde sind Teenager, aber aufs ganze gesehen, sind sie doch ein übles Pack; trauen kann man ihnen zumindest erst, wenn sie sich als harmlos erwiesen haben!

Die Variationen über dieses Thema sind zahlreich und können hier nicht vollständig aufgezählt werden. Zweierlei sei jedoch angemerkt:

(1) Ein diskriminierendes Stereotyp gegenüber irgendeiner Gruppe verstärkt natürlich die Voreingenommenheit auf der anderen Seite. Viele Jugendliche reagieren also nicht nur auf ihre eigenen entwicklungspsychologischen Probleme, sondern auch auf den Schwall von stereotypen Vorstellungen, die in nahezu jeder Aussage eines Erwachsenen, auf jeder Zeitungsseite auf sie einstürmen.

Eine regelmäßige und leicht auszumachende Reaktion auf diese (negativen) Erwartungen ist die Verstärkung des natürlichen Stereotyps, das Jugendliche gegen »diese Erwachsenen« entwickeln.

(2) Die Tendenz aus jüngerer Zeit, »alte Vorurteile über Bord zu werfen«, dies unter »Beweis« zu stellen und stolz darauf zu sein, schafft für einige Jugendliche, besonders unter der amerikanischen schwarzen Jugend, eine relativ neue Situation: die Jugendlichen, die gewohnt sind und erwarten, als die ewigen Sündenböcke angesehen zu werden, finden sich plötzlich als »Maskottchen-Stereotyp« betrachtet. Die bloße Tatsache der Rassen- und Klassenzugehörigkeit, die sie früher als unannehmbar hinstellte, führt jetzt dazu, daß ihnen besondere Privilegien eingeräumt werden – vorwiegend natürlich bloß, damit das Unternehmen A oder B beweisen kann, daß es »frei von Vorurteilen« sei.

Bevor wir uns allerdings allzu begeistert über die neuen Chancen unserer Jugend äußern, sollten wir uns zwei Tatsachen in der hier gebotenen

Schärfe klarmachen: Erstens ist die Zahl derer, die eine solche Chance haben, verschwindend gering; für die übrigen wird die Situation durch diese Selektion einiger weniger eher erschwert als erleichtert. Zweitens sollten wir nicht den hohen Preis vergessen, den ein solches Demonstrations-Objekt für »vorurteilsfreie« Personalpolitik zu zahlen hat; ein so »Bevorzugter« verliert einen großen Teil seiner ehemaligen Freunde; dazu kommt, daß auch das neue Stereotyp persönlich einfach eine Beleidigung darstellt. Es heißt ja: »Mich wollen sie gar nicht; sie benutzen mich nur, um eine Haltung zu demonstrieren!« Es ist überflüssig, dem Freud-Kenner die Implikationen dieses Sachverhalts auseinanderzusetzen.

2.3 Rassen-, Kasten- und Klassenschranken erfahren stärkere Aufmerksamkeit

Unsere Jugend lebt in einem Zeitalter, in dem in unserer Gesellschaft eine seltsame Mischung sich widersprechender Tendenzen existiert, denen diese in hektischer und blinder Aktivität zu begegnen sucht. Hierbei ist es irrelevant, für welche Seite einer Streitfrage sich ein bestimmter Jugendlicher entscheidet: das intensive Engagement in einer Frage als solches, so lobenswert es als generelle Tendenz ist, führt zu einer bewußteren Kenntnisnahme der Schranken, die durch Rassen- und Klassenzugehörigkeit gesetzt werden, und verschärft diese für die Jugend unserer Zeit.

Einige Beispiele hierzu:

(1) Die neue Betonung, die der Kampf gegen die Rassendiskriminierung erfährt, gibt den Jugendlichen die Chance, sich – je nachdem – für oder gegen eine Sache einzusetzen. Das impliziert zweierlei: Für manche macht es das Leben sinnvoller, anderen bedeutet es »Risiko und Abenteuer«. Dies veranlaßt mehr junge Menschen als je zuvor in Friedenszeiten, ihr Leben auf sehr verschiedenen Ebenen, die nicht alle wünschenswert erscheinen mögen, »in den Dienst einer Sache« zu stellen.

(2) Dieselbe Tatsache kann jedoch anderen immer schärfer bewußt machen, wie unwahrscheinlich es ist, daß je in ihrem Leben eine tatsächliche Veränderung stattfinden wird; sie werden sich der Hoffnungslosigkeit ihrer spezifischen Lebenslage noch stärker bewußt, als dies vielleicht der Fall gewesen wäre, hätte sich das öffentliche Interesse nicht so stark diesen Fragen zugewandt.

(3) Wie wohlgemeint die »Philosophie« der Erwachsenen grundsätzlich sein mag – die zunehmende Technisierung und die Notwendigkeit früher

Spezialisierung in der Ausbildung schaffen neue benachteiligte Gruppen, diesmal nicht aufgrund der Rasse oder des sozialen Status, sondern – als sekundäre Folge eines oder beider Faktoren – aufgrund der Unfähigkeit der Betreffenden, den hohen Anforderungen dieser Aufgaben zu genügen. Es fragt sich, worauf »einfacher« zu reagieren ist: auf die Erklärung, man sei für eine Stellung ungeeignet, weil man Neger ist, oder darauf, daß man einfach nicht die erforderlichen Fähigkeiten mitbringt.

(4) Die heftige Diskussion um Rassen- und Klassenprobleme, die zur Zeit im Kampf gegen die Diskriminierung wie auch in der »Anti-Poverty«-Kampagne ihren Niederschlag findet, enthält für unsere Jugend eine weitere Schwierigkeit, die wir erst langsam zu erkennen beginnen: Die gesteigerte Mobilität erzeugt zusätzliche Schuldgefühle oder abwehrende Feindseligkeit gegenüber denjenigen, die nicht aufgestiegen sind, und erzeugt bei diesen wiederum Ärger, Entfremdung und neiderfüllte Feindseligkeit gegenüber ihren erfolgreicheren ehemaligen Kameraden. Dieses Problem ist nicht neu; es scheint sich aber verschärft zu haben und stellt sicherlich eine der zu erwartenden Reaktionen dar, die genauer analysiert werden sollten.

2.4 Der verstärkte »Schicksalskomplex«

Der Traum von den »unbegrenzten Möglichkeiten« wird unserer Jugend in Amerika sicher seit dem Tag gepredigt, an dem die ersten Einwanderer an unseren Küsten landeten. Das Leben ist, was man daraus macht; der Himmel ist die Grenze; wer ihn nicht erreicht, hat selbst schuld. Diese Philosophie ist zweifelsohne zu allen Zeiten für die meisten ein großer Anreiz, für einige ein Alptraum gewesen; denjenigen, die irgendwann enterbt wurden, muß sie wie ein schlechter Witz vorgekommen sein. Tatsache ist, daß ein Teil unserer Jugendlichen – vor allem diejenigen, die eine hohe Lern- und Aufstiegsmotivation aufweisen – sich heute in besonderen Schwierigkeiten befinden. Für sie ist dieser Traum noch immer eine psychologische Realität. Im College ihrer Wahl nicht angenommen zu werden, das die »beste« aller Ausbildungen geboten hätte, nimmt dem Leben nahezu jeden Sinn; für die Eltern bedeutet es eine fast unerträgliche Schande. Andererseits müssen auch diese Jugendlichen, so sehr erwachsenenorientiert sie auch sein mögen, erkennen, daß wir sie mit entscheidenden Ungereimtheiten konfrontieren. Während wir uns immer noch sehr darum bemühen, ihren Verstand zu schärfen und ihren IQ zu verbessern, müssen sie feststellen, daß wir versäumt haben, ihnen eine ausreichende Zahl von College-Plätzen zu schaffen. Die Generation der Erwachsenen begegnet dem berechtigten Protest mit den üblichen bürokratischen Einwänden, vielleicht mit einigen viel zu langfristig konzipierten Initiativen zur Verbesserung der Situation. Für unsere bildungshungrigen Teenager ergibt sich daraus: Ob sie die gewünschte Ausbildung erhalten oder nicht, hängt von der lächerlichen Französisch-Fünf aus der siebten Klasse ab, die damals nicht einmal die Eltern ernst nahmen, oder davon, daß die Schulleistungen während der Pubertät etwas nachgelassen hatten, was zwei Jahre später längst aufgeholt war. Die Reaktion der Jugendlichen auf diesen Sachverhalt ist im extremen Fall leicht abzusehen. Manche geben einfach auf; was sie erreichen wollten, ist unerreichbar für sie – warum sich noch Sorgen darum machen! Bei anderen ist die Reaktion genau umgekehrt: enorme Anstrengungen, die weit über das hinausgehen, was einem Jugendlichen normalerweise zugemutet werden kann, große Ängste, Schuldgefühle und Verzweiflung, die nicht selten in Selbstmord enden. Ich frage mich tatsächlich, ob wir nicht dabei sind, in diesem Land wieder in größerem Ausmaß die Arten von Neurosen mit all ihren Folgen zu produzieren, die uns aus dem Wien der zehner und zwanziger Jahre so wohlbekannt sind.

2.5 Die Gruppe: Zuflucht der Auswanderer oder Ausgangsbasis der Einwanderer?

Der Jugendliche sieht sich vor eine zweifache Aufgabe gestellt: Er muß aus dem Familienleben, wie er es aus seiner Kindheit kennt, »auswandern« und – nicht in die Welt der Erwachsenen, sondern – in das soziale System der Jugendlichen »einwandern«. Dieser Vergleich der Adoleszenz mit den Syndromen der Aus- und der Einwanderung könnte übrigens wertvolle Hinweise liefern, denen ich im Moment aber nicht nachgehen kann. Möge die Bemerkung genügen, daß bei den wirklichen Aus- und Einwanderern »die Gruppe« offensichtlich auf beiden Seiten eine bedeutende Rolle spielt. »Sich in seiner Gruppe aufgehoben fühlen«, was immer das im einzelnen heißen mag, ist bekanntlich eine große Hilfe zur Lebensbewältigung und bei Eingewöhnungsschwierigkeiten. Die Literatur berichtet ausführlich über die Variationsbreite dieses Gefühls: Der eine fühlt sich zeitweise von Gleichgesinnten akzeptiert, der andere geht völlig in der Gruppe auf. Eine weitere Möglichkeit unterscheidet sich deutlich hiervon: Weniger denn als Zufluchtsort fungiert die »Gruppe« als Ausgangsbasis, von der aus man die zu erobernden Gebiete in Angriff nimmt.

Auf alle Fälle sieht sich der Jugendliche von heute konfrontiert (a) mit einem breiten Spektrum von Bedürfnissen, (b) mit einer Vielzahl verwirrender »Gruppen-Phänomene« auf allen Seiten und (c) mit der schmerzlichen Notwendigkeit, sein Bedürfnis, einer Gruppe anzugehören, von seiner Familie auf die weitere Gesellschaft oder auf eine Untergruppe zu verlagern, in der er von nun an für eine längere Zeit leben und arbeiten wird.

Während die Anhänger der »Fünfzig-Minuten-Psychiatrie«[6] lange Zeit über die komplexen neuen Erkenntnisse schockiert waren, die sie aus den verschiedenen Zweigen der Gruppenpsychologie, der Soziologie, der Kulturanthropologie, der Sozialpsychologie und später sogar der Gruppentherapie schließlich übernehmen mußten, sind diese Tatbestände unterdessen als wichtige Faktoren im Leben unserer Patienten allgemein anerkannt – sogar dort, wo wir den therapeutischen Zugang lieber auf die übliche individuelle Paar-Situation beschränkt gesehen hätten. Obwohl wir also wissen, daß Gruppenpsychologie und Gruppenprozesse ernst zu nehmen sind, wo sie im Leben eines Jugendlichen auftauchen, sind wir doch weit davon entfernt zu wissen, wie wir sie genau verstehen und handhaben sollen. In dieser Hinsicht befinden wir uns in einer ähnlich schwierigen Lage wie die Jugendlichen selbst.

3. Syndrome der Bewältigung, die uns verblüffen

Der Begriff »Syndrome der Bewältigung« (*coping syndromes*) soll die ursprüngliche Absicht, über »Reaktionen« zu sprechen, enthalten, möchte aber zugleich von dem zwei-dimensionalen Konzept wegführen, das bei der Aufzählung von »Reaktionen« für gewöhnlich ins Spiel kommt, und gleichzeitig die Komplexität, Tiefe und Vielseitigkeit des Problems andeuten.

3.1 Allergien gegen Situationen und Erwachsene, die nicht Teil des gewohnten Lebenskontextes des Jugendlichen sind

Dieser Titel klingt seltsam; ich sehe jedoch keine Möglichkeit, folgenden Sachverhalt kürzer und präziser zu fassen. Für die klassische Therapie einer klassischen Neurose ist die Losgelöstheit der therapeutischen Situation von den alltäglichen Lebensumständen ein wichtiger Faktor. Für einige andere Aufgaben im Leben der Jugendlichen scheint es angemessener zu sein, wenn der Berater sich direkt an Ort und Stelle befindet und entscheidenden Einfluß auf die Situation hat, in der sich die beiden Parteien gegenüberstehen. Bei einigen Störungen, wie z. B. bei aggressiv ausagierenden Kindern, können in der Einzeltherapie nur geringe Erfolge erzielt werden, wenn nicht zumindest auch viele Ereignisse aus dem täglichen Leben des Kindes sorgfältig und mit klinischer Umsicht direkt an Ort und Stelle aufgenommen und verarbeitet werden, möglichst von Menschen, die sowieso schon Bezugspersonen sind, wie Lehrer, Eltern, Gruppenleiter usw. Wir haben dieser speziellen Art der Unterredung mit Jugendlichen im Stil des psychiatrischen Interviews, aber innerhalb des gewohnten geographischen und personellen Rahmens den Namen »Life Space Interview« gegeben [7]. Entscheidend ist hierbei folgendes: Auch normale Jugendliche, von ihren tatendurstigen Kameraden ganz abgesehen, scheinen ihre Widerstände gegen eben die Situation sehr verstärkt zu haben, die für denjenigen, der unter klassischen neurotischen Ängsten leidet, so vorteilhaft scheint, nämlich gegen die »Therapie- oder Beratungsstunde«, die deutlich von der Turbulenz des Alltagslebens getrennt ist. Im Gegensatz zu der weitverbreiteten Ansicht, daß der Widerstand der Jugendlichen gegen diese Art der Therapie vor allem darauf zurückzuführen sei, daß sie sowieso Schwierigkeiten hätten, Erwachsenen zu trauen, glauben wir, daß diese Abneigung noch andere Gründe hat. Für viele Jugendliche verliert sogar der Erwachsene, dem sie sonst trauen, in der Rolle eines Therapeuten oder Beraters seinen Wert, wenn er nicht irgendwie in die Hierarchie der Mächte eingeordnet ist, in der Jugendliche sich bewegen, und wenn er seinerseits nicht mit der Szene vertraut und abwesend ist, wenn sich die entscheidenden Ereignisse abspielen. Mannigfache Vermutungen lassen sich über die Gründe dieser Tendenz äußern; ich nenne nur einige davon: die größere Sicherheit vor einer zu weitgehenden Selbsteinsicht und vor dem Auftauchen von Übertragungsphantasien; auch das Maß, in dem »Therapie-Stunde und Couch« durch unsere Populärliteratur zum Symbol spezifischer Krankheiten geworden sind; oder die Furcht so vieler Jugendlicher vor einer zu weitgehenden Verpflichtung, die auf dem gewohnten Gebiet der täglichen Auseinandersetzung mit den Erwachsenen nicht so stark und bindend ist.

Welche Erklärung uns dazu auch immer einfallen mag – es bleibt die Tatsache, daß eine große Anzahl von Jugendlichen Schwierigkeiten hat, unsere traditionelle Form von 50minütiger Beratung und Behandlung in

Anspruch zu nehmen und zu akzeptieren, selbst wenn keine anderen Faktoren dagegen sprächen.

Falls dies nur teilweise zutrifft, ergeben sich daraus erhebliche Konsequenzen für unser gegenwärtiges Beratungssystem für Jugendliche:

(1) Ein großer Teil der Aufgabe muß an die Erzieher und Gruppenleiter in der Schule und zu Hause zurückgegeben werden;

(2) dem Verhalten der Erwachsenen im Alltagsleben kommt eine weit größere Bedeutung zu; der Therapeut sollte unbedingt lernen, diese »anderen Erwachsenen« anzuleiten, die im Lebensraum unserer Jugendlichen eine so entscheidende Rolle spielen;

(3) auch unser Konzept von Beratung und Therapie sollte flexibler werden und mehr darauf ausgerichtet sein, den Jugendlichen in alltäglichen »Krisensituationen« zur Verfügung zu stehen; auf jeden Fall sollten flexiblere Kontaktformen angestrebt werden; der häufig beklagte Widerstand vieler Jugendlicher dagegen, Hilfe anzunehmen, selbst wenn sie sie dringend brauchten, gründet nicht notwendigerweise ausschließlich auf dem wohlbekannten Widerstand gegen die »Fremdheit« der therapeutischen Situation. Er richtet sich möglicherweise eher gegen das spezifische Konzept der Festlegung von Zeitpunkt, Ort und Rollenverteilung, das zu unserem traditionellen Instrumentarium gehört und für alle Fälle, in denen es nicht angemessen ist, kritisch überprüft werden sollte.

3.2 Überbewertung des symbolischen Bedeutungsgehalts von realen Situationen und Lebensereignissen

Dieses Phänomen ist als solches gut bekannt und bedarf hier keiner weiteren Ausführung. Als Therapeuten neigen wir aber zu der Annahme, der Zwang, alltäglichen Situationen und Ereignissen einen zu großen symbolischen Wert beizumessen, sei eines der Kriterien für die Unterscheidung zwischen »gesund« und »krank«. Dies trifft nur auf die extremen Erscheinungsformen zu, für die übrigen gilt es nicht. Was in diesem Zusammenhang interessiert, ist aber nicht das Phänomen als solches, sondern die unerwartete und unvorhersehbare Art und Weise, in der ein und derselbe Jugendliche auf eine bestimmte Sache zuweilen angemessen und realitätsgerecht, im nächsten Augenblick aber unangemessen und völlig irrational reagiert. Auch ändert sich das Spektrum der Situationen und Ereignisse, die für eine solche Überladung mit symbolischem Gehalt ausgewählt werden, mit dem Alter, mit der jeweiligen Subkultur und Umgebung, sogar mit bestimmten Modeströmungen. Mehr noch: der Grad, in dem ein Jugendlicher versucht ist, etwas derartig überzubewerten, hängt nicht nur von ihm und seiner Neigung dazu ab, sondern ist auch eine Funktion der Situation selbst und des »Zugs zur Irrationalität«, den der Erwachsene durch seine Art, die Situation zu handhaben, hineinlegt. Eine grobe Veranschaulichung: Hosen sind Hosen, Messer sind Messer, Zigaretten sind Zigaretten, Schlafenszeiten sind Schlafenszeiten und eine Essenholerschlange ist eine unvermeidliche Erscheinung in unserem Massenzeitalter. Ob einer dieser Punkte plötzlich zu einem irrationalen Ausbruch führt, ob er Kastrationsängste aktualisiert, ob er als Verletzung der Menschenwürde, als unerträglicher Angriff auf die Selbstachtung oder als sonst etwas empfunden wird, kann von vielen Details abhängen; ein wichtiges Detail ist die Art und Weise, in der der Erwachsene in solchen Augenblicken des Zusammenpralls reagiert, und die besondere »Botschaft zwischen den Zeilen«, die er in die Kommunikation zwischen sich und dem Jugendlichen einfügt.

Deshalb muß der Therapeut nicht nur versuchen, die für ihn ohnehin sehr wichtige Frage zu klären, welchen bestimmten Symbolgehalt verschiedene Situationen und Ereignisse annehmen, sondern er sollte sich auch besonders auf folgende Aufgaben konzentrieren:

(1) herauszufinden, von welchen Komponenten im Verhalten des Erwachsenen es abhängt, ob der Jugendliche zum Überbewerten einer Situation verleitet oder sein Ich im entgegengesetzten Sinne unterstützt wird, und

(2) zu erforschen, wie er Erwachsenen aus der natürlichen Umwelt der Jugendlichen helfen kann, eine solche Versuchung zur Überbewertung gar nicht erst aufkommen zu lassen. Die Literatur zu diesem Problemkreis ist recht unvollständig; wir haben uns offensichtlich einseitig auf Interpretationen dieser Erscheinungen konzentriert und uns nicht genug darum bemüht, wie man Jugendlichen, die sich in Schwierigkeiten befinden, in der Situation selbst helfen kann.

3.3 Über den Zusammenbruch des Ichs unter der Einwirkung eines gruppenpsychologischen Rausches und unter dem Einfluß einer »Herausforderung«

Ich möchte kurz diejenigen Ereignisse charakterisieren, auf die ich mich hier beziehe:

(1) Das Phänomen, daß sich Menschen von einem gruppenpsychologischen Rausch anstecken lassen, ist hinlänglich bekannt [8]. Es wurde im

Zusammenhang mit Massenphänomenen in Extremsituationen schon vor langer Zeit darauf hingewiesen, daß das Ich unter ähnlichen Bedingungen leicht zusammenbricht. Heute wissen wir allerdings auch, daß es dazu weder einer »Masse« noch einer »extremen Situation« bedarf; in den Fallgeschichten von Jugendlichen tauchen solche »massenpsychologischen Erscheinungen in Kleinformat« sehr häufig auf. Mit anderen Worten: Unter manchen Bedingungen reagieren Jugendliche sehr wahrscheinlich so, wie das bei Erwachsenen üblich ist, die eine Veranstaltung in einer fremden Stadt besuchen. Nur brauchen sie nicht einmal Alkohol oder andere Rauschmittel, um »in Stimmung« zu kommen; sie können das schon dadurch, daß sie nur die anderen beim »Verrücktspielen« beobachten. Auch das ist uns gut bekannt. Wir Therapeuten übersehen dabei aber wahrscheinlich folgendes: Die Fähigkeit des Ichs, seine Aufgaben der Realitätsprüfung und der Triebkontrolle in solchen Augenblicken zu erfüllen, ist nicht nur eine Funktion der Ich-Stärke an sich. Das bestfunktionierende Ich des prächtigsten Jugendlichen ist solchen gruppenpsychologischen Bedingungen gegenüber manchmal völlig hilflos. Die Fähigkeit des Ichs, seine Aufgabe unter dem Einfluß solcher Gruppenzwänge zu erfüllen, ist also eine *völlig unabhängige Variable*. Die alte Annahme, das »nette Kind mit dem soliden Über-Ich und dem intakten Ich« sei vor Zusammenbrüchen unter den obengenannten Bedingungen gefeit, während sein weniger kontrollierter und Ich-starker Gefährte hier natürlich unterliege, hat sich längst als falsch erwiesen und sollte endlich revidiert werden. Diese Annahme wird leicht durch den Fall des Draufgängers widerlegt, der, mit einer ausgeprägten Fähigkeit, Gruppen zu manipulieren, aber mit weit schwächerem Ich und Über-Ich als sein Gefährte ausgestattet, einem solchen Gruppenzwang keineswegs unterliegt. Im Gegenteil: Er ist derjenige, der die Sache hochgehen läßt und sogar noch genug Realitätssinn hat, sich rechtzeitig abzusetzen, bevor die Situation zu brenzlig wird. Gerade der sonst gut zurechtkommende Jugendliche ist in einer Situation hilflos, wo die gesamte Gruppe den Verstand verloren zu haben scheint.

Unter diesen Umständen müßten wir dem Erzieher die Frage beantworten, womit man dem Ich des Jugendlichen helfen kann, sich einer solchen gruppenpsychologischen Bedrohung zu widersetzen. Für uns selbst stellt sich die Frage, welche Folgen diese Erkenntnisse für unsere Theorien über Charakter, Verantwortung und Ich-Funktionen haben. Wenn wir uns vor Augen halten, wie sehr die Lebensbewältigung der Jugendlichen, die immer größere Autonomie erhalten, immer weniger Beaufsichtigung in so zahlreichen neuen und unerprobten Situationen erfahren, gerade von diesem Punkt abhängt, so wird klar, wie wichtig es ist, diese unabhängige Variable genauer zu erforschen und unter Kontrolle zu bringen.

(2) Dasselbe gilt für eine weitere Variable, nämlich die Fähigkeit des Jugendlichen, halbwegs vernünftig auf Situationen zu reagieren, die eine »Herausforderung« enthalten.

Dieses Problem existiert zwar schon seit langer Zeit; es fiel uns im allgemeinen aber nicht so stark auf und schien auf kleinere Gruppen und spezielle historische Situationen beschränkt. Zu nennen wären beispielsweise die deutschen Burschenschaften des 19. Jahrhunderts. Gleichgültig, welche Persönlichkeitsstruktur ein bestimmtes Individuum haben mag – sobald es als Mitglied einer bestimmten Gruppe sich an ein gruppenpsychologisches Ritual der Herausforderung gebunden fühlt, ist seine Reaktionsweise durch ein verbindliches Verhaltenssystem vorgeschrieben und praktisch in den Händen des Schicksals. Außer an die etwas milderen Formen derselben Erscheinung in unseren Burschenschaften (vor allem bei den Einweihungsriten) fühlt man sich an die durchorganisierte und draufgängerische Straßen»gang« erinnert, die sich mit anderen Banden der Gegend im Kriegszustand befindet und deren psychische Gesetzmäßigkeiten im Hinblick auf den Zwang zum Wagnis und zur Aggression und den damit verbundenen Ehrenkodex genau untersucht und belegt sind [9]. Dieses Phänomen ist, wenn auch weniger deutlich zu erkennen, doch von genauso großer Bedeutung für das Leben der Jugendlichen, auch dort, wo es auf den ersten Blick nicht die Formen annimmt, die wir von einer offenen »Herausforderung« erwarten. Sobald jedoch eine Situation im Leben eines Jugendlichen als »Herausforderung« gekennzeichnet ist, steht er vor einem entscheidenden Konflikt, und seine Reaktion ist von größter Bedeutung. Die Gefahr, daß er die Realitätsprüfung völlig aufgibt, ist immer gegeben; die Chance, daß er sich hilflos fühlt, solange er nicht bestimmte vorgegebene Lösungsalternativen – beinahe in Form eines Rituals – zur Hand hat, ist beträchtlich; und der Preis, den das Individuum zahlen muß, wenn es die Herausforderung nicht annimmt – Schande, Angst vor Vergeltungsmaßnahmen, Minderung des Selbstwertgefühls oder selbstauferlegte Einsamkeit und Entfremdung von der Gruppe –, ist sehr hoch. Das Problem, angemessene Reaktionen auf eine Herausforderung zu finden, beschränkt sich nicht auf die gewöhnlich gut beschriebenen Ereignisse im Gruppenleben. In diese Kategorie gehören wahrscheinlich viele Verhaltensweisen, die äußerlich gar nicht damit zusammenzuhängen scheinen, sondern vielleicht den Eindruck erwecken, es handle sich hier um die persönliche Auseinandersetzung eines Jugendlichen mit seinem Lehrer oder um die übliche Art des »Widerstands gegen Therapie«. Dies trifft besonders für die Fälle zu, in denen der betreffende Erwachsene speziell solche herausfordernden Situationen zu erkennen nicht in der Lage ist und deshalb nicht merkt, wie weit sein eigenes Verhalten, obwohl gut pädagogisch motiviert, zur Schaffung einer solchen Situation beigetragen hat.

Die Fähigkeit des Ichs, Situationen der »Herausforderung« gut zu bewältigen, sollte unter allen Reaktionsweisen des Jugendlichen in der vorbeugenden Psychiatrie vorrangig Aufmerksamkeit und Unterstützung erfahren, da auch ein anderweitig zuverlässiges Ich und Über-Ich dieser Aufgabe nicht so gut gewachsen zu sein scheinen.

3.4 Die Bande unter der Couch

In der Psychiatrie scheint man allgemein anzunehmen, die Gruppenpsychologie sei ausschließlich für Fragen des Gruppenlebens von Bedeutung. Wir nehmen unsere Kenntnisse über Gruppenprozesse nur in Anspruch, wenn wir gerade eine Gruppentherapie durchführen. Der Gedanke, daß die Gruppenpsychologie ständig gegenwärtig sein sollte, wenn der Analytiker und der Jugendliche sich in therapeutischer Interaktion in einer abgedichteten Kabine befinden, ist jedoch nicht so abwegig, wie er im ersten Augenblick erscheint. Es scheint mir vielmehr, daß die Häufigkeit, mit der sich gruppenpsychologische Elemente in eine solche Zweier-Situation drängen, bei der Behandlung der Jugendlichen heutzutage stark zunimmt:

(1) Auch wenn der Jugendliche sich allein mit einem Erwachsenen in einem Raum befindet, ist der »gruppenpsychologische Spiegel« immer anwesend; und die Furcht, schlecht abzuschneiden – oder die Hoffnung, gut abzuschneiden (wenn die Gruppe im Augenblick dabei wäre), kann ein starker Motivationsfaktor sein, weit stärker als alles, was wir bisher in der therapeutischen Interaktion zu beachten gewohnt sind.

(2) Jede Gruppe von Jugendlichen entwickelt klare »Kampfregeln«, nach denen eine Auseinandersetzung zwischen einem Jugendlichen und einem Erwachsenen verlaufen muß, um als »einwandfrei« zu gelten, und es existieren besondere Rituale, die den Jugendlichen vor Ehrverlust oder Ausschluß aus der Gruppe bewahren, wenn er den Kampf mit dem Erwachsenen verloren und sich dem gesunden Menschenverstand, der Vernunft oder einem Ratschlag gebeugt hat. Es gibt jedoch eine andere Gruppe

von Interaktionsformen zwischen Erwachsenen und Jugendlichen, die das Verhalten des »Verlierers« unentschuldbar macht, da sie einem Verrat am Gruppen-Kodex und der feigen Kapitulation vor dem Feind gleichkommt. Wenn der Erwachsene die »Kampfregeln« mißachtet, ist es dem Jugendlichen unmöglich, zu gestehen, nachzugeben oder einen Ratschlag anzunehmen, ohne in seiner Gruppe das Gesicht zu verlieren oder direkt ausgeschlossen zu werden.

(3) Ein großer Teil des vermeintlichen »Widerstandes«, der vor allem zu Beginn einer Behandlungssituation bei Jugendlichen auftaucht, ist nicht, wie wir gewöhnlich annehmen, persönliches Mißtrauen, Mangel an Übertragung oder direkter Widerstand gegen Veränderungen. Man kann nachweisen, daß dieser »Widerstand« großenteils darauf zurückzuführen ist, daß die Gruppe – unsichtbar – »mit dabei« ist und der Jugendliche sich nie wirklich »allein« fühlen kann.

Wenn wir uns mit Jugendlichen befassen, von denen wir wissen, daß das Bandenleben für sie eine große Rolle spielt, wird es uns nicht schwerfallen, uns ständig dieser Dinge zu erinnern. In Gesprächen mit Jugendlichen aus den Vorstädten, die zu keiner Bande gehörten, konnte ich dieselben Grundtendenzen feststellen; der Widerstand, den sie aufgrund der Verhaltensregeln ihrer speziellen Altersgruppe zeigen mußten, hinderte sie, elterlichem oder psychiatrischem Ratschlag zu folgen oder ihr Prestige dadurch zu gefährden, daß sie »dem Feind« zuviel Vertrauen schenkten.

Die verschiedenen Punkte, die für den jeweiligen Gruppen-Kodex von Bedeutung sind, variieren natürlich nach Land, Gebiet, sozialer Klasse, Art der näheren Umgebung, Alter usw. Das Phänomen bleibt das gleiche. Dieser Aspekt des gruppenpsychologischen Widerstands in Abwesenheit der Gruppe wird dann besonders bedeutsam, wenn ein Jugendlicher von seinen Eltern »in Behandlung geschickt« wird, während der Gruppen-Kodex der Jugendlichen aus seiner Umgebung direkt verbietet, irgendwelche »Eltern-Lakaien in psychiatrischer Verkleidung« zu akzeptieren. Wenn sie auch in Einzelheiten sehr verschieden sein mögen, so gleichen solche Situationen doch stark derjenigen des Gefängnis-Psychiaters, der genau weiß, daß die Mitgefangenen seines Patienten nur darauf warten herauszubekommen, ob dieser sie »an den Doktor verraten« hat oder nicht.

Es erübrigt sich, festzustellen, daß zur Behandlung dieses »gruppenpsychologischen Widerstands« ganz andere Techniken nötig sind als die, die sich bei der üblichen Form des Widerstands bewährt haben – ein weites Feld für zukünftige Forschungen [10].

3.5 Die erstaunlich hohe Elastizität des Ichs

Der größte Teil unserer psychiatrischen Veröffentlichungen konzentriert sich immer noch auf den Versuch, die Gründe eines Zusammenbruchs zu verstehen. Eigentlich hätten wir aber oft Anlaß, uns ebensosehr darüber zu wundern, daß Ereignisse und Umstände von großem traumatischem Gewicht ertragen werden, ohne daß ein Zusammenbruch stattfindet.

Auch im Hinblick auf Probleme des Jugendalters wird häufig nur diese erste Fragestellung beachtet; ich möchte daher an folgende Tatsache erinnern: Nicht der Zusammenbruch vieler Jugendlicher ist erstaunlich, sondern die unglaublichen Ich-Leistungen, deren eine große Anzahl von ihnen trotz äußerst pathogener Lebensbedingungen fähig ist. Das sind vielleicht glückliche Zufälle – trotzdem sollten wir uns bemühen, die Ursachen dieser Fähigkeit zu erforschen. Unsere Theorien bleiben nämlich so lange unvollständig, wie wir unerwartete Gesundheit nicht ebensogut wie unerwartete Krankheit in unser Konzept einbringen können.

Zur Erläuterung meines Begriffs »Elastizität des Ichs« möchte ich zwei Situationen nennen, die in diesem Rahmen genügen müssen, obwohl sie das Phänomen als Ganzes sicher nicht annähernd vollständig wiedergeben:

(1) Ich beziehe mich mit diesem Begriff auf die Fähigkeit des Ichs, sich auch unter Bedingungen aufrecht zu erhalten, die wir gewöhnlich als pathogen bezeichnen.

(2) Ich beziehe mich des weiteren auf die Fähigkeit des Ichs, sich von einem zeitweiligen Zusammenbruch schnell, ohne allzuviel Hilfe von außen und so gründlich zu »erholen«, daß danach wieder ein hoher Grad von Normalität erreicht wird.

Ich möchte behaupten, daß eine ungewöhnlich große Zahl von Jugendlichen uns geradezu mitzuteilen scheint: »Schau her, Sigmund Freud, kein Trauma; selbst in Situationen, wo ein solches zu erwarten wäre«, und daß auch der oben erwähnte Gruppen-Kodex auf einige Jugendliche stößt, die von seinen Verlockungen und Zwängen völlig unberührt bleiben. Eines der Probleme hierbei ist, daß eine solche Widerstandskraft des Ichs von den zuständigen Erwachsenen oft als negativ angesehen wird und das vollständige Bild des tatsächlichen Vorgangs schwer zu erhalten sein wird. Ich möchte hier betonen, daß einige der Haltungen der »Beatniks« als gesunde Rebellion gegen die anti-intellektuelle Haltung von Eltern oder Gleichaltrigen zu betrachten sind. Ebenso wissen wir, daß die heftige Auflehnung einiger Jugendlicher, die im Kampf gegen Lehrer oder Eltern zum

Vorschein kommt, im Grunde genommen die andere Seite von wirklichem Mut und echter Hingabe an eine Sache oder von selbstlosem Einsatz für einen ungerecht behandelten Kameraden darstellt.

Obwohl all dies im allgemeinen recht gut bekannt ist, sollten meiner Ansicht nach mehr klinische Studien darauf verwendet werden, die Grenze zwischen dem Ich, das die Kontrolle verliert, und dem Ich, das sich im Dienste einer Sache auflehnt, zu erforschen, dem Ich, das in einer Mode Zuflucht sucht, und dem Ich, das tapfer einen unbeliebten oder mißverstandenen Standpunkt vertritt.

In aller vorbeugenden Arbeit und insbesondere in allen Krisensituationen liegt eine der wichtigsten Aufgaben immer darin, die Widerstandskraft des Ichs zu unterstützen – eine Aufgabe, der wir auch künftig noch viel mehr Beachtung und Erfindungsgabe zuwenden müssen.

Anmerkungen

Einleitung von Reinhard Fatke

1 *Fritz Redl*: Erziehungsberatung, Erziehungshilfe, Erziehungsbehandlung. In: Zeitschrift für Psychoanalytische Pädagogik, 6 (1932), S. 523–532; abgedruckt in: *Günther Bittner* und *Willy Rehm* (Hrsg.): Psychoanalyse und Erziehung. München 1966, S. 118–128; Zitat S. 123.
2 Siehe dazu *Willy Rehm*: Die psychoanalytische Erziehungslehre. München 1968. Die im folgenden nur in groben Zügen skizzierte historische Entwicklung lehnt sich an die Untersuchung von Rehm an.
3 Vgl. *Sandor Ferenczi*: Psychoanalyse und Pädagogik (1908). In: Bausteine zur Psychoanalyse. Bd. 3, Bern, Stuttgart 1964.
4 Vgl. *Ernest Jones*: Psychoanalysis and Education. In: Journal of Educational Psychology. 1910; ders.: The Significance of the Sublimating Process for Education and Re-education. In: ebd., 1912; *Otto Rank* und *Hans Sachs*: Die Bedeutung der Psychoanalyse für die Geisteswissenschaften. In: Grenzfragen des Nerven- und Seelenlebens. Bd. 14, Wiesbaden 1913.
5 So *Otto Pfister* in: Psychoanalyse und Pädagogik. Berner Seminarblätter. 6 (1912).
6 So *Paul Häberlin*: Psychoanalyse und Erziehung. Zürich 1914.
7 Vgl. auch *Fritz Redl* in seinem Vorwort zu The Reiss-Davis Clinic Bulletin, 1 (1964), S. 2–5.
8 So *Hans Zulliger*: Über eine Lücke in der psychoanalytischen Pädagogik. In: Zeitschrift für Psychoanalytische Pädagogik, 10 (1936).
9 *Sigmund Freud* in seiner Einleitung zu *August Aichhorn*: Verwahrloste Jugend. Wien 1925.
10 *Fritz Redl*: Erziehungsberatung, Erziehungshilfe, Erziehungsbehandlung, a. a. O., S. 126.
11 *Fritz Redl* im zitierten Vorwort zu The Reiss-Davis Clinic Bulletin.
12 *Fritz Redl*: Der Mechanismus der Strafwirkung. In: Zeitschrift für Psychoanalytische Pädagogik, 9 (1935), S. 221–270; Zitat S. 230.
13 Ebenda, S. 221.
14 Siehe dazu die Bibliographie am Ende dieses Bandes.
15 Aus diesem Forschungsprojekt ist das Buch hervorgegangen: *Caroline B. Zachry* und *Margaret Lighty*: Emotion and Conduct in Adolescence. New York 1940.

16 *Fritz Redl* und *David Wineman*: Children Who Hate. Glencoe, Ill. 1951; und *Fritz Redl* und *David Wineman*: Controls from Within. Glencoe, Ill. 1952; seit 1957 in einem Band unter dem Titel: The Aggressive Child. New York. Teile aus »Children Who Hate«, sind 1970 unter dem Titel »Kinder, die hassen« auch auf Deutsch erschienen.

17 Vgl. *Fritz Redl*: Child Study in a New Setting. In: Children, 1 (1954), S. 15–20.

18 Vgl. dazu die entsprechenden Aufsätze in diesem Band.

19 *Fritz Redl* und *William Wattenberg*: Mental Hygiene in Teaching. New York ²1959.

20 *Fritz Redl*: When We Deal with Children. New York 1966.

21 *August Aichhorn*: Verwahrloste Jugend. Wien 1925.

22 *Rudolf Ekstein*: The Boundary Line Between Education and Psychotherapy. In: The Reiss-Davis Clinic Bulletin, 1 (1964), S. 26–28.

23 Vgl. auch *Bruno Bettelheim*: Love is not Enough, Glencoe, Ill. 1950; deutsch: Liebe allein genügt nicht, Stuttgart 1970.

24 *Heinz Hartmann*: Ich-Psychologie und Anpassungsproblem. In: Internationale Zeitschrift für Psychoanalyse. 24 (1939), S. 62–135. *Anna Freud*: Das Ich und die Abwehrmechanismen. London 1936. Neuausgabe München 1964.

25 Vgl. dazu den Aufsatz: Das therapeutische Milieu, in diesem Band S. 72.

26 Vgl. dazu den Aufsatz: Das »Life Space Interview«, in diesem Band S. 48.

27 Vgl. dazu den Aufsatz: Gruppenemotionen und Führerschaft, in diesem Band S. 99.

28 Vgl. dazu den Aufsatz: Ansteckung und Schockwirkung in der Gruppe, in diesem Band S. 134.

29 Vgl. dazu den Aufsatz: The Art of Group Composition. In: *Fritz Redl*: When We Deal with Children, S. 236–253.

30 Vgl. dazu den Aufsatz: Disziplin in der Schulpraxis, in diesem Band S. 152.

31 Vgl. dazu den Aufsatz: Resistance in Therapy Groups. In: *Fritz Redl*: When We Deal with Children, S. 214–223.

32 Der Frage »Are We Barking Up the Wrong Data Tree?« widmete er seinen Vortrag als Präsident der American Orthopsychiatric Association auf dem Kongress dieser Gesellschaft im Jahre 1961.

33 Siehe dazu seinen Aufsatz: Children's Village in an Age of Unrest – Implications for Program and Staff Development. In: Current Issues, The Children's Village, Dobbs Ferry. New York, 3 (1969), S. 1–13.

34 Vgl. auch Fritz Redls Vorwort zu: *Nicholas J. Long, William C. Morse und Ruth G. Newman* (Hrsg.): Conflict in the Classroom. Belmont, Calif. 1965, S. III–VI.

Ich-Störungen und Ich-Unterstützung

Originaltitel: Ego Disturbances and Ego Support. In: *Fritz Redl*: When We Deal with Children. New York 1966. S. 125–146.

Dieser Aufsatz basiert auf den folgenden zwei Artikeln: New Ways of Ego Support in Residential Treatment of Disturbed Children. In: Bulletin of the Menninger Clinic. 13 (1949), S. 60–66; The Concept of Ego Disturbances and Ego Support. In: The American Journal of Orthopsychiatry. 21 (1951), S. 273–284. Vgl. auch die Kapitel »The Ego That Cannot Perform« (S. 74–140) und »Programming for Ego Support« (S. 318–394) in: *Fritz Redl* und *David Wineman*: The Aggressive Child. New York 1957.

1 Zur näheren Beschreibung der genannten Projekte siehe *Fritz Redl* und *David Wineman*: Children Who Hate. Glencoe, Ill. 1951. S. 29–57.

2 Vgl. hierzu auch den Aufsatz: Ansteckung und Schockwirkung in der Gruppe, S. 134.

3 So entstand das Projekt »Pioneer House«, in dem fünf schwer gestörte, extrem aggressive Kinder zwischen acht und zwölf Jahren von einer relativ großen Zahl von Erziehern, Einzelfallarbeitern, Gruppentherapeuten und anderem pädagogischen und therapeutischen Personal etwa zwei Jahre lang einer sorgfältig reflektierten milieu- und gruppentherapeutischen Behandlung unterzogen wurden, bis das Haus wegen Geldmangel schließen mußte. Vgl. auch die Einleitung zu diesem Band.

4 Vgl. hierzu auch den Aufsatz: Das therapeutische Milieu, S. 72.

5 Vgl. hierzu den Aufsatz: Das »Life Space Interview«, S. 48.

6 Vgl. hierzu den Aufsatz: The Psychology of Gang Formation and the Treatment of Juvenile Delinquents. In: *Fritz Redl*: When We Deal with Children. New York 1966. S. 224–235.

Das »Life Space Interview«

Originaltitel: The Life Space Interview – Strategy and Techniques. In: *Fritz Redl*: When We Deal with Children. New York 1966. S. 35–57. Zuerst veröffentl. in: The American Journal of Orthopsychiatry. 29 (1959), S. 1–18. Siehe auch *Ruth G. Newman* und *Marjorie M. Keith* (Hrsg.): The School-Centered Life Space Interview. (Washington School of Psychiatry) Washington 1967. Einl. von Fritz Redl und Aufsätze von Howard L. Kitchener (The Life Space Interview in the Differentiation of School in Residential Treatment), Ruth G. Newman (The School-Centered Life Space Interview), Marcella Bernstein (Life Space Interview in the School Setting), William C. Morse (Training Teachers in Life Space Interviewing) und Nicholas J. Long (Some Problems in Teaching Life Space Interviewing Techniques to Graduate Students in Education in a Large Class at Indiana University).

Der englische Terminus wurde in der deutschen Übersetzung beibehalten, da er das Konzept eines »therapeutischen Gesprächs im aktuellen Lebenskontext eines Kindes« am bündigsten wiedergibt.

1 Engl. »pressurized cabin«; gemeint ist eine Kabine, in der – wie beim Flugzeug z. B. – künstlich ein anderer atmosphärischer Druck hergestellt wird, als in der »Außenwelt« herrscht. Dies Bild wird auf das Sprechzimmer des Therapeuten übertragen, in dem ebenfalls der »Lebensdruck« den Bedürfnissen des Patienten angeglichen wird und dementsprechend andere Verhaltenserwartungen, Anforderungen, Rollen, Werte, Normen usw. gelten als in der »Außenwelt«.

2 *Anna Freud*: The Psychoanalytical Treatment of Children. London 1954.

3 Vgl. hierzu den Aufsatz: Das therapeutische Milieu, S. 72.

4 Im folgenden sind in der Übersetzung einige Abschnitte ausgelassen, die sich mit einer näheren terminologischen Klärung und der Entwicklung des Begriffs »Life Space Interview« befassen und eigentlich nur auf dem Hintergrund der amerikanischen Szene zu verstehen sind. Anfangs nannte der Verfasser die von ihm neu konzipierte Technik »marginal interview«, weil es sich in zweifacher Hinsicht um ein »Gespräch am Rande« handelt, einmal in Beziehung zu den übrigen Ereignissen im Leben eines Kindes, zum anderen im Hinblick auf die Rollenfunktionen des Personals, das die Kinder betreut. Alsbald wurde jedoch deutlich, daß z. B. in einem psychiatrischen Krankenhaus oder einer Schule wegen der großen Zahl von Personen, der Verschiedenheit der Aufgaben, der Mannigfaltigkeit der Situationen usw. der Terminus »marginal« die Klarheit seiner Bedeutung verlor und schließlich bedeutungslos wurde. Um den Aspekt des »natürlichen Lebenskontextes« stärker zu betonen, prägte der Verfasser dann den Begriff »life space interview«, wobei er sich allerdings bewußt war, daß die Ähnlichkeit seines Begriffs mit Kurt Lewins Terminus »life space«, der freilich etwas anderes meint, Verwirrung stiften könnte. Zwar schlägt der Autor selbst vor, man solle noch nach einem besseren Ausdruck für das gemeinte Konzept suchen, aber seit der ersten Veröffentlichung des vorliegenden Aufsatzes ist dieser Begriff in den USA zu einem festen Bestandteil der pädagogischen und psychotherapeutischen Terminologie geworden.

5 Näheres über die »therapeutische Auswertung von Ereignissen aus dem täglichen Leben« siehe *Fritz Redl* und *David Winemann*: The Aggressive Child. New York 1957. S. 488–550.

6 *Fritz Redl* und *David Wineman*: Children Who Hate. Glencoe, Ill. 1951.

Das therapeutische Milieu

Originaltitel: The Concept of a »Therapeutic Milieu«. In: *Fritz Redl*: When We Deal with Children. New York 1966. S. 68–94; zuerst veröffentl. in: The American Journal of Orthopsychiatry. Vol. 29 (1959), S. 721–736.

1 *Anna Freud*: Einführung in die Technik der Kinderanalyse. München 41966.

2 *Fritz Redl*: The Meaning of »Therapeutic Milieu«. In: Symposium on Preventive and Social Psychiatry. Hrsg. vom Walter Reed Army Institute of Research. Washington 1958, S. 503–515.

3 Vgl. hierzu die Einleitung zu diesem Band S. 17.

4 Engl. »halfway house«: eine Übergangsstation zwischen geschlossenem Heim und Rückkehr in die Gesellschaft.

5 *Bruno Bettelheim*: Love Is Not Enough. Glencoe, Ill. 1950. Dt. Ausg.: Liebe allein genügt nicht. Stuttgart 1970; vgl. auch *Bruno Bettelheim* und *Emmy Sylvester*: A Therapeutic Milieu. In: The American Journal of Orthopsychiatry, 18 (1948), S. 191–206; *Bruno Bettelheim* und *Emmy Sylvester*: Milieu Therapy – Indications and Illustrations. In: The Psychoanalytic Review, 36 (1949), S. 54–68.

6 *Paul V. Gump* und *Brian Sutton-Smith*: The »It« Role in Children's Games.

Anmerkungen

In: The Group. 17 (1955), S. 3–8; dieselben: Activity Setting and Social Interaction, in: The American Journal of Orthopsychiatry, 25 (1955), S. 755–760.

7 Vgl. hierzu den entsprechenden Abschnitt aus dem Aufsatz: Das »Life Space Interview«, S. 64.

8 Unter den Begriff des »setting« faßt man alle möglichen Einflüsse des engeren und weiteren Milieus auf die spezifische momentane Situation, in der man sich jeweils befindet. Er umfaßt alle Variablen, die auch in der makrosozialen Umgebung eine Rolle spielen können. Dazu gehören sowohl die politischen Zustände, der sozioökonomische Status und das soziale Wertsystem, in dem man aufwächst, als auch – auf das Beispiel einer Schulstunde bezogen – die gruppenpsychologische Atmosphäre, das Verhalten der anderen Kinder, die Leistungsanforderungen und Verhaltenserwartungen des Lehrers, die Arbeitsgewohnheiten der Klasse, die im Klassenzimmer vorhandenen Gegenstände usw.

9 Zum Konzept des »setting« siehe die folgenden Forschungen: *Roger G. Barker*: The Stream of Behavior. New York 1963; ders.: Ecological Psychology. Stanford, Calif. 1968; ders. und *Paul V. Gump*: Big School, Small School. Stanford, Calif. 1964; *Paul V. Gump*: The Classroom Behavior Setting: Its Nature and Relation to Student Behavior. (Final Report to U.S. Office of Education, Projekt Nr. 2453) 1967; *Paul V. Gump*, *Phil Schoggen* und *Fritz Redl*: The Camp Milieu and Its Immediate Effects. In: Journal of Social Issues, 13 (1957), S. 40–46; *Kurt Lewin*: Field Theory in Social Science. New York 1951, deutsch: Feldtheorie in den Sozialwissenschaften. Bern/Stuttgart 1963.

Gruppenemotionen und Führerschaft

Originaltitel: Group Emotions and Leadership. In: *Fritz Redl*: When We Deal with Children. New York 1966. S. 155–196; zuerst veröffentl. in: Psychiatry. 4 (1942), S. 573–596.

1 *Sigmund Freud*: Massenpsychologie und Ich-Analyse. In: Gesammelte Werke. London 1940, Bd. 13, S. 133.

2 Bei den folgenden Ausführungen sollte man sich den weltpolitischen Hintergrund des Jahres 1942 vergegenwärtigen.

3 Im folgenden ist in der deutschen Übersetzung ein kurzer Exkurs über Gruppenlibido und Homosexualität ausgelassen worden.

4 *Anna Freud*: Das Ich und die Abwehrmechanismen. Neuausgabe München 1964.

5 In der Originalfassung folgen die beiden »metapsychologischen Spekulationen« – wie der Autor sie selbst nennt – über die »magische Schuldbefreiung durch die auslösende Handlung« (*exculpation magics through the initiatory act*) und den »räumlichen Wiederholungszwang« (*spatial repetition compulsion*). Hier sind diese Abschnitte ausgelassen worden, weil die beiden Theorien in dem folgenden Aufsatz »Ansteckung und Schockwirkung in der Gruppe« wieder aufgenommen und ausgearbeitet werden.

Ansteckung und Schockwirkung in der Gruppe

Originaltitel: The Phenomena of Contagion and »Shock Effect«: In: *Fritz Redl*: When We Deal with Children. New York 1966. S. 197–213; zuerst veröffentl. in: *Kurt Eissler* (Hrsg.): Searchlights on Delinquency. New York 1949. S. 315–328.

1 Das Phänomen der psychologischen Ansteckung in Gruppen hat der Autor – gemeinsam mit Ronald Lippitt und Norman Polansky – im Rahmen eines zweijährigen, vom Nationalen Gesundheitsinstitut der USA finanzierten Forschungsprojekts über »The Use of the Group Medium for Clinical Work with Disturbed Children« untersucht. Vergleiche dazu auch die Auswertung des Datenmaterials in: *Norman Polansky, Ronald Lippitt* und *Fritz Redl*: An Investigation of Behavioral Contagion in Groups. In: Human Relations, 3 (1950), S. 319–348.

2 Vgl. S. 99.

3 Vgl. hierzu den Aufsatz: Improvement Panic and Improvement Shock. In: *Fritz Redl*: When We Deal with Children. New York 1966. S. 95–124.

4 Vgl. hierzu den Aufsatz: The Art of Group Composition. In: *Fritz Redl*: When We Deal with Children. New York 1966. S. 236–253; ferner *August Aichhorn*: Verwahrloste Jugend. Bern/Stuttgart 41957.

5 Hier ist insbesondere an das »Life Space Interview« zu denken; vgl. S. 48.

Disziplin in der Schulpraxis

Originaltitel: Discipline in Classroom Practice. In: *Fritz Redl*: When We Deal with Children. New York 1966. S. 254–308; zuerst veröffentl. in: *George V. Sheviakov* und *Fritz Redl*: Discipline for Today's Children and Youth. New Revision by Sybil K. Richardson. Washington 1956. S. 17–64.

In der deutschen Fassung sind die ersten sechs Seiten ausgelassen worden. Sie befassen sich vorwiegend mit der Aufgabe des Lehrers, die Schüler zur Demokratie zu erziehen, und ziehen fortwährend Parallelen zur Aufgabe der Armee. Diese Gedankengänge sind so stark an die politische Situation der USA im Jahre 1944 (als das oben genannte Buch zum erstenmal veröffentlicht wurde) gebunden, daß sie heute nicht mehr relevant erscheinen.

1 Diese drei Bedeutungen des Wortes »discipline« im Sprachgebrauch amerikanischer Lehrer decken sich nicht in allen Fällen mit dem deutschen Sprachgebrauch. In der vom Autor angeführten ersten Bedeutung »to have discipline« bezeichnet das Substantiv den Zustand der Gruppe. Die wörtliche Übersetzung des Kontextes deckt sich einigermaßen mit dem amerikanischen Sinn. Gebräuchlicher wäre die passivische Umschreibung »es herrscht Disziplin«. In der vom Autor angeführten zweiten Bedeutung wird eindeutig abgezielt auf den »Trick«, der Ordnung schafft. Die Frage »What discipline do you use?« kann nicht wörtlich übersetzt werden mit »Welche Disziplin üben Sie aus?«, denn dies könnte mißverstanden werden als Frage nach einem speziellen wissenschaftlichen (oder sportlichen) Tätigkeitsbereich. So muß umschrieben werden »Wie halten Sie Disziplin?« oder »Wie stellen Sie Disziplin her«?, wobei aber der auf den handgreiflichen »Trick« zielende

Sinn der amerikanischen Bedeutung verlorengeht. Die vom Autor angeführte dritte Bedeutung »to discipline« deckt sich wieder einigermaßen mit dem deutschen »disziplinieren«.

2 Engl. »marginal antisepsis«: ein Begriff aus der Medizin, unter dem man das Verhüten einer Infektion des Wundrandes durch keimtötende Mittel versteht. Hier ist damit ein psychohygienisches Prinzip gemeint, nach dem man zu verhindern sucht, daß, wenn man ein Verhaltensproblem durch einen gezielten Eingriff zu behandeln sucht, in anderen Bereichen der psychosozialen Persönlichkeit eben durch diese Maßnahme neue Probleme geschaffen werden.

3 Im deutschen Text ist an dieser Stelle ein viertes Beispiel ausgelassen.

4 Versuch, die sprachliche Pointe nachzuahmen; engl.: »Dr. Adjust Themwell«.

5 Vgl. hierzu den Aufsatz: The Art of Group Composition. In: *Fritz Redl*: When We Deal with Children. New York 1966. S. 236-253.

Grenzziehung und Strafen aus der Perspektive der Ich-Psychologie

Originaltitel: »Limit Setting and Punishment in the Light of Ego Psychology«; bisher unveröffentlicht. U. a. erschienen vom Autor bereits folgende Beiträge zum Problem der Strafe: Der Mechanismus der Strafwirkung. In: Zeitschrift für Psychoanalytische Pädagogik, 9 (1935), S. 221-270; The Concept of Punishment. In: *Nicholas J. Long, William C. Morse* und *Ruth G. Newman* (Hrsg.): Conflict in the Classroom. Belmont, Calif. 1965. S. 345-351; Framework for Our Discussions on Punishment. In: *Fritz Redl*: When We Deal with Children. New York 1966. S. 355-377.

1 So z. B. *John Dollard* u. a.: Frustration and Aggression. New Haven, Conn. 1939.

Wie reagieren Jugendliche?

Originaltitel: Adolescents – Just How Do They React?. In: *Gerald Caplan* und *Serge Lebovici* (Hrsg.): Adolescence: Psychosocial Perspectives. New York 1969. S. 79-99. Dieser Aufsatz basiert auf einem Vortrag, den der Autor im Juli auf dem 6. Internationalen Kongreß für Kinderpsychiatrie in Edinburgh gehalten hat.

1 So z. B. *Martin James*: Interpretation and Management in the Treatment of Pre-Adolescents. In: International Journal of Psychoanalysis, 45, 1964.

2 Vgl. hierzu den Aufsatz Preadolescents – What Makes Them Tick?. In: *Fritz Redl*: When We Deal with Children. New York 1966. S. 395-408.

3 *Siegfried Bernfeld*: Der soziale Ort und seine Bedeutung für Neurose, Verwahrlosung und Pädagogik. In: Imago. 15 (1929), S. 299-312; ders.: Types of Adolescence. In: Psychoanalytic Quarterly, 7 (1938), S. 243-253.

4 *Peter Blos*: On Adolescence. New York 1962.

5 *Erik H. Erikson*: Kindheit und Gesellschaft. Stuttgart ²1961.

6 Mit diesem Ausdruck ist die traditionelle Form der ambulanten Psychotherapie

gemeint, die die übrigen 23 Stunden des Tages praktisch ausklammert. Das Gegenkonzept dazu wäre die »umfassende Milieutherapie«, s. S. 72.

7 Vgl. hierzu den Aufsatz: Das »Life Space Interview«, S. 48.

8 Vgl. hierzu den Aufsatz: Ansteckung und Schockwirkung in der Gruppe, S. 134.

9 Siehe z. B. die klassische Untersuchung von *William F. Whyte*: Street Corner Society. Chicago 1943; ferner *Frederick H. Thrasher*: The Gang. Chicago 1927.

10 Vgl. hierzu die Aufsätze: The Psychology of Gang Formation and the Treatment of Juvenile Delinquents, und: Resistance in Therapy Groups. In: *Fritz Redl*: When We Deal with Children. New York 1966. S. 224–235 und 214–223.

Bibliographie Fritz Redl (Auswahl)

1929
Die Idee der Erziehungsgemeinschaft und ein Versuch ihrer Verwirklichung. In: Internationale Zeitschrift für Individualpsychologie, 7, S. 419–432.

1931
Erziehungsberatung in der eigenen Klasse. In: Zeitschrift für Pädagogische Psychologie, 32, S. 425–440 und S. 486–501.

1932
Erziehungsberatung, Erziehungshilfe, Erziehungsbehandlung. In: Zeitschrift für psychoanalytische Pädagogik, 6, S. 523–532.

Die erzieherischen Aufgaben des Klassenvorstandes. In: Die Wiener Schule, 12, S. 3 f.

1933
Einführung in die Psychologie (mit Franz Häußler). Wien (147 S.).

Wir Lehrer und die Prüfungsangst. In: Zeitschrift für psychoanalytische Pädagogik, 7, S. 378–400.

1934
Einführung in die Logik und in die Grundfragen der Philosophie (mit Franz Häußler). Wien (134 S.).

Zum Begriff der Lernstörung. In: Zeitschrift für psychoanalytische Pädagogik, 8, S. 155–177.

Gedanken über die Wirkungen einer Phimoseoperation. In: Zeitschrift für psychoanalytische Pädagogik, 8, S. 319–349.

1935
Der Mechanismus der Strafwirkung. In: Zeitschrift für psychoanalytische Pädagogik, 9, S. 221–270.

Pansexualismus und Pubertät. In: Zeitschrift für psychoanalytische Pädagogik, 9, S. 342–359.

1936
Artikel zu insgesamt 30 Stichwörtern. In: Franz Häußler/ Anton Klieba (Hrsg.): Kleines Mittelschul-Lexikon. Ein Handbuch für Eltern, Lehrer und Erzieher. Wien (248 S.).

Schule und Haus. In: Wissen und Können. Lexikon des Praktischen Wissens. Wien, S. 63–104.

On Examination Fear. In: The New Era (März), S. 3 ff.
Working Together. In: Home and School, S. 205–211.

1937

Adolescence and the Parent. In: Child Study, 14, S. 235–236.
No Grudge Left? In: National Parent-Teacher Magazine (Mai), S. 14–15.
Parents I Have Known. In: Yearbook for Ethical Culture and the Schools. New York.

1938

Discipline. In: The New Era, 19, S. 199–202.
The Chances for Success in Guidance Work. In: Visiting Teachers Bulletin, 13, S. 1–9.

1939

Techniques of Sex Information. In: Child Study, 16.

1940

A Method of Determining Training Needs for Teachers.
The Concept of Adjustment.
The Use of the Terms Normal and Abnormal.
The Concept of Maturity.
The Culture Concept and Its Place in Education.
Group Psychological Aspects of Classroom Teaching.
The Need-Concept and Its Place in Educational Thinking.
Exercises in Applied Thinking.
Suggestions for a Method of Discussion of Child Study Materials.
    Hrsg. von The American Council on Teacher Education. Division on Child Development and Teacher Personnel. Chicago, Illinois.

1941

Mental Hygiene. In: Encyclopedia of Educational Research. New York, S. 713–725.
Adolescent Changes as a Factor Delinquency. In: Probation and Parole Progress. National Probation Associations, S. 191–207.
What Should We Know About a Child? The Michigan Cooperative Teacher Education Study, Nr. 2.
Helping Teachers Study Their Children. The Michigan Cooperative Teacher Education Study, Nr. 3.

1942

Scientific Study of Developing Boys and Girls. In: General Education in the American High School. Chicago.
Group Emotions and Leadership. In: Psychiatry, 5, S. 573–596.
The Role of Camping in Education. In: The American Camping Magazine (Februar).

1943

Pre-Adolescents – What Makes Them Tick? In: Child Study, 20.
Delinquency Prevention and the Role of Love. In: Childhood Education (Dezember).

The Virtues of Delinquent Children. In: Understanding the Child, 12, Nr. 1.
Group Psychological Elements in Discipline Problems. In: American Journal of Orthopsychiatry, 13, S. 77–82.
Clinical Group Work with Children. In: Group Work and the Social Scene Today. Hrsg. von der American Association for the Study of Group Work. New York.
Zoot-Suit. An Interpretation. In: Survey Midmonthly (Oktober).

1944

Discipline for Today's Children and Youth (mit George Sheviakov). Department of Supervision and Curriculum Development, National Education Association. Washington, D. C.
Deviations Tending Toward Delinquency. In: Child Growth in an Era of Conflict. 15. Jahrbuch der Michigan Education Association, Elementary.
Diagnostic Group Work. In: American Journal of Orthopsychiatry, 14, S. 53–68.
Problems of Clinical Group with Children. In: Psychotherapy with Children and Group Therapy. Chicago, Ill.: Chicago Institute for Psychoanalysis.

1945

The Psychology of Gang Formation an the Treatment of Juvenile Delinquents. In: The Psychoanalytic Study of the Child, 1, S. 367–377.
Helping Teachers Understand Children (mit Caroline Tryon and Daniel Prescott). Teil 1. Washington: American Council on Education.

1946

The Case Worker's Manual. Detroit: Wayne University, Detroit Group Project Summer Camp Publication.
Individual Behavior Log. An Instrument for the Study of Individuals within the Group Setting. Detroit: Wayne University, Detroit Group Project.

1947

Discipline and Group Psychology. In: Journal of the Deans of Women, 11, S. 3–5.
Psychopathological Risks of Camp Life. In: The Nervous Child, 6, S. 139–147.
The Preadolescent. In: Childcraft, 9, S. 114–130.

1948

Resistance in Therapy Groups. In: Human Relations, 1, S. 307–313.

1949

The Phenomenon of Contagion and »Shock Effect« in Group Therapy. In Kurt Eissler (Ed.): Searchlights in Delinquency. New York, S. 315–328.
New Ways of Ego Support in Residential Treatment of Disturbed Children. In: Bulletin of the Menninger Clinic, 13, S. 60–66.
Understanding Children's Behavior. New York: Columbia University, Teachers College, Bureau of Publications (41 S.).

1950

An Investigation of Behavioral Contagion in Groups (mit Norman Polansky und Ronald Lippitt). In: Human Relations, 3, S. 319–348.

The Use of Sociometric Data in Research on Group Treatment Processes (mit Norman Polansky und Ronald Lippitt). In: Sociometry, 13, S. 39–62.

1951

Hypertrophic Ego Functions, a Neglected Factor in the Pathology of Delinquents. In: American Journal of Orthopsychiatry, 21.

Mental Hygiene in Teaching (mit William Wattenberg). New York (454 S.; ²1959).

Children Who Hate. The Disorganization and Breakdown of Behavior Controls (mit David Wineman). Glencoe, Ill. (253 S.).

The Art of Group Composition. In: American Association of Group Workers (Ed.): Creative Living in a Children's Institution. New York, S. 79–97.

The Concept of Ego Disturbances and Ego Support. In: American Journal of Orthopsychiatry, 21, S. 273–284.

1952

Controls From Within. Techniques for the Treatment of the Aggressive Child (mit David Wineman). Glencoe, Ill. (332 S.).

The Dynamics of Power. A Field Study of Social Influence Techniques (mit Lippitt, Polansky, Rosen). In: Readings in Social Psychology. New York, S. 626–636.

1953

Are Parents Worrying About the Wrong Things? In: Child Study, 30, S. 4–8 und S. 47–50.

Leaders and Followers. In: An Introduction to Social Science. Philadelphia, S. 264–275.

1954

Child Study in a New Setting. In: Children, 1, S. 15–20.

Sex Education: Unfinished Business. In: Child Study, 32, S. 4–11.

What is Normal for Children? New York: Family Service Association of America, S. 99–109.

1955

Can ›Nice‹ Children Be Delinquents? In: Woman's Home Companion, Heft 4, S. 7.

Who Is Delinquent? In: National Parent-Teacher Magazine, Heft 12.

The Therapeutic Ingredients in the Group Work Program in a Residential Treatment Center for Children. In: Harleigh B. Trecker (Ed.): Group Work in the Psychiatric Setting. New York, S. 43–47.

Our Troubles with Defiant Youth. In: Children, 2, S. 5–9.

Teenagers Don't Have to Be a Problem. In: McCalls (Juli).

1956

Discipline for Today's Children and Youth. New Revision by Sybil K. Richardson (mit George V. Sheviakov). Washington, D. C. (64 S.).

What Makes Children Misbehave? In: McCalls (August).

Child Psychiatry: Hospital Aspects (mit G. Wilse Robinson, Jr.). In: Mental Hospitals, 7, S. 38–41.

1957

Research Needs in the Delinquency Field. In: Children, 4, S. 15–19.

The Camp Milieu and Its Immediate Effects (mit Paul Gump und Phil Schoggen). In: The Journal of Socials Issues, 13, S. 40–46.

What Do We Do When They Fight? In: Parents Magazine, 32, S. 42–43.

The Aggressive Child (mit David Wineman). [Einbändige Ausgabe von »Children Who Hate« und »Controls From Within«.] New York (575 S.).

1958

The Meaning of »Therapeutic Millieu«. Symposium in Preventive and Social Psychiatry. Washington, D. C.: Walter Reed Army Institute of Research, S. 503–515.

The Impact of Game-Ingredients on Children's Play Behavior. In: Bertram Schaffner (Ed.): Group Processes. Transactions of the Fourth Conference. New York: Josiah Macy, Jr., Foundation, S. 33–81.

Implications for Our Current Models of Personality. In: Bertram Schaffner (Ed.): Group Processes. Transactions of the Fourth Conference. New York: Josiah Macy, Jr., Foundation, S. 83–131.

The Emotionally Disturbed Child and the Classroom Teacher (mit S. Jacobson). In: NEA Journal, Dezember, S. 609–612.

1959

Psychiatric Aspects of School Desegregation. New York: Committee on Social Issues of the Group for the Advancement of Psychiatry. Report Nr. 37.

Some Ecological Considerations in Child Drug Research. In: Child Research in Psycho-Pharmacology. Springfield, Ill., S. 81–96.

The Concept of a »Therapeutic Milieu«. In: American Journal of Orthopsychiatry, 29, S. 721–736.

Strategy and Techniques of the Life Space Interview. In: American Journal of Orthopsychiatry, 29, S. 1–18.

1960

The »Furious Children« in the Library: This is What We Can Do for Them Right Now. In: Top of the News, 26, Nr. 4.

Why Do Children We Love Make Us Angry? In: Parent's Magazine, 35, Nr. 2.

What to Do When They Make Us Angry? In: Parents' Magazine, 35, Nr. 3.

1962

Crisis in the Children's Field. In: American Journal of Orthopsychiatry, 32, S. 759–780.

Technical Assistance in the Public Schools (mit Ruth Newman und Howard Kitchener). Washington, D. C.: Washington School of Psychiatry, School Research Program.

1963

Why Life Space Interview? In: Ruth G. Newman / Marjorie M. Keith (Eds.): The School-Centered Life Space Interview. Washington, D. C.: Washington School of Psychiatry, School Research Program, S. V–XIII.

Psychoanalysis and Group Therapy. A Developmental Point of View. In: American Journal of Orthopsychiatry, 33, S. 132–160.

Residential Treatment for Emotionally Disturbed Children. In: Albert Deutsch (Ed.): The Encyclopedia of Mental Health. Bd. 5. New York, S. 1769–1781.

1964

Psychiatric Aspects of the Prevention of Nuclear War (Beitrag zum Bericht der Group for the Advancement of Psychiatry, Committee on Social Issues). New York.

Education and the National Conscience. In: Education Conference Report. New York: Bank Street College of Education.

Our Children – Where Do They Go from Here? In: Child Study Association of America: The Future of the American Family. New York.

Problems of Cross-Cultural Communication. In: Helen B. Redl (Ed.): Soviet Educators on Soviet Education. New York, Vorwort, S. IX–XXVI.

Management of Discipline Problems. In: Proceedings of the 8th Annual Conference. University of Virginia.

1965

Dehumanization. A Composite Psychological Defense in Relation to Modern War (mit Viola Bernard und Perry Ottenberg). In: Milton Schwebel (Ed.): Human Survival and the Behavioral Sciences. Palo Alto, Calif.

Disadvantaged – and What Else? In: C. W. Hunnicutt (Ed.): Urban Education and Cultural Deprivation. Syracuse, New York: University of Syracuse School of Education, S. 63–82.

Fritz Redl on »den heiligen Nikolaus«. Free – and not so free – associations after reading de Groot's Sinterklaas. In: Adriaan de Groot: Saint Nicholas. A Psychoanalytic Study of His History and Myth. Den Haag / Paris / New York, S. 189–192.

Pathogenic Factors in the Modern Child's Life, und: Comments on Kibbutz Education. In: Peter Neubauer (Ed.): Children in Collectivs. Child Rearing Aims and Practices in the Kibbutz. Springfield, Ill.

1966

This is What Kids Stir Up in Us – Problems of Emotional Hygiene for the Educational Adult. In: The Role of the Classroom Teacher of the Emotionally Disturbed Child. New York: Assiociation of New York State Educators of the Emotionally Disturbed Child.

When We Deal with Children. Selected Writings. New York (511 S.).

1967

The Management of Classroom Behavior. In: American Journal of Orthopsychiatry, 37, S. 407–408.

1968
A Psychologist's Guide to Disciplining Children. In: Redbook Magazine, 132.

1969
Adolescents – Just How Do They React? In: Gerald Caplan/Serge Lebovici (Eds.): Adolescence: Psychosocial Perspectives. New York, S. 79–99.

Management of Discipline Problems in Normal Students. In: The Reiss-Davis Clinic Bulletin, 2, S. 38–46.

The Nature and Nurture of Prejudice. In: Childhood Education, 45, S. 254–257.

Aggression in the Classroom. In: Today's Education, 58, S. 30–32.

Psychoanalysis and Education. In: Rudolf Ekstein/Rocco L. Motto (Eds.): From Learning for Love to Love of Learning. New York, Vorwort.

1970
Drugs: For and Against. In: Drugs: For and Against. New York, S. 119–133.

1971
Superego in Uniform. In: Nevitt Sanford/Craig Comstock (Eds.): Sanctions for Evil. Berkeley, Calif., S. 93–101.

Erziehung schwieriger Kinder. Beiträge zu einer psychotherapeutisch orientierten Pädagogik. Bearbeitet und herausgegeben von Reinhard Fatke. München. 4. Auflage 1986.

1974
Accountability in Education: IV. Controls From Within or Without. In: Reiss-Davis Clinic Bulletin, 11, S. 46–48.

1975
Disruptive Behavior in the Classroom. In: School Review, 83, S. 569–594.

Peter Blos Biennial Lecture. In: Issues in Child Mental Health: A Journal of Psychosocial Process, 3, Heft 2.

1976
Steuerung des aggressiven Verhaltens beim Kind (mit David Wineman). [Kapitel III aus »Controls From Within« (1952).] Herausgegeben und mit einer Einleitung von Reinhard Fatke. München. 3. Auflage 1982.

1978
Erziehungsprobleme – Erziehungsberatung. Aufsätze. Herausgegeben und eingeleitet von Reinhard Fatke. München.

1979
Kinder, die hassen. Auflösung und Zusammenbruch der Selbstkontrolle (mit David Wineman). Herausgegeben und mit einem Nachwort von Reinhard Fatke. München. 2. Auflage 1984.

1980
Leben lernen in der Schule. Pädagogische Psychologie in der Praxis (mit William W. Wattenberg). Herausgegeben und eingeleitet von Reinhard Fatke. München.

Pädagogik und Psychologie bei Piper

Elisabeth Badinter
Die Mutterliebe
Geschichte eines Gefühls vom 17. Jahrhundert bis heute.
Aus dem Franz. von Friedrich Griese. 2. Aufl., 19. Tsd. 1982. 336 Seiten. Geb.

Bruno Bettelheim
Gespräche mit Müttern
Aus dem Amerik. von Friedrich Griese.
6. Aufl., 27. Tsd. 1985. 234 Seiten. Serie Piper 155

Bruno Bettelheim/Daniel Karlin
Liebe als Therapie
Gespräche über das Seelenleben des Kindes.
Aus dem Franz. von Friedrich Griese.
2. Aufl., 14. Tsd. 1984. 256 Seiten. Serie Piper 257

Willi Butollo
Die Angst ist eine Kraft
Über die konstruktive Bewältigung von Alltagsängsten.
3. Aufl., 22. Tsd. 1986. 201 Seiten. Serie Piper 636

Felix von Cube/Dietger Alshuth
Fordern statt verwöhnen
Die Erkenntnisse der Verhaltensbiologie in Erziehung und Führung.
1986. 299 Seiten. Kt.

Irenäus Eibl-Eibesfeldt
Liebe und Haß
Zur Naturgeschichte elementarer Verhaltensweisen. 11. Aufl., 81. Tsd. 1984. 293 Seiten. Serie Piper 113

PIPER

Pädagogik und Psychologie bei Piper

Einführung in pädagogisches Sehen und Denken
Herausgegeben von Andreas Flitner und Hans Scheuerl.
1984. 248 Seiten. Serie Piper 322

Erziehung in früher Kindheit
Pädagogische, psychologische und psychoanalytische Texte.
Herausgegeben von Günther Bittner und Edda Harms.
Überarbeitete Neuausgabe 1985. 343 Seiten. Serie Piper 426

Andreas Flitner
Konrad, sprach die Frau Mama ...
Über Erziehung und Nicht-Erziehung. Erweiterte Neuausgabe 1985.
173 Seiten. Serie Piper 357

Andreas Flitner
Spielen – Lernen
Praxis und Deutung des Kinderspiels. 7. Aufl., 43. Tsd. 1982.
137 Seiten. Serie Piper 22

Viktor E. Frankl
Der Mensch vor der Frage nach dem Sinn
Eine Auswahl aus dem Gesamtwerk. Mit einem Vorwort von Konrad Lorenz.
4. Aufl., 30. Tsd. 1985. 309 Seiten. Serie Piper 289

Viktor E. Frankl
Die Sinnfrage in der Psychotherapie
1981. 200 Seiten. Serie Piper 214

Carol Gilligan
Die andere Stimme
Lebenskonflikte und Moral der Frau. Aus dem Amerik. von Brigitte Stein.
2. Aufl., 11. Tsd. 1985. 222 Seiten. Kt.

PIPER

Pädagogik und Psychologie bei Piper

Albert Görres
Kennt die Psychologie den Menschen?
Fragen zwischen Psychotherapie, Anthropologie und Christentum.
1978. 270 Seiten. Kt.

Albert Görres
Kennt die Religion den Menschen?
Erfahrungen zwischen Psychologie und Glauben.
2. Aufl., 9. Tsd. 1984. 140 Seiten. Serie Piper 318

Silvia Görres
Leben mit einem behinderten Kind
Überarbeitete Neuausgabe 1987. 115 Seiten. Serie Piper 644

Erving Goffman
Wir alle spielen Theater
Die Selbstdarstellung im Alltag.
5. Aufl., 20. Tsd. 1985. 251 Seiten. Serie Piper 312

Bernhard Hassenstein
Instinkt Lernen Spielen Einsicht
Einführung in die Verhaltensbiologie
1980. 259 Seiten mit 33 Abbildungen. Serie Piper 193

Bernhard Hassenstein
Verhaltensbiologie des Kindes
3. Aufl., 25. Tsd. 1980. 459 Seiten mit 29 Abbildungen. Geb.

PIPER

Pädagogik und Psychologie bei Piper

Bernhard und Helma Hassenstein
Was Kindern zusteht
2. Aufl., 14. Tsd. 1978. 188 Seiten. Serie Piper 169

Elfriede Höhn
Der schlechte Schüler
Sozialpsychologische Untersuchungen über das Bild des Schulversagers.
Neuausgabe 1980. 268 Seiten. Serie Piper 206

Louise J. Kaplan
Die zweite Geburt
Dein Kind wird zur Persönlichkeit. Mit einem Vorwort von Margaret S. Mahler.
Hrsg. von Reinhard Fatke. Aus dem Amerik. von Hainer Kober.
3. Aufl., 17. Tsd. 1984. 258 Seiten. Serie Piper 324

Lust und Liebe
Wandlungen der Sexualität. Herausgegeben von Christoph Wulf.
1985. 416 Seiten. Serie Piper 383

Alexander Mitscherlich
Auf dem Weg zur vaterlosen Gesellschaft
Ideen zur Sozialpsychologie. 15. Aufl., 112. Tsd. 1984. 400 Seiten.
Serie Piper 45

Alexander Mitscherlich
Der Kampf um die Erinnerung
Psychoanalyse für fortgeschrittene Anfänger.
1984. 259 Seiten. Serie Piper 303

PIPER

Pädagogik und Psychologie bei Piper

Alexander Mitscherlich/Margarete Mitscherlich
Die Unfähigkeit zu trauern
Grundlagen kollektiven Verhaltens. 17. Aufl., 153. Tsd. 1985. 383 Seiten.
Serie Piper 168

Margarete Mitscherlich
Das Ende der Vorbilder
Vom Nutzen und Nachteil der Idealisierung.
2., überarb. Aufl., 10. Tsd. 1980. 218 Seiten. Serie Piper 183

Fritz Redl/David Wineman
Kinder, die hassen
Auflösung und Zusammenbruch der Selbstkontrolle.
Herausgegeben von Reinhard Fatke. Aus dem Amerik. von Gudrun Theusner-Stampa.
1984. 264 Seiten. Serie Piper 333

Fritz Redl/David Wineman
Steuerung des aggressiven Verhaltens beim Kind
Herausgegeben von Reinhard Fatke. Aus dem Amerik. von Norbert Wölfl und
Reinhard Fatke. 3. Aufl., 12. Tsd. 1982. 127 Seiten. Serie Piper 129

Brian und Shirley Sutton-Smith
Hoppe, hoppe, Reiter ...
Die Bedeutung von Kinder-Eltern-Spielen. Bearbeitet, übersetzt
und herausgegeben von Reinhard Fatke. 1986. 242 Seiten. Kt.

Paul Watzlawick
Wie wirklich ist die Wirklichkeit?
Wahn – Täuschung – Verstehen. 15. Aufl., 120. Tsd. 1987
252 Seiten mit 17 Abbildungen. Serie Piper 174

PIPER

Pädagogik und Psychologie bei Piper

Wege zum Sinn
Logotherapie als Orientierungshilfe. Für Viktor E. Frankl.
Herausgegeben von Alfried Längle. 1985. 215 Seiten. Serie Piper 387

Wolfgang Wickler
Die Biologie der Zehn Gebote
Warum die Natur für uns kein Vorbild ist.
6. Aufl., 31. Tsd. 1985. 181 Seiten. Serie Piper 296

Wolfgang Wickler/Uta Seibt
männlich weiblich
Der große Unterschied und seine Folgen.
2. Aufl., 9. Tsd. 1984. 182 Seiten. Serie Piper 285

Die erfundene Wirklichkeit
Wie wissen wir, was wir zu wissen glauben? Beiträge zum Konstruktivismus.
Herausgegeben von Paul Watzlawick. 3. Aufl., 23. Tsd. 1985.
326 Seiten mit 31 Abbildungen. Serie Piper 373

Wörterbuch der Erziehung
Herausgegeben von Christian Wulf. 1984. 677 Seiten. Serie Piper 345

Dieter E. Zimmer
Die Vernunft der Gefühle
Ursprung, Natur und Sinn der menschlichen Emotion.
2. Aufl., 10. Tsd. 1984. 272 Seiten. Serie Piper 227

PIPER